KINDLERS KULTURGESCHICHTE DES ABENDLANDES

in 22 Bänden

Herausgegeben von
Friedrich Heer

KINDLERS KULTURGESCHICHTE DES ABENDLANDES

Band VII

EMIL NACK

Die Germanen

Länder und Völker der Germanen

verlegt bei Kindler

Die Originalausgabe erschien im Verlag Carl Ueberreuter, Wien, unter dem Titel
GERMANIEN. LÄNDER UND VÖLKER DER GERMANEN.

Lizenzausgabe mit freundlicher Genehmigung des Verlages Carl Ueberreuter, Wien.
Satzherstellung: Otto Gutfreund, Darmstadt
Druck- und Bindearbeiten: May + Co., Darmstadt
3-463-13707-0
Printed in Germany

*Wer nicht von dreitausend Jahren
sich weiß Rechenschaft zu geben,
bleib im dunkeln, unerfahren,
mag von Tag zu Tage leben!*

Goethe

Inhalt

ERSTER TEIL

URSPRUNG DER GERMANEN

ERSTES KAPITEL

Landschaft und Klima Germaniens

ZWEI MÄCHTIGE STRÖME furchen das Antlitz von Europas Mitte. Der *Rhein* dreht nach seinem jugendlichen Lauf durch die Schweizer Täler in jähem Schwenken um den Schwarzwald, durchbricht das deutsche Mittelgebirge und sucht sich in süd-nördlicher Richtung unbeirrt sein Mündungsziel. Nachbarlich dem Knie des Oberrheins entspringt der andere Hauptstrom, die *Donau*. Sie begleitet den Zug der *Alpen*, die sich gegen Osten hin mit welligem Wald im Tiefland verlieren. Die beiden großen Wasseradern bilden zusammen einen mächtigen Winkel. Gegen Nordosten umschloß dieser in grauer Vorzeit ein unbekanntes Gebiet. Neugierig schauten die sonnengewohnten Menschen des Südens über die Strombreiten in das fremde Land mit seinen vollen Wäldern und trostlosen Sümpfen und füllten den rätsel-haften Raum mit Sagen und Mären. Schon lange vor der Zeit der ersten schriftlichen Überlieferungen waren diese Gebiete be-wohnt, aber erst sehr sorgfältige Forschung hat uns ein klares Bild schauen lassen.

Die geographische Lage

Das *Siedlungsgebiet* des deutschen Volkes erstreckt sich über den größten Teil der Mitte Europas. Im Süden zog die Natur mit den Alpen einen deutlichen Grenzstrich zwischen den Mittel-meerländern und dem germanischen Raum. Aber die Alpen sind kein unüberwindlicher Scheidewall. Paßstraßen führten schon in früher Zeit wandernde Händler und große Völkerscharen über die Bergrücken, und wer die Mühen der Höhen scheut, kann die Alpen im Westen in der Rhônefurche oder im Osten in der Naht zwischen Alpen und Karst umgehen. Gegen Norden dacht sich das Land ab, wird nur einmal noch in seinem Abfall unterbrochen vom Mittelgebirgszug her, der in einzelnen Gipfeln über 1000 m ansteigt, und breitet sich dann in sanften Wellen dem Norddeutschen Tiefland entgegen. Sein äußerster Rand trägt noch die unverwischten Eiszeitspuren in Form der langen Moränenwälle und der tausend Seen, die das angrenzende Binnenmeer, die *Ostsee,* ankünden. Aber die ruhigen Wasser sind nicht so sehr Grenzscheide als vielmehr eine Brücke über die stützenden Pfeiler der Inseln zu den Südgestaden der stammverwandten Skandinavischen Halbinsel. Gegen Sonnenaufgang verliert sich das Land in die unendlichen Weiten der osteuropäischen Tiefebene und öffnet damit den Weg zum *Schwarzen Meer.* Gegen Sonnenuntergang taucht das Norddeutsche Tiefland mit seinen tief eingreifenden Buchten und den weiten Mündungstrichtern der Ströme in den ewig unentschiedenen Kampf zwischen Erde und Wasser. Bei Flut immer wieder benagt und überspült, hebt sich das Festland bei Ebbe mit seinen von Schlick und Sandbänken überzogenen Watten und fett grünenden Marschen aus dem Grau des Wattenmeeres. Draußen, in der wogenden *Nordsee,* reiht sich in dichter Kette Insel an Insel, letzte schützende Vorposten eines einst geschlossenen Dünenwalles.

An einzelnen Stellen öffnet der deutsche Siedlungsraum Tore in die Welt, so die weltgeschichtliche Pforte zwischen *Jura* und *Vogesen,* die den Weg aus der Oberrheinischen Tiefebene nach der Saône und dem Doubs freigibt und damit zur Südstraße der Rhône und in die Fruchtebene der *Provence* weist. Diesem Tor entspricht im Osten die Durchbruchstelle der Donau zwischen Ostalpen und Karpaten. Hier führen die Wanderwege entlang des großen Stromes westwärts und über die leicht zu übersteigenden Böhmisch-Mährischen Höhen nach Nordwesten zum

Tal der *Elbe*. Und eine dritte Lücke tut sich auf, über der Ostabdachung des Gesenkes, in den Raum zwischen *Oder* und *Weichsel,* und bahnt den Weg im Odertal abwärts nach Norden in das Herz der Norddeutschen Tiefebene.

Dieser nördliche Teil des deutschen Siedlungsgebietes ist die größte einheitliche Landfläche Mitteleuropas, durchströmt vom Unterlauf der *Ems, Weser, Elbe, Oder* und *Weichsel*. Die Flüsse durchqueren das Land in seiner ganzen Breite von der Mittelgebirgsschwelle bis zur *Nord-* und *Ostsee.* Ja die Elbe stößt sogar in einer schmalen Rinne durch das Böhmische Mittelgebirge und das Elbsandsteingebirge, müht sich im längsten Talbett von 1154 km nach Nordwesten und strömt in einem breiten Fluttrichter in die Nordsee. Dieses weite Flachland, in dessen Waldungen schon in frühester Zeit die natürlichen Breschen der Ströme einschnitten, war gleichsam von Natur aus vorherbestimmt zur Wiege großer Völker.

Wegsamkeit und die nach verschiedenen Himmelsrichtungen hin offene Lage machten Mitteleuropa bereits frühzeitig zum Siedlungsraum mannigfacher Völker, deren Kulturen hier aufeinandertrafen, sich gegenseitig befruchteten und miteinander verschmolzen, wie sich auch ihre Träger begegneten und vermischten. Viele Völker- und Handelsstraßen durch die von den Flüssen vorgezeichneten Täler und über die natürlichen Bergübergänge kreuzten sich hier. Fremde Anregungen und Einflüsse fanden Widerhall und Nachahmung, der Tauschhandel von Rohstoffen und Erzeugnissen der einzelnen Länder blühte.

Aus der Kenntnis der Fülle der Begegnungen und Überschichtungen mußte die Forschung nun Einblicke in die wesentlichen Züge der Entwicklung suchen, und trotz allen Bemühens blieb – wie die späteren Ausführungen zeigen werden – noch manches bis heute ungeklärt, eine Tatsache, die nach dem vorher Gesagten leicht zu verstehen ist.

Bedeutenden Anteil an der Entfaltung der frühgeschichtlichen Menschheit hat die natürliche Beschaffenheit des Landes. Es gibt dem Menschen Nahrung, liefert ihm Rohstoffe für seine Geräte und prägt letzten Endes *Siedlungsweise* und *Wirtschaftsform* eines Volkes. Ändert sich das Klima und wandelt sich dadurch das Landschaftsbild, so werden davon Tier- und Pflanzenwelt und damit die Lebensgrundlagen des Menschen betroffen. Er wird gezwungen, sich den wechselnden Daseinsbedingungen anzupassen, seinen Wohnsitz zu verlegen und seine Ernährungsweise umzustellen. Erst mit der Einführung des *Ackerbaus* und der *Viehzucht* beginnen die Menschen seßhaft zu werden, und trotz aller Völkerbewegungen überwiegt noch die Zahl derer, die bodenständig bleiben. Die Bauernwirtschaft vermag das Land besser auszunützen und die Menschen unabhängiger zu machen von den Veränderungen in der Natur.

Fauna und Flora

Zu der Zeit, in der uns der Mensch zum erstenmal in der Geschichte der Erde entgegentritt, ist das Bodenrelief der Gegenwart schon in seinen Hauptzügen geformt. Gebirgs- und Tallandschaften sind ausgebildet, das Verhältnis zwischen Meer und Festland ist im Gleichgewicht. Während der *Eiszeiten* war der Siedlungsraum zwischen dem Nordlandeis in der Norddeutschen Tiefebene und den weit in das Vorland herabreichenden Alpengletschern eingeengt. Das starke Sinken der Temperatur ließ Tier und Pflanze erschauern und zwang die Lebewesen, sich der Kälte anzupassen und ihr standzuhalten. Eine arktische *Tundraflora* überzog fast ganz Mitteleuropa. *Schneehase* und *Ren* suchten ihre kümmerliche Nahrung, *Mammut* und *Nashorn* schützten sich mit einem langen Haarkleid gegen die Kälte, der *Moschusochse* versteckte den plumpen Kopf in seinem Pelz. In den *Zwischeneiszeiten,* in denen es etwas wärmer wurde, beherrschte der *Wald* weite Strecken Mitteleuropas. *Flußpferde, Altelefanten, Löwen* und *Hyänen* belebten die Landschaft, die Nashörner verloren ihr Wollkleid. Erst mit dem Ende der Eiszeiten, mit dem Abschmelzen der Eisdecken, zog endgültig ein gemäßigt-warmes, dem unseren gleiches Klima ein und rief die

uns geläufige Pflanzendecke hervor. Vor allem hielt der Wald
seinen Einzug. Die Frage ist nun, zu welchem Umfang er sich in
Mitteleuropa ausbreitete. Jahrhundertelang hielt sich die Vorstellung, das Gesamtgebiet wäre von undurchdringlichen Wäldern und unbegehbaren Sümpfen übersät und von unaufhörli-
chem Regen und dichtem Nebel heimgesucht gewesen. Diese
Auffassung geht auf Darstellungen griechischer und römischer
Schriftsteller zurück. So schildert z. B. unser Hauptgewährs-
mann, der römische Schriftsteller *Tacitus,* das Land als ein rau-
hes, trübes und unwirtliches Gebiet, überreich an Wäldern und
Sümpfen[1]. Es ist sicher richtig, daß in der Nacheiszeit der Urwald weite Landstriche überzog, daß Sümpfe, Hoch- und Nie-
dermoore, Überschwemmungsgebiete der Flüsse und die
Marschlandschaften an der Meeresküste der Besiedlung hinder-
lich waren. Auch der Moorboden war zum Großteil mit Auwald
bedeckt. Dichter Nebel, tagelanger Regen und der aufgeweichte
Boden, in den alle Augenblicke der Fuß einsank, machten jeden
Schritt zu einem gefährlichen Wagnis. Unbändige Herbststürme,
die ein unheimliches Ächzen und Krachen weckten, und der
lange, feindselige Winter machten den Aufenthalt freudlos und
unleidlich. Aber die lastende Trübe und widrige Unwirtlichkeit
herrschten nicht überall und nicht immer. Wenn Herbst und
Winter mit ihren Beschwernissen vorüber waren, schmückte der
lang zögernde Frühling die Wälder endlich mit frischem Laub,
kleidete er die Torfheiden und sumpfigen Wiesen in das leuchtende Grün von Gras und Schilf und zierte sie mit jungen Blüten.
Zwischen all dem Wald gab es noch genug kleinere und größere
Steppen, Heide- und Grasböden, die die Anlage von Wohnsitzen auch in großem Umfang ermöglichten. Das Gesamtgebiet
war weit und reich an Gegensätzen. Von der Freilandschaft galten besonders solche Heidestriche als sehr siedlungsfreundlich
und als Ausgangspunkt für Niederlassungen, die an den Saum
des Waldes grenzten oder von Waldzungen und Waldinseln unterbrochen waren. Sie boten nicht nur die Möglichkeit eines
primitiven Ackerbaus und einer guten Weide, sondern die benachbarten lichteren Baumbestände spendeten Wild, Wald-

beeren, Kräuter, Pilze und Honig für die menschliche Nahrung, dienten auch als sorglos genützter, weil unerschöpflicher Vorratsspeicher für Tiere, besonders für die Schweine (Eicheln!), gaben Holz für einfaches Hausgerät und Werkzeuge, für Waffen, Speer, Schild und Bogen, und lieferten Heizmaterial. Man bettete die Toten in ausgehöhlte Baumstämme *(Baumsärge)*; Küstenbewohner und Anrainer der Flüsse zimmerten sich Fahrzeuge aus mächtigen Stämmen der Bäume *(Einbaum)*.

Die mikroskopische Untersuchung des in den Moorablagerungen vorgefundenen Blütenstaubes, die *Pollenanalyse,* gab Aufschluß darüber, welche Waldbäume in der damaligen Zeit vorherrschten. In Nord- und Mitteleuropa breitete sich nach den anspruchslosen Birken und Föhren Mischwald aus, es wuchsen Eichen, Ulmen und Linden, dazwischen Eschen und Ahornbäume. Der licht bestockte Wald war ziemlich wegsam, auch konnte der steinzeitliche Mensch mit seinen Werkzeugen schon einzelne Bäume fällen und so den Siedlungsraum erweitern. Auch die weidenden Tiere, besonders die großen Schafherden, die die Jungtriebe abfraßen, trugen auf ihre Weise nach und nach zur Vergrößerung der Nutzfläche bei. Zu umfassenderen Schlägerungen des Waldes war der Mensch damals noch nicht fähig. Daher erfuhren die in der *Jüngeren Steinzeit* und in der *Bronzezeit* bewohnten Gebiete in der Folge keine wesentliche Erweiterung. Erst zu Beginn des *Mittelalters* erfolgten die großen, das Landschaftsbild einschneidend verändernden Rodungen, an die noch verschiedene Ortsnamen mit den Grundwörtern -reith, -reuth, -rode erinnern.

Trat in der *Vorzeit* durch zunehmende Siedlungsdichte die Notwendigkeit der Raumvergrößerung ein, so suchte man Neuland durch Auswanderung zu gewinnen. Als die begehrtesten Gebiete galten im heutigen *Mittel-* und *Süddeutschland* sowie im *böhmisch-mährischen Becken* und in *Niederösterreich* die warmen Gebiete des *Löß,* jener aus zusammengewehtem Staub entstandenen kalkhaltigen Erdart, die außer hoher Fruchtbarkeit auch den Vorzug hat, sich mit einfachen Geräten bearbeiten zu lassen.

Das trockene Klima kontinentalen Charakters, das nach dem Ende der Eiszeiten den Eichenmischwald begünstigt hatte, gewann allmählich an Feuchtigkeit. Ursache dafür war der immer erfolgreichere Angriff des Meeres gegen die Enge zwischen *England* und der Nordwestküste Europas. Im letzten Jahrtausend brach schließlich die letzte Festlandsverbindung, und England wurde zur Insel. Dadurch wurde auch die flache germanische Nordseeküste, die vorher geschlossen und fast geradlinig verlief, zerklüftet. Denn der Dünenwall hielt dem verstärkten Anprall der *Nordsee* nicht mehr stand. Die atlantischen Luftströme verliehen dem Kontinentalklima immer stärker ozeanischen Charakter. Durch die nach Osten hin sich verbreiternde Tieflandstraße der europäischen Mitte dringen vom Atlantik her die regenschweren Wolken bis an den Ostrand unseres Erdteils vor und tragen überallhin ihr befruchtendes Naß, so daß Europa als einziger Kontinent keine Wüsten hat. Mit dem Zunehmen der Feuchtigkeit breitete sich die *Buche* weiter aus und verdrängte mit ihrer frühen Laubentwicklung, ihrem schnellen Wachstum und der starken Schattenwirkung den Eichenwald. Prächtige hohe Buchenwaldungen, dicht und unzugänglich, schoben sich zwischen die Eichen auf *Jütland,* umrahmten die südliche *Ostsee* und gaben diesen Gebieten das auch heute noch für sie charakteristische Aussehen. In den Flußauen und den Niederungen der Seen und Moore wuchsen die *Erlen* zu stattlichen Beständen.

In dem gemäßigten, feuchten Klima gedieh neben dem Wald auf den sorglich gepflegten Böden der baumfreien Lößgebiete, der Kalkhochflächen und der von dem ringsum strömenden Wasser gesicherten anbaufähigen Marschen die *Körnerfrucht.* Auf fetten Triften weidete das Vieh. Ja die freien Mittellagen des Rheingaues, begnadet mit späten und milden Wintern, konnte der Fleiß der Bewohner zu blühenden Fruchtgärten wandeln, und später zogen die *Römer* hier sogar den ersten *Wein* auf deutschem Boden aus edlen Reisern und bauten in dichter Nachbarschaft die Langzeilen der *Dörfer* und die freundlichen *Städte,* die alle Annehmlichkeiten der Heimat boten. Das Meer trieb Fische und Muscheln in die Fangnetze der Anwohner, das Innere der Erde bot das älteste und unentbehrliche Gewürz, das *Salz,* und das segen- und fluchbringende *Eisen* für Geräte und Waffen.

Wir sehen also, wie des *Tacitus* Schilderung von *Germanien* zwar richtig, aber dennoch einseitig ist und nicht dem Gesamtraum mit seinen klimatischen und landschaftlichen Gegensätzen entspricht, wenn er schreibt: »Wer würde, ganz abgesehen von der gefährlichen Fahrt über das furchtbare und unbekannte Meer, Asien, Afrika oder Italien verlassen und nach Germanien ziehen, dem wenig anziehenden Land mit seinem rauhen Klima, traurig zum Leben und Anschauen, dem es nicht Heimat bedeutete?[2]«

Der Gunst des Bodens und der Mittellage in Europa ist es zuzuschreiben, daß dieses weite Land schon in der Frühzeit eine recht zahlreiche Bevölkerung beherbergte. Wie groß sie war, erfährt man aus der Bestürzung, die die Nachricht im Süden hervorrief, daß nordwärts wohnende Völkerstämme zum Aufbruch über die Alpenberge rüsteten. Der Angstschrei *Roms* spricht eine deutlichere Sprache als alle anderen geschichtlichen Nachrichten und als die archäologischen Funde. Denn hätten den mitteleuropäischen Raum nur unübersehbare und undurchdringliche Waldungen bedeckt, wäre daneben nicht auch umfangreiches und ertragbereites Siedlungsland offengestanden, so hätte nicht eine so ansehnliche Menge von Menschen Wohnplatz und Nahrung gefunden.

ZWEITES KAPITEL

Rätselhafte Vorzeit

GLEICH DER VORGESCHICHTE anderer Völker entstand auch die des deutschen Volkes aus dunklen und geheimnisvollen Abgründen. Keine Hand hat die Ereignisse jener Zeit für die Nachwelt aufgezeichnet. Nur der Spaten zwang die stumme Erde zu ersten Mitteilungen, öffnete Gräber und ließ dürftige Reste menschlicher Leichen, Waffen und beigelegte Geräte von einstigem Leben künden. Da und dort zeigte der aufgedeckte Boden Spuren von Siedlungen. Werkzeuge, Tongefäße und versteinerte Pflanzen konnten ans Tageslicht gefördert werden.

Die Steinzeit

Neben Bein, Horn und Holz gehörte der Stein, vor allem der *Feuerstein*, zu den damaligen Werkstoffen. Der Mensch schlug Splitter davon ab, formte den Stein scharfkantig und spitz und gestaltete so den rohen Knollen zum *Werkzeug*, mit dem er schneiden, schaben und bohren konnte. Diese anfangs nur teilweise bearbeiteten Feuersteine bieten uns die ersten sicheren Zeugnisse menschlicher Werktätigkeit. Die leichte Spaltbarkeit, die harten Kanten ließen in der Folge den ersten allseitig geformten primitiven und doch universalen Arbeitsbehelf erstehen, den spitz eiförmigen *Faustkeil.* Er lag bequem in der Hand, mit seinem stumpfen Ende diente er zum Hämmern, mit seiner Spitze zum Stechen und Bohren.

Wir nennen diese erste Kulturstufe, in der der Stein der wichtigste zweckdienliche Helfer des vorgeschichtlichen Menschen war, dieses noch schwachen, den meisten Tieren an Kraft, Schnelligkeit und Wehrhaftigkeit unterlegenen Geschöpfes, die *Steinzeit*. Wann sie begonnen hat, können wir nicht annähernd bestimmen, ihr Ende setzt man für 1800 v. Chr. fest.

Der nachschaffenden Phantasie der Forschung, ihrer folgernden Denkschärfe oblag es, alle diese schweigsamen Zeugen zum Sprechen zu bringen, die verhältnismäßig wenigen, oft nur zufällig aufgedeckten Fundgegenstände in ihrer tieferen Bedeutung als Dokumente früherer Lebensverhältnisse zu enträtseln, in größere Zusammenhänge einzuordnen und daraus vorgeschichtliche Daseinszustände und Entwicklungsgänge der Menschheit abzuleiten und zu erläutern.

An der fortschreitenden Entwicklung der Zulänglichkeit und Zweckmäßigkeit der Werkzeuge ist das Wachstum dieser alten Kultur zu erkennen. Die gesamte Epoche wird in drei große Zeitabschnitte eingeteilt: *Frühsteinzeit oder Paläolithikum, Mittlere Steinzeit* oder *Mesolithikum* und *Jungsteinzeit (Jüngere Steinzeit)* oder *Neolithikum*.

Die ältesten Spuren des *vorgeschichtlichen Menschen* und seiner Tätigkeit in der Frühsteinzeit entdeckte man in jenen Landstrichen, die auch während der größten Ausdehnung des europäischen Eisfeldes frei geblieben waren, in dem Streifen zwischen den von skandinavischen Gletscherfeldern und Schnee begrabenen östlichen und nordwestlichen Gebieten *Germaniens* und der von den *Alpen* nordwärts vorgedrungenen Eisdecke.

Wer waren die Menschen, die diese der Besiedlung zugänglichen Räume durchzogen und der allmählich immer mehr abschmelzenden Eisdecke nach Norden nachrückten? Als *Jäger* und *Fischer* suchten sie nach den ertragreichsten Jagdgründen, den nahrhaftesten Fischwässern und Muschelbänken. Die Skelettreste aus dem *Neandertal* im Rheinland, aus der Grotte bei *Le Moustier* in Frankreich und von manchen anderen Orten Europas lassen erkennen, daß diese Menschen primitive, fast noch tierähnliche Wesen von kleinem Wuchs (1,60 m) waren. Auf ge-

drungenem, plumpem Körper mit kurzem, vorgeneigtem Nak-
ken saß ein derber Schädel mit niedriger, fliehender Stirn, kräf-
tige Knochenwülste überwölbten die Augen. Die schnauzenartig
vorstehende Kieferpartie mit den großen, starken Zähnen und
das zurückweichende Kinn müssen einen rohen Gesichtsaus-
druck ergeben haben. Arme und Beine waren kurz, aber sehnig,
der Gang aufrecht. Das harte Dasein der Frühzeit zwang die
Bewohner, sich inmitten einer gefährlichen und feindlichen
Tierwelt zu behaupten. Bei ihren Waldgängen mußten sie nicht
nur Wechsel und Eigenart des Wildes beobachten, um sich die
lebensnotwendige Beute zu sichern, sondern sich auch vor Angriffen der Raubtiere schützen, von denen sie sogar beim Pflanzensammeln und in ihren Behausungen überfallen wurden. Die
Tierarten der damaligen Landschaft waren größer und gefährlicher als die heutigen. Der *Altelefant,* das doppelt gehörnte *Nashorn,* das *Mammut,* besonders kenntlich an seiner langen Behaa-
rung und den seltsam gewundenen Stoßzähnen, der *Auerochse*
und der gewaltige *Höhlenbär,* der furchtbare Schrecken aller
Menschen und Tiere, belebten das Dickicht der Waldungen und
die sumpfigen Flußniederungen. Mehr durch List und Verschla-
genheit als mit Hilfe ihrer armseligen Waffen mußten sich die Jäger ihre Jagdbeute holen. Meist wurden die Tiere in Fallgruben
gelockt und mit Holzkeulen, Steinen oder Speeren getötet.
Schutz vor den Unbilden des Wetters, vor Angriffen der Gegner
und wilden Tiere suchte der Mensch gern in schwer zugänglichen Behausungen, in sonnenlosen Höhlen oder unter überhän-
genden Felsen. Er kannte bereits das *Feuer,* wie die Brandreste
verraten. Die Natur bot es dem Menschen im Blitz und im Glut-
strom vulkanischer Ausbrüche. Wie langer Erfahrung mag es
bedurft haben, bis es so weit kam, daß die Menschen das Feuer
nutzten, es durch hineingeworfene trockene Holzstücke und
Reisig planmäßig zu erhalten trachteten und von einem Ort zum
anderen bringen lernten? Die künstliche Erzeugung des Feuers
durch Schlagen von Steinen oder durch Reiben von Hölzern
setzt bereits denkende Überlegung voraus und kann erst später
angewandt worden sein. Seine schimmernde Flamme scheuchte

anschleichende Tiere von der Wohnhöhle, verbreitete Wärme auf den zu einer Art niedrigen Herdes zusammengelegten Steinen, diente zur Bereitung des Essens und erhellte mit ihrem kümmerlichen Flackerschein in der Tranlampe aus Stein das Dunkel der Räume.

Der Mensch der Frühzeit war schon ein Allesesser, der jedoch Pflanzenkost besonders bevorzugte. Außer vom Fleisch des Wildes nährte er sich von Waldbeeren, Früchten und eßbaren Wurzeln. Zwischen Jagd und Essen ging er an die Herstellung von Jagdwaffen und Hausgeräten. Der *Faustkeil* trat immer mehr zurück, an seine Stelle rückten mit dem Fortschritt in der Steinbearbeitung Sondergeräte, wie Messer, Schaber, Stichel, Bohrer, Speerspitzen und Dolche. Die Anfertigung solcher *Werkzeuge* erforderte bereits eine größere Sorgfalt und erhöhte Fertigkeit. Ihre Verbesserung und unterschiedliche Ausführung, aber auch die schon einen gewissen Formsinn verratenden bescheidenen Zierformen sind für uns wesentliche Kennzeichen der geistigen Entwicklung dieser Menschen. Man begnügte sich nicht mehr damit, nur die Arbeitskanten der Steinstücke besser zu schärfen und dadurch brauchbarer zu machen, sondern löste die Splitter symmetrisch von beiden Rändern, brachte die Kerbwellen in eine regelmäßige, rhythmische Anordnung und paarte so Zweckmäßigkeit mit Schönheit. Der erste Schritt auf dem Weg zur künstlerischen Betätigung war scheu und schüchtern getan. Die Einheitlichkeit der Funde über weite Gebiete und über größere Zeiträume hin läßt erkennen, daß die einzelnen Siedlungsgruppen in gewisser Fühlung standen und ihre kulturellen Erfindungen untereinander tauschten.

Als Spender der Nahrung und als lebensbedrohende Gegner beschäftigten die Jagdtiere ständig die Phantasie der Jäger. Darum schnitzten die Menschen nach ihrer Erinnerung Figuren aus Knochen oder ritzten sie in die Fels- oder Lehmwände ihrer Behausungen ein. Zu Hunderten überziehen solche Darstellungen das Innere von Höhlen, wie sie in jüngster Vergangenheit beispielsweise in Südfrankreich *(Lascaux)* und Spanien *(Altamira)* wiederentdeckt wurden.

Viele Bilder sind flüchtig, skizzenhaft hingeworfen, aber manche Zeichnungen erheben sich zu beachtenswerter Meisterschaft. Sie stellen *Hirsche, Rentiere, Auerochsen, Mammute, Wildpferde* dar, in lässiger Haltung auf der Weide, aber auch in Bewegung, im hetzenden Lauf. Die mit spitzen *Feuersteinen* in die Wände geritzten Umrisse wurden mit schwarzer oder roter Farbe nachgezogen. Genaue Beobachtung und außerordentliche Naturnähe zeichnen diese Darstellungen aus. Anfänglich nur spielerische Tätigkeit, scheinen sie später mit magischen Vorstellungen *(Bildzauber)* verknüpft worden zu sein. Man glaubte vielleicht, das Wild sicherer erlegen zu können, wenn man sein Bildnis auf die Wand bannte als Ziel für die Speere und Pfeile der sich an ihm übenden Schützen. Man wollte sich durch den geglückten Schuß auf das Abbild gleichsam des Erfolges auf dem nachfolgenden Jagdgang vergewissern. Nach den Tierbildern erscheinen in späterer Zeit auf der Felswand auch Darstellungen der Verfolger mit ihren Waffen beim Weidwerk und im Kampf, kniend oder stehend, aber auch im Sprung. Die *Höhlenzeichnungen* dieser Urzeit sind Meisterwerke begabter Künstler, die, namenlos und der Schrift unkundig, uns doch über Jahrtausende hin von ihrem Äußeren, ihrem Leben und ihren magischen Gedanken in der Sprache der Bilder berichten.

Wenn die Menschen von der *Jagd* und vom *Pflanzensammeln* leben wollten, mußten sie über einen weiten Umkreis verfügen, um genügend Nahrung zu finden. Daher war es wohl in dieser Zeit nicht möglich, daß größere Gruppen beisammenwohnten und ständige gemeinsame *Wohnplätze* benützten. Außerdem zwangen die Wanderungen der Tiere und der Wandel der Pflanzenwelt, wie sie sich aus den Veränderungen der Jahreszeiten ergaben, die Menschen zu größerer Beweglichkeit und vielfach zum Wechsel ihrer Raststätten. Zu weiteren Verschiebungen kam es, als nach dem Ende der Eiszeiten umfangreiche Wohnflächen der bisher vereisten Teile der Norddeutschen Tiefebene und des ursprünglich vergletscherten Alpenvorlandes für die Besiedlung frei wurden und andere Völker aus verschiedenen Richtungen herbeiströmten und von diesem Neuland Besitz ergriffen. Dadurch veränderte sich auch das Bild der alten Kultur.

Man dachte damals noch nicht daran, wilde Tiere einzufangen, sie an sich zu gewöhnen, als *Haustiere* zu halten und zu nutzen. Nur der *Hund* gesellte sich als Schmarotzer zum Menschen, nährte sich von den Abfällen der Mahlzeiten und wurde ihm schließlich ein hilfreicher Begleiter auf seinen Waldgängen, ein treuer Kamerad. Die Arbeit wurde jetzt anders verteilt, die beiden Geschlechter erhielten ihre bestimmten Aufgaben. Während für den Mann die Jagd und damit die lebensnotwendige Beschaffung der Fleischnahrung die vorwiegende Betätigung war, blieb es Sache der Frau, Pflanzen und Beeren zu sammeln und sie auf ihre Verwendbarkeit im Haushalt zu prüfen. Als *Kleidung* verwendeten die Jäger vor allem die Felle der erlegten Tiere. Das *Bärenfell* war für diese Zwecke besonders beliebt. Die Frauen nähten die Fellstücke mit *Nadeln* zusammen, die aus Knochensplittern geschnitzt waren und durch deren Öhr man eine besonders dünne Sehne als Faden zog.

Die Toten wurden in denkbar einfacher Form in unmarkierten Gräbern ohne Steinschutz bestattet, man legte ihnen verschiedene Gaben mit ins Grab. Können wir daraus vielleicht auf einen Glauben an ein Fortleben nach dem Tod schließen, in welchem Leben die Verstorbenen diese Geschenke benützen sollten?

Eine auffallend höhere Entwicklungsstufe gegenüber der Frühsteinzeit läßt die nächste Epoche, die *Mittlere Steinzeit*, erkennen. Der wilde *Urmensch*, wie ihn der *Neandertaler* verkörpert, war aus den mitteleuropäischen Gebieten verschwunden und hatte einem andersartigen Menschenschlag den Platz geräumt. Man vermag nicht zu sagen, aus welchem Ursprungsland diese neuen Menschen eingewandert sind. Ihr Wuchs war größer, sie trugen den Kopf aufrecht und hatten eine unserem heutigen Menschenbild näherstehende Gesichtsform. Die hohe Stirn verlieh ihnen einen würdigen Ausdruck, die Kieferpartie schob sich nicht mehr vor, das Kinn war ausgebildet, der ganze Körper schlanker und feingliedriger gebaut. Diese Menschen lebten, nachdem die *Eiszeiten* mit ihren mehrfachen wärmeren Zwischenstufen ihr Ende gefunden hatten, in einem *Klima,* das sich von dem heutigen nicht mehr wesentlich unterschied. Im Zusammenhang damit waren auch die Tiere, die früher in Mitteleuropa gehaust hatten, teils ausgestorben, teils abgewandert, die *Rentiere* waren nach Norden gezogen, durch die sich immer weiter ausbreitenden *Wälder* streiften jetzt *Auerochsen, Hirsche, Elche, Rehe* und *Wildschweine.*

Für *Geräte* und *Waffen* wird das früher verwendete Rohmaterial, der Stein, auch weiterhin verarbeitet. Aber der veränderte Mensch schuf aus dem *Feuerstein* neue, verbesserte und vielgliedrige Geräte: kleine Messerchen mit dünnen Schneiden und abgestumpften Rücken, Bohrer mit feinen und Stichel mit groben Spitzen, Meißel, hie und da auch schon Beile, Dolche, Speerspitzen mit Kanten, die durch Absplittern muschelförmiger Steinstückchen besonders geschärft waren. Vereinzelte Beile, mit geschliffenen Flächen und sogar mit einem Bohrloch versehen, deuten bereits auf die meisterhafte Technik der späteren Jungsteinzeit. Auch Knochen, besonders Rentiergeweihe, wurden zu Spitzen von Wurfspeeren, zu Pfriemen, Spaltern, Beilköpfen, gezähnten Harpunen, Pfeilen und Nadeln mit einem Öhr verarbeitet. Man schmückte sich mit Anhängern aus Tierzähnen, Gehäusen von Schnecken und Muscheln sowie mit *Bernstein* und hüllte sich außer in Pelz auch in Lederkleidung.

Eine wesentliche Erleichterung für die Erschließung der Mittleren Steinzeit bedeuten die »*Kjökkenmöddinger*«, die »Küchenabfallhaufen«, an den dänischen Ostseeküsten. Hier fanden sich Schalen von Austern und anderen eßbaren Muscheln, Fischgräten, Vogelknochen, Reste von Hirschen, Rehen und ähnlichem Getier. Die Bevölkerung des Norddeutschen Tieflandes deckte also einen Teil des Nahrungsbedarfes durch Muschel- und *Fischfang.* Dies setzt allerdings die Anfertigung von Fischreusen und Netzen voraus, mit denen die Leute die Gewässer absuchten, wohl vom *Einbaum* aus, wie der Fund eines Paddelruders zu bezeugen scheint.

Das religiöse Leben der Menschen dieser Kulturstufe wurde von magischen Vorstellungen beherrscht. Zeichnungen von Pfeilen

und Tierfallen neben den Tierbildern sollen in magisch-symboli-
scher Weise den Tod des Jagdtieres vorausdeuten. Die aus-
drucksvollsten *Kultgegenstände* sind die aus Stein oder Bein geformten Figuren der Urmutter. In diesen kleinen Frauenstatuet-
ten wird die Bedeutung des Leibes als Gleichnis der ewig keimenden und fruchtbringenden Erde betont. Daher ist der Kopf
ausdruckslos, der Leib hingegen üppig und plump. Derartige
Figuren findet man an vielen Orten Europas. Die bekannteste
Plastik einer solchen Muttergottheit ist die bei Willendorf in der
Wachau, Niederösterreich, entdeckte und nach dem Fundort
benannte *» Venus von Willendorf«*.

Die Kunstübung zeigt jetzt große Veränderungen. Die naturali-
stische Wiedergabe des Figürlichen schwindet allmählich. Der
Gegenstand wird nun so gezeichnet, wie ihn sich der Mensch
denkt. Er wird stilisiert, wie es schon die Venusstatuette zeigt.
An Geräten erscheinen geometrische Figuren als Schmuckformen zur Belebung von Flächen. Sowohl die stilisierende als auch
die geometrische Kunst spiegeln die geistige Entwicklung der
Menschen in diesem Zeitraum wider: Der unmittelbare Sinnes-
eindruck wird zurückgedrängt, der Mensch beginnt zu denken.
Mit schüchterner Hand formt er die ersten *Tongefäße,* roh,
dickwandig, schwach gebrannt und daher auch leicht zerbrech-
lich. Gelegentlich wagt er sich aber auch schon an Verzierungen,
indem er gedrehte und verknotete Schnüre im frischen Ton ab-
drückt. Auffällig ist der oft in einer Spitze auslaufende Boden.
Diese Spitze diente dazu, das gefüllte Gefäß jederzeit in die weiche Erde stecken zu können.

Die Mittlere Steinzeit war von sehr langer Dauer. Das können
wir aus dem Wechsel der klimatischen Verhältnisse und den dadurch bedingten Wandlungen in der Tier- und Pflanzenwelt und
aus den Veränderungen der Erdoberfläche in den *Eiszeiten* und
ihren Zwischenstufen ablesen. Aber der Mensch bleibt trotzdem
noch auf der Stufe des *Jägers, Fischers* und *Sammlers* stehen. Er
führt ein gefahrvolles und beschwerliches Leben, sein Denken
ist fast nur von der Sorge um die Erhaltung des Daseins erfüllt.
Mit dem Speer in der Hand und dem Steindolch im Gürtel streift

er durch die Wälder. Noch kennt er nicht den Segen des Ackerbaus oder den Nutzen der Haustiere.

Mit dem Beginn der *Jungsteinzeit* hatte unter dem Einfluß des
gemäßigten Klimas auch in den nördlichen Breiten Europas der
Ackerbau seinen Einzug gehalten. *Bauernvölker* breiteten sich
von einer noch nicht näher bestimmbaren Zeit an zum erstenmal
auf deutschem Boden aus, drängten die Jäger und Sammler immer mehr nach Norden und Nordosten oder zwangen sie als
Feldarbeiter in ihre Reihen. Mit der Hacke oder hinter dem hölzernen Pflug schritt der Bauer über das Gelände, säte Weizen
und Gerste und bannte so den Hunger, der den Menschen sehr
oft aufgelauert hatte. Bei der ständig wachsenden Bevölkerung
bedeutete diese Wendung einen wahren Segen. Aber der Ackerbau regelte nicht nur die Ernährungsverhältnisse, er führte den
Menschen auch zu fester Siedlung, machte ihm Grund und Boden schließlich zum festen Besitz, und im Verlauf der weiteren
Entwicklung wurde das Land zum Erbgut, das vom Vater auf
den Sohn überging.

Mit der Veränderung im Arbeitskreis begann eine neue Lebensweise: Feste *Wohnstätten* wurden gebaut, indem man zugerich-
tete Stämme als Pfosten in die Erde senkte und sie durch Wände
verband; das waren Rutengeflechte, mit Lehm verstrichen. Das
Wort *Wand* ist von *winden* abgeleitet und bezeichnete im Germanischen das Flechtwerk, aus dem die Hauswände hergestellt
wurden, bevor die Germanen von den Römern den Steinbau
übernahmen. Infolge des damaligen Holzreichtums bestand
keine Nötigung zu Stein- oder Ziegelbau. Die Häuser waren
rechteckig mit hohem Strohsatteldach oder rund mit gewölbter
Bedachung. Sie hatten nur einen Raum, der oft zu einer *Wohn-
grube* vertieft war. In der Mitte stand der gemauerte Herd zum
Kochen und Heizen. Öfen waren noch unbekannt. Doch jetzt
hatten die Stämme Mitteleuropas – wahrscheinlich nach dem
Vorbild östlicher Völker – Tiere gezähmt und züchteten Rinder,
Schweine, Schafe und Ziegen, während man früher nur den
Hund als Begleiter des Menschen hielt. Die Körperkraft der
großen *Haustiere* wurde für die Landwirtschaft und den Ver-

kehr genutzt. Das charakteristische Kennzeichen bäuerlicher Ackerbaukultur war jetzt der vom Rind gezogene *Pflug*. Vorher kannte man nur die bescheidenere Bodenbearbeitung, den *Hackbau*. Der Pflug entwickelte sich aus der Hacke, die so über den Boden gezogen wurde, daß der Stiel als Zugstange, die Hakke, der eigentliche Arbeitsteil, dagegen als Pflugschar verwendet wurde. Als älteste Pflüge dienten Holzhacken, gebildet aus Baumstämmen mit einem entsprechenden Wurzel- oder Zweigstück als Schar. Setzte man über das Krummholz noch einen Stab als Sterz ein, um das Gerät von oben fest in den Ackerboden eindrücken und führen zu können, so war der Pflug fertig *(Hakenpflug)*. Solche Geräte waren leicht herzustellen, und die großen Waldgebiete lieferten geeignetes Rohmaterial in hinreichender Menge.

Die *Pflugkultur* drang auf zwei Wegen nach Mitteleuropa ein: längs der Küsten des Mittelländischen Meeres über die Iberische Halbinsel und Frankreich und auch die Donau aufwärts. Sie verbreitete sich bis in die südlichsten Teile Skandinaviens. Zur Zeit des Hackbaus wurden nur kleine Flächen bestellt. Erst mit der Pflugkultur erweiterte sich der landwirtschaftliche Betrieb.

Die *Körner (Getreide)* zerrieb man auf *Reibsteinen* zu Mehl und backte flache Brotlaibe oder Fladen auf heißen Steinen. Immer noch aber war es üblich, im Wald nach pflanzlicher Nahrung zu suchen: nach Haselnüssen, Bucheckern, Eicheln, Beeren und Holzäpfeln. Daneben aber ergänzten Jagd und Fischfang den Lebensunterhalt, wie die Funde von engmaschigen Netzen, Angelhaken und Fischstechern bezeugen.

Das *Handwerkszeug* bestand noch aus Stein. Aber dieser wurde jetzt nach dem Behauen geschliffen und fein poliert. Die Axtschneiden befestigte man an einem Stiel, indem man sie dem Schaft einfügte oder – ein großer Fortschritt – ein Loch in den Stein bohrte. Für diesen Zweck waren allerdings andere Gesteinsarten nötig als früher, da man den *Feuerstein* nicht durchlöchern konnte.

Die Bauernvölker dieser Zeit wurden zu Schöpfern und Trägern unterschiedlicher Kulturkreise. Die große Zahl der *Tongefäße*, noch ohne *Töpferscheibe* gefertigt, mit ihrer verschiedenen Eigenart der Formung und Verzierung bot eine Handhabe, die einzelnen Völker und Kulturen in Gruppen einzuteilen. Wenn sich auch die Verschiedenheit dieser Völker nicht nur in den sondernden Merkmalen der Tongeschirre zeigt, so mußte man doch zu diesem Hilfsmittel greifen, da uns die Völkernamen nicht bekannt sind, wohl aber die Bodenfunde, die Einblick in jene Kulturen gewähren. Die drei wichtigsten Kulturkreise aus dieser Zeit sind die *Megalith-* [1], die *Schnur-* und die *Bandkeramiker.*

Die *Megalithkultur* erhielt ihren Namen von den *Großsteingräbern.* Das Volk nennt sie *Hünengräber* und will wohl damit ausdrücken, daß nur Riesen solche gewaltigen Steinblöcke hätten herbeischaffen und auftürmen können. Der Wanderer in der Norddeutschen Tiefebene oder in *Jütland* stößt noch heute in der Einsamkeit der Heide oder zwischen Föhren oder Wacholder auf diese seltsamen Bauten, von Moos und Flechten überzogen, stumme Zeugen einer uralten Totenkultur. Ungefüge Granitfindlinge, zu mächtiger Mauer kreisförmig oder rechteckig aneinandergerückt, umhüten einen Erdhügel. Inmitten der Erhöhung bilden mehrere Steine die Seitenwände einer *Grabkammer.* Ein wuchtiges Felsstück oder mehrere Steinplatten decken das Totenhaus ab. Darunter führt, meist gesichert durch zwei wie Türpfosten aufgestellte Steine, ein Eingang ins Innere. Die Gräber sind meist schon längst ihres Inhalts beraubt. Nur in wenigen unversehrten Kammern fand man unter einer Lehmschicht und einer Lage kleinerer Steine Menschenknochen, Werkzeuge und Tongefäße.

Die *Megalithgräber* sind großenteils Mausoleen für ganze Familien und Bauerngeschlechter gewesen. Selbstverständlich waren diese mächtigen Grabmale nur für Auserwählte bestimmt, nicht für einfache Leute. Denn die Zahl der Grabhügel entspricht nicht im mindesten der Größe der damaligen Bevölkerung, und außerdem hat man neben den großen Totenstätten auch bescheidene Flachgräber derselben Epoche festgestellt.

Eine Sonderform der Megalithgrüfte bilden die *Ganggräber:* ein

Gang mündet in eine von Felsplatten umschlossene Stube. Über Gang und Kammer schichtete man Erde, so daß die ganze Grabanlage unter einem künstlichen Hügel verdeckt lag. Im Inneren solcher Gräber wurden Skelette und Schmucksachen, Steingeräte und Tongeschirr gefunden. Eines der bedeutendsten deutschen Ganggräber ist der *Denghoog* auf der nordfriesischen Insel Sylt.

Die *Riesensteingräber* geben uns ein aufschlußreiches Bild von dem Glauben an eine Fortdauer der Seele nach dem Tod: Man errichtete dem Toten ein Haus von Stein, fester und dauerhafter als die Wohnstätten der Lebenden. Der Verstorbene wurde ohne Sarg und lang ausgestreckt auf den steingepflasterten Boden gebettet und mit all den Dingen umgeben, die er vermutlich im Jenseits brauchen würde: der Mann mit seinen Waffen, die Frau mit ihrem Hausgerät. Außerdem wurde den Toten noch reichlich Wegzehrung in Tongeschirren beigegeben, damit sie nicht Hunger leiden müßten. Kennzeichnend für die Megalithgräber sind auch Funde von durchbohrten Streithämmern in Form von Amazonendoppeläxten und die als *Amulette* getragenen kleinen *Bernsteinnachbildungen*.

Die Megalithkeramik zeigt ein wohlausgewogenes Verhältnis zwischen Rundungen und Geraden, zwischen Körper und Hals. Lotrechte Ritzlinien oder plastische Rippen überziehen Schulter- und Bauchpartien, später wird die Oberfläche mit tief eingedrückten Mustern von geraden und im Zickzack verlaufenden Linien geschmückt (Tiefstichverzierungen).

War beim Ausgang der *Jüngeren Steinzeit* mit der Megalithkultur eine gewisse Beruhigung in der Bevölkerungs- und Siedlungsgeschichte *Norddeutschlands* und *Skandinaviens* eingetreten, waren die *Bauernvölker* verschiedener Herkunft auf ihrer Scholle immer seßhafter geworden, so erhebt sich etwa um 2000, wie man annimmt, in diesem Raum, aber auch in großen Gebieten von Mittel- und Osteuropa, eine gewaltige Bewegung, die das Bild völlig verändert. Plötzlich erscheint ein neues Volk auf dem Plan, mit einer eigenen Form von Streitäxten, mit schnurverzierter Irdenware und mit einfachen Einzelgräbern. Diese

Menschen spannen Pferde vor ihre Streitwagen und benützen sie auch als Reittiere. Das ermöglicht ihnen die schnelle Ausbreitung über weite Teile des nördlichen Europa, später auch über die *Poebene* und die *Balkanhalbinsel*. Es sind die *Indogermanen*, jenes für die europäische Geschichte bedeutendste Volk, das bis heute in seinen hervorragendsten Nachfahren, den *Germanen, Romanen* und *Slawen*, die Welt beherrscht. Ist auch die Frage, ob die Träger der nordeuropäischen Megalithkultur Indogermanen gewesen sind, noch sehr umstritten, so sind sich doch die Vertreter der Vorgeschichte, der Anthropologie, der Sprachwissenschaft und der Kulturgeschichte einig über die indogermanische Herkunft dieser Völkergruppe. Wie ein Sturm brachen die *Streitaxtleute,* zu denen die *Schnurkeramiker* gehören, über die müde gewordene Bauernkultur Mitteleuropas herein, lösten sich hier aus dem Zusammenhang, sich in verschiedene Arme verströmend, und mischten sich im Lauf der bodenständigen Bevölkerung zu neu erstehenden Völkern, insbesondere den *Germanen, Kelten, Italikern* und *Illyriern*. Überall machten sich so die Indogermanen zu Herren und zwangen den unterworfenen Stämmen ihre Sprache auf. Aber diese wandelte sich im Mund der Überwundenen, veränderte im Lauf der Zeit auch die Sprachform der meist in der Minderzahl erscheinenden Eroberer und führte so letzten Endes zur Entstehung der verschiedenen indogermanischen Sprachen Europas.

Die Schnurkeramiker breiteten sich von Thüringen bis an die Nord- und Ostsee aus. In ihren Gräbern fanden sich vor allem hohe, schlanke Tonbecher, die mit Abdrücken von Wickelschnüren verziert sind. Daher der Name. Die Gefäße sind aus freier Hand sorgfältig gearbeitet und weisen eine Dekoration auf, die sich der Form – der *Tektonik* – anpaßt: sie umzieht den Tonkörper mit einem Liniengerüst, das ihn scheinbar trägt und hält. Hauptsächlich durch diese tektonische Zierweise unterscheiden sich die Schnurkeramiker von den *Bandkeramikern*.

Unter den *Waffenbeigaben* in den Gräbern fallen die formschönen, schlanken, durchbohrten Streitäxte auf. Die Toten wurden in Einzelgräbern unter flachem Rasen oder unter Grabhügeln bestattet – oft in hölzernen Särgen oder in *Steinkisten,* die aus Platten zusammengefügt wurden. Ein Grab dieser Art wurde bei *Merseburg* entdeckt. Zeichnungen von Figuren und geometrischen Mustern schmücken die Wandplatten. Unser Bild zeigt eine geschäftete Streitaxt. Diese Beigabe kennzeichnet den Toten als wehrhaften Anführer.

Die Schnurkeramiker traten in eine enge kulturelle Verbindung mit den *Megalithgräberleuten,* mit denen sie im Lauf der Zeit zu einem Volk verschmolzen. Darauf werden wir später noch zurückkommen.

Die Bandkeramiker waren kein kriegerisches, sondern ein ausgesprochenes *Bauernvolk,* das auf der Suche nach guten, fruchtbaren Lößböden die *Donau* aufwärts bis nach *Süddeutschland* und nordwärts gegen *Schlesien* und *Polen* vorstieß. Der bandkeramische Kreis trägt nach seinem hauptsächlichen Verbreitungsgebiet auch den Namen *Donauländischer Kreis.* Seine Töpfer schmückten die meist halbkugelförmigen Gefäße mit Bändern. Eine besondere Art der Bandkeramik ist das Stichband: Doppellinien sollen eine Schnur andeuten und werden mit kleinen Strichen punktiert. Oft umlaufen bis zu fünf Linienpaare die Gefäße in Zickzackform. Eine andere Dekorationsweise verwendet die bewegten Muster des Mäanders, meist in flächenfüllender Wiederholung, oder die der Spirale. Die Verzierungen werden eingestochen oder aufgemalt.

In der letzten Phase der *Jungsteinzeit* treffen wir im Sumpfgelände der abgelegenen, stillen Seen Süddeutschlands und der *Schweiz* auf eigenartige, auf Pfählen errichtete Hütten: die *Pfahlbauten.* Vielleicht hat ein gewisses Schutzbedürfnis die Leute in die von Wanderzügen der Stämme und kriegerischen Unruhen unberührten Gegenden gelockt, vielleicht zwang die stärkere Bewaldung des Alpenvorlandes dazu, die Dörfer an den bisher unbebauten Seerändern zu errichten. Erst vor rund hundert Jahren führte der damalige niedrige Wasserstand der Schweizer Seen zur Entdeckung der aus dem Seegrund ragenden Pfahlköpfe. Seitdem wurden diese Siedlungsstätten untersucht, und man hat eine Menge Überreste aus dem Schlick geborgen,

die oft bewundernswert gut erhalten sind. Die Dörfer standen auf
den Moorwiesen, waren also ursprünglich Landsiedlungen, die
erst nachträglich überflutet wurden. Nur die ganz wassernahen
Häuser standen zum Schutz gegen gelegentliche Überschwem-
mungen auf pfahlgestützten Plattformen. Die Pfahlreihen an
den Seeseiten der Bauten dienten entweder als Befestigungen
oder als Wellenbrecher. Von einem geschützten Vorplatz her
führte der Weg ins Haus, zuerst in die kleine Küche mit Backofen und dann in einen größeren Raum mit einer breiten
Schlafbank an der Seiten- und Rückwand und einem offenen
Herd. Der Holzfußboden war mit Lehm bedeckt.
Die *Pfahlbaumenschen* betrieben *Ackerbau* und *Viehzucht*. Als
tägliche Nahrung verzehrten sie Fleisch, Fische, Milch und
Brot. Zum Fischfang rüstete man sich mit Harpunen, Pfeilen
und Netzen aus. Im Umkreis der Dörfer grünten Gemüse- und
Obstgärten (Äpfel). Dieses Obst gab es bei den Pfahlbauern viel
häufiger als bei anderen Siedlungsgruppen.
Die *Pfahlbaudörfer,* die beim Ausgang der Steinzeit entstanden,
erlebten ihre Blüte in der *Bronzezeit.* Das *Inselkastell von La
Tène* am *Neuenburger See* in der Westschweiz, das der *Jüngeren
Eisenzeit* den Namen gegeben hat, war ebenfalls ein Pfahlbau.

Die Indogermanen

Die Ahnen der *Germanen* waren die *Indogermanen,* die etwa im
dritten Jahrtausend als selbständige Völkerfamilie hervorgetre-
ten sind. Mit dem Namen Indogermanen oder *Indoeuropäer* bezeichnet man jene Völkerschaften, die die von der Sprachwissenschaft erschlossene *indogermanische Sprache*[2] vertreten. Man
hat festgestellt, daß die meisten europäischen und auch mehrere
asiatische Sprachen große Verwandtschaft miteinander zeigen.
Vor allem in den Ausdrücken für das Nächstliegende, wie Ver-
wandtschaftsnamen, Körperteile, Ackerbau und Viehzucht,
einfache Zahlen, primitive Lebensäußerungen, Tätigkeiten und
Eigenschaften. Für das gemeinsame Erbe seien folgende Bei-

spiele angeführt: Das Wort *Schwester* heißt im Altindischen *svasar*, im Lateinischen *soror*, im Altslawischen *sestra*, im Gotischen *swistar*, im Althochdeutschen *swester*, im Englischen *sister*, im Französischen *sœur*, im Litauischen *sesus*. Dem indogermanischen Erbwort *Joch*, aus indogermanischer Wurzel *ieug* (= verbinden, zusammenspannen), entspricht im Altindischen *yugá*, im Griechischen *zygón*, im Lateinischen *iugum*, im Altslawischen *igo*, im Altnordischen und Schwedischen *ok*, im Englischen *yoke*, im Italienischen *giogo*, im Neugriechischen *iug*, im Litauischen *iúngas*, im Gotischen *juk*, im Althochdeutschen *joh*. Das Zeitwort *stehen* entwickelte aus der indogermanischen Wurzel *stha* folgende Verwandtschaftsreihe: griechisch *histánai*, lateinisch *stare*, gotisch *standan*, althochdeutsch *stantan*, englisch *stand;* das Zahlwort *zehn* die Reihe: altindisch *dasa*, griechisch *deka*, lateinisch *decem*, gotisch *taihun*, althochdeutsch *zehan*, englisch *ten*. Aus dieser Sprachgemeinsamkeit schloß man auf eine Grundsprache, auf die die verwandten Einzelsprachen zurückgehen, und auf eine ursprünglich einheitliche Völkergruppe, die man mit dem künstlich gebildeten Namen Indogermanen bezeichnet. Er steckt die Grenzen des Verbreitungsgebietes durch die Angabe des südöstlichsten und des nordwestlichsten Volkes (Inder – Germanen) ab.

Die indogermanische Grundsprache, aus der sich im Lauf der Jahrhunderte die Tochtersprachen entwickelt haben, ist nicht erhalten. Aber die Sprachwissenschaft hat aus dem Vergleich der gemeinsamen Züge der Kinder das Bild der Mutter wenigstens in seinen Hauptlinien wiederhergestellt. Das Indogermanische ist eine nach jeder Hinsicht hochausgebildete Sprache, die eine lange Entwicklung hinter sich hat. Es verfügte über ungefähr ebenso viele und ebenso geartete Laute wie die Sprache der Germanen. An Formenreichtum war es dem Germanischen überlegen.

Das Indogermanische stellt sich uns als eine hochentwickelte flektierende Sprache vor. Neben der Einzahl und Mehrzahl gab es beim Hauptwort, Fürwort und Zeitwort noch eine Zweizahl (Dual). Das Hauptwort bildete acht Fälle: Nominativ, Genitiv,

Dativ, Akkusativ, Vokativ, Ablativ, Lokativ und Instrumentalis. Das Zeitwort wies besondere, nicht umschriebene Formen für Aktiv, Passiv und für Medium auf, eine Mittelform, die unserem reflexiven Verb entspricht. Als Zeitformen begegnen uns neben den bekannten noch besondere, die die Dauer und Vollendung eines Vorganges ausdrücken, wie das Praeteritum neben dem Imperfektum, der Aorist neben dem Perfektum. Zum Indikativ und Konjunktiv des Zeitworts tritt noch eine eigene Wunschform, der Optativ. Das Indogermanische kannte schon die uns geläufigen Wortarten und drei Geschlechter, nur der Artikel fehlte. In der Wortfolge herrschte große Freiheit, weil man durch die Fülle der Beugungsendungen die Beziehung der Satzglieder zueinander klar kennzeichnen konnte. Von dem Reichtum des indogermanischen Formenbestandes geben uns heute noch das Altgriechische und das Slawische eine sehr deutliche Vorstellung.

Zum *indogermanischen Sprachstamm* gehören in Asien das Indische, das im Sanskrit zur Sprache der Literatur und Wissenschaft wurde; das Iranische, zu dem die Mundarten der alten Perser, Baktrer, Parther und Skythen gehörten; das Armenische und endlich die ausgestorbene Sprache der Hethiter, eines alten Kulturvolks im östlichen Kleinasien, sowie die der Tocharer, die erst 1904 durch Handschriften aus Ostturkestan entdeckt wurde.

In Europa begegnen uns in alter Zeit folgende Sprachen aus dem *indogermanischen Sprachbereich:* das Altgriechische, das sich später zum Neugriechischen entwickelte; das Italische, aus dessen bedeutendster Mundart, dem Lateinischen, der römischen Staats- und Weltsprache, die romanischen Tochtersprachen hervorgegangen sind: das Italienische, Spanische, Portugiesische, Französische, Rätoromanische (jetzt noch im Engadin und im Quellgebiet des Rheins gesprochen) und das Rumänische; das Keltische, das den ganzen Westen und große Gebiete des südlichen Europa beherrschte und sich bis Kleinasien (Galater) ausdehnte; noch heute gehen viele Orts-, Fluß- und Bergnamen in diesen Ländern darauf zurück (jetzt ist es nur auf kleine Räume in Großbritannien und der Bretagne beschränkt); weiter das Germanische, von dem im folgenden ausführlich zu sprechen sein wird; das Illyrische, auf das das Albanische zurückgeht; das Baltische, das im Litauischen und Lettischen weiterlebt, während das Altpreußische seit dem 17. Jahrhundert ausgestorben ist; endlich das Slawische, dessen nördliche Gruppe das Russische, Ruthenische, Polnische, Tschechische und Slowakische und dessen südliche das Bulgarische, Serbokroatische und Slowenische umfaßt.

Der indogermanische Sprachstamm dehnte sich von der Nordsee bis zum Hindukuschgebirge in Zentralasien aus. Wo innerhalb dieses weiten Bogens die *Urheimat der Indogermanen* gelegen war, konnte bis heute noch nicht befriedigend erklärt werden. Suchte man sie früher in Zentralasien, später in Nord- und Mitteleuropa, so mehren sich in jüngster Zeit wieder die Stimmen, die auf die weiten Steppengebiete des osteuropäisch-asiatischen Grenzraumes als Ursitz hinweisen. Hier wäre genügend Platz für die Entfaltung eines so großen Volkes gewesen, das Eigenschaften entwickelte, die ihm die Überlegenheit über die seßhafte Bauernbevölkerung verliehen. Die weiten Flächen hätten die großen Viehherden auf ihrer langsamen Wanderung von Weideplatz zu Weideplatz ernährt und den Pferden einen ausgedehnten Tummelplatz geboten. Gerade die *Pferdezucht* sowie auch die Zucht und die Zähmung der anderen Haustiere gingen ja von den Indogermanen aus, während die Bauern der *Jungsteinzeit* nur *Wildpferde* kannten. Wie auch immer die Frage nach der indogermanischen Urheimat enträtselt werden wird, es begegnet schon heute keinem Zweifel, daß sie in der Zone mit gemäßigtem Klima lag. Dies nämlich machen die übereinstimmenden Ausdrücke für Winter, Schnee und Eis sowie für Frühling und Sommer wahrscheinlich.

Wie die Bodenfunde bezeugen, überlagerten die Indogermanen seßhaft gewordene bäuerliche Völkerschaften. Voll Eroberungsdrang, kampfbereit und gefahrengestählt, setzten sie sich vermöge ihrer kulturellen Überlegenheit überall als Herrenvolk durch, prägten den Überwundenen den Geist ihrer Sprache auf und schenkten ihnen aus ihrer Wesensart Tatkraft, Beweglichkeit und Ordnungssinn. Obwohl die *Viehzucht* ihre Hauptbeschäftigung war und im Mittelpunkt ihres Denkens stand, so pflegten sie doch auch den *Ackerbau.* Sie spannten ihre Rinder vor den hölzernen *Pflug* und den vierrädrigen *Wagen.* Sobald sich aber die Möglichkeit bot, überließen sie die schwere Feldarbeit gern den Unterworfenen und widmeten sich nur der Pflege der Herden. Sie hielten Schwein, Rind, Schaf und Ziege in einer Menge, die über den Bedarf weit hinausging, während sie den Getreidebau nur in dem unbedingt nötigen Ausmaß betrieben. Das Tier, das ursprünglich den Viehstand ausgemacht hatte, war das sich selbst versorgende, genügsame *Schaf,* das eine bedeutendere Rolle spielte als das Rind. Der indogermanische Begriff für die Gesamtheit der Haustiere geht auf die indogermanische Wurzel *pek*[3] zurück, die das Ausrupfen der Wolle bezeichnet. Die Schafherden waren der Stolz und Reichtum ihrer Besitzer, ihre Zahl ein Wertmesser. Auch waren die Tiere als Tauschmittel in gewissem Sinn Vorläufer des *Geldes.* Aus der indogermanischen Wurzel pek entwickelte sich das lateinische Wort *pecunia* = Geld. Die Herden waren die erste Habe, das erste Vermögen der Menschen, mit ihnen kam der Wertbegriff als etwas Neues nach Mitteleuropa. Ein individuelles Eigentum an Grund und Boden gab es noch nicht.

Das Pferd war nur Zugtier, später auch Reittier. Ausgewählte Rosse wurden vor den zweirädrigen Kriegswagen gespannt, und eine große Rolle spielte das Pferd im Götterkult. Es zog den Wagen mit der Sonnenscheibe, womit vielleicht der scheinbare Lauf des Gestirns nachgeahmt werden sollte, und war als Opfer für die Überirdischen hoch geschätzt.

Die Indogermanen standen auf der Stufe der wirtschaftlichen Selbstversorgung *(Autarkie).* Alle wichtigen Bedarfsgegenstände erzeugten sie innerhalb der Hausgemeinschaft. Nur Dinge, die besondere technische und künstlerische Fähigkeiten erforderten, wie Steinwerkzeuge, Tongefäße und Schmucksachen, wurden von Handwerkern hergestellt. Die indogermanischen Ausdrücke für kaufen und verkaufen sind wohl ein Beweis dafür, daß schon in der Urzeit ein reger *Handel* bestanden hat. Besondere Nachfrage galt offenbar den *Feuersteingeräten* und dem *Bernsteinschmuck*. Innerhalb der Familie war die Arbeit geregelt: Der Mann betreute die Herdentiere und führte den Pflug, die Frau wendete ihre Tätigkeit Haus und Hof zu und besorgte den Garten, befaßte sich mit dem Mahlen des Getreides, dem Spinnen und Weben. Das öffentliche Leben in Sippe und Stamm beherrschte der Mann. Die *indogermanische Gesellschaftsordnung* beruhte auf dem Vaterrecht. Die Frau stand in hohem Ansehen, man kannte nur die *Einehe*.

Immer ausschließlicher setzte sich bei den Indogermanen die Form des Einzelgrabes mit den üblichen Beigaben der steinernen Streitaxt und des geschweiften Bechers durch. Das erklärt sich aus dem häufigen Wechsel der Wohnsitze. Die religiöse Verehrung galt nicht den Erscheinungen des Vegetationswandels, nicht der Mutter Erde, sondern den Lichtgöttern. Oberster Herrscher war der Himmelsgott, der Vater aller Wesen. Daher setzte man seinem Namen auch die Bezeichnung für Vater bei, so altindisch *dyáus pitár*, griechisch *Zeus patér*, lateinisch *Diespiter = Jupiter*.

Die Indogermanen hatten seit dem Beginn ihres Auftretens schon eine lange Entwicklung durchlaufen, waren bei ihrer Ausbreitung über einen weiten Raum mit verschiedenen Völkern in Berührung gekommen und hatten sich mit ihnen vermischt, so daß sie schließlich keine einheitliche Volksart bildeten. Daher lassen sich auch allgemeine Angaben von körperlichen Eigenschaften für sämtliche Angehörige dieser Sprachgemeinschaft nur mit einem gewissen Vorbehalt hinnehmen. Gewöhnlich gelten diese Menschen nach den übereinstimmenden Nachrichten der ältesten Einzelvölker des indogermanischen Sprachstammes, nach den frühesten Bildwerken und Skelettfunden als hochgewachsen und hellhäutig, wahrscheinlich waren sie auch langschädelig, blondhaarig und blauäugig.

Ungefähr am Schluß der *Jungsteinzeit* hatte die Ausbreitung des indogermanischen Volkes auf mitteleuropäischem Boden sein Ende gefunden. Es ist aber nicht anzunehmen, daß die Indogermanen auf ihren Zügen in kulturlose, fast menschenleere Räume eingedrungen sind. Sie stießen überall bereits auf eine ansässige Urbevölkerung und bildeten dort, solang sie es vermochten, eine Herrenschicht. Die vorgefundene bodenständige Kultur wurde übernommen oder umgebildet. Später folgte dem räumlichen Zusammenleben auch die eheliche Verbindung zwischen Herren- und Bauernvolk. Und so entstanden ungefähr 2000 neue Völker, von denen die *Germanen, Kelten, Italiker, Illyrier* und *Slawen* zu größter Bedeutung gelangten. Um dem Bild von der Entstehung des germanischen Volkes einen weiteren Rahmen zu schaffen, sei kurz ein Überblick über die anderen indogermanischen Völker gegeben.

DRITTES KAPITEL

Die Nachbarvölker der Germanen

WESTLICHE GERMANENSTÄMME stießen in Mitteleuropa auf die *Bandkeramiker.* Aus der Verschmelzung mit ihnen gingen die *Kelten,* auch *Gallier* genannt, hervor, die den Raum vom *deutschen Mittelgebirge* bis zu den *Alpen* und der *Ungarischen Tiefebene* hin besetzten. Von diesem Kerngebiet drangen sie unter dem Druck der im 8. Jahrhundert v. Chr. nach Südwesten vorstoßenden Germanen durch die Burgundische Pforte nach Frankreich ein und bahnten sich unter schweren Kämpfen den Weg nach Süden über die Pyrenäen nach Spanien, gelangten auch nach Norden und besiedelten die Britischen Inseln. Noch erinnert der Name *Keltiberer* an die Vermischung der Urbevölkerung der Iberischen Halbinsel mit den eingewanderten Kelten.

Die Kelten

Die größte Ausdehnung erreichten die Kelten in der *Jüngeren Eisenzeit;* sie verbreiteten damals ihre Kultur, die nach einem Fundort am *Neuenburger See* in der Schweiz »*La-Tène-Kultur*« genannt wird. Sie eroberten von 400 v. Chr. an ganz *Oberitalien,* zerstörten 387 v. Chr. *Rom* und beunruhigten *Kampanien* und *Apulien.* Um dieselbe Zeit besetzten sie *Böhmen* (*Boiohaemum,* nach dem Keltenstamm der *Bojer* benannt), *Mähren* und *Pannonien,* das Land zwischen Donau und Save. Sie erschienen an den Küsten der Adria, von wo sie im Jahr 335 auch Abgesandte an *Alexander den Großen* schickten. Den Beweis für ihre unerschrockene Kühnheit liefert folgende Geschichte: Bei einem Festmahl fragte König Alexander die Gallier, was sie am meisten fürchteten, und erwartete wohl, seinen Namen zu hören. Sie jedoch antworteten: »Nichts, als daß etwa der Himmel einstürze.«

Auf dem weiteren Zug nahmen sie *Illyrien* und *Thrakien*, drangen 279 in *Griechenland* ein und erschienen vor *Delphi*, das sie plünderten. Einen Teil der Beute schickten sie, wie es später hieß, nach *Tolosa*. Im Jahr 278 überschritten die Kelten den *Hellespont* und gründeten im Herzen Kleinasiens, im anatolischen Hochland, das Reich der *Galater*. Um diese Zeit waren die Kelten das mächtigste Volk in Europa und hatten das größte geschlossene Siedlungsgebiet von allen indogermanischen Völkern. Aber der weit ausgedehnte gallische Staatenbund zeigte wenig Straffheit und Zusammenhalt, es fehlten die politische Einheit und eine gemeinsame Regierung. In vielen Kriegen und Eroberungszügen rieben sich die keltischen Stämme auf. Rom erhielt durch die drohende Gefahr neuen Auftrieb. Ungebrochen erhob es sich dank des engen und aufopfernden Zusammenschlusses seiner Bürger aus der notvollen Lage. In harten Kämpfen machten die *Römer* das gallische Oberitalien zu ihrer Provinz *Gallia cisalpina,* und der genialen Führung *Caesars* gelang die Unterwerfung ganz *Galliens* jenseits der Alpen *(Gallia transalpina),* des heutigen Frankreich. Die Kelten dienten später als Söldner in den Heeren der *Makedonier* und *Punier,* sie unterstützten den großen Tyrannen von Syrakus, *Dionysios I.,* verbrauchten jedoch in der Folgezeit ihre Kraft in den kriegerischen Auseinandersetzungen mit den Römern und Germanen.

Wenn die Kelten auch keinerlei Spuren ihrer politischen Größe hinterlassen haben, wenn auch ihre Sprache in Mitteleuropa ausgestorben ist, so lebt doch ihr Geist in ihren Erfindungen und künstlerischen Leistungen weiter, mit denen sie einen wichtigen Beitrag zur Kultur des Westens geliefert haben.

Die Blüte der Kelten fällt nicht mehr in die Steinzeit, sondern schon in die *Metallzeit*. Eine kurze Zwischenstufe leitete zu einer Periode über, in der man nur Kupfer als Werkstoff verwendete. Da aber gediegenes Kupfer verhältnismäßig weich ist, versuchte man es durch Zusatz anderer Stoffe zu härten und technisch brauchbar zu machen. Eine Beigabe von zehn Prozent Zinn ergab die günstigste Legierung; sie erhielt den Namen Bronze. Demnach wird die Periode von rund 1800 bis 800 v. Chr. als *Bronzezeit* bezeichnet. Der neue Werkstoff verdrängte nach und nach den Stein und bot bisher unbekannte Möglichkeiten für Technik und Kunst. Die Gegenstände wurden in Gießformen aus Stein oder Ton gegossen. Neue *Waffen* treten in dieser Zeit auf, *Helme*, die noch sehr selten sind, *Schwerter* mit auffallend kurzen Griffen, die als Dolche geführt werden – auf das lange *Hiebschwert* treffen wir erst in der Eisenzeit. Heute sind die Bronzefunde von dunkelgrünem Edelrost überzogen. Einstmals näherte sich die Bronze in ihrer glänzenden Tönung dem Schimmer des Goldes.

Ein Gebrauchsgegenstand kommt auf, der sich immer mehr zum *Schmuckstück* entwickelt: die *Gewandnadel* oder *Fibel*. Das ist eine mit einem Bügel versehene Nadel zum Zusammenhalten der Kleidung. Sie entspricht mit ihrem federnden Spiralende und dem zum Nadelhalter zurückgebogenen Teil unserer Sicherheitsnadel. In ihrer einfachen Form verrät sie auf den ersten Blick das eigentliche Wesen des Gegenstandes und bringt ihre Funktion sinnfällig zum Ausdruck. Aber in der Folge wandelt sie sich allmählich zu einem oft recht kostbaren Schmuckstück. Der Bügel wird verbreitert, die Enden werden mit Platten oder Spiralscheiben verlängert, und endlich wird das Ganze durch reichen Zierat zu einem erlesenen Kunstwerk gestaltet. In der Wandlung ihrer verschiedenen Typen wird die Fibel für den Archäologen zu einem wichtigen Bestimmungsstück der einzelnen Zeitabschnitte und Gegenden.

Mitten in die ausgehende Bronzezeit schiebt sich eine neue Kultur, die *Hallstattkunst*, ungefähr von 900 bis 450 v. Chr. Sie hat ihren Namen nach den hervorragenden Funden aus dem Gräberfeld bei Hallstatt im Salzkammergut erhalten. Neben der Bronze verwendet sie bereits das Eisen als Werkstoff und gehört somit dem älteren Abschnitt der Eisenzeit an, die die letzte Periode der europäischen Vorgeschichte ist und bis zum Einsetzen der schriftlichen Geschichtsquellen reicht. Die *Hallstattkultur* erstreckt sich über ganz *Mitteleuropa,* von Frankreich bis in die Sudentenländer und den nördlichen Balkan. In den westlichen Ländern wird sie von den Kelten, in den östlichen von den Illyriern vertreten. Der Salzreichtum der Hallstätter Gegend bewirkte großen Wohlstand der Bewohner, der aus den Schätzen der mehr als tausend Gräber spricht, die man dort aufdeckte. Sie bargen bronzene und eiserne Kurz- und Langschwerter, Lanzen, Dolche, Pfeilspitzen, Äxte und Beile, auch verschiedene Schmuckstücke, Werkzeuge, Bronzekessel, Schalen und Tongefäße. Der Schmuck weist oft seltsame Formen auf und ist merkwürdig überladen: dicke Armringe, Schlangenfibeln und Halbmondfibeln mit angehängten Kettchen und Klapperblechen. Vereinzelt verwendet man plastische Darstellungen von Menschen oder Vögeln als Henkel an Krügen.

Die Träger des Kulturabschnittes der Eisenzeit, der auf die Hallstattkunst folgte, sind in erster Linie die Kelten. Die Epoche erhielt ihren Namen *La-Tène-Periode* nach einer seichten Uferstelle (La Tène = Untiefe) am *Neuenburger See* in der Westschweiz, wo die Kelten ein Inselkastell errichtet hatten. Dort brachte man die Waffen der einstigen Besatzung, ihre Werkzeuge und Gefäße sowie Schmuckstücke ans Tageslicht. Die La-Tène-Kultur erwächst aus der vorhergehenden Hallstattkunst und aus vielen Anregungen, die das Keltenvolk auf seinen zahlreichen Wanderzügen und aus dem Handel mit dem Süden aufgenommen hatte. Daraus entwickelte sich eine neue Kultur mit der Eigenprägung ihrer Träger. Neu waren die Streitwagen, vor die Pferde gespannt wurden, deren Geschirr reich mit Zierplatten besetzt war. Den Angriff trugen Eisenlanzen und lange zweischneidige Eisenschwerter vor, gewaltige eisenbeschlagene *Schilde* mit verzierten *Schildbuckeln* wehrten den gegnerischen Hieb ab. Kennzeichnend für den keltischen Krieger war auch der *Halsring,* von den Römern *torquis* genannt, mit den petschaftartig verdickten Enden.

Schon der Hallstattkunst war der Hang zu Putz und *Schmuck* eigen gewesen, aber unter der großen Nachfrage litten damals Schönheit und Gediegenheit der Ausführung. Viel billige Massenware beherrschte den Markt. Einen Gegensatz dazu bildete die La-Tène-Kultur. Sie zeigt kostbare, sorgfältig gefertigte und massiv gearbeitete Schmuckstücke. Den erstaunlichsten Auftrieb erfährt das Kunstschaffen dieser Zeit durch das Auftreten mächtiger *Gauhäuptlinge,* die in ihren ringwallumwehrten, burgartigen Wohnsitzen eine große Zahl von Kunsthandwerkern beschäftigten. Diese führten ihre Arbeiten teilweise sogar in reinem Gold aus. Die Bronze mit ihrem ursprünglich glänzenden Gelb gilt nur noch als billiger Ersatz. Die Arbeiten der La-Tène-Kultur zeugen von schöpferischer Phantasie, von kraftvollem Selbstbewußtsein und höfischer Eleganz. Mit dieser Zeit verbindet sich nach außen hin auch der Höhepunkt der politischen Macht der Kelten.

Die *Gewandnadeln* tragen reichen Schmuck, ihr aufgebogener Fuß endet in stilisierte Menschen- und Tierköpfe, die oft ins Fratzenhafte verzerrt sind. Der Hang zum Irrationalen zeigt sich auch bei anderen kunstgewerblichen Arbeiten in eigenartigen, zu phantastischen Schnörkeln und Spiralen aufgelösten Pflanzenmustern in Verbindung mit grotesken Tierornamenten und Menschenköpfen von markanter Ausdruckskraft, oft auch maskiert, die aber in dem stilisierten Rankenwerk ziemlich verschwinden. Schmuckstücke, Waffen, Gefäße und Wagenbeschläge wurden jetzt immer verziert.

Die Kelten waren das erste Volk, das, wahrscheinlich unter der Einwirkung griechischer Kultureinflüsse über die griechische Kolonie *Massilia* (Marseille), die *Münzprägung* erlernte. So erklären sich die vielen keltischen Geldstücke, die sich als Nachprägungen griechischer, vor allem makedonischer Münzen, namentlich der *Gold- und Silberstatère* des Königs Philipp von Makedonien, erweisen. Auf demselben Weg war der keltischen Oberschicht auch die Kenntnis der griechischen Sprache und Schrift übermittelt worden, was dazu führte, das Keltische mit griechischen Buchstaben zu schreiben und für die der gallischen

Sprache eigentümlichen Laute eigene Zeichen zu erfinden. Dieses Alphabet wurde jedoch bei Beginn der römischen Herrschaft in Gallien durch die lateinische Schrift verdrängt.

Nach *Caesars* Mitteilung[1] benützten die *Druiden* in öffentlichen und persönlichen Angelegenheiten die griechische Schrift. Die Druiden waren Mitglieder einer Priesterkaste unter einem gewählten Oberhaupt. Ihnen oblag die Durchführung der Staats- und Privatopfer, sie übten die Rechtsprechung und befaßten sich mit der Ausbildung der vornehmen Jugend. In ihren alten Glaubenssätzen spielt die Lehre von der *Seelenwanderung* eine besondere Rolle. Die Priester wollten mit dieser Lehre die Todesfurcht bannen und die Jungmannschaften zur Tapferkeit anfeuern.

In dem fruchtbaren Siedlungsgebiet der Kelten lebten nach Schätzungen ungefähr zwölf Millionen Einwohner in Einzelgehöften, Dörfern und stadtähnlichen Märkten, die auf Bergen lagen und befestigt waren. Sie betrieben *Ackerbau* und *Viehzucht,* beuteten die Eisenlager und Goldgruben aus und leisteten Hervorragendes in der Weberei und im Wagenbau. Im politischen Leben bildeten sie keine Einheit. Die Führung der einzelnen Stämme lag nach Abschaffung des *Königtums* in den Händen des *Adels.* Durch seinen Reichtum und den Beistand seiner Gefolgsleute brachte er das verarmte und geknechtete Volk unter seine Botmäßigkeit.

Der Unterschied zwischen Herren und Volk zeigte sich auch in den Begräbnissitten. Für den Adel wurden Gräber mit hohen Hügeln und weiten Totenkammern errichtet, kostbare Weihegeschenke aus Gold und Bronze, von griechischen und etruskischen Werkstätten hergestellt, dem Verstorbenen mitgegeben. Der einfache Mann hingegen wurde flach in die Erde gebettet, ohne Beigaben, vor allem ohne Waffen, sei es, daß sie für ihn unerschwinglich waren, sei es, daß ständiges Waffentragen nur als Vorrecht des Adels galt. Die Leichenverbrennung, die in der Bronzezeit bei allen indogermanischen Teilvölkern üblich war, hatte sich bei den Kelten nicht recht durchgesetzt.

In ihrem Aussehen und ihren seelischen Anlagen kamen von al-

Gräberfeld von Gettlingen, Schweden (um 500 v. bis 1050 n. Chr.).

len Nachbarstämmen die Kelten den *Germanen* am nächsten. Sie waren hochgewachsen, blond, blauäugig und hellhäutig. Trotz allem Mut und aller todesverachtenden Tapferkeit fehlte ihnen jedoch die nachhaltige Kraft, sich in Freiheit zu behaupten. Dafür nahmen sie, als sie in die Abhängigkeit *Roms* gerieten, lebhaften Anteil am römischen Geistesleben und waren sehr empfänglich für fremde Kultureinflüsse, vor allem für die der *Griechen*. Dadurch kamen sie in die Lage, den beständigen Germanen gegenüber in vieler Beziehung als Lehrmeister aufzutreten. So wurden sie in ihren Metallarbeiten vorbildlich für die Germanen, da sie früher als ihre Nachbarn den wichtigen Schritt vom Gebrauch der Bronze zu dem des Eisens gemacht hatten. Als *Kleidung* dienten den *Galliern* kurze, grobe wollene Mäntel, lange Röcke mit Ärmeln und Hosen, die keltisch *bracas* (englisch *breeches*) hießen. Häuptlinge trugen auch Schuhe, die die Römer *solea Gallica* nannten, wovon unser Wort Galosche abgeleitet ist. Ein wichtiges südliches Kulturgut, das die Kelten dem Norden vermittelten, war die *Töpferscheibe,* mit deren Hilfe nun die Irdenware angefertigt wurde. Auch mahlten sie das Korn schon in rotierenden Getreidemühlen.

Die Erinnerung an die Kelten lebt noch heute fort in deutschen Wörtern, z. B. Amt, Eid, Eisen, Geisel, Reich; in vielen Ortsnamen, wie Mainz, Solothurn, Trier, Wels, Winterthur, Worms, Zürich; in den Salzstätten Hall, Hallein, Hallstatt. Zum keltischen Sprachgut gehören auch Flußbezeichnungen, wie Donau, Eger, Isar, Iser, Inn, Main, Rhein; auch etliche Gebirgsnamen, wie Sudeten, Vogesen. Außer dem Namen der Bojer (Böhmen) hat unsere Sprache noch den der Volcae bewahrt, einer gallischen Völkerschaft. Er wandelte sich über althochdeutsch walhisch zu welsch und bezeichnete ursprünglich die Gesamtheit der Kelten, dann die romanisierten Kelten und schließlich die Romanen selbst. In diesem Sinn gebrauchen wir jetzt noch das Adjektiv welsch. Aus demselben Stamm wurde die Zusammensetzung Walnuß (= die welsche Nuß) gebildet. Man ersieht aus den vielen Wörtern keltischen Ursprungs, daß die Kelten in beträchtlicher Zahl in dem später von den Germanen besetzten Gebiet verblieben sind und sich mit den Einwanderern vermischt haben.

Die Italiker

Gegen Ende der Bronzezeit, um 1200 v. Chr., flutete in die Welt des alten, hochbegabten italischen Mittelmeervolkes eine Welle indogermanischer Staaten, die sich aus ihren Sitzen im mitteleuropäischen Raum von keltisch-germanischer Nachbarschaft gelöst hatten. Wir fassen diese indogermanischen Einwanderer unter dem Namen Italiker zusammen. Diese Einwanderung ist der Auftakt zur späteren weltgeschichtlichen Größe dieses Raumes. Die Italiker siedelten zuerst in der *Poebene,* drangen aber dann nach dem Süden weiter bis nach *Latium* vor, ließen sich auf den Höhen der Albanerberge nieder und besetzten von dort aus die Tibermündung und die fruchtbare Westküste. Ihre neue Bestattungsweise, die Toten zu verbrennen, die während der Bronzezeit üblich geworden war, zeichnet durch die *Brandgräber* die Richtung ihres Zuges. Diese Italiker gehören sprachlich zur latinisch-faliskischen Gruppe, die aus diesem Siedlungsgebiet zum gewaltigen Bildner der antiken Geschichte erwuchs und deren Sprache, das Lateinische, Weltgeltung erlangte. Ihre Tonwaren zeigen eine Verzierungsweise, die der nordischen *Megalithkultur* und den *Schnurkeramikern* eigen ist.

Einige Jahrhunderte später kam eine zweite indogermanische Gruppe, die oskisch-umbrische, die sich nicht in der Poebene aufhielt, sondern gleich nach Süden strömte. Ihr blieben nur die Gebirgsgegenden, da die Küsten bereits von dem früher angekommenen Bruderstamm besetzt waren. Erst in *Kampanien* und *Apulien* konnten sie zum Meer vorstoßen. Die Einwanderer verbrannten ihre Toten nicht, sondern bestatteten sie. Im Lauf der Geschichte verschmolzen die beiden Gruppen zu dem Weltvolk der *Römer.* Es war ihm bestimmt, bei seiner Ausbreitung nach Norden mit den Germanen in schicksalhafter Begegnung zusammenzustoßen.

Das Kerngebiet des illyrischen Stammes lag zur Bronzezeit im *Sudentenraum* und in *Ostdeutschland,* mit der *Lausitz* als Mitte. In diesem Gebiet fand man eine neue Art der Totenbestattung. Die Leichenverbrennung war schon bei den meisten Stämmen eingeführt. Aber hier legte man die Asche in Tongefäße *(Aschenurnen)* und setzte sie im flachen Boden bei. Die Spatenforschung hat viele solcher Urnenfriedhöfe in großer Ausdehnung mit Hunderten und Tausenden von Gräbern festgestellt. Der Aschenbehälter war noch von einer Menge anderer Tongefäße umgeben, die wohl zur Aufnahme von Speise und Trank für den Toten bestimmt waren. Der neue Brauch in der Bestattung muß also einen Wandel im Weltbild und in der Auffassung vom Jenseits und dem Fortleben nach dem Tod zur Voraussetzung gehabt haben. Die Behälter deuten durch ihre Güte und Formverschiedenheit auf eine hochentwickelte *Töpferkunst.* Besonders auffällig sind die Gefäße mit Buckeln, die *Buckelurnen.* Die neue Form der Bestattung gab der gesamten Kultur auch den Namen: *Urnenfelderkultur.*

Im Lauf der folgenden Jahrhunderte räumten die Illyrier das mitteldeutsche Gebiet und stießen südwärts vor, sei es, daß sie abgedrängt wurden, sei es, daß sie selbst nach dem Süden strebten, von dessen ertragreichen Böden sie durch ihre Handelsverbindungen erfahren hatten. Sie erschienen im Alpengebiet, schufen hier die *Hallstattkultur* und gaben sie an die westlich angrenzenden Kelten weiter. Auf ihrer Wanderung kamen sie an der Ostküste der *Adria* und auf der nordwestlichen *Balkanhalbinsel* zur Ruhe. Ihre Sprache, das Illyrische, lebt noch im Albanischen fort. Kleine illyrische Gruppen, die oft unter dem Namen *Messapier* zusammengefaßt werden, segelten über die Adria nach Unteritalien und ließen sich in Apulien und *Kalabrien* nieder. Der bekannteste illyrische Stamm, die *Veneter,* behauptete den Nordosten der Poebene, wo noch heute die Namen des Landes *(Venetien)* und der Stadt in der Lagune *(Venedig)* die Erinnerung an die ersten Siedler bewahren. Auch das benachbarte

Tergeste (Triest) trägt einen illyrischen Namen. Über illyrisches Gebiet ging ein lebhafter Handel mit *Bernstein* und Pelzen südwärts und mit Bronzewaren nach dem metallarmen Norden.

Die Slawen

Über die Urheimat der Slawen, die Zeit ihrer Ablösung von den übrigen *Indogermanen* und ihre älteste Geschichte ist uns nichts bekannt. Bevor sie ins Licht der Frühgeschichte traten, lag ihr Spielraum zwischen *Karpaten, Weichsel, Pripet* und mittlerem Dnjepr. Die Zugänge zur Ostsee verlegten die *Balten,* zum Schwarzen Meer die *Skythen* und *Sarmaten.* Der Aufbruch der Slawen erfolgte in zwei Stoßrichtungen, nach Süd und West. Über die untere Donau ging es nach *Griechenland* und zur adriatischen Ostküste, wahrscheinlich in Gemeinschaft mit den seit dem 2. Jahrhundert n. Chr. ebenfalls auf Wanderschaft begriffenen *Awaren.* Der zweite Zug folgte den weichenden *Ostgermanen* in die frei gewordenen Gebiete östlich der Elbe und des Böhmerwaldes. So besiedelten die Slawen, die nicht als Eroberer kamen, zunächst nur die waldfreien Stellen steppenhafter Art, wo schon die Steinzeitmenschen gewohnt hatten. Die Bodenfunde beschränken sich auf diese uralten Kulturoasen und ihren Umkreis. Überall trafen die slawischen Scharen noch Reste der germanischen Vorbevölkerung an und übernahmen von ihnen viele germanische und keltische Namen für Gebirge, Flüsse und Ortschaften. Bei der engen Nachbarschaft ging eine große Zahl von Ausdrücken des täglichen Wortschatzes von Volk zu Volk. Daraus kann man die vielfachen geistigen Berührungen und vor allem den Austausch von Kultur- und Gebrauchsgütern erschließen. Bei diesem Geben und Nehmen zeigte es sich aber auch, daß die im Verhältnis zu den Germanen auf einer niedrigeren Kulturstufe stehenden Slawen weit mehr als Empfänger denn als Geber auftraten.

Allerdings darf die *altslawische Kultur* nicht unterschätzt werden. Der Name Slawen wurde zum erstenmal von byzantini-

schen Autoren erwähnt. Aber sie waren schon viel früher den
griechischen und römischen Schriftstellern bekannt. Die Slawen
lebten in Stämmen und *Sippen,* die sich aus Großfamilien zu-
sammensetzten und von einem Sippenältesten geführt wurden.
Nach den Berichten byzantinischer Schriftsteller waren die Slawen kriegstüchtig und vom Drang nach Freiheit beseelt, aber
doch auch friedliebend und bereit, mit ihren Nachbarn freundschaftliche Beziehungen herzustellen. Sie waren körperlich kräf-
tig und widerstandsfähig. Ihre Hauptbeschäftigung waren schon
in früher Zeit *Ackerbau* und *Viehzucht.* Sie wohnten in dichten
Dorfgemeinschaften. Da sie eifrig *Fischfang* betrieben, siedelten
sie gern am Wasser und errichteten auch *Pfahlbauten.* Gegen
feindliche Überfälle warfen sie kreisförmige Erdwälle auf
schwer zugänglichem Gelände auf. Darin stand gelegentlich ein
Heiligtum mit kindlich aussehenden *Götterbildern,* den einzigen Plastiken, die uns von diesem Volk erhalten sind. Ihre Toten
bestatteten sie, selten trifft man bei Ausgrabungen auf Leichenverbrennung. Die Gräber enthalten eiserne Messer, Tongefäße
mit Wellenornamenten, als Schmuck Fingerringe, Halsketten,
Ohrgehänge und kleine Schläfenringe von Bronze oder Edelmetall mit S-förmig gebogenem Ende und schließlich Schwerter,
Lanzen, Äxte, Helme und Brustpanzer.
Ein eifriger Handel verband die Slawen durch fremde Kaufleute
mit dem Süden und Norden Europas. Die spärliche schriftliche
Überlieferung und die bescheidenen Bodenfunde geben nicht
genügend Einsicht in die seelische Veranlagung dieses Volkes.
Seine religiöse Verehrung galt den Naturerscheinungen Sonne,
Donner und Blitz. In den Bergen, Bäumen und im Wasser sah es
höhere Wesen. Dies war das Nachbarvolk der Germanen, das
seit der Mitte des 7. Jahrhunderts n. Chr. den damaligen deutschen Boden im Osten einrahmte und in späterer Zeit von allen
umwohnenden Völkern am meisten mit den Deutschen in Verbindung treten sollte.

Zweiter Teil

DIE KULTUR DER GERMANEN

ERSTES KAPITEL

Das Volk der Germanen

DIE URHEIMAT DER GERMANEN liegt – darüber sind sich die Gelehrten heute ziemlich einig – im *südlichen Schweden*, auf der *Jütischen Halbinsel*, auf den *dänischen Eilanden* und in *Norddeutschland zwischen Weser- und Odermündung*. In diesem Raum sind sie während der *Jüngeren Steinzeit* aus der Verschmelzung der alteingesessenen Megalithbevölkerung mit den aus Mitteleuropa zugewanderten indogermanischen Einzelgräberleuten hervorgegangen (vgl. S. 26). Die neuen Stämme bildeten schon mit ihrer Bestattungsart im einfachen Einzelgrab und der sich darin bekundenden übermäßigen Betonung des Einzelwesens einen starken Gegensatz zu dem Urvolk mit seinen gewaltigen Familiengrüften. Dazu kam ein auffälliger Unterschied in der Ausrüstung; denn die Eroberer führten ihre feingeformten Streitäxte als eine außerordentlich gefährliche Kampfwaffe. Die Vermischung beider Völker wird lange Zeit in Anspruch genommen haben, aber im Verlauf bildete sich ein einheitlicher Menschentypus aus. Denn in ihrer Wesensart waren diese Völker im großen und ganzen einander ähnlich. Das Zusammenwachsen erfolgte in der stillen Abgeschiedenheit eines Winkels der damaligen Kulturwelt, ruhig und ungestört von fremden Einflüssen, fern den großen Völkerstraßen und begünstigt durch ein dem indogermanischen Zweig angemessenes Klima. Aus den bäuerlichen und kriegerischen Erbanlagen der miteinander verschmolzenen Gruppen erwuchs eine neue, starke Gemeinschaft, die durch viele Jahrhunderte dieselben Landstriche bewohnte

und zu einem gleichförmigen Volk verwuchs. In diesem Sinn,
aber nur in diesem, können wir in Übereinstimmung mit den
wissenschaftlichen Forschungsergebnissen auch heute noch dem
Zeugnis des *Tacitus* beipflichten, der die Germanen für ein ei-
genartiges Volk hielt, das nur sich selbst ähnlich ist[1]. Es unterhielt schon zur *Bronzezeit* rege Beziehungen zu allen Nachbarn
und arbeitete sich bald zu einer ansehnlichen wirtschaftlichen
und kulturellen Höhe empor. Das goldschimmernde, ge-
schmeidige Metall, das verschiedene Möglichkeiten der Bearbeitung bot, formten die Germanen zu wundervollen Schmucksachen und prächtigen Waffen, zierten es mit Mäandern und
Zickzackbändern und den Symbolen des Sonnenrades und der
Sonnenlaufspirale. In der *Eisenzeit* kamen die Germanen in
größere Bewegung, wohl zunächst infolge des Wechsels in den
klimatischen Verhältnissen, dann auch eingeengt durch die
immer weitere Ausbreitung der Kelten. Ihre ersten Wanderungen hatten kein im vorhinein erwogenes Ziel, sie waren von
Zufälligkeiten abhängig. Um 600 v. Chr. erreichten sie im
Westen den *Niederrhein,* stießen nach Osten an die *Weichsel*
vor und schoben sich beim Ausgang der vorchristlichen Zeit
bis an die *Donau* heran, wo ihnen die schicksalhafte Begegnung
mit den *Römern* Halt gebot und für einige Jahrhunderte den
weiteren Zug nach dem Süden verwehrte.
Die Römer erhielten von den Kelten nähere Kunde über diese
vordringenden Scharen. Daher ist es begreiflich, daß auch sie
den Namen Germanen aufgriffen, der allerdings ursprünglich
nur, ähnlich wie es bei den *Graeci* und *Itali* zutraf, eine einzelne
Völkergruppe bezeichnete, die als Saum des großen Volkes den
Kelten im belgischen Gebiet benachbart war, die *Germani cis-
rhenani,* die in der Römerzeit *Tungrer* hießen. Der Sondername
Germanen ist erst verhältnismäßig spät für das Gesamtvolk aufgekommen. Das Hauptzeugnis dafür findet sich in der Germania:
»Das Wort Germanien sei neueren Ursprungs und erst vor kurzem aufgekommen. Die nämlich, die zuerst über den Rhein ge-
gangen wären und die Gallier vertrieben hätten, die jetzigen
Tungrer, hätte man damals Germanen genannt. So sei der Name

eines Stammes, nicht der eines Volkes, allmählich zu Geltung gekommen[2].« Solche Namensübertragung finden wir übrigens öfters. Die Franzosen haben den Namen ihres östlichen Nachbarn, des Stammes der *Alemannen,* als dieser seine politische Selbständigkeit verloren hatte, auf alle Deutschen ausgedehnt und sie *les Allemands* genannt, dagegen haben die Germanen das Volk der Kelten nach dem keltischen Einzelstamm in Mitteleuropa, den *Volcae,* als *Walchen* bezeichnet, und wir nennen unsere südlichen Nachbarn *Welsche,* wie die Schweizer für die Deutschen den Namen *Schwaben* verwenden.

So nannten also die Römer nach dem zuerst in *Gallien* eingefallenen Stamm das Gesamtvolk oder, besser, die westlichen Stämme Germanen, während die *Ostgermanen,* wie die *Goten, Wandalen* usw., unter ihren eigenen Stammesnamen erscheinen. Die byzantinischen Historiker, besonders *Prokopios,* bezeichnen mit Germanen vorwiegend das Volk der *Franken.* Nachgewiesen ist, daß die Germanen – im Gegensatz zur Behauptung des *Tacitus* (mox etiam a se ipsis invento nomine Germani vocarentur) – den Namen für sich selbst nicht angewandt haben und daß es wahrscheinlich überhaupt keine Sammelbezeichnung in ihrer Sprache gegeben hat, obwohl ihnen das Bewußtsein der Zusammengehörigkeit in Sprache, Sitte und Götterglauben wenigstens zur Römerzeit nicht gefehlt haben mag. Über die Deutung des Namens ist schon viel geschrieben worden, er hat manche Auslegungen erfahren, ist aber bisher noch immer nicht restlos geklärt worden.

Die Sprache der Germanen

Die Germanen ließen bei ihrem Auftreten in der Geschichte keinen politischen Zusammenhang untereinander erkennen, aber ein wichtiges einigendes Band umschloß sie, gab ihnen selbst das Bewußtsein der Zusammengehörigkeit und ließ sie auch in den Augen der anderen Völker als eine geschlossene Einheit erscheinen: ihre gemeinsame Sprache, das *Gemeingermanische.*

Das Germanische läßt sich, im Gegensatz zum Indogermanischen, das nur durch gelehrte Rückschlüsse für unsere Auswertung gewonnen werden konnte, auch aus der zeitgenössischen schriftlichen Überlieferung, nämlich aus Wörtern germanischer Herkunft in der klassischen und späteren Literatur und aus Eigennamen in seinem Lautstand und seinen Formen, aufzeigen. Es hat sich in langen Jahrhunderten als selbständige Sprache vom Indogermanischen losgelöst und dürfte spätestens um die Mitte des letzten vorchristlichen Jahrtausends seine wesentlichen Veränderungen ausgebildet haben. Wie mag es gekommen sein, daß die von einem Muttervolk stammenden Gruppen ihre Sprache so verschieden voneinander entwickelt haben? Nun, die Sprache pflanzt sich auch heute noch durch Nachahmung fort, aber mit der Entfernung vom Muttervolk war sie mangels aller Festlegung durch Lautzeichen nicht vor Veränderungen und fremden Einflüssen geschützt. Brauch und Geistesart wandelten sich im neuen Lebensraum, der langsame, organische und von außen ungestörte Verschmelzungsprozeß schuf ein neues Volk und eine neue Sprachgemeinschaft. Das ist der Grund für die neue Sprechweise, aber zugleich auch die Ursache für die Gesetzmäßigkeit und das tiefere Durchgreifen der Veränderungen bei den Germanen als bei anderen indogermanischen Stämmen, die nicht unter so günstigen Verhältnissen gewachsen waren.

Von der Gruppe der anderen indogermanischen Sprachen unterscheidet sich das Germanische durch folgende kennzeichnende Eigentümlichkeiten:

1. durch die Veränderung der indogermanischen Verschlußlaute;
2. durch die Verlegung des freien indogermanischen Haupttones auf die Stammsilbe;
3. durch die Minderung des Formenbestandes.

Die Veränderung der Verschlußlaute bezeichnet man als *erste* oder *germanische Lautverschiebung.* Unter diesem Namen faßte *Jakob Grimm* in seiner »*Deutschen Grammatik*« (1819) den gesetzmäßigen Wandel zusammen, der die altererbten Verschlußlaute im ganzen germanischen Gebiet vollständig und so weitgehend erfaßte wie in keiner anderen indogermanischen Sprache. Diese Mitlaute haben ihre Artikulationsart vertauscht, konnten aber bis zum heutigen Tag ihre Artikulationsstelle beibehalten. Die Engländer nannten die Lautverschiebung nach ihrem Entdecker »Grimm's Law« *(das Grimmsche Gesetz)*.

Die Lautübergänge erfolgten nach drei Gesetzen:

1. Die indogermanischen stimmlosen Verschlußlaute p, t, k wurden zu den Reibelauten f, th, h, zum Beispiel lat. *pellis* = Fell; lat. *tres* = Engl. *three;* lat. *cor* = Herz.

2. Die indogermanischen stimmhaften Verschlußlaute b, d, g wurden zu den stimmlosen p, t, k, zum Beispiel lat. *labium* = Lippe; griech. *déka,* lat. *decem* = engl. *ten;* lat. *genu* = Knie.

3. Die indogermanischen behauchten und stimmhaften Verschlußlaute (Aspiraten) bh (griech. ph, lat. f), dh (griech. th), gh (griech. kh, lat. h)[3] wurden zu den stimmhaften Verschlußlauten b, d, g, zum Beispiel griech. *phegós,* lat. *fagus* = Buche; griech. *thýra* = engl. *door;* griech. *khórtos,* lat. *hortus* = Garten.

Während des Verlaufes der Lautänderung wird der *Akzent,* der sich im Indogermanischen und auch noch im Germanischen der vorgeschichtlichen Zeit in schwebender Beweglichkeit je nach Bedarf auf verschiedene Silben setzte, seiner Freizügigkeit beraubt. Der Wortton konnte ursprünglich, wie noch das Griechische und Lateinische zeigen, auf der Stammsilbe oder auf einer Biegungs- oder Ableitungssilbe ruhen, z. B. im Lateinischen: *Romá, Románi, Romanórum, Romanorúmque; láudo, laudári, laudavérunt, laudáverant; réx, regína, regális, reginárum.* Nun lagert er sich im Zusammenhang mit der Minderung der Wortausgänge schwer und starr auf den eigentlichen Sinnträger des Wortes, die Stammsilbe, d.h. meist auf die erste Silbe, z.B. Haús, Häúser, Häúsler, haúsen, häúslich, Häúslichkeit, haúshalten, Gehäúse. Die Akzentverschiebung zeigt sich deutlich bei der Eindeutschung von Lehnwörtern, wie *solárium* = Söller, *fenéstra* = Fénster, und Städtenamen, wie *Brigántium* = Brégenz, *Colónia* = Köln. Nur ausnahmsweise trägt im Deutschen die erste Silbe eines Wortes nicht den Hauptton, wie z.B. in Gebírge, entférnen.

Verschiedene *Tonstärke,* hervorgerufen durch kräftigen Atemdruck *(exspiratorische Betonung),* verleiht jetzt der Stammsilbe des Wortes Kraft und Leben, während in indogermanischer Zeit Unterschiede in der Tonhöhe *(musikalische Betonung)* die betonte und unbetonte Silbe anzeigten.

Die Änderung des ursprünglichen Akzents erklärt auch manche Abweichungen in der germanischen Lautverschiebung. Die aus den indogermanischen stimmlosen *Verschlußlauten* (Tenues) p, t, k entstandenen germanischen *Reibelaute* (Spiranten) f, th, h blieben nicht erhalten, sondern entwickelten sich weiter zu den stimmhaften Verschlußlauten (Medien) b, d, g, wenn ihnen nach der indogermanischen freien Betonung nicht eine betonte Silbe vorausging, z. B. griechisch *patér,* gotisch *fádar* = Vater. Dieses Lautgesetz entdeckte der Däne Karl Verner. Das *Vernersche Gesetz* erklärt den Konsonantentausch mit dem indogermanischen Akzentwechsel in verschiedenen Formen desselben Wortes. Dieser Konsonantentausch wird als *grammatischer Wechsel* bezeichnet, und wir finden ihn heute noch in einer Reihe von Wörtern, ohne uns dabei der Ursache (Akzentverschiebung) bewußt zu werden, da für uns ja der festliegende germanische Hauptton des Wortes gilt. Charakteristische Beispiele sind vor allem die starken Zeitwörter, in denen innerhalb desselben Stammes verschieden verschobene Verschlußlaute auftreten, wie z. B. leiden, gelitten; schneiden, geschnitten; erkiesen, erkoren; auch Wörter wie dürfen, darben; Höhe, Hügel u. a. gehören zum selben Stamm.

Neben den Umbildungen im Konsonantismus und der Festlegung des Worttons haben die Germanen noch andere wesentliche Veränderungen an der altererbten Sprache durchgeführt. So wurden die Wortausgänge, die klar Leistung und Aufgabe im Ganzen eines Satzgefüges festlegten, vernachlässigt, sie fielen als vermeintlich überflüssig aus oder wurden verkürzt. Das Hauptwort (Substantiv) wird nur noch in vier Fällen dekliniert und begnügt sich mit der Mehrzahl (Plural), die Zweizahl (der Dual) fällt weg. Nur einzelne Formen des Fürwortes halten sich noch als versteinerter Rest aus dunkler Vergangenheit, etwa die

heutigen mundartlichen Formen des Bairischen: ös, ees, enk =
ihr (beide), euch.

Durch solche Vereinfachungen wurde das straffe Wortgefüge
gelockert. Zur Aufrechterhaltung der Beziehungen der einzelnen Wörter zueinander im Satz wurden neue Wörter in Dienst
gestellt. Die Biegungsformen des Hauptwortes verdeutlicht
bzw. kennzeichnet der im Lauf der Zeit aufkommende Artikel,
der Verfall der klar ausdrückenden Personalendungen des Zeit-
wortes ruft die Hilfe des vorgesetzten Fürwortes auf den Plan
(lat. *legimus–legunt* = wir lesen – sie lesen). Hatte das Indogermanische noch sein reiches Tempussystem mit lauter einfachen
Zeitformen (lat. *laudo, laudabam, laudabo, laudavi* usw.), so
beschränkt sich das Germanische nur noch auf die einfache Gegenwart und Mitvergangenheit der tätigen Form (ich lobe, ich
lobte), alle übrigen Zeiten entstehen durch Zusammensetzungen
mit Hilfsformen (ich werde loben, ich habe gelobt, ich werde gelobt usw.). Das Medium, eine besondere Reflexivform des indogermanischen Verbums neben Aktiv und Passiv, verschwindet,
Optativ und Konjunktiv verschmelzen zu einer Form.

Was in der früheren Sprache in einer einzigen Form, also synthe-
tisch, ausgedrückt wurde *(laudavi)*, wird jetzt nur durch Umschreibung (ich habe gelobt), also Wort an Wort reihend, analy-
tisch wiedergegeben. Starre, neue Formen, wie die Verhältnis-
wörter, übernehmen die Aufgabe der verlorenen, fein färbenden
Wortausgänge und setzen ein Wort mit den anderen Satzglie-
dern in logische Beziehung.

Es gilt nun auch, für diese radikalen sprachlichen Neuerungen
den geschichtlichen Boden zu finden. Denn die Sprache schwebt
letzten Endes nicht im freien Raum, sie wird von Menschen geformt und gesprochen. Indogermanische Scharen haben als Eroberer ihre Sprache dem seßhaften Bauernadel aufgezwungen,
aber durch den Verschmelzungsprozeß der beiden Völker wandelte sich auch die ererbte Sprachform der Zuwanderer. Das geschah jedoch nicht unorganisch, sondern immer mit dem ordnenden und folgerichtigen Leitgedanken, den verschwende-
rischen Formenreichtum eines urtümlichen Denkens durch eine

abstrahierende Geistestätigkeit zusammenzufassen, zu sparen und zu vereinfachen und damit die haushälterisch verknappte Sprache auf den praktischen Gebrauch des täglichen Verkehrs auszurichten. So bahnte sich eine gewaltige Wandlung an, die ihre eingeschlagene Richtung in der späteren Zeit bewußt beibehielt und mit immer wieder erneuter Kraft bis zur Gegenwart weiterverfolgt.

Gliederung der germanischen Stämme

Die Germanen breiteten sich im Lauf der *Bronzezeit* von ihrem geschlossenen Siedlungsgebiet fächerförmig nach Westen, Süden und Osten aus. Sie schoben sich im Osten bis an den Unterlauf der Weichsel vor, im Westen bis an die Ems und den Niederrhein. Den Südsaum bildete der Zug der deutschen Mittelgebirgsschwelle. Östlich der Weichsel stießen die Germanen auf *baltische Stämme,* südöstlich auf die *Illyrier.* Aus dem neuen Raum drängten sie stärker gegen die angrenzenden *Kelten,* die durch mächtige Höhenfestungen geschützt waren. Die Kelten wichen dem immer heftiger werdenden Druck schließlich gegen Süden aus und behaupteten nur noch ihre alten Sitze im böhmischen Kessel und im Alpenvorland. Nachdem die Germanen auch diese Gebiete in Besitz genommen hatten, kamen ihre Wanderungen noch einmal an dem stark gesicherten Grenzwall der *Römer* zu jahrhundertelanger Stauung.

Die weiträumige Ausbreitung der Germanen hatte die immer stärkere stammesmäßige Aufgliederung des Gesamtverbandes zur Folge. Sie wurde noch gefördert durch den jeweiligen Einfluß der vorgefundenen älteren Bevölkerung, so vor allem der Illyrier im Osten und der Kelten im Süden und Westen. Trotz der landschaftlichen Trennung blieben die einzelnen Stämme aber noch lang miteinander in Verbindung. Erst allmählich entwickelten sich die Eigenarten der großen Völkerfamilien und rechtfertigten die Einteilung in *Nord-* und *Südgermanen,* die sich ihrerseits wiederum in *Ost-* und *Westgermanen* spalteten.

Die »Venus von Willendorf«
(um 30000 v. Chr.); Naturhistorisches Museum, Wien.

Höhlenmalerei in Niaux,
Frankreich (um 20000 v. Chr.).

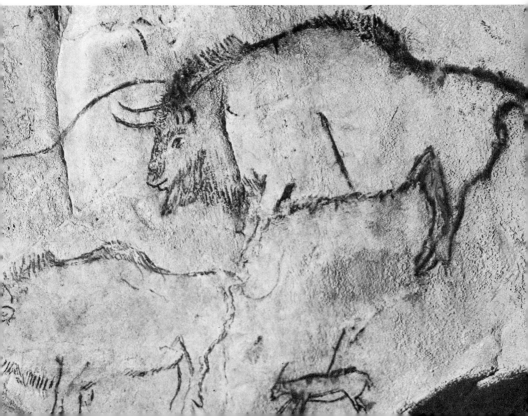

Der »Sonnenwagen aus
Trundholm« (um
1400–1200); Nationalmu-
seum, Kopenhagen.

Gesichtsurne (8. bis 5.
Jahrhundert v. Chr.);
Staatliches Museum für
Vor- und Frühgeschichte,
Berlin.

Die Nordgermanen vergrößerten ihr Gebiet, soweit es die Natur ihrer Heimat und die Nachbarschaft der *Finnen* zuließen, verhältnismäßig in Ruhe, ohne von Eindringlingen in ihrer Entfaltung zu einem selbständigen Volkstum gestört zu werden. Aus ihnen sind die heutigen Dänen, Schweden und Norweger hervorgegangen. Die Lage Norwegens wies dem Wandertrieb seiner Bewohner den Weg über die See nach dem Westen. Sie ließen sich auf den Färöern und anderen Inseln des Nordmeeres nieder und besetzten 870 n. Chr. Island, wo sich ihre nordische Sprache bis heute im Neuisländischen erhalten hat.

Die Ostgermanen hielten durch fast anderthalb Jahrtausende, von ungefähr 800 v. Chr. bis 500 n. Chr., das Weichselland besetzt. Die bedeutendste Stammesgruppe bildete das mächtige Volk der *Goten,* die nach ihrer eigenen Stammessage von Südskandinavien[4] nach der Bernsteinküste gekommen waren. Sie hatten während ihres lang dauernden Aufenthaltes das Weichselland völlig germanisiert und ihre ostgermanische Kultur über den gesamten Raum verbreitet. Gedeckt durch ihren schirmenden Schutz gegen Einfälle von Asien her, konnten ihre westlichen Brüder sich ungestört entwickeln und ihre welthistorischen Angriffe gegen Kelten und Römer vorbereiten. Beweglichen und lebhaften Geistes, haben die Goten ihre Heimatscholle in der Norddeutschen Tiefebene vom 2. Jahrhundert n. Chr. an verlassen, nicht aus Landnot, sondern aus Ruhmsucht und Herrschgier. Im weiten Bogen zogen sie nach Ost- und Südeuropa, gerieten in unheilvolle Verwicklungen mit den *Hunnen,* errichteten mächtige Reiche am Mittelmeer, die aber nur von beschränkter Dauer waren, und erloschen endlich unter der sengenden südlichen Sonne. Mit den Ostgermanen ist auch ihre Sprache untergegangen, sie hat keine Nachfolgerin gefunden. Nur allein vom Gotischen erhielten wir Kunde durch die zum Teil erhaltene Bibelübersetzung des westgotischen Bischofs *Wulfila.*

Während die Ostgermanen die von ihnen gewonnenen Landstriche in ihrer drängenden Sehnsucht nach der Ferne wieder räumten und damit die Väterscholle an die *Slawen* verlorenging,

blieben die Westgermanen ihrer Heimat treu. Sie bewohnten in
der zweiten Hälfte des 1. Jahrtausends v. Chr. das Gebiet zwischen Nordsee und den Mittelgebirgen und schoben sich später
südwärts bis in die Alpentäler hinein. Sie zerfallen nach *Tacitus*
in die drei großen Kultverbände der *Ingävonen, Herminonen*
und *Istävonen*[5]. Die Ingävonen siedelten an der Nordsee, die
Herminonen an der oberen und mittleren Ebene, also im Bin-
nenland, und die Istävonen zwischen Rhein und Weser. Eine
völlig befriedigende Erklärung dieser Stammesnamen ist bisher
nicht gelungen, auch sind die Bezeichnungen schon in der ersten
Zeit n. Chr. in Vergessenheit geraten. Die Westgermanen haben
ihr Gebiet auf Kosten der Illyrier und Kelten mächtig erweitert.
Sie bilden jene Völkerfamilie, der die größte Zahl von Stämmen
angehört. Bei den Ingävonen sind als führende Völkerschaft die
Sachsen hervorzuheben, die zusammen mit den *Angeln* das Meer
überqueren und in *Britannien* ein neues Reich aufrichten, ein
künftiges Weltreich, dem Jahrhunderte später eine zweite
Gründung, jenseits des Ozeans, folgen sollte. Das Hauptheilig-
tum der Kultgemeinschaft der Ingävonen befand sich vermutlich
in einem Hain auf einer Nordseeinsel und war *Nerthus*, der Göttin des Wachstums, geweiht. Aus den Istävonen erwuchsen jene
Stämme, auf die vom dritten nachchristlichen Jahrhundert an
der Name *Franken* überging und die im Wettstreit mit rö-
misch-gallischer Nachbarschaft frühzeitig zu Wendigkeit und
Weltaufgeschlossenheit geweckt wurden. Ihr Heiligtum wurde
von den *Marsen* gehütet, die an der oberen Ruhr bis zur oberen
Lippe saßen. Ihre Hauptgottheit war die Göttin *Tanfana*. Die
Herminonen, die im Innern Deutschlands zuerst in ackernaher
Bescheidenheit ziemlich unbeachtet blieben, erfüllten, als ihre
Stämme nach dem Süden hin die ursprünglichen Stammesgrenzen überfluteten, den schicksalhaften Auftrag, das Vorfeld der
Alpen mit *Alemannen* und *Bayern* zu kolonisieren und die ale-
mannische Vorhut am tiefsten in die Alpentäler hinein gegen den
romanischen Süden vorzuführen. Ihr mächtigster Stamm waren
die *Sueben (Schwaben)*. In der Urheimat der Sueben, in dem
Land zwischen Elbe und Oder, das das suebische Zweigvolk der

Semnonen bewohnte, stand in einem Hain des Kriegsgottes *Ziu* ihr gemeinsames Heiligtum. Dort fanden sich alljährlich suebische Abordnungen in Erinnerung an die gemeinsame Herkunft zur Feier ein. Herminonen wie die Sueben waren auch die *Cherusker*, die im Wesergebiet zwischen *Teutoburger Wald* und Elbe lebten und im 1. Jahrhundert n. Chr. als selbständiger Volksstamm untergingen, und die *Chatten*, die Vorfahren der heutigen *Hessen*, die ihre Stammessitze im Gebiet der Fulda, Schwalm und Eder hatten.

Die Westgermanen haben bleibende Reiche geschaffen, und ihre Sprache ist in heutige Sprachen von Weltgeltung eingegangen, in das Deutsche, Englische und Niederländische.

Die geschichtlichen Nachrichten über die Germanen

Es ist natürlich, daß die Berichte über die erste, dunkle Frühzeit eines Volkes fast nie von diesem selbst aufgezeichnet sind. Auch für den Eintritt der Germanen in die Weltgeschichte bilden nicht ihre eigenen Nachweise die älteste Quelle, sondern Schilderungen aus fremdem Mund, von *Griechen* und *Römern*. Diese Mitteilungen haben, zusammen mit den reichen Bodenfunden vergangener Jahrzehnte, ein erstes Bild unseres Volkes erstehen lassen. Allerdings sind diese Nachrichten nicht immer zuverlässig, und manche Frage bleibt offen, denn die antiken Schriftsteller hatten meist keine eigenen Kenntnisse von Land und Leuten. Sie mußten sich mit Erzählungen von Kriegern und Kaufleuten zufriedengeben, deren Berichte sich vielfach nur auf den Stamm bezogen, mit dem sie gerade in Fühlung gekommen waren, und die nur für einen beschränkten Raum Gültigkeit hatten. Die Urteile waren oft aus oberflächlicher Schätzung und unsachlicher Wertung entstanden, erwähnten bisweilen recht nebensächliche Lebensbereiche des Fremdvolkes, vernachlässigten dagegen die geistige und seelische Welt unserer Altvorderen. Um in deren innerste Seelenlandschaft einzudringen, hätte es einer umfassenden Kenntnis der germanischen Sprache bedurft, die jenen fremden Beobachtern und Berichterstattern jedoch meistens fehlte. Den ersten Nachrichten über den europäischen Norden begegnen wir in den Epen des *Homer.* Der Held der Odyssee kommt in eine Gegend, in der wegen der sehr kurzen Sommernächte der eintreibende Hirt schon den Ruf des austreibenden hört[6], und bei den *Kimmeriern* trifft er auf einen Winter, der das Land ständig in Nebel und Nacht hüllt. Dort grüßt die Sonne weder beim Aufgehen noch beim Sinken die Menschen mit ihren leuchtenden Strahlen[7]. Nachrichten aus dem Norden erhielten die Griechen durch die *Phöniker,* die auf dem Weg des Bernsteinhandels im Verkehr von Volk zu Volk solche Kunde erlangten. Der erste Grieche, den sein Wissensdrang auf kühner Entdeckungsfahrt bis nach Deutschland führte, war *Pytheas,* Bürger der griechischen Kolonie *Massalia* (Marseille). Er umsegelte kurz vor 343 v. Chr. die Iberische Halbinsel und kam an den Küsten Galliens und Britanniens entlang bis nach Thule, einer der Shetlandinseln, oder gar nach Island und besuchte die deutsche Nordseeküste, um die Wege zu den Fundstätten des Zinns und Bernsteins zu erkunden. Der Bericht über die Ergebnisse seiner Reise erregte anfangs großes Aufsehen, fand aber später wenig Glauben, was wohl die Ursache dafür gewesen sein mag, daß das Werk des mutigen Forschers bis auf geringe Reste verlorengegangen ist.

Die Entdeckung *Germaniens* führte zu keinen dauernden Beziehungen und blieb in ihrer Bedeutung ungewertet, weil die Griechen die Germanen nicht in ihrer Wesenheit als arteigenes Volk erkannten, sondern sie teils mit den *Skythen,* teils mit den *Kelten* gleichstellten. Selbst *Aristoteles,* der Zeitgenosse des Pytheas, hielt an dem Irrtum fest und beeinflußte durch seine wissenschaftliche Autorität die Folgezeit.

Die Römer lernten die Germanen kennen, als diese, aus dem Dunkel ihrer Vorzeit auftauchend, bei gelegentlichen Vorstößen nach dem Süden den Schauplatz der Mittelmeervölker betraten. Die erste Erwähnung der Germanen in einer lateinischen Quelle finden wir in den *römischen Triumphallisten* zum Jahre 222 v. Chr., in denen berichtet wird, daß der Konsul *M. Claudius*

Marcellus bei *Clastidium* in Oberitalien über die insubrischen Gallier und die Germanen gesiegt habe. Der hier mit »Germanen« bezeichnete Volksstamm waren die *Gaesaten*[8], die »Speerbewaffneten«.

Die Kimbern und Teutonen

Einen viel nachhaltigeren Eindruck aber machte der gewaltige, dem Heranwogen des Meeres gleichende Einbruch der *Kimbern, Teutonen* und *Ambronen*, der die Grundfesten des *Römischen Reiches* erschütterte und seinen Bewohnern zum erstenmal die große Gefahr vor Augen führte, die aus dem Norden drohte. Dieser Zusammenstoß der Germanen und Römer fällt gegen Ende des 2. Jahrhunderts v. Chr. Die Kimbern wohnten an der Küste von Schleswig-Holstein und Jütland. Der heutige Name *Himmerland* für den Bezirk am Limfjord bewahrt noch die Erinnerung an dieses Volk. Mit diesem verbündeten sich die Teutonen, die ebenfalls im Nordseegebiet wohnten, und endlich die Ambronen, deren Wohnsitz sich vielleicht aus dem Namen der nordfriesischen Insel *Amrum* erschließen läßt. Ursache für den Aufbruch dieser Völker war nicht abenteuernde Willkür, sondern Landnot und drückender Nahrungsmangel. Die von antiken Schriftstellern erwähnte Verheerung des Küstengebietes durch eine mächtige Sturmflut dürfte wohl nur der letzte zwingende Anlaß zur Auswanderung gewesen sein.

So zogen diese Nordseevölker durch den schwachbesiedelten östlichen Grenzstreifen Westgermaniens die Elbe aufwärts. Weib und Kind und ihre bewegliche Habe führten sie auf den lederüberspannten Karren mit, die den Heimatlosen das schützende Haus ersetzten. Die Frauen schlugen auf die Lederverdecke der Wagen, um durch den Lärm die Feinde in Furcht und Schrecken zu versetzen. Als letzte Zuflucht in der Not des Kampfes schlossen sie die Karren zu einer Wagenburg zusammen. Von den *Bojern* in Böhmen abgewehrt, wandten sich die Völkerscharen südwärts zur Donau und drangen in die *Steier-*

mark und nach *Kärnten* in das Gebiet der keltischen *Taurisker* vor. Dort stießen sie auf die Römer, die, durch die Gold- und Eisenvorkommen dieser Gegenden angelockt, das Land als ihr Interessengebiet betrachteten. So groß war die Ehrfurcht und Scheu vor der Macht *Roms,* daß die Kimbern nicht angriffen, sondern sich der Weisung des Konsuls *Cn. Papirius Carbo* fügten, das Land unter römischer Führung zu verlassen. Die Führer hatten aber den Auftrag, die Germanen in einen Hinterhalt zu locken, wo der Konsul ihnen auflauerte. In dem anschließenden Kampf bei *Noreia* (in der Nähe von Neumarkt in der Steiermark) siegten die Kimbern trotz des Verrats. Nur ein ausbrechendes Gewitter verhinderte die völlige Vernichtung des römischen Konsularheeres.

Die Kimbern aber nützten den Sieg nicht, sondern drehten sich nach Nordwesten, zogen über Alpen und Donau gegen den Main und trafen hier auf die gleichfalls nach Süden gewanderten Teutonen. Ihnen schloß sich ein Zweig der keltischen *Helvetier* an, die *Tiguriner,* an die heute noch der Name *Zürich* (das alte Turicum) erinnert. Der weitere Zug führte die Scharen durch Gallien an die untere Rhône, wo ihnen ein römisches Heer unter dem Konsul *M. Junius Silanus* entgegentrat. Auf ihre Bitte, ihnen Land zuzuweisen, wo sie sich friedlich niederlassen könnten, antwortete der Konsul mit offener Feindschaft. Doch der Angriff wurde abgeschlagen und das römische Lager erobert. Aber die Kimbern hatten aus ihren Erfahrungen bei Noreia nichts gelernt. Wieder ließen sie fruchtbare Zeit verstreichen, indem sie durch Gesandte neuerlich um Landanweisungen beim römischen Senat verhandelten. Es war nur allzu deutlich, daß nicht Eroberungslust diese Völkergruppen führte, sondern die Suche nach neuem Ackerland, nach einer neuen Heimat. Die Römer aber belächelten alle Bitten um Land und Saatkorn und schlugen sie abermals ab.

Die Germanen trennten sich nun, vielleicht aus inneren Zwistigkeiten. Die Teutonen zogen durch Gallien, die Kimbern überstiegen die Pyrenäen und erschienen in Spanien. Inzwischen hatte Rom Zeit, sich durch eine gründliche Heeresreform zum entscheidenden Schlag zu rüsten. Ein alterprobter Heerführer, *C. Marius,* übernahm den Oberbefehl und erwartete nun die weiteren Unternehmungen des Feindes. Die Germanen hatten sich inzwischen wieder vereint und wollten nun in zwei getrennten Zügen, die Teutonen und Ambronen über die Seealpen, die Kimbern und Tiguriner über die Pässe der nördlichen Alpen, in die Poebene einfallen. Marius verlegte den Teutonen den Weitermarsch zu den Alpenübergängen und vernichtete ihr Heer bei *Aquae Sextiae* (heute Aix in der Provence). Das gleiche Schicksal erreichte die Kimbern, die im nächsten Jahr über den *Brenner* an den Po gezogen waren und in der Schlacht bei *Vercellae* ihr Ende fanden. Das Zusammentreffen der Nordvölker mit dem Mittelmeerkulturkreis hatte die hohe Überlegenheit des wohlgerüsteten und gut disziplinierten römischen Heeres und des hervorragenden Feldherrn erwiesen über einen Gegner, der zwar heldenmütig kämpfte und große Kühnheit zeigte, der aber kein Ziel vor Augen hatte, die Verhältnisse in den Ländern, in die ihn Not und Zufall trieben, nicht kannte, der planlos handelte und dem eine vorausschauende, überlegene Leitung fehlte. Aber die erste große, schicksalhafte Begegnung mit den germanischen Völkern hatte das Sicherheitsgefühl des weltbeherrschenden Römers stark erschüttert, sie hatte die Germanen in das Blickfeld der Griechen und Römer gebracht, und in den kommenden Jahrhunderten sollten die Germanen Staunen, Besorgnis und bange Furcht über die Küsten des Mittelmeeres verbreiten.

Seit den *Kimbernkriegen* wuchsen in der antiken Welt die Kenntnisse von *Germanien* immer mehr. Die Griechen freilich hatten trotz *Pytheas* bis in die erste Kaiserzeit nur unklare Vorstellungen von den nordischen Völkern. Bloß *Poseidonios* aus Apameia in Syrien (um 135–51 v. Chr.), der große, vielseitige und geistvolle Gelehrte, der Lehrer *Ciceros* und *Caesars,* hat über die Kimbern- und *Teutonenkriege* geschrieben und die ersten eingehenden, wenn auch noch unvollkommenen Schilderungen Germaniens verfaßt. Im Gegensatz zu den Griechen hatten die Römer infolge ihrer regeren Beziehungen genauere Kenntnisse von den Germanen.

Die älteste umfangreichere und zusammenhängende Überlieferung in lateinischer Sprache über die kulturellen Verhältnisse,
Sitten und Gebräuche der Germanen verdanken wir *C. Julius
Caesar* (100–44 v. Chr.). In seinen *Commentarii de bello Gallico*
(Berichte über den Gallischen Krieg⁹) gibt er einen volkskundli-
chen Überblick über die gallischen und germanischen Stämme,
sehr klar und schlicht, so daß er den Anschein einer objektiven
und völlig sachkundigen Darstellung weckt. Dennoch sind seine
Kenntnisse beschränkt, denn er war nicht weit in germanisches
Land vorgedrungen und hauptsächlich nur mit linksrheinischen
Stämmen, noch dazu im Ausnahmezustand des Krieges, in Fühlung gekommen. Caesar schöpfte sein Wissen nicht so sehr aus
persönlicher Erkundung, sondern nahm vielfach Berichte gallischer Kaufleute und germanischer Gefangener zur Grundlage.
Dennoch gebührt ihm das Verdienst, als der eigentliche Entdek-
ker Germaniens gewertet zu werden, und er hat durch seine
Commentarii wesentlich zur Erweiterung des kulturhistori-
schen Horizonts beigetragen.
Den Höhepunkt, den das antike Schrifttum in seinen Berichten
über die germanischen Völkerschaften erreichte, bilden die
Werke des *Cornelius Tacitus* (um 55 bis gegen 120 n. Chr.), der
mit seinen Annalen und Historien sowie insbesondere mit seiner
erd- und völkerkundlichen Abhandlng *Germania* Kenntnis von
den einzelnen Stämmen und ihrer Kultur vermittelt. Diese
Schrift berührt fast alle Seiten altgermanischen Lebens und steht
im Mittelpunkt der gesamten germanischen Altertumskunde.
Alle möglichen Quellen und wohl auch Berichte aus zweiter
Hand hat Tacitus für seine ethnographische Studie herangezogen. Er sieht in diesem Volk noch ein Stück unverdorbener Natur, in dem Tugenden, aber auch Laster mit ursprünglicher
Selbstverständlichkeit emporwachsen, und er spart nicht mit
Seitenhieben auf die Überkultur seiner entarteten Zeit. Auch erkennt er die große Gefahr, die dem *römischen Imperium* droht,
und es scheint ihm nur ein Mittel wirksam, das nahende Ver-

hängnis aufzuhalten, nämlich die Uneinigkeit unter den germanischen Stämmen, das alte Erbübel dieses Volkes, in jeder Weise zu fördern[10]. Für die Nachkommen ist die »Germania« ein köstliches Kleinod trotz gelegentlicher Ungenauigkeiten, trotz ihres Hangs zu übertriebener Kürze, trotz starker Pointierung und trotz des sentimentalen Untertons. Wir dürfen es als eine freundliche Fügung des Geschicks betrachten, daß sie uns erhalten blieb, denn kein anderes Volk der Erde kann eine gleichwertige Schrift über seine stumme Vergangenheit sein eigen nennen.

Spätere römische Berichte

Außer bei den beiden Hauptzeugen Caesar und Tacitus finden wir auch bei anderen römischen Schriftstellern wichtige zusammenhängende Berichte, aus denen wir über Land und Leute des alten Germanien, über die Geschichte und Kultur seiner Bewohner genauere Kenntnis erhalten. So hat C. *Velleius Paterculus,* der als Praetor an den Feldzügen des *Tiberius* gegen Germanien teilnahm, in seinem 30 n. Chr. geschriebenen Geschichtswerk *Historia Romana* über die Germanen berichtet und uns die schicksalsschwere Entscheidungsschlacht unweit des *Teutoburger Waldes* geschildert. Dieser furchtbare Rückschlag veranlaßte einen vollen Umschwung in der Politik des Kaisers *Augustus* gegenüber Germanien. Nach dem weitgesteckten Ziel der Eroberung des Gebietes bis zur Elbe verzichtete Augustus nun auf die Gewinnung Germaniens.

Ein weiterer Gewährsmann ist *Plinius der Ältere,* geb. 23 n. Chr. zu Novum Comum (jetzt Como), gest. beim Ausbruch des Vesuvs 97 n. Chr. Als Kommandant der in Germanien stehenden Reiterei lernte er das Land aus eigener Anschauung kennen. Daher könnten seine zwanzig Bücher über die Kriege mit den Germanen für uns außerordentlich großen Wert haben, wären sie nicht verlorengegangen. Doch sind uns wenigstens von seiner *Naturalis Historia,* einem Sammelwerk geographischen, natur-

wissenschaftlichen und kunstgeschichtlichen Inhalts, Abhand-
lungen über Germanien erhalten geblieben.

Die Zeit der *Völkerwanderung* findet ihren Spiegel im Werk des
größten römischen Geschichtsschreibers nach Tacitus, des
Ammianus Marcellinus aus Antiocheia (um 330 bis gegen 400
n. Chr.). An ihn schließen sich die geschichtlichen Berichte über
germanische Völker an, von Stammesgenossen geschrieben, wie
die über die *Goten* von *Jordanes,* die einen Auszug aus der Gotengeschichte des *Cassiodorus* (551) darstellen, und die über die
Franken von *Gregorius,* dem Bischof von Tours (538–594), dessen Geschichte der Franken die Hauptquelle für die Zeit der frühen *Merowinger* ist. Zu den schriftlichen Aufzeichnungen
kommen etliche noch erhaltene bildliche Darstellungen aus der
Welt der Germanen. Das bedeutendste Denkmal, das die sturm-
vollen Zeiten des großen Angriffs der Nordstämme auf das römische Imperium in ihrer ganzen Schwere erahnen läßt, ist wohl
das Reliefband der *Marc-Aurel-Säule* in Rom. Wir erleben bei
ihrer Betrachtung schaudernd die ganze Fruchtbarkeit der
Kämpfe zwischen den beiden großen Völkern: Germanische
Dörfer werden in Brand gesteckt, das Herdenvieh wird wegge-
trieben, Frauen führt man in Gefangenschaft, und gefangene
Häuptlinge werden in Massenhinrichtungen dem Tod überliefert. Ein grauenvolles Vorhersehen des herannahenden Unter-
gangs von Rom spricht aus diesen Bildern.

ZWEITES KAPITEL

Kunst und Kultur der Germanen

DIE HAUPTMERKMALE des germanischen Menschentypus erfahren wir aus den Schilderungen der antiken Schriftsteller, den Bodenfunden und den römischen Bildwerken. Was dem Südländer zunächst auffiel, war der hohe Wuchs dieser fremden Menschen, die schon nach Caesars Zeugnis mit spottender Geringschätzung auf die kleinen römischen Soldaten herabblickten. Die Größe wird auch von anderen Autoren immer wieder ausdrücklich hervorgehoben.

Das Aussehen des germanischen Menschen

Die Gräberfunde bestätigen diese Aussagen, künden von vielen auffallend hochgewachsenen Männern, bieten daneben auch etliche Beispiele von gewöhnlicher Größe. Zu dem hohen Wuchs gesellten sich kräftiger Körperbau und gewaltige Stärke. Ihre wuchtige Erscheinung weckte bei den Römern Furcht und Angst, die noch durch die Schärfe und Wildheit der Augen gemehrt wurden. In ihnen flammten kriegerischer Geist und ungeheure Kampfeslust[1]. *Plutarch* erzählt, daß *Marius* seine Soldaten vor der Schlacht bei *Aquae Sextiae* den Lagerwall besteigen ließ, damit ihre Augen sich an den Feind gewöhnten. Die Augenfarbe der Germanen war blau, ebenso wie bei den *Kelten*, die auch die anderen Merkmale der Germanen, helle Hautfarbe und rötliches Haar, zeigten. Es waren also diese Eigentümlichkeiten keine besonderen Unterscheidungszeichen der oft germanischen Stämme. Das rötlichblonde Haar schien den dunkelhaarigen Römerinnen eine anmutige Zierde, daher liebten sie es, sich durch rötlichblonde Perücken oder durch Färben ihres Haares ein germanisches Aussehen zu geben. Die Germanen selbst waren, nach antiken Zeugnissen, stolz auf ihre helle Haarfarbe und halfen oft mit einer Art Seife aus Talg und Asche, vermischt mit pflanzlichen Stoffen, nach, sich den lichten Haarschmuck zu erhalten oder ihn zu verstärken. Vielleicht spielte dabei die Absicht mit, durch die leuchtende Haarfarbe den abschreckenden und furchterregenden Eindruck beim Feind zu mehren. Trotz der einfachen Lebensweise wurde viel Sorgfalt auf die Körperpflege gelegt, und das Haar wurde gekämmt, wie die vielen Kammfunde bezeugen; kalte Bäder in Flüssen und warme Abwaschungen des ganzen Körpers gehörten zum fast täglichen Gebrauch. Ihre außergewöhnliche Körperkraft brach zwar bei gelegentlicher Gereiztheit zu besonderer Leistung hervor, versagte aber bei lang dauernder, angespannter Arbeit. Mit Kälte und Hunger hatten Klima und Boden die Menschen vertraut gemacht, Durst und Hitze aber waren ihnen kaum erträglich. Diese Feststellung des *Tacitus* (Germania, IV) findet eine gewisse Bestätigung in der Geschichte einzelner Germanenstämme, die in der brennenden Sonne des Südens ihr Ende fanden.

Die älteste und wohl vollkommenste Darstellung eines Germanen, ein Marmorkopf, gehört dem griechischen Kulturkreis aus den letzten vorchristlichen Jahrhunderten an. Die Plastik befindet sich heute in Brüssel. In den von letzter Kraftanstrengung gespannten Zügen spiegelt sich der Todeskampf eines germanischen Kriegers wider. Die germanische Frau fand ihre edelste Darstellung in der Figur der sogenannten *Thusnelda* in der Loggia dei Lanzi zu Florenz. Die mehr als lebensgroße Marmorstatue neigt ihr Haupt wie in Trauer, und das feine Oval des Gesichtes zeigt Ergebenheit in das unabänderliche Geschick der Gefangenschaft, aber auch die würdevolle Hoheit eines ungebeugten Geistes. Aus diesen und vielen anderen Germanendarstellungen auf Siegessäulen *(Marc-Aurel-Säule)*, auf Gemmen

(*Gemma Augustea* zu Wien), auf Münzen, vor allem auch auf Grabsteinen am Rhein und an der Donau ersehen wir, daß trotz des großen politischen Gegensatzes die antiken Bildhauer den achtunggebietenden Adel des Gesichtsausdruckes und die harmonische Schönheit der Germanen zu würdigen wissen.

Die Kleidung

Die Germanen fertigten ihre *Kleidung* aus heimischen Werkstoffen an. In sehr früher Zeit verwendeten sie ergänzend auch Tierfelle, denn bei *Moorleichen* fand man Reste von solchen. Das rauhe Klima der Wintermonate erforderte zusätzlich Pelzumhänge, die mit der Haarseite nach außen als Schutz gegen Regen und Wind getragen wurden. Bevorzugt waren *Reh-* und *Schaffelle.* Die Forschungen der letzten Vergangenheit haben jedoch ergeben, daß von einer ausschließlichen Fellbekleidung bei den Germanen in vorgeschichtlicher Zeit nicht die Rede sein kann.

Nicht tierische Felle waren also das gebräuchliche Material, aus dem man Männer- und Frauenkleidung fertigte, sondern *Wolle.* Man gewann sie von den großen Schafherden. Kunstfertige Hände verarbeiteten die Wolle zu dauerhaften Stoffen in reicher Farbschattierung, von Weiß über Braun und Grau zu Schwarz. Den Erzeugungsvorgang erläutern uns noch teilweise die Funde von Spinnwirteln und Webegewichten. Das Fadenmaterial wurde mit der *Handspindel* aus der Wolle gewonnen. Bewunderung erregte es, mit welcher Gleichmäßigkeit und Feinheit schon damals die Fäden gesponnen wurden. Die Stoffe wurden auf einem einfachen, aber praktischen *Webstuhl* angefertigt. Es gelang, dieses Gerät nachzubauen und auf ihm materialechte Nachbildungen zu erzeugen.

Auf zwei starken, senkrechten, oben in eine Gabel auslaufenden Stützen ruht der Tuchbaum, der mehrere Meter fertiger Webe mit einer Kurbelwelle aufzurollen vermag. Die vom Tuchbaum herabhängenden Kettfäden werden durch den Trennstab abwechselnd in eine vordere und hintere Gruppe geteilt und durch Webegewichte in elastischer Spannung gehalten. Die seitliche Trennung der Kettfäden in gleichmäßige Abstände voneinander bewirkt eine geflochtene Schnur. Oberhalb des Trennstabes liegt der Litzenstab. Er ist durch Litzen mit den hinteren Kettfäden verbunden. Bewegt man ihn nach vorn und legt ihn auf die seitlichen Gabeln, so zieht er die hinteren Fäden durch die Reihen der vorderen, und durch den auf diese Weise entstandenen Zwischenraum, das »Fach«, schiebt der Weber den auf eine Spule gewickelten Schußfaden. Auf dieser rechtwinkeligen Kreuzung zweier Fadensysteme, der Kette und des Schusses, beruht der Webevorgang. Nach dem Weben wurden die Stoffe in einem Holztrog in lauwarmem Wasser, dem fettlösende Mittel zugesetzt wurden, eingeweicht und gestampft oder getreten. Dieser Vorgang, das Walken, diente der Reinigung des Gewebes von allem Fettgehalt und der Verdichtung der Gewebefäden (Kette und Schuß). Erst durch die Verfilzung der Wollfäden erreichte man die Gebrauchsfähigkeit des Tuches.

Es ist beglückend für die Gelehrten, daß uns solche Gewebe in reicher Menge erhalten geblieben sind, und zwar nicht nur in Reststücken, sondern vollständige Männer- und Frauentrachten, die vor allem dänische Forscher aus den *Baumsärgen* der Moore Nordeuropas geborgen haben. Sie sind die bisher ältesten aufgefundenen Trachten der Welt. Denn die Gewebe, die aus den Gräbern Ägyptens ans Licht gebracht wurden, sind in der Hauptsache nur Tücher und Binden, in denen die Mumien eingeschlagen waren. Wie kommt es, daß uns die empfindlichen Gewebe erhalten sind, und noch dazu in einem so guten Zustand? Das hängt vom Klima, der Beschaffenheit des Bodens, in den die Särge versenkt wurden, und manchen anderen Umständen ab. So hat z. B. Ägypten die Erhaltung seiner ältesten Fundstücke der Lagerung in dem trockenen und salzhaltigen Sandboden zu verdanken. Daß im Norden Europas die Baumsärge die Toten samt ihren Wollkleidern durch rund dreieinhalbtausend Jahre der Nachwelt bewahrt haben, begründen die Gelehrten wie folgt: Das im Umkreis der Baumsärge vorhandene Grundwasser löste die Gerbsäure des Eichenholzes, und diese Säure wirkte als Schutz gegen Fäulnis und Zerfall. Natürlich haben die Stoffe durch die lange Lagerung und die Einwirkung der Säure ihre Naturfarbe eingebüßt und zeigen jetzt nur noch ein unansehnliches Braun. Doch kann man aus diesen Kleidungsstücken auf die Webtechnik, die Schneiderkunst und das Gesamtbild der damaligen Tracht schließen.

In der *Bronzezeit* trugen die Männer wollene Kittel, die mit Trägern über eine Schulter gehängt und durch einen Gürtel zusammengehalten wurden. Sie ließen die rechte Schulter frei und endeten handbreit über den Knien. Den Oberkörper deckte ein großer, ärmelloser, oval oder rechteckig zugeschnittener Mantel. Er legte sich mit schmalem Umschlag um den Hals und fiel in reichen Falten bis zu den Knien nieder. Sein dichtes, verfilztes Gewebe bot einen guten Schutz gegen Wind und Wetter. Eine Nadel oder Spange *(Fibel)* aus Bronze hielt ihn vorn zusammen. Den Kopf deckte eine einfache hohe Mütze oder eine halbkugelförmige feste Filzkappe, die kunstvoll aus mehreren Lagen genäht war. Wadenbinden umhüllten die Beine, die Füße steckten in ledernen *Schuhen,* die aus einem Lederstück bestanden, das von einem durch den Außenrand geführten Riemen über dem wollenen Fußlappen zusammengehalten wurde. Dieser *Bundschuh* hat bis ins Spätmittelalter hinein seine Form nicht mehr wesentlich verändert. In der *Eisenzeit* wird sowohl die lange als auch die kurze *Hose* gebräuchlich. Dieses für die Germanen charakteristische Kleidungsstück bezeugen unter anderem die Darstellungen auf der *Traians-* und *Marc-Aurel-Säule.* Die kurze Hose, *Bruch* (engl. Mehrzahl *breeches)* genannt, konnte, wenn es das Wetter erforderte, durch wollene, vom Knie bis zum Knöchel reichende Wadenstrümpfe, *Beinlinge,* oder durch schmale Wickelbinden, aus demselben Stoff wie die Hose, verlängert werden. Die etwas längere Kniehose war nur bei den der Küste anwohnenden Völkern üblich. Erst in der *Völkerwanderungszeit* wurde sie allgemein verwendet, aber auch jetzt wurden die Unterschenkel noch mit Binden umwunden. Nicht nur die Germanen, auch die *Gallier* trugen die Bruch, weshalb die *Pro-*

vincia narbonensis als *Gallia bracata* (das hosentragende Gallien) von der Provinz *Gallia togata* (dem togabekleideten Gallien) in Oberitalien unterschieden wurde.

Einfach und zweckmäßig war auch die Kleidung der germanischen Frau. Sie bestand aus einer Kimonobluse mit rundem Halsausschnitt und halblangen Ärmeln sowie einem langen, weiten, über den Hüften gefalteten Rock, alles aus Wolle. Den Leib umschnürte ein Gürtel mit schönem farbigem Streifenmuster, dessen Enden in zwei kunstvolle Quasten ausliefen. Den Gürtel schmückte eine reichverzierte runde Platte aus Bronze oder Gold. Außer dem Stoffrock gab es auch den Schnurrock. Er bestand aus dicht nebeneinanderliegenden Schnüren, die im Bund durch eine feste Kante zusammengefügt waren. Die Weite des Rockes erlaubte es, daß er zweimal um den Leib gelegt werden konnte. Diese Röcke wurden wahrscheinlich nur von jungen Mädchen und bloß während des Sommers getragen.

Nach den Darstellungen von Germaninnen auf römischen Denkmälern und nach Resten aus Moorfunden war bei den Frauen in späterer Zeit ein bis zu den Füßen reichendes ärmelloses Hemdkleid gebräuchlich, das auf beiden Schultern durch Fibeln geschlossen und gehalten wurde. Zwei Gürtel, der eine unter der Brust, der andere um die Taille, rafften es in reiche Falten. Aus den Darstellungen läßt sich schließen, daß das anschmiegsame Kleidungsstück aus feiner Wolle gearbeitet war. Der von Tacitus genannte wollene Mantel, den Spangen zusammenhielten, findet sich nicht nur bei Männern, sondern auch bei Frauen. Ebenso erwähnt Tacitus bei der weiblichen Kleidung leinene, mit roten Streifen verzierte Überwürfe. Auch *Plinius d. Ä.* erwähnt die Verwendung von *Leinwand* in der Kleidung der Frauen, und in der Folge werden Leinenrock und Leinenhose auch als Männerkleidung wiederholt genannt. Ein großer Vorrat an Leinenzeug gehört später zum kostbaren Schatz des deutschen Hauses. Die Freude der Germanen, ihren Kleidern, die in der *Bronzezeit* noch naturfarben waren, durch Färben oder durch Besetzen mit bunten Streifen ein leuchtendes Aussehen zu geben, fand bis zur Gegenwart ihren Nachklang in den farbenfro-

Zwei Details eines Gürtelbleches aus der Hallstattkultur;
Naturhistorisches Museum, Wien.

Kopf einer Moorleiche (um 200 v. bis 100 n. Chr.); Nationalmuseum, Kopenhagen.

hen Bauerntrachten. Den Kopf der Frau bedeckte oft ein Tuch. Das Schuhwerk glich dem der Männer.

Die *Haartracht* der Männer war nicht einheitlich. Meist fiel das Haar frei herab, nur einige Stämme, vor allem die *Sueben*, faßten es in einem Knoten an der rechten Schläfe zusammen. Die bis auf die Schultern wallenden langen Locken waren vorwiegend das Kennzeichen der Fürsten, kurzgeschorenes Haar hingegen war das Merkmal der Knechtschaft. Die Annahme, daß das Rasieren üblich war, erhärten die vielen gefundenen *Rasiermesser*. Das Tragen eines *Bartes* war eine Ausnahme, jedoch verdanken die *Langobarden* ihren Namen den langen Bärten, die sie trugen. Die Frauen scheitelten ihr langes, volles Haar, steckten es hinten auf oder hielten es mit einem zarten Netz zusammen.

Die Kleidung vervollständigten *Schmuckstücke* aus Gold, Silber und Bronze, deren Ausführung immer feiner und kunstvoller wurde. Die Bodenfunde zeigen uns Nadeln und Spangen (Fibeln), Kopfschmuck, Gürtelscheiben, deren Verzierungsmuster sich Halskragen und Armringe anpassen, Finger- und Ohrringe. Das meiste Schmuckstück diente zur Befestigung der Kleider, war also zweckbestimmter, nicht unnützer Behang; dabei nahm man aber die Gelegenheit wahr, durch kunstvolle Technik und Ornamentik den Gebrauchsgegenstand zugleich zum Schmuckstück zu formen.

Die Menschen jener Zeit erbrachten mit ihrer schlichten, zweckdienlichen Kleidung und ihren schönen Schmucksachen ein achtunggebietendes Kulturzeugnis, und die Kleidung der germanischen Frühzeit begegnet uns in ihrem wesentlichen Zuschnitt bis in die Gegenwart.

Haus und Siedlung

Das germanische Haus ist aus der Landschaft erwachsen und wurde von Menschen geschaffen, die durch Jahrtausende mit dem *Wald* aufs engste vertraut waren. Wir dürfen also die Anfänge des *Hausbaus* nicht im Steinbau, der Bauform der Mittel-

meerkultur, suchen, sondern im Holzbau. Die nachweisbar ältesten *Wohnstätten* waren ovale *Reisighütten,* die urtümlichsten
aller europäischen Hausformen. Die größten auf germanischem
Boden entdeckten Hütten dieser Art zeigen eine Breite von zwei
bis drei Metern. Das dichte Reisigdach, mit einer Schilfkappe
überdeckt, reicht bis zum Boden und bildete so gleichzeitig die
Wände. Die Wölbung wurde durch ein Stangengerüst im Innern
gestützt, die Eingangsöffnung von einer Matte verschlossen.
Tacitus berichtet schon von Behausungen, die aus grobem Bau-
holz gezimmert waren. Ob es sich dabei um Blockbauten mit
lehmverstrichenen Fugen oder um Fachwerkbauten handelt,
kann der Beschreibung nicht deutlich entnommen werden. Das
Fachwerk entstand vor allem in Gegenden, in denen die Wälder
nur kürzere Hölzer lieferten, so z. B. in den Laubwaldzonen.
Wo aber der Nadelwald Langhölzer bot, etwa in Skandinavien
und in den Alpentälern, den Großräumen der Fichte, waren die
Voraussetzungen für den Blockbau gegeben. Bei der Landnahme durch die *Indogermanen* verdrängte das Rechteckhaus in
weiten Gebieten Europas die urtümlichen Hausformen, und es
erschien auch in den Mittelmeerländern, nur vertauschte es dort
das Holz als Baustoff gegen den naturgegebenen Stein. Das Wesentliche des nordischen Hauses sind außer der Rechteckform
das Satteldach, die senkrechte Wand und die feste Tür, die bisher
fehlte. Das älteste Haus ist einräumig; aber die Längswände
werden etwas über die vordere Querwand vorgezogen und bilden zum Schutz der Türseite einen offenen Vorraum *(Ante).*
Vergleiche mit den griechischen Tempeln zeigen, daß ihre Bau-
formen, mit Giebel, Säulen und Ante, an das nordische Haus
anknüpfen.
Im *Hausinnern* befanden sich die *Herdstelle* und der *Backofen,*
der Wohnraum war also gleichzeitig auch Wirtschaftsraum. In
jüngeren Bauzeiten wurde der offene Vorraum durch eine
zweite Querwand abgeschlossen und bildete so einen zweiten
Raum, die Küche, in der der Backofen stand. Der vollentwik-
kelte Typ des Rechteckhauses weist eine Länge von ungefähr
10m und eine Breite von 6m auf und übertrifft mit seiner Größe

und seinen Bequemlichkeiten die Wohnbauten der westlichen und östlichen Nachbarn. Über die *Fenster* wissen wir wenig. Vermutlich kam das Licht durch Giebelluken ins Innere, durch die sogenannten *Windaugen* (englisch *window*). Erst als eine Bretterdecke den Dachraum vom Wohnraum trennte, wurden die Fenster in der Wand unentbehrlich; man konnte sie durch Fensterläden abschließen. Der Fußboden des Hauses war nur selten in den natürlichen Boden hinein vertieft. Die von Tacitus erwähnten uralten *Wohngruben,* die außen durch aufgeworfenen Mist vor Frost geschützt waren, dienten als Vorratskeller und im Winter als warme Arbeitsräume, vor allem für die Weber, die einen feuchten Raum für ihr Gewerbe brauchten, damit die Fäden nicht zu trocken wurden. Der Fußboden bestand aus einer Bretter- oder Bohlenlage, wenn er nicht mit Steinen gepflastert oder lehmgestampft war. Schon in vorgeschichtlicher Zeit wurden die einzelnen Bauteile mit *Nuten* oder Zapfen verbunden, selbst die schwalbenschwanzförmigen Nuten – für den Zimmermann oder Tischler heute die wichtigste Holzverbindung – waren bereits bekannt.

Eine breite hölzerne Sitz- und Schlafbank lief entlang der Längswände. Später finden sich auch regelrechte erhöhte *Bettstellen.* Der Herd wurde in runder oder viereckiger Form aus sorgfältig geordneten Feldsteinen errichtet. Er stand bei älteren Häusern in der Mitte, bei jüngeren zur Platzsparung an der Wand. Auf hölzernen Trägern waren verschiedene *Holz-* und *Tongefäße* und anderes Hausgerät aufgereiht. In den zweiräumigen Häusern erhob sich in der Küche ein Backofen mit korbartiger, lehmüberkleideter Wölbung. Um ihn herum standen viele Vorratstöpfe mit Getreide, Krüge und Holzschalen. Auch eine *Handmühle* fehlte nicht, mit der man das Getreide für den Tagesgebrauch mahlte, und natürlich gehörte der senkrechte *Webstuhl* in den Raum. Als Tisch diente ein abnehmbares Brett, das man auf gekreuzte Ständer legte. Außer der Sitzbank waren auch schon *Stühle* bekannt, aber nicht als alltägliches Sitzgerät, sondern als Ehren- und Hochsitz für den Ersten; alle übrigen saßen auf Bänken.

Als das Haus sich weiter vergrößerte, wurden neben dem Wohnraum unter demselben Dach der Stall und die Scheune eingerichtet. Grundmauerfunde zeigen aber auch, daß sich in späterer Zeit mehrere getrennte Gebäude, wie Wohnhaus, Scheune, Vorratshaus, Ställe und Schuppen für Geräte, zu einem Gehöft zusammenschlossen. Der Bauernhof stand immer einzeln, die Menschen wohnten gern für sich allein und ließen um ihre Behausung einen freien Raum. Häufig wurde ein Garten mit den nötigsten Nutzpflanzen angelegt und von einem Zaun abgeschlossen, der das Eindringen fremden Viehs verhindern und Schutz gegen Wild und Raubtiere bieten sollte.

Die lockere *Siedlungsweise,* bei der jedes Gehöft von einem freien Raum umrahmt war, war den Römern fremd, und sie hoben daher die den *Germanen* eigentümliche Art des Siedelns besonders hervor. So schreibt *Tacitus* (Germania, XVI): »Es ist genügend bekannt, daß die germanischen Völker nicht in Städten wohnen; ja nicht einmal von geschlossenen Siedlungen wollen sie etwas wissen. Sie hausen für sich und auseinanderliegend, wie gerade eine Quelle, ein Feld, ein Hain ihnen zusagt. Die Dörfer legen sie nicht wie wir (die Römer) mit verbundenen und zusammenhängenden Häusern an. Jeder umgibt sein Haus mit einem Hof.« Es bestanden also schon in altgermanischer Zeit *Einzelhöfe* und *Dörfer* nebeneinander. Wirtschaftliche Gründe und Rücksichten auf bestimmte Naturgegebenheiten haben wohl die Entstehung von Einzelhöfen gefördert. Gegenden mit genügendem Wasservorkommen zwangen die Siedler nicht, in Dörfer zusammenzurücken, da jeder seine eigene Quelle finden konnte. In Gebirgslandschaften führte der knappe ebene Raum zur Anlage von Einzelhöfen. Solche Einzelhöfe finden sich heute vor allem noch in Nordwestdeutschland und im Alpenvorland; und besonders Grenzgebiete zeigen deutlich den Unterschied zwischen romanischer und germanischer Siedlungsweise. So schließen sich z. B. in Südtirol die Häuser der Romanen eng aneinander, während bei der deutschsprachigen Bevölkerung die Einzelhöfe mit einem freien Platz um das Haus vorherrschen.

Die Höfe lagen ursprünglich mitten in dem dazugehörigen Ak-
ker- und Wiesenland. Das änderte sich mit der Gründung von
Dorfgemeinschaften, die für gewöhnlich Angehörige einer *Sippe*
vereinigten. Unregelmäßig und ohne Plan über die Flur verstreut, bildeten die *Wohnstätten* das *Haufendorf*. Das Acker-
und Weideland umgab nicht mehr den einzelnen Hof, sondern
das ganze Dorf und wurde in eine Anzahl verschieden großer
und auch ungleich ertragreicher Flächenstücke, *Gewanne*, eingeteilt, die unregelmäßig durcheinanderlagen *(Gemenglage)*.
Bei der Verteilung der Gewanne an die *Bauern* ließ man sich von
der Absicht leiten, jedem seinen Anteil an den unterschiedlichen
Parzellen zuzuweisen. Bei einer allfälligen Vergrößerung der
Dorfgemarkung war keine neue Aufteilung nötig, sondern bloß
eine entsprechende Zuweisung des Neubruches. Die den einzelnen Bauernwirtschaften zugeteilten Felder nannte man *Hufen*.
Sie standen vielfach nicht in Verbindung mit dem Hof, und die
Teilstücke hingen untereinander nicht immer zusammen. Sie
umfaßten durchschnittlich so viel Land, wie eine Bauernfamilie
zum Leben benötigte. Neben dem so verteilten Landbesitz des
einzelnen gab es noch die gemeinsamen Nutzbarkeiten an Weide, Wald, Gewässern, Flurwegen und Ödland, die unter dem
Namen *Allmende* zusammengefaßt wurden.
Dem Zug zum abgesonderten Wohnen entsprach am besten die
aufgelockerte Siedlungsform des Haufendorfes. Wenn neben
dieser ausschließlich germanischen Hauptform auch besonders
in Mitteldeutschland und an der Seeküste die *Straßendörfer* oder
Rundlinge mit dem in der Mitte liegenden Dorfplatz aufschei-
nen, so ist diese Siedlungsform doch nicht die Regel, sondern
durch örtlichen Zwang bedingt gewesen und bei der ersten Bo-
dennahme von der Gemeinde in klarer Überlieferung geplant
worden. Das *Runddorf* findet sich hauptsächlich im slawischen
Gebiet und gilt als typisch slawische Form.
Die Dörfer konnten mitunter zu stattlichem Umfang anwachsen, wenn sie an Flußübergängen oder Handelsstraßen lagen
und als Tausch- und Umschlagplatz eine Rolle spielten. Meist
aber mied man bei zunehmender Bevölkerungsdichte die müh-

selige Rodung benachbarter Waldgebiete, erfand auch nicht den
Boden gründlicher ausschöpfende Anbauarten, sondern zog mit
einer Schar Gleichgesinnter zur Gewinnung neuen Siedlungs-
bodens aus und richtete sich dort nach heimatlichen Gewohnheiten ein. So vergrößerten sich die bewohnten Gebiete und boten
einer ansehnlichen Menschenmenge Raum und Nahrung.
Dieser Überblick über Haus und Dorf der Germanen widerlegt
deutlich die überalterten Ansichten von den primitiven Wohn-
verhältnissen dieses Volkes. Schon vor Jahrtausenden war das
Land dicht besiedelt und konnte sich in seinem Aussehen mit
anderen Gebieten messen, nur daß die *Städte* mit ihrer Häufung
der Menschen fehlten. Da aber ohne weiteres anzunehmen ist,
daß den Germanen die steinernen Städte ihrer südlichen Nachbarn bekannt waren und sie auch die Fähigkeit gehabt hätten,
das fremde Vorbild nachzuahmen, so ist ihr ablehnendes Verhalten charakteristisch für ihre Art, nur Wesensgemäßes ihrem Da-
seinsbereich einzugliedern und sich in ihrer Siedlungsweise einen möglichst freien Lebensraum zu sichern.

Das Familienleben

Die *Familie* war für die Germanen der Urgrund ihres Daseins,
Träger des Lebensglücks und sittlichen Wohlstandes. Das erkannte schon der Römer *Tacitus,* der in seiner Germania gerade
diesen Wesenszug mit tiefer Bewunderung aus seiner Gesamt-
darstellung heraushebt. »Die Ehen werden dort ernst genommen, und keine Seite ihrer sittlichen Gepflogenheiten möchte
man mehr rühmen. Die Frauen leben im engen Kreis der Sittlichkeit, durch keine Lockungen der Schauspiele oder durch den
Sinnenreiz der Gelage verdorben. Trotz der zahlreichen Bevölkerung ist Ehebruch höchst selten. Sie erhalten nur einen Gatten, wie sie nur einen Leib und ein Leben haben. Niemand lacht
dort über Laster, und man nennt es nicht Zeitgeist, verführen
und sich verführen zu lassen. Gute Sitten vermögen dort mehr
als anderswo gute Gesetze[2].«

Die germanische Familie war nicht nur die Verbindung einer Anzahl von Einzelpersonen gemeinsamer Abstammung, sondern eine organisch gewachsene feste Einheit. Jedes Mitglied lebte nicht in erster Linie sein eigenes Leben, sondern setzte sich die Ehre und das Ansehen der Familie als höchstes Ziel. In ihrem Gedeihen sah es die Kraftquelle, durch die es selbst gestützt und gefördert wurde. Daher war es Pflicht, jede Handlung zu meiden, die dem Ansehen der Familie in ihrer Gesamtheit schaden konnte. Die Schandtat des einen lähmte den Mut aller Angehörigen der Familie, auch der unbeteiligten, jede ehrenvolle Leistung des einen aber erhöhte das Lebensgefühl der anderen. Die Familie umspannte nicht nur die Lebenden, sondern auch die Verstorbenen. Um beide schlang sich ein festes Band, das die Lebenden durch Opfergaben und ehrendes Gedenken immer wieder erneuerten. Die Toten hingegen wahrten die Treue zur Familie, indem sie den Lebenden beistanden in warnenden und ahnungsvollen Träumen.

Die Führung der Familie oblag dem Mann als Familienoberhaupt. Er waltete unbeschränkt in seinem kleinen Reich und vereinigte alle Rechte in seiner Hand. Er hatte die *munt*[3] über alle Familienmitglieder, also auch über die Frau, war verpflichtet, sie zu beschützen, und vertrat sie nach außen in allen Rechtsfällen. Er hatte auch bei einem Vergehen der Frau das Recht auf Züchtigung.

In der Eheschließung sah der Germane eine sehr ernste Handlung im Dienst der Familie; denn sie sollte den Fortbestand der Sippe sichern. Sie brachte ein Wesen aus einer fremden Familie in den Kreis seiner Blutsverwandten und war somit ein Ereignis, das nicht nur die persönlichen Geschicke von Mann und Frau betraf, sondern auch jene beiden Gruppen anging. Noch hielten sich in germanischer Zeit *Hochzeitsbräuche*, wie das Wettlaufen von Braut und Bräutigam, das Fangen der Braut, und auch die Hochzeitsbenennung »*brutlouf*« (= *Brautlauf*), die auf die älteste Form der Eheschließung, den *Brautraub*, hindeuten. Sie bewahrten sinnbildlich die Erinnerung daran, daß durch den Raub die Frau gänzlich aus der Bindung an ihre frühere Familie gelöst und für den Eintritt in die neue Gemeinschaft freigemacht wurde. Wenn man den Wesenszug der germanischen Menschen in Betracht zieht, ihr Streben nach Freiheit und Selbständigkeit, so wurden wahrscheinlich die meisten Ehen im gegenseitigen Einverständnis der Brautleute geschlossen. Nach der Brautwahl vereinbarte der Bewerber mit dem Vater oder, falls dieser nicht mehr am Leben war, mit dem nächsten Verwandten den Ehevertrag. Dabei überreichte er dem Brautvater seine Geschenke und die seiner Sippe, gleichsam als Kaufsumme für die aus dem Familienverband scheidende Braut. Sie bestand aus Rindern, einem geschirrten Roß und Waffen. Mit dem steigenden Ansehen der Frauen setzte sich der Brauch durch, daß diese Kaufsumme ganz oder zum Teil der Braut zufiel. Der Bräutigam fügte nach Abschluß der Ehefeierlichkeiten am folgenden Tag die sogenannte Morgengabe hinzu. Die Zahlung der Brautkaufsumme gehörte zur Rechtsgültigkeit der Ehe. Die Besitztümer von Mann und Frau wurden gemeinsam verwaltet, galten aber grundsätzlich als getrenntes Eigentum. Mit der Lösung der Ehe kehrte das entsprechende Vermögen wieder zu jeder der beiden Sippen zurück. Mit geistvollen Worten deutet Tacitus die tiefe Symbolik der Geschenke des Brautwerbers: »Damit die Frau nicht wähne, sie stehe außerhalb der Wechselfälle des Krieges, wird sie durch die feierlichen Wahrzeichen gleich zu Beginn der Ehe gemahnt, sie komme als Gefährtin der Mühlsale und Gefahren; im Frieden wie im Kampfe werde sie dasselbe zu dulden und zu wagen haben wie der Mann. So soll sie leben, so in den Tod gehen[4].« Es war also höchste Aufgabe des jungen Mannes, Macht und Ehre der Sippe zu mehren, Pflicht der Frau, ihm ebenbürtig zur Seite zu stehen.

Zur Zeit des *Tacitus* galt für die Germanen im heutigen Deutschland – im Gegensatz zu den skandinavischen Stämmen und den Slawen – die Einehe als Regel. »Sie sind fast die einzigen unter den Barbaren, die sich mit einer Frau begnügen, ausgenommen nur ganz wenige, die nicht aus sinnlicher Lust, sondern ihrer hohen Stellung wegen mehrere Ehen schließen[5].« So hatte *Ariovist*, der suebische Heerkönig, zwei Frauen: eine Suebin, die er aus der Heimat mitgebracht hatte, die andere aus Noricum, die Schwester des dortigen Königs[6].

Die Ehe bot der Frau genug Raum, ihr ganzes Wesen zum Ansehen der Sippe zu entfalten. Die Menschen dieser Zeit waren Bauern, deren Tagwerk sicher ein gut Teil arbeitsreicher war als das der heutigen. Auf den Mann warteten neben der *Feldarbeit* noch *Jagd* und *Fischfang*, wenn ihn nicht auch das Waffenhandwerk in die Ferne rief. Die Frau schaffte im Garten und Haus, sie mußte das Mehl auf dem Mahlstein reiben, Brot backen und für das Essen sorgen. Das Vieh verlangte seine Wartung, Vorräte, wie Getreide, Pilze, Beeren, mußten eingebracht und für den Winter getrocknet werden. Waren die Kinder und das Haus versorgt, kümmerte sich die Frau um die Kleidung: die Spinnwirtel klapperten, der Webstuhl rief zur Arbeit, aus Leder wurden Schuhe geschnitten. Und ihre eiligen Finger formten Töpfe und Schüsseln aus weichem Lehm. Noch wurde fast aller *Hausrat* im Haus erzeugt, solang nicht eigentliche *Handwerker* Kleider, Geräte und Waffen verfertigten.

Lag ein Kind darnieder oder kam der Mann verwundet nach Hause oder war ein Tier erkrankt, mußte die Hausmutter auch Ärztin sein. Sie kannte Kräuter, die, als Tee oder auf Wunden gelegt, Heilung brachten, sie mischte aus Fett und Pflanzenpulver heilsame Salben, und wenn ihre Hilfe versagte, schickte sie fromme Sprüche zu höheren Mächten empor. So war sie durch ihre Tüchtigkeit und Umsicht wahrlich Frau und Herrin[7] in Haus und Hof, hochgeachtete Gefährtin des Mannes und ihren Kindern eine gute Mutter. Sie war durch ihre Lebensweise ihren Kindern ein Vorbild, war Hüterin der Sitte und des heiligen Brauches, den schon die Ahnen pflegten. Während der Mann seiner Sippe das Totenhaus baute, worin die Verstorbenen ihr geheimnisvolles Schattendasein lebten, lehrte die Frau die Jugend, an die Kräfte des Himmels und der Erde zu glauben. Innerhalb des häuslichen Bezirks erfüllte sie ihre hohe Aufgabe; den Versammlungen der Gemeinde blieb sie fern, sie nahm keinen Einfluß auf politische und rechtliche Fragen. Ihr ganzes Sorgen galt ihrer Familie, sie führte die Aufsicht über die Knechte, teilte die Arbeit ein, vertrat den Mann, wenn er bei Jagdgängen oder Kriegszügen abwesend war. Sie war die treue Gefährtin in guten Tagen und in schweren Zeiten. Nicht Waffenführen und Kriegsdienst waren ihr Wunsch. Aber wenn Notzeiten drohten und die Sippe von der Scholle trieben, wenn das Volk, wie z. B. die *Kimbern*, neues Siedlungsland suchte, wenn als letzte Zuflucht der Wagen mit der Lederplane die Kinder und all ihr Hab und Gut aufnahm, da wurde die Frau Wandergenossin des Mannes. Sie ertrug alle Mühsal des Zuges, das harte Leben ohne den Schutz des bergenden Hauses. Ging es dann um Sein oder Nichtsein, nahte der Kampf sogar der Wagenburg, dem letzten Stück der Heimat, so feuerten die Frauen mit flehentlichen Bitten ihre Männer an, sie nicht in römische Sklaverei kommen zu lassen und der Zukunft der Kinder eingedenk zu bleiben. Sie verbanden Verwundete, versuchten, den Wankenden neuen Mut einzuflößen, ja sie nahmen nach antiken Zeugnissen, wenn auch nur in seltenen Ausnahmefällen, in höchster Not sogar an dem Gefecht teil, bereit, lieber mit dem Mann unterzugehen, als in schmachvoller Knechtschaft weiterzuleben. Solche Begebenheiten dürften den Anstoß zur Entstehung des altnordischen *Walkürenglaubens* und der *Brunhildefabel* in der *Nibelungensage* gegeben haben.

Römische Schriftsteller erwähnen auch öfters bewundernd die geheimnisvollen seherischen Kräfte germanischer Frauen, in das Dunkel der Zukunft blicken zu können. So berichtet *Tacitus:* »Die Germanen glauben, daß den Frauen etwas Heiliges und Seherisches innewohne, sie hören auf deren Ratschläge und verachten deren Aussprüche nicht[8].« Am bekanntesten ist die bei Tacitus erwähnte Seherin *Veleda* aus dem Stamm der *Brukterer* an der Ems, die wie ein göttliches Wesen verehrt wurde. Sie hat in dem Aufstand der *Bataver* gegen Rom im Jahr 70 n. Chr. auf einem Turm nach den Brandzeichen des Krieges Ausschau gehalten und der geheimnisvollen Stimme in ihrem Inneren gelauscht. Ihre Weissagungen schienen den *Römern* so gefährlich, daß sie sie gefangensetzten.

Den Kindern brachte man große Liebe entgegen. Die Römer

bewunderten den *Kinderreichtum* der Germanen. Mit der Zahl
der Kinder wuchsen der Stolz und das Gefühl der Stärke bei den
Eltern. In den Nachkommen sollte ja die Familie weiterleben,
sie sollten die künftigen Beschützer sein. Das Neugeborene
wurde Mitglied der Familie, wenn es die erste Nahrung aufgenommen, der Vater es in feierlicher Weise durch Aufheben vom
Boden und Besprengen mit Wasser anerkannt und ihm einen
Namen gegeben hatte. Man wählte gern Namen, die schon in der
Familie vertreten gewesen waren. Es sollten dadurch gleichsam
die Vorfahren zu neuem Leben erstehen. Mit der *Namengebung*
flößte der Vater dem Kind sozusagen das Wesen ein, von diesem
Zeitpunkt an war es ein Mitglied der Familie. Was an Kraft,
Mut, Begeisterung, Wehrhaftigkeit und Glück in dem Namen
steckte, das sollte in das neue Wesen eingehen. Der Name ging
also von den Ahnen auf die Nachfahren über. Darum lebte ein
Mensch auch nach seinem Tod im Nachruhm seines Namens
weiter bis in die ferne Zukunft. Daher wählte man solche Namen, in deren Wortsinn sich der Zug zum Hohen und zum
Wagnis offenbarte. Die Welt des Niedrigen, Gemeinen, Erden-
haften blieb fern. Da die Germanen verhältnismäßig spät in den
Lauf der Weltgeschichte eingriffen, lag für sie nicht mehr viel
Boden bereit. Sie mußten sich in schwerem Ringen ihren Platz
erkämpfen; und es war nur natürlich, daß dieser Kampfeswille in
der Namengebung seinen Niederschlag fand, daß Waffen erwähnt und die Namen wehrhafter Tiere herangezogen wurden.
So begegnen uns im germanischen Namensgut – um aus der großen Zahl der Beispiele nur wenige zu nennen – Bestandteile wie
gunt, hilt, wic = Kampf (Gunther, Brünhild, Ludwig); *bert,*
mar = glänzend, berühmt (Adalbert, Waldemar); *diet, Theod* =
Volk (Dietmar, Theoderich); *helm, ger, ort* = Schwertspitze
(Helmbrecht, Gernot, Ortwin); *munt* = Schutz (Siegmund);
rich = mächtig (Heinrich); *gisel* = Geisel (Giselher); *sigu* = Sieg
(Siegfried); *fried, fred* = Friede (Friedrich, Alfred); *ans, os* =
Ase, germanische Gottheit (Ansgar, Oskar); *ar* = Aar (Arnold);
ber, bern = Bär (Bernhard); *wolf, wulf* = Wolf (Wolfgang,
Wulfila)[9].

Schon in ältester Zeit war es germanische Sitte, durch Anlaut-
gleichklang die Glieder einer Familie miteinander zu verbinden.
So werden uns durch römische Überlieferung die Namen einer
cheruskischen Familie in lateinischer Form bekannt: Segestes,
Segimundus, Segimerus. Andere Beispiele sind: Heribrand,
Hildebrand, Hadubrand; Gutta (= Ute), Gunther, Gernot, Giselher, Grimhild (= Kriemhild). Viele dieser germanischen Namen haben sich durch die Zeiten weitervererbt und gehören auch
jetzt noch zu unserem Namenschatz.

Wie der Name selbst, war auch die Feier der Namengebung erfüllt von sinnbildlichem und religiösem Gehalt und erlangte dadurch eine vertiefte Bedeutung für das spätere Leben.

Die Pflege des Kindes besorgte von den ersten Tagen an die Mutter. Sie überließ es nicht Mägden oder Ammen, sondern stillte es
selbst. Die heranwachsende Jugend wurde nicht verhätschelt
und verweichlicht. Die Kinder der Freien und Knechte wuchsen
in ungebundener Freiheit gemeinsam auf. Ihre Spiele ahmten das
Tun und Treiben der Erwachsenen nach. Die Jungen stählten
sich früh in Wettspielen und Ringkämpfen, aber auch in harter
Mitarbeit auf dem Bauernhof. Die Mädchen spielten mit Puppen
und unterstützten die Mutter bei ihren häuslichen Verrichtun-
gen. Man hat in den Gräbern manches *Spielzeug* gefunden. Etwa
mit dem 15. Lebensjahr galten Jünglinge als wehrhaft. Der frei
Geborene sonderte sich vom Knecht ab und erhielt in öffentli-
cher Feier *Speer* und *Schild* und Zutritt zur *Volksversammlung.*
Oft zogen die Söhne danach für einige Jahre in die Fremde, um
im Gefolge eines bedeutenden Mannes das Waffenhandwerk zu
erlernen und durch kühne Taten ihre Tüchtigkeit zu bezeugen.
Die Mädchen blieben bis zur Heirat in der Obhut des Hauses, in
der *munt* des Vaters.

Großes Ansehen genossen die Alten. Die Verehrung galt ihrer
reicheren Erfahrung und größeren Umsicht. Sie kannten die
Überlieferung ihres Volkes, die Satzungen des ungeschriebenen
Rechtes, die Ausübung der religiösen Bräuche. Bei den Volksversammlungen ehrte und achtete man ihren Rat. In ihren Händen lag die Führung der Sippe und der Gemeinde. Auch die er-

wachsenen Söhne, die schon einen eigenen Hausstand gegründet hatten, blieben bis zum Tod des Vaters in einem gewissen Abhängigkeitsverhältnis zu ihm, das gelegentlich auch zum Widerspruch und zu einer Spannung zwischen den Alten und Jungen führte.

Die *Mahlzeiten* versammelten die Familie um den häuslichen Herd. Die Germanen waren starke Esser, wie es die schwere bäuerliche Arbeit bedingt. Schon das Frühstück war reichlich, die Hauptmahlzeit brachte der Abend. Heute noch spiegelt sich diese Anordnung in der Gepflogenheit der Engländer wider. Die Zubereitung des Essens lag in den Händen der Frau, die Mägde halfen dabei. Die *Nahrung* war verschieden, je nachdem die örtlichen Verhältnisse mehr die *Viehzucht* oder den *Ackerbau* begünstigten und inwieweit *Jagd* und *Fischfang* den Bedarf ergänzten. Das Fleisch lieferte vor allem das Schwein, das in den Eichenwäldern reichlich Nahrung fand. Daneben kamen auch das Fleisch des Schafes und Geflügel, Hühner und Gänse, auf den Tisch, wenngleich Geflügel mehr die Nahrung der Romanen darstellt. Pferdefleisch wurde zumeist nur im Zusammenhang mit Opfermahlzeiten erwähnt. Die Zubereitung dürfte in der Art vor sich gegangen sein, daß man das Fleisch zwischen heißen Steinen dünstete oder in Kesseln kochte. In vornehmen Kreisen kannte man auch am Spieß gebratenes Fleisch. Die Kunst des Einpökelns und Räucherns wurde ebenfalls schon geübt. Man bediente sich ihrer, wenn bei Winterbeginn wegen Futtermangels eine größer Zahl der Herdentiere geschlachtet werden mußte. Das kaiserliche *Rom* bezog gern Schinken aus dem heutigen Westfalen. Das Rind war weniger Schlachttier, sondern wurde mehr der Milch halber gehalten. Daß außer den *Haustieren* auch die Jagd und der Fischfang eine wichtige Ergänzung zur Fleischnahrung schafften, ist selbstverständlich. *Caesar* erzählt[10], die Germanen lebten nur zu einem kleinen Teil von *Getreide*, eher hauptsächlich von Milch, Käse und Fleisch. Die Milch lieferten Kühe und Ziegen. Man trank sie am liebsten als Sauermilch. Ein Verfahren zur Butterbereitung beschreibt uns schon *Plinius d. Ä.* Aber Butter dürfte anfangs nur in vornehmen Krei-

sen verwendet worden sein. Allgemein verbreitet jedoch und ein
wichtiges Nahrungsmittel war der Käse. Allerdings müssen wir
dabei nur an die einfachste Form denken. Die Herstellung wohl-
schmeckender Käsesorten vermittelten erst die *Römer,* von denen die Germanen auch den Namen (lat. caseus = Käse) übernahmen. Am frühesten wird sich eine verbesserte Käsezuberei-
tung im holländischen Gebiet entwickelt haben, wo naturgemäß
neben dem Fischfang die Viehzucht hauptsächlichste Wirtschaftsform war. Die an den Küsten siedelnden Germanen genossen die Eier der Strandvögel, in den übrigen Gebieten waren
die Eier des Hausgeflügels eine gesuchte Nahrung.

Wenn Caesar das Fleisch der Haustiere, Wild und Milch als
Hauptnahrung der Germanen erwähnt, so darf man dies nicht so
deuten, als hätte die pflanzliche Nahrung keine Rolle gespielt.
Caesar geht von römischen Verhältnissen aus. Für die Ernäh-
rung großer Volksmassen kann natürlich als Hauptnahrung nur
die Getreidefrucht in Betracht kommen. Fleisch erst in zweiter
Linie. Wenn man dies berücksichtigt, so ist es ohne weiteres mit
Caesars Hinweis vereinbar, daß trotzdem neben Viehzucht,
Jagd und Fischfang der Ackerbau für die Germanen von Wich-
tigkeit war.

Im Gegensatz zu unserer heutigen Verpflegung stand damals das
Brot nicht an der Spitze der landwirtschaftlichen Produkte.
Schon in der Frühzeit mischte man zwar Mehl von Roggen, Gerste oder Hafer mit Wasser, knetete den Teig und backte ihn auf
dem Herd zwischen heißen Steinen unter Asche zu großen Fladen, aber diese stellten durchaus nicht den Hauptbestandteil der
Speisen dar. Der älteste germanische Name für Brot war *Laib.*
Auf alter Entlehnung dieses Wortes beruhen die osteuropäischen Ausdrücke für Brot[11].

Das Wort Brot bezeichnete das gesäuerte Gebäck; schon früh
waren die Germanen selbständig und ohne fremdes Vorbild darauf gekommen, das Brot durch Zusatz von Sauerteig bekömmli-
cher und lockerer zu machen. Bis in den Beginn des *Mittelalters*
hinein blieb jedoch dieses Brot nur eine Zukost für Vornehme.
Die große Allgemeinheit verzehrte dagegen die grobgemahlene

Körnerfrucht in Breiform als *Mus*. Diese Verwendung ist älter und einfacher als das Brotbacken. Das Wort Mus erweiterte sich in seiner Bedeutung, weil die Beikost ein wesentlicher Bestandteil der gesamten Nahrung war, zu dem Begriff »die Speise, die Mahlzeit« schlechthin. Schon Plinius d. Ä. erzählt, daß die Römer ursprünglich lange Zeit Brei und nicht Brot gegessen hätten, und das gleiche berichtet er auch von den Germanen. Er meint dabei wohl die mit Milch zubereitete Hafergrütze, die als tägliches Gericht bei keinem Frühstück fehlte und dem heutigen englischen »Porridge« und der schwedischen »Grütze« geglichen haben dürfte, somit ein die Jahrtausende überdauerndes germanisches Nationalgericht blieb. Gelegentlich wechselte die Hafergrütze auch mit Hirsebrei ab.

Gemüse hat wohl eine geringere Rolle gespielt. Man sammelte ursprünglich wildwachsende Gemüsearten und zog sie später in den Hausgärten, wie Lauch, Möhren, Hülsenfrüchte. Die Natur bereicherte die Tafel um die Beeren des Waldes, um Haselnüsse und um die kleinen wildwachsenden Äpfel. Andere Obstsorten fehlten, sowohl Caesar als auch *Tacitus* vermißten die Obstgärten in *Germanien*. Erst die Römer verpflanzten die uns geläufigen Fruchtbäume und die *Rebe* in nördliche Breiten. Daher hat auch der *Apfel* (engl. apple) seinen heimischen germanischen Namen; *Kirsche* (lat. cerasum), Birne (lat. pirum) u. a. dagegen brachten ihre Benennung aus dem Süden mit.

Als Würze bot die Natur den Honig, den Lauch, das *Salz*. Da es wilde Bienen nur in bescheidener Anzahl gab, übernahmen die Germanen die *Bienenzucht* von den Römern. Denn Honig war der einzig erreichbare Süßstoff, er blieb es noch das ganze Mittelalter hindurch, und er wurde zur Meterzeugung bei den Germanen sehr benötigt. Mit Salz war das Land reichlich gesegnet; man gewann es in ältester Zeit, indem man Sole oder Meerwasser über einen brennenden Holzstoß ausgoß. Tacitus erwähnt, daß die Zubereitung der Speisen einfach war, daß es zum Stillen des Hungers keiner besonderen Reizmittel bzw. Gewürze bedürfe.

Unter den *Getränken* wurde der *Wein*, der in germanischer Zeit noch nicht im Land gebaut wurde, nur nach Lust und Gelegenheit käuflich erworben und wegen seines hohen Preises bloß bei einzelnen Reichen getrunken. Nach Caesar[12] duldeten die *Sueben* keine Weineinfuhr, weil dieses Getränk nach ihrer Meinung die Männer verweichliche. Die Getränke, die die Frauen für bestimmte Feste im Haus herstellten, waren *Met* und *Bier*. Met war eine sehr einfache Mischung von Honig mit Wasser, die gekocht und zur Gärung gebracht wurde. Durch diese schon frühe Entdeckung des Gärvorganges erhielt das aus dem Indogermanischen stammende Wort Met[13] die Bedeutung »gegorener Honigtrank« und findet sich auch bei anderen Völkern. Met ist ein süßes, schweres und berauschendes Getränk. Man schrieb ihm die Kraft zu, den Menschen Begeisterung zu verleihen und ihnen den Zugang zur übersinnlichen Welt zu öffnen. So war der Met gewissermaßen der Quell der Weisheit und der künstlerischen Erweckung. Bei Festmahlen galt er als geheimnisvoller, kraftspendender Trank. Bier ist ein dem Nord- und Westgermanen eigenes Wort für ein in der Hauswirtschaft aus Getreide, vornehmlich Gerste, gebrautes, gegorenes Getränk. Man würzte das Gebräu durch einen bitteren Zusatz, z. B. von Schafgarbe oder Eberesche. Hopfen kommt erst zu Beginn des Mittelalters durch die Klosterbrauereien in Verwendung. Der Trank wurde ebenfalls für festliche Gelegenheiten, wie *Thingversammlungen,* Opferfeste, Hochzeiten und Totenfeiern gebraut. Man trank in der Gemeinschaft. Der kreisende Becher oder das *Trinkhorn* sollte alle Versammelten vereinen, die Kette durfte nicht unterbrochen werden und mußte in sich zurückkehren. Übersprang man einen Nachbarn, so machte man sich einer ernsten Kränkung schuldig und beleidigte die ganze Gesellschaft, weil man die einigende, Freude spendende Wirkung des festlichen Beisammenseins störte. Im Trinken lag eine sinnbildliche Bedeutung: Man trank einem Mann zu, um ihn in den eigenen Kreis hereinzuziehen, ihn zu gewinnen. Man ehrte den Gast, indem man das gefüllte Horn zuerst an seinen Platz tragen ließ, und die Gäste ehrten einander, indem sie der Reihe nach aus einem Becher tranken. Man glaubte, daß Worte, bei solchen Festen gesprochen, wahr würden, weil der Trank die Kraft verlei-

Die »Saalburg«, römisches Kastell im südlichen Taunus (um 90 – 200 n. Chr.).

he, in die Zukunft zu schauen. Nach dem Urteil der Alten mag
das Gebräu keinen angenehmen Geschmack gehabt haben; Tacitus weist auch darauf hin, daß die Germanen beim Trinken zuwenig Mäßigung zeigten, daß man sie durch ihre Trunksucht leichter verderben als mit Waffen besiegen könnte. Will man sich ein
richtiges Bild von den damaligen Zuständen machen, so muß
man bedenken, daß es zu jener Zeit noch keine öffentlichen
Trinkstuben gab, ein tägliches Sitzen beim Bier also unmöglich
war. Das zu bestimmten Anlässen in Mengen gebraute Bier war
überdies nicht längere Zeit haltbar, es mußte also weggetrunken
werden, und das führte natürlich zu mancher Unbesonnenheit.
Es gab oft Streit und Totschlag. Auch ließen sich die Trunkenen
zu Versprechungen hinreißen, die sie im nüchternen Zustand
niemals gegeben hätten, nun aber nicht mehr zurücknehmen
konnten. Zu solchen Ausschreitungen kam es aber nur bei besonderen Gelegenheiten. Jede Verallgemeinerung wäre hier genauso unsachlich wie ein Übergehen dieses unrühmlichen Zuges, denn trotz allem waren die Germanen im täglichen Leben
nüchtern und genügsam; und ihrem Laster steht die einfache und
vernünftige, der Landschaft entsprechende und aus ihr gewachsene Ernährung gegenüber, der unsere Vorfahren zweifellos ihre
Gesundheit verdankten und worin sie uns Vorbild sein können.

Die wirtschaftliche Entwicklung

Den germanischen Völkern ist von früher Zeit an bis gegen das 10.
Jahrhundert die geschlossene *Hauswirtschaft* eigen. Sie wurde
durch den Bedarf geregelt. Man erzeugte im eigenen Hausbe-
trieb, was das Heim verlangte, nicht auf Vorrat. Die Hauptlast
lag bei der Frau, der Mann betätigte sich nur, soweit jene der Arbeit nicht gewachsen war, sonst beschäftigte er sich wenig oder
gab sich überhaupt der Muße hin. Tacitus wundert sich über diesen Zug im Wesen der Germanen, so den Müßiggang zu lieben
und doch die Ruhe zu hassen[14]. Die Hauptbeschäftigung des
Mannes bildete die *Jagd*, falls er nicht auf Kriegszug war. Zu

Hause kümmerte er sich um den Bau der Wohnstätte, die *Feldarbeit* und die Betreuung der Herdentiere, soweit ihm nicht auch hier die Knechte die Arbeit abnahmen. Die Herstellung der Geräte, Werkzeuge und Gefäße, der Kleidung und Schuhe war mehr Frauenwerk als Männerarbeit.

Der Aufwand für den *Hausrat* war bescheiden. Tisch, Bänke und Truhen befriedigten die notwendigen Bedürfnisse, *Bettgestelle* und *Stühle* fanden sich nur in vornehmen Häusern.

Das Gerät für Küche und Eßtisch, Töpfe, Kübel, Schüsseln, Teller, Krüge und Becher, war aus Holz oder Ton. Die Holzsachen verfertigten wohl meist die Männer, das Tongeschirr war Frauenwerk, wie dies z. B. die Abdrücke der Finger auf vielen tönernen Fundstücken beweisen. Man formte die Irdenware aus freier Hand mit viel Geschick und Gleichmäßigkeit und gab ihr dann bei schwachem Feuer die gewünschte Festigkeit. Die *Töpferscheibe* kam erst in der *La-Tène-Zeit* vom Mittelmeergebiet zu den *Kelten* und verbreitete sich von da langsam bei den Germanen. Verzierungen der Gefäße wurden geritzt, gestochen oder mit Hilfe von gedrehten und geknoteten Schnüren in den feuchten Ton eingedrückt.

Wie die vielen Muster der örtlichen Schmuckformen zeigen, hat man in häuslichen Betrieben nur für den Bedarf des nächsten Umkreises gearbeitet. Hie und da lassen einzelne, über größere Gebiete verbreitete Formen auf handwerkliche Erzeugung durch *Töpfer* schließen.

Auch die Herstellung von Geweben, Kleidern und Schuhen wurde als Hausindustrie betrieben. Spinnen und Weben war den germanischen Frauen und Mädchen altvertraut. *Spindel* und *Webstuhl* gehörten zu jedem Haus. Die Spindel wurde geradezu zum Symbol echter und edler Weiblichkeit. Natürlich verstanden sich die Frauen auch auf die Herstellung von Kleidungsstükken. All diese Arbeiten fielen in den Winter, in dem das Aussetzen anderer Beschäftigung dafür Zeit bot.

Gewisse Zweige der Hauswirtschaft haben sich wohl schon frühzeitig von der Hausindustrie abgesondert und Ansätze zu *Gewerbebetrieben* gebildet. Dies wird z. B. bei der Töpferei und bei der *Weberei* der Fall gewesen sein; und ganz besonders ist für das Schmieden schon früh ein handwerksmäßiger Betrieb anzunehmen, wegen der Sondereinrichtungen, die es erforderte. *Schmiede* genossen in der Frühzeit besonderes Ansehen. Das beweisen z. B. die Sagen vom griechischen Schmiedegott *Hephaistos* und von dem kunstreichen Schmied *Wieland* in der *Edda*, dem halbgöttliche Wesenszüge zugeschrieben wurden. Der Tätigkeit des Schmiedes haftete etwas Geheimnisvolles an. Den Waffen, von deren Güte und Härte tatsächlich oft das Leben abhing, wohnten in den Augen der Germanen magische Kräfte inne. Zauberkundige Zwerge der Sage, wie *Regin* oder *Mime,* waren daher auch Schmiede. Ursprünglich verstand man unter Schmied den Metallarbeiter im allgemeinen. Er erzeugte nicht nur Waffen, Werkzeuge und Hausgeräte, beschlug nicht nur die Pferde, sondern schuf auch *Luren,* alte Blasinstrumente, verarbeitete Gold und Silber zu kostbarem Schmuck für Männer und Frauen und veredelte seine Schmiedearbeiten durch Ornament und Zierat. Noch erinnert das Wort »Geschmeide«, das mit »Schmied«, »schmieden« verwandt ist, an die künstlerische Tätigkeit des germanischen Schmiedes.

Nach *Tacitus* bildete das Vieh den einzigen und begehrenswertesten Reichtum der *Germanen.* Da es vorwiegend geweidet wurde, fand es sein Futter nicht in dem notwendigen Ausmaß, auch nicht die Pflege, um zu stattlichen und wertvollen Tieren heranzuwachsen. Das fiel schon den antiken Schriftstellern auf, und sie berichten – so z. B. Tacitus –, daß das Vieh von kleinem Wuchs war. Dafür aber gab der häufige Aufenthalt auf der Weide dem Vieh erhöhte Widerstandskraft und Leistungsfähigkeit. Außer den Rindern waren am Ende der *Steinzeit* alle heutigen *Haustiere* bekannt.

Schon vor der Berührung mit den *Römern* gewann neben der Viehzucht der Ackerbau immer mehr an Bedeutung. Er entwickelte sich aus der Feldgraswirtschaft, bei der der Boden abwechselnd als Ackerland und als Weide genutzt wurde. Die Möglichkeit solcher Verwendung war nur gegeben, solang es die dünne Bevölkerung zuließ, nur jeweils einen Teil des Landes für den

Ackerbau zu nutzen. Der Boden wurde nach gemeinsamer Rodung von einer Siedlungsgemeinschaft in Besitz genommen. Diese bestand aus den Mitgliedern einer oder mehrerer Sippen oder aus den Bewohnern eines Dorfes. Die Grundstücke wurden unter den einzelnen Familien nach Ansehen und Verdienst um die Gemeinschaft und auch nach der Zahl der Mitglieder zur Bearbeitung verteilt. Ob sie in Privateigentum übergingen oder bloß zur Nutznießung auf Zeit oder Lebensdauer dienten, ist nach den antiken Berichten unklar; es war wohl das eine wie das andere möglich. Wahrscheinlich ist nur für die Stämme auf Kriegswanderungen ein gemeinschaftlich betriebener Feldbau mit Gemeindeeigentum anzunehmen. Die später sehr bedeutsame Zunahme der Bevölkerung mußte zu sparsamer und angestrengter Nutzung des immer knapper werdenden Ackerbodens und damit zur Ausbildung der Einzelwirtschaft und des Privateigentums an Grund und Boden führen, das ja für Haus, Vieh und Fahrnis schon früher bestanden hatte. Jeder Dorfgenosse hatte außer seinem Wirtschaftshof auch das Recht der Nutzung der *Allmende,* also an Wald, Weide und Wasser der Dorfgemeinschaft. Er durfte sein Vieh auf die Weide und in den Wald treiben, durfte Holz fällen, jagen und fischen.

Düngung mit Viehmist kannte man nur für den Hausgarten, nicht für die Felder. Daher konnte man auch vom Boden nicht erwarten, daß er jedes Jahr Frucht trage. Man ließ also abwechselnd einige Äcker brachliegen. Die Feldbearbeitung erfolgte zuerst im *Hackbau.* Das wichtigste Ackergerät, der *Pflug,* erschien in der *Jüngeren Steinzeit* in Gestalt des primitiven *Hakenpfluges* und hatte als Vorspann ein Paar Ochsen. Später verbreitete sich der *Räderpflug* mit Schar und Streichbrett, den die Römer von den Germanen kennenlernten. Er riß nicht nur eine Furche in die Erde wie der Hakenpflug, sondern brach die Scholle um. Da man nun nicht mehr wie früher kreuz und quer zu pflügen brauchte, um die Erde gründlich aufzulockern, wandelte man die Form der Felder in lange, schmale Streifen, um häufiges Wenden des Pfluggespanns zu vermeiden. Neben dem Pflug gehörte auch die *Egge* zum indogermanischen Bestand der

Ackergeräte. Angebaut wurden Weizen und Gerste, später auch Roggen, Hafer, Hirse sowie Flachs und Hanf, ferner *Gemüse,* und zwar Erbsen, Bohnen und Rüben. Das *Getreide* wurde mit Sicheln geschnitten. Ursprünglich entkörnte man die Ähren durch Treten oder durch Schlagen mit Stöcken; das Getreide durch Ochsen austreten zu lassen, wie in den Mittelmeerländern, war den Germanen unbekannt. Von den Römern übernahmen die *Westgermanen* später den zweckmäßigen *Dreschflegel*[15], dessen beweglicher Klöppel das Aufschlagen auf eine größere Getreidemenge ermöglichte. Das Dreschen erfolgte wegen des Klimas auf überdachten Tennen, nicht wie im Süden im Freien.

Wie hoch entwickelt der Ackerbau bei den Germanen gewesen sein muß, läßt sich aus der großen Volksmenge schließen, die zu ernähren war und die man zur Zeit *Caesars* auf 5 bis 6 Millionen schätzte. Die vollgefüllten Scheunen lockten die Römer, ihre Kriegszüge in die Erntezeit zu verlegen, zu der sie ihre Truppen mit germanischem Korn verproviantieren oder wenigstens durch Vernichtung der Ernte die Germanen empfindlich schädigen konnten.

Haben die Römer den bei den Germanen schon hochentwickelten Ackerbau auch nicht beeinflußt, so haben sie den noch recht bescheidenen einheimischen *Gartenbau* wesentlich gefördert. Dem entspricht, daß unsere Bezeichnungen für fast sämtliche Obst- und viele Gemüsesorten und Gartenpflanzen dem Lateinischen entstammen[16]. Auch der Weinbau kam durch römische Vermittlung über Burgund und das Elsaß an den Bodensee und den *Rhein* und soll dort und an der Mosel – nach der Überlieferung – von Kaiser *Probus* in der zweiten Hälfte des dritten nachchristlichen Jahrhunderts besonders gefördert worden sein. Den gekelterten Wein selbst haben die Germanen als einen der wichtigsten Einfuhrartikel römischer Kaufleute schon zur Zeit Caesars gekannt.

Handel und Verkehr

Die ersten Anlässe zu einem *Warenverkehr* dürften große festliche Veranstaltungen gegeben haben, die die Bewohner weiter Gebiete zusammenführten und die mit kleinen *Märkten* abschlossen. Hier hatten die Erzeuger Gelegenheit, ihren Warenvorrat oder ihre Rohstoffe an die Verbraucher abzugeben und Vieh oder Bedarfsgegenstände einzutauschen. Von Rohstoffen waren besonders *Feuerstein,* später *Metalle,* wie Kupfer, Zinn, Gold, ebenso *Bernstein* gesuchte Tauschartikel, weil dieses Rohmaterial nur räumlich beschränkt vorkam, aber in ungleich größeren Gebieten dringend benötigt wurde. So bildete sich ein neuer Stand: der der *Händler,* die auf dem Land- und Seeweg die Märkte versorgten. Sobald man nun darauf angewiesen war, fremde Güter zu erwerben, galt es, Gegenwerte bereitzustellen und daher Waren im Vorrat zu erzeugen. Gleichzeitig richtete sich durch die Erzählungen der Kaufleute der Blick der Menschen über die Abgeschlossenheit des engen Siedlungsgebietes hinaus in die Weite der Welt, wie dies z. B. Caesar ausdrücklich von den *Ubiern* erwähnt[17].
Die Bekanntschaft mit der gehobenen provinzialrömischen Lebenshaltung veranlaßte gewisse Kreise der vornehmsten Germanen zur Einfuhr von römischen *Luxusgütern,* vor allem von Erzeugnissen des Metall- und Glasgewerbes, so von Silberbechern, Kelchen, Schmucksachen, bronzenen Tischgestellen, gläsernen Trinkhörnern, kostbaren römischen Töpferwaren und Wein. Soweit es die Kenntnisse gestatteten, versuchte man, die fremden Anregungen in *Handwerk* und Handel weiterzuverwerten. Dadurch entstanden neue *Gewerbe.* Eine sehr starke Nachfrage herrschte nach metallischen Rohstoffen, an denen Mitteleuropa damals arm war. So lieferten *Spanien* und *Britannien* Zinn, *Südeuropa* Kupfer, das später auch in den Salzburger und Tiroler *Alpen* erschlossen wurde. Heimisches Gold gewann man aus dem Sand des Rheins. Den neuen Rohstoff für den Grobschmied, das *Eisen,* sandte vor allem *Noricum,* aber man lernte auch, in *Mitteleuropa* das Rasenerz abzubauen.

Für die eingeführten Waren und Rohstoffe tauschte man Lebensmittel, Tierhäute, Pelze, Daunen, Frauenhaar und *Sklaven*. In hohem Wert stand der Bernstein, den die Küsten der *Nordsee* und *Ostsee* spendeten. Er fand schon in frühester Zeit in großen Mengen Abnahme bei den *Römern* und gelangte auch nach *Griechenland*, wie z. B. die Funde in den mykenischen Königsgräbern beweisen. Wie gesucht diese Gabe des Meeres war, ja, daß der Bernstein einen der Hauptgegenstände des frühen Welthandels bildete, geht auch daraus hervor, daß er in *Ägypten* schon in den Gräbern der ältesten Dynastien vorkommt. Der Bernstein war neben dem nordischen Pelzwerk das bedeutendste und wichtigste Tauschobjekt. Dem Handel mit diesen Gütern verdankte der germanische Kulturkreis schon in der *Bronzezeit* seine hohe Blüte.

Mit dem Vorrücken der Römer an die *Rhein-* und *Donaulinie* bekam auch der Warenverkehr einen starken Auftrieb. Der Bedarf der fremden Heere in den Lagern, der Zuwanderer in den neuerrichteten Siedlungen und Städten belebte die einheimische Produktion. Vor allem herrschte große Nachfrage nach Lebensmitteln. Die bäuerliche Arbeit der Eingesessenen bildete die Voraussetzung dafür, daß die *Legionen* auf die Dauer bleiben konnten. Die Anwesenheit der fremden Truppen brachte aber auch wirtschaftliche Vorteile mit sich, die der bodenständigen Bevölkerung die Möglichkeit gaben, an dem Wohlstand und den Annehmlichkeiten der Lebensführung in den römischen Provinzen teilzunehmen. Die im Gefolge der Truppe erscheinenden Kaufleute hatten reichlich zu tun, die wechselseitigen Bedürfnisse zu befriedigen. Vorwiegend waren es gallische Händler. Sie wagten sich trotz der unzähligen Gefahren, trotz des Argwohns der Stämme und der Unwirtlichkeit der Wege tief in das Land der Germanen hinein. Wie oft werden wohl ihre Wagenladungen und ihre schwerbepackten Saumtiere räuberischen Angriffen zum Opfer gefallen sein, ja sie selbst ihr Leben verloren haben? Wie umfangreich der Handel trotz allem gewesen sein muß, darüber geben die vielen *Münzfunde* schon aus der Zeit des *Tacitus* deutlichen Aufschluß.

Die Natur zeichnete die *Handelswege* vor. Man nutzte die Eigenart des Geländes, führte die Straßen Flußtäler entlang, überquerte, da es noch keine Brücken gab, die Wasserläufe an den Furten und mühte sich um geeignete Übergänge über die Gebirge. So gelangte man nun von einem Platz zum anderen, von Siedlung zu Siedlung. Die Hauptverkehrswege, die »*Bernsteinstraßen*«, die der Handel schon vor 3000 Jahren benützte, konnten durch Funde festgestellt werden. Eine Straße ging von der griechischen Kolonie *Massalia* aus und führte die Rhône aufwärts durch die Burgundische Pforte an den Rhein und zur Nordsee. Ein zweiter bedeutender und vielleicht der älteste Landweg kam von der *Adria* zum *Brennerpaß* und gabelte sich nach der Donauüberquerung bei Linz in einen Strang durch *Böhmen* und einen durch *Bayern*. Die beiden Wege vereinten sich wieder in der Norddeutschen Tiefebene und folgten dem Lauf der *Elbe* bis zu ihrer Mündung. Eine dritte Straße, die hauptsächlich den Anschluß von den *Balkanländern* vermittelte, ging von *Aquileia* in die *Steiermark*, querte bei *Carnuntum* die Donau und führte die March aufwärts zur *Weichselmündung*.

Ein Großteil des Verkehrs wird sich bei den die Küsten der Nord- und Ostsee bewohnenden Stämmen auf dem Wasserweg abgespielt haben. Die ersten Fahrzeuge waren *Einbäume*, die aus 12 bis 15 m langen, mächtigen Baumstämmen gefertigt wurden und bis zu 30 Mann Platz gewährten. In der *Jüngeren Steinzeit* wurden aus diesen ersten Booten die aus vielen Teilen zusammengesetzten *Schiffe* mit größerem Fassungsraum und gesteigerter Hochseetüchtigkeit rasch weiterentwickelt. Diese Schiffe sind uns teilweise erhalten geblieben, und außerdem kennen wir sie auch ziemlich genau aus verschiedenen *Felszeichnungen*. Die Römer fanden bei den Germanen schon eine fortgeschrittene Schiffahrt vor. Die Grundform der germanischen Schiffe blieb bis ins *Spätmittelalter* hinein fast überall die gleiche.

Auf einem aus gebogenen Eichenplanken hergestellten, verhältnismäßig flachen Kiel erhoben sich in ungefähr 1 m Abstand außerordentlich widerstandsfähige Querrippen (Spanten), für die entsprechend gewachsene Hölzer ausgesucht wurden. Ihre Enden standen pflockartig über den Bordrand empor, und man hielt sie daher auf den Felszeichnungen lange Zeit fälschlich für die Andeutung der Schiffsmannschaft, ehe man erkannte, daß diese stets gesondert eingezeichnet wurde. Die Außenhaut des Bootsleibes bestand anfangs aus einer Fellüberspannung, später aus Planken, die wie Dachziegel übereinanderlagen, das heißt, daß deren obere Planke über die untere vorsprang. Die Fugen waren durch Wolle und Pech abgedichtet. Vor- und Hintersteven[18] ragten ungewöhnlich hoch auf, waren reich an Schnitzzier und endeten in Schlangenspiralen, Sonnenscheiben, stilisierten Tier-, ja selbst Menschenköpfen. Die plastischen Stevenverzierungen in der späteren *Wikingerzeit* trugen den Schiffen den gefürchteten Namen »*Drachen*« ein. Man trieb die Boote mit langschäftigen, mehr oder minder ovalen, losen Paddeln an, so daß nach beiden Richtungen gerudert werden konnte. Diesem Zweck des sofortigen Vor- und Rückwärtsfahrens ohne Umwenden diente auch der vorn und hinten gleiche Bau der Boote, wie es z. B. das berühmte Schiff zeigt, das bei Nydam am Alsensund in Schleswig ausgegraben wurde. Man verwendete öfters ein bewegliches Steuer. Gerudert wurde sitzend. Als man widerstandsfähigere Schiffe mit Holzplatten baute, ersetzte man die Paddel durch feste Ruder. Auch lernte man um die Mitte des ersten nachchristlichen Jahrtausends den Gebrauch des Segels, des sogenannten *Rahsegels*. Die Ruder wurden allerdings daneben noch eine geraume Zeit weiterbenützt. Zuerst waren die Segel aus Tierfellen gefertigt, später aus *Leinwand*. Dadurch ergab sich die Möglichkeit, größere Segel herzustellen und somit schnellere und ausgedehntere Fahrten durchzuführen.

Wir verdanken der Sitte, die Toten in ihren Schiffen beizusetzen, die Erhaltung einiger sehr schöner Boote. So bewahrt das Bygdöy-Museum bei Oslo allein drei solcher Schiffe, das *Tuneschiff*, den *Gokstadsegler* und das *Osebergschiff*. Das Gokstadboot ist prachtvoll in seinem Gesamtbau, hervorragend in schiffbautechnischer Hinsicht. Seine vermutete Seetüchtigkeit gab Anlaß, eine genaue Nachbildung des Seglers zu bauen. Damit fuhren die

Norweger 1893 nach Amerika. Das Boot erwies sich als ein vorzügliches Hochseeschiff und erreichte Stundengeschwindigkeiten bis zu 11 Seemeilen. Es ist 23,33 m lang, 5,25 m breit und hat 16 Ruderpaare, das Gewicht beträgt 20,2 Tonnen, die Tragfähigkeit 32 Registertonnen. Das Osebergschiff entspricht in seinen Maßen ungefähr dem erwähnten Segler. Es barg die Leichen der Königin *Asa* und ihrer Dienerin sowie die ganze Prachtausstattung eines Königshofes, darunter vier reichgeschnitzte Schlitten und einen Kultwagen. Steven und Planken des Schiffes trugen herrlichen Schnitzzierat.

Mit solchen seefesten Schiffen beherrschten die meeresanwohnenden Stämme der *Germanen* die Ost- und Nordsee sowie die Westküste Europas vollständig, ja sie erreichten in der Wikingerzeit den Höhepunkt nordischer Seegeltung, indem sie nach der Entdeckung *Islands* und *Grönlands* mehrfach den Ozean bis nach Nordamerika überquerten und gegen Süden bis etwa zur *Kongomündung* vorstießen.

Die gefahrenreiche und abenteuerliche Seefahrt auf den rauhen nordischen Meeren erzog frühzeitig starke, muskelkräftige Menschen, lenkte den Willen zu harter Entschlossenheit und stählte das Vertrauen in die eigene Kraft, lehrte aber auch unerschrockene Unterwerfung unter ein unabwendbares Schicksal. Aus solchen uralten Wurzeln erwuchsen die seemännischen Fähigkeiten und Leistungen des germanischen Volkes, vor allem der *Norweger,* dann der *Deutschen, Engländer* und *Holländer.*

Gesellschaft und Staat

Die patriarchalische *Familie,* Vater, Mutter und die unverheirateten Kinder, bildete, wie bei den meisten Völkern, auch bei den Germanen die Keimzelle alles gesellschaftlichen Lebens. Diese enge Familie wuchs zur Großfamilie, wenn die verheirateten Söhne, gelegentlich auch die Töchter, in der Hausgemeinschaft verblieben, andere Verwandte und auch noch die Knechte und Mägde sich im Kreis gesellten.

Die *Sippe* umfaßte außer den Familienangehörigen auch die übrigen Blutsverwandten. Ihre Mitglieder siedelten beisammen in derselben Dorfgemeinschaft. Ihre verwandtschaftliche Zusammengehörigkeit bezeugen z. B. die vielen Ortsnamen mit der Endung -ingen. Der Sippe fielen allgemeine und persönliche Aufgaben zu. Sie regelte die Vormundschaft, trat bei Verlobungsfeierlichkeiten sozusagen als verhandelnde Partei auf, war zur Unterstützung der in Not geratenen Sippenmitglieder verpflichtet und stellte bei einem Rechtsstreit die Eideshelfer. War ein Sippengenosse angegriffen worden, mußte ihn die Sippe mit Waffen verteidigen; wurde er verletzt oder getötet, fiel ihr die *Blutrache* zu. Diese war, solange eine staatliche Gewalt fehlte, der wirksamste Schutz. Denn jeder mußte sich vor Augen halten, daß er bei einer Bluttat von der ganzen Sippe des Getöteten oder Verletzten verfolgt wurde. Da aber die Rache zu endlosen Streitigkeiten und immer wieder neuen Totschlägen führen mußte, so versuchte man schon frühzeitig, die Blutrache durch *Bußzahlung* abzulösen. Im Krieg kämpfte die Sippe in geschlossenen Abteilungen. *Tacitus* sah darin einen besonderen Anreiz zur Tapferkeit[19].

Der Zusammenschluß der freien Glieder des Volkes zu einer größeren Gemeinschaft im Krieg setzt ein den Sippenverbänden übergeordnetes Gemeinwesen voraus, einen *Staatsverband*. Seit wann die Germanen in einer staatlichen Bindung lebten, läßt sich nicht mehr feststellen. Sicher ist aber, daß sie sich schon vor ihrem Eintritt in die Geschichte zu Staaten zusammengeschlossen haben. Als Träger der Staatshoheit galt die *Volksgemeinde* der freien und waffenfähigen Männer. Sie entschied souverän in allen rechtlichen, politischen und Verwaltungsangelegenheiten auf dem *Thing*, der *Volksversammlung*. Sie wurde zu feststehenden Zeiten bei Neumond oder Vollmond ohne Ladung abgehalten (ungebotenes Thing) oder in Notfällen besonders berufen (gebotenes Thing).

Die Zeit der Volksversammlung mit dem *Mond* in Verbindung zu bringen, entsprach einem fast überall vorkommenden *Volksglauben*, daß bestimmte Mondphasen auf das Gelingen eines

Unternehmens oder auf das Menschenschicksal überhaupt einen günstigen Einfluß ausüben[20].

Es entsprang dem starken *Freiheitsgefühl* und der Selbstherrlichkeit der Germanen, einem Geheiß nicht sofort in gehorsamer Unterordnung Folge zu leisten. Daher wurden durch die Saumseligkeit der Eintreffenden oft Tage vertrödelt, bis das Thing eröffnet werden konnte. Während der Verhandlung mußte Stillschweigen bewahrt werden. Das Thing tagte im Freien, meist an heiliger Opferstätte, wurde durch einen feierlichen Akt geweiht (»gehegt«) und damit unter den Frieden der Götter gestellt. Eine Verletzung des Thingfriedens galt als Frevel gegen die Gottheit und wurde daher von den Priestern bestraft.

Das Thing war zunächst *Heeresversammlung* und entschied über Krieg und Frieden. Hier erfolgte die Wehrhaftmachung der Jünglinge, die damit zwar nicht aus der väterlichen *munt* entlassen, aber ins Heer aufgenommen und zu den staatlichen Versammlungen zugelassen wurden; hier fand die Freilassung der *Unfreien* und ihre Eingliederung in die Gemeinschaft statt. Das Thing richtete über schwere Vergehen, wie Friedensbruch, Landesverrat, Frevel gegen die Götter. Den politischen Verhandlungen ging eine Vorbesprechung der Ältesten voraus, ehe die Beratungsgegenstände vor die Volksversammlung gebracht wurden. Es handelte sich dabei um den Abschluß von Verträgen, um Abstimmungen über Kriegszüge, um die Wahl von Gaufürsten, Herzögen und auch des *Königs*. Zustimmung oder Widerspruch gaben die Versammelten durch Waffenzusammenschlagen oder Murren kund.

Dem Volk blieb also seine volle Hoheit bewahrt; es entschied selbst über alle wichtigen Fragen, auch bei Stämmen, die einen König hatten. Von alters her finden wir beispielsweise bei den *Nord-* und *Ostgermanen* einen König an der Spitze des Staates. Das Königtum entfaltete sich dann in geschichtlicher Zeit auch bei den *Westgermanen*. So hören wir z. B. von dem Suebenkönig *Ariovist* und dem Markomannenkönig *Marbod*. Der König war, wie aus dem althochdeutschen Wort *kuninc* hervorgeht, ein Mann von Adel. Das Volk wählte aus einem vornehmen Ge-

schlecht einen Mann von besonderen Eigenschaften und übertrug ihm die Aufsicht über Rechte und Ordnung, manchmal außerdem die Leitung der gottesdienstlichen Handlungen und den
Befehl im Krieg. Die Wahl des Königs zeigt also, wie auch unter
der Königsherrschaft die höchste Macht letzten Endes im Besitz
des Volkes bleibt. Meist wurde bei der Wahl eines Nachfolgers
die Abstammung in gerader Linie berücksichtigt. Aber die
Volksversammlung war nicht daran gebunden, sie konnte auch
einen Unwürdigen übergehen und einem entfernteren Verwandten die Königswürde übertragen, den sie nach seiner Persönlichkeit für geeigneter hielt. Rechtskräftig wurde die Wahl, wenn
man den Erwählten auf den Schild erhoben und das Volk ihm
durch Zujubeln seinen Beifall gezollt hatte. Vom König verlangte man gutes Verhältnis zu den Göttern und besondere Fähigkeiten, die Geschicke seines Volkes zu lenken. Durch seine
umsichtige und erfolgreiche Führung mußte er sich Zuneigung
und Vertrauen erwerben. Wenn er seine Pflichten nicht erfüllte
und sich unfähig erwies, so wurde er abgesetzt, verjagt, ja
manchmal sogar erschlagen. Der König war also nie ein uneinge-
schränkter Alleinherrscher, sondern nur der höchste Beamte des
Volkes, seine Stellung entsprach der des *rex* bei den *Römern*.
Starb der König, so mußte die Volksversammlung den Nachfolger wählen. Bei den Nordgermanen gab es Staaten, die nicht von
Königen, sondern von *Jarlen* geleitet wurden. Auch diese wurden
vom Volk gewählt, standen aber rangmäßig den Königen nach.
Die Staaten, die keinen König hatten, wählten für die Zeit eines
Krieges einen *Herzog*. Im Frieden fehlte ein Staatsoberhaupt.
Die Angehörigen eines germanischen Staates gliederten sich in
drei *Stände*. Den Kern des Volkes bildeten die *Vollfreien*. Sie
waren im Vollbesitz aller Rechte, durften Waffen tragen, am
Thing teilnehmen, hatten das Recht auf *Blutrache* und auf *Wergeld*[21]. Zwischen Freien gab es keinen Standesunterschied,
selbst der König war nur der Erste unter Gleichberechtigten.
Daher waren auch *Ehen* zwischen einem Bauern und einer Kö-
nigstochter oder einem König und einer Bauerntochter möglich.
Dieser rechtlichen Gleichheit stand aber doch eine gesellschaftli-

che Schichtung gegenüber. Einzelne *Familien* und *Sippen* hoben
sich im Lauf der Zeit durch ihre Leistungen in der Gemeinschaft,
durch Mut und Kraft, durch geistige Vorzüge so hervor, daß sie
zu besonderem Ansehen gelangten und bald eine führende
Oberschicht bildeten, aus der später der *Adel* hervorging. In den
Stand der Freien konnten in Ausnahmefällen auch *Freigelassene*
aufrücken, wenn sie sich besonders auszeichneten, vor allem
hervorragende Tapferkeit auf Kriegszügen bewiesen. Allerdings
konnte ein Freier auch seine Rechtsstellung verlieren, etwa als
Strafe für ein schweres Verschulden. Er wurde dann in die *Acht*
erklärt, d. h. aus der menschlichen Gesellschaft ausgestoßen,
falls man seiner nicht habhaft werden konnte. Die Acht war das
Todesurteil über den Abwesenden. Die Freiheit verlor man auch
bei Kriegsgefangenschaft und durch Schuldknechtschaft, wenn
einer seine Schuld nicht zahlen konnte und auch die Sippe für ihn
nicht eintrat. Die Freigelassenen waren meist Angehörige eines
besiegten Stammes. Da es nicht möglich war, im Fall einer
Landnahme die gesamte vorgefundene Bevölkerung zu *Sklaven*
zu machen, gab man sie zum Großteil frei und wies den Menschen Land zur Bewirtschaftung zu. Dafür mußten sie eine bestimmte Pachtsumme an die neuen Landesherren zahlen. In ihren Handlungen erhielten sie größere Freiheit, nur blieben sie
von Staatsgeschäften ausgeschlossen. Aus der Gruppe der Freigelassenen entwickelte sich im Lauf der Zeit ein großer *Bauernstand.* In Süddeutschland verwischte sich der Standesunterschied zwischen Freien und Freigelassenen stark, weil dort alle
verfügbaren wehrhaften Männer eines Stammes zur Landesver-
teidigung gegen den Hauptfeind, die Römer, gebraucht wurden.
Die Sklaven waren völlig rechtlos, sie waren kaum etwas anderes
als ein Besitztum ihrer Herren. Aber wenn auch ihr Schicksal
nach dem Gesetz sehr traurig war, da der Herr sie für ein Verschulden sogar töten konnte, wie es auch bei den Römern bis auf
Kaiser *Hadrians* Zeiten der Fall war, so war doch ihr Leben in
Wirklichkeit leidlich. Die Kinder wuchsen mit denen ihrer Herren gemeinsam auf, ja sie schlossen mit ihnen oft Freundschaf-
ten, und vielfach bekamen die Sklaven auch einen kleinen Hof,

den sie selbst bewirtschaften und sich mit dem Erlös in einiger
Zeit freikaufen konnten.

Das Rechtswesen

Sippe heißt in der Grundbedeutung *Blutsverwandtschaft, Friede*. Höchste Aufgabe der Sippe war es also, innerhalb der Verwandten den Frieden zu sichern. Sobald man aber aus dem engen
Sippenverband in die Weite des Staates vorstieß, mußte eine
neue, den Frieden sichernde Macht geschaffen werden. Es
wurde die Aufgabe der staatlichen Organe, die im alten Rechts-
denken vorhandenen sittlichen Grundsätze mit den hinzugetre-
tenen Erfordernissen einer verwickelteren Lebensführung zu
neuen Rechtssatzungen umzuformen und ihnen durch die
Volksversammlung Rechtskraft zu verleihen.

Da es noch kein geschriebenes Gesetz gab, wurden die Rechts-
sprüche oft in sprichwörtlichen, bildhaften und feierlichen
Wendungen zusammengefaßt, damit sie leichter im Gedächtnis
haftenblieben. Sie lebten so im Volksbewußtsein weiter wie der
Gottesglaube oder der Heldengesang, und sie müssen einen tiefen Eindruck auf die Thinggemeinde gemacht haben, wenn sie
zur Urteilsfindung aufgerufen wurde. Nur über schwere Verbrechen, die gegen die Volksgesamtheit gerichtet waren, wurde
von Staats wegen verhandelt. Missetaten, die nur eine Einzelper-
son betrafen, blieben deren Angehörigen zur Ahndung überlassen. Infolgedessen verhängten die *Thinggerichte* auch nur
schwere *Strafen*, vor allem die *Todesstrafe*, die *Tacitus* als einzige erwähnt. Der Strafwürdige wurde gleichsam den Göttern
geopfert, die durch sein Abweichen von den Gesetzen beleidigt
worden waren und nun durch seinen Tod versöhnt werden sollten. Die Vollstreckung erfolgte auf verschiedene Weise. Man er-
stickte Männer, die sich als feige erwiesen oder Vergehen gegen
die Sittlichkeit begangen hatten, indem man sie ins Moor stieß
und oft noch Flechtwerk über sie warf[22]. Solche *Moorleichen*
wurden gefunden. Einzelne sind so gut erhalten, daß sie der For-

schung wichtige Aufschlüsse vermittelten. Durch die Verschiedenheit der Strafe sollten manche Frevler den Blicken entzogen, andere aber zur Schau gestellt werden. Diebe, Verräter und Überläufer wurden gehenkt; Zauberei und Spionage sühnte der Feuertod.

Die Bestrafung des Totschlags war nicht Sache des Staates, die Verfolgung des Übeltäters blieb der Sippe des Erschlagenen überlassen. Sie ahndete die Missetat durch die *Blutrache.* Aber nicht immer kam es zu blutiger Vergeltung, oft wurde nur ein *Bußgeld* gezahlt, besonders dann, wenn der Streit kein Ende nehmen wollte[23]. Die Höhe des Bußgeldes, des *Wergeldes,* und seine Verteilung unter der Sippe, an den König und an die Gemeinde war durch Rechtssatzungen geregelt. Wer sich nicht zur Gerichtsverhandlung stellte, wer keine Buße zahlte, also den gestörten Frieden nicht wiederherstellte, wurde als *Friedloser* ausgestoßen, geächtet und durfte wie ein wildes Tier des Waldes getötet werden.

Die Verhandlungen einer Rechtssache unterschied sich wesentlich von unseren heutigen Gepflogenheiten. Da der Staat nicht als Kläger auftrat, mußte der Betroffene seine Klage selbst vor das Gericht bringen. Das *Gerichtsthing* wurde im Freien unter einem mächtigen Baum abgehalten. Die Klage mußte unter Einhaltung genau vorgeschriebener Wendungen und Worte vorgebracht werden, wenn sie gültig anerkannt werden sollte. Auf die Klage hatte der Beklagte wieder in ganz bestimmter Form zu antworten. Die Neigung zu solchen Formeln brachte den Rechtsgang in Gefahr, in Wortklaubereien zu versanden und die sittlichen Grundlagen immer mehr außer acht zu lassen. Erklärte sich der Beklagte für nichtschuldig, mußte er durch (meist zwölf) *Eideshelfer* seine Schuldlosigkeit erweisen. In die Wahrhaftigkeit der Eide setzte man so großes Vertrauen, daß dadurch sogar ein Gerichtsverfahren eingestellt werden konnte. Die Eideshilfe war in der Hauptsache nichts anderes als eine Bestätigung der Glaubwürdigkeit des Beklagten durch andere, die ihn kannten, also vor allem durch Mitglieder seiner Sippe. Die Eideshilfe bedeutete daher keine unmittelbare Förderung des Be-

Oben: *Pferdebrustschmuck eines römischen Triumphalgespanns
(1. Jahrhundert n. Chr.); Kunsthistorisches Museum, Wien.
Unten: Überfall römischer Truppen auf ein germanisches Dorf.
Detail der Markus-Säule in Rom (193 n. Chr.).*

Detail der »Gemma Augustea«
(1. Jahrhundert v. Chr.); Kunsthistorisches Museum, Wien.

Elfenbeindiptychon mit dem
Bildnis des Feldherrn Stilicho;
Dommuseum, Monza.

weisverfahrens. Das Urteil sprach der Vorsteher des Gaues, der, von der *Volksversammlung* gewählt, außer Verwaltungsaufgaben auch die Gerichtsbarkeit in seinem *Gau* ausübte. Wenn eine Verhandlung zu keiner Entscheidung führte, stand dem Beklagten zum Beweis seiner wahrheitsgetreuen Aussage noch die Anrufung des *Gottesurteils* offen, durch das sich zumeist Frauen rehabilitieren konnten. Der Beschuldigte mußte über glühendes Eisen gehen oder ein solches ein paar Schritt weit tragen, ohne sich zu verletzen; oder aber mußte er einen Zweikampf bestehen, in dem er sich auch durch einen anderen vertreten lassen konnte. Dabei nahm man an, daß eine höhere Macht dem Schuldlosen beistehen würde.

Das *Erbrecht* fußte ursprünglich ganz auf dem Sippengedanken. Nach dem Tod des Vaters blieb die Familie als Hausgemeinschaft bestehen, der älteste Sohn trat das Erbe an, der Besitz wurde nicht geteilt. Sobald aber die Familien der Kinder sich zu selbständigen Hausgemeinschaften ausbildeten, wurde das Erbe des Vaters unter die Söhne gleichmäßig verteilt. Dieses Erbrecht dürfte sich jedoch auf das Vieh und die bewegliche Habe, wie Hausgeräte und Waffen, beschränkt haben, während der Grundbesitz beim ältesten Sohn verblieb. Frauen waren nicht erbberechtigt. Der gleichförmige Brauch bei Erbschaftsteilungen machte *Testamente* überflüssig. Das Testament wurde erst unter römisch-christlichem Einfluß bei den germanischen Stämmen eingeführt.

Das Kriegswesen

In den Berichten der alten Schriftsteller werden die *Germanen* vor allem als Krieger geschildert, da die erste Begegnung der *Römer* mit den nördlichen Stämmen eine kriegerische war. Lange Zeit waren Römer und Germanen durch eine andere bedeutende Großmacht voneinander getrennt, durch die *Kelten*. Diese bewohnten in einem weiten, aber nicht straff zusammengehaltenen Staatenbund die Mitte Europas. Gerade durch diesen

lockeren Zusammenhang ermutigten sie die Römer zum Angriff. Der römische Vorstoß gelang auf der ganzen Linie und endete unter *Caesar* mit einem letzten Sieg in *Gallien*. Aber für die
Legionen war es kein endgültiger Sieg; denn schon stand ihnen
in den Germanen ein neuer Feind auf, dem es später gelang, das
Erbe Roms anzutreten.

Die kriegerische Gesinnung der Germanen entsprach der allgemeinen Unsicherheit. Feindseligkeiten der Stämme untereinander, die Abwehr äußerer Feinde und die Gefahren der Wanderzüge zwangen zu steter Wachsamkeit und Kampfbereitschaft.
Es gab keine eigentliche Trennung zwischen dem Stand der Bauern und Krieger. Jeder Mann mußte mit der Waffe umgehen
können und sie bis ins hohe Alter mit sich führen.

Über die Bewaffnung sind wir durch schriftliche Berichte und
vor allem durch viele Bodenfunde gut unterrichtet. Zu den frühesten Angriffswaffen gehörte der *Speer, Frame* genannt, der
sowohl als Stoß- wie auch als Wurfspieß gebraucht wurde.
Eschenholz bildete den Schaft; die Spitze härtete man im Feuer
oder versah sie mit einem scharfkantigen *Feuerstein*, später mit
einem schmalen zweischneidigen *Eisen*. Wichtige Waffen sowohl für die Nähe wie auch für den Fernkampf waren *Streitaxt*
und *Keule,* die vor allem von dem gewöhnlichen Mann getragen
wurden, da sie leicht zu beschaffen waren.

Ausgesprochene Fernkampfwaffen waren der primitive *Wurf-
stein,* die *Schleuder* sowie *Pfeil* und *Bogen*. Die Pfeilspitzen waren aus Feuerstein, oft mit Widerhaken versehen, in geschichtlicher Zeit aus Eisen.

Der kurze *Feuersteindolch* wurde in der *Metallzeit* durch den
Bronzedolch und das längere *Bronzeschwert* abgelöst. Aber es
hat lang gedauert, bis dieses zur üblichen Waffe wurde; denn
Bronze war selten und kostspielig. Solche Schwerter waren daher nur für Reiche erschwinglich. Erst durch das Eisen wurde
der Gebrauch des Schwertes allgemein, so daß es in der *Völkerwanderungszeit* die Hauptwaffe darstellte. Ein gutes Schwert zu
besitzen war höchster Wunsch eines jeden Mannes, und es sollte
besser und schöner sein als das des anderen. Die Waffen-

schmiede schufen prachtvolle Schwerter, zweckmäßig und form-
schön, mit ein oder zwei Graten auf dem Blatt und kostbarem
Zierat von Bändern, Spiralen und ausgesparten Zierflächen
auf dem Griff, oft in Einlegearbeit mit Gold oder Silber. Jedes
einzelne Schwert zeigte ein eigenes Gepräge in Form und
Schmuck, war ein- oder zweischneidig, kurz (dem römischen
gladius nachgebildet) als Stoßwaffe, aber seit der *Eisenzeit* lang,
mit breiter Klinge als *Hiebschwert*. Man würde unter den vielen
Funden vergeblich nach zwei oder mehreren gleichen Stücken
suchen. Von besonders kostbaren Exemplaren, die durch gedie-
gene Arbeit und Schärfe hervorragten, kündet auch die *Heldendichtung*, die uns die Namen der schönsten und edelsten Waffen
überlieferte, so etwa *Balmung*, das Schwert Siegfrieds.
Das Schwert steckte in einer Scheide aus Holz, die innen mit
Fell, außen mit Leder bezogen und von metallenen Zwingen
umfaßt war oder ganz aus Metall mit ornamentaler Verzierung
bestand. Man trug es am Gürtel oder an einem Wehrgehänge
über der Schulter.
Die häufigste Schutzwaffe war der *Schild*. Schild und Frame erhielt nach *Tacitus* der Jüngling bei seiner Wehrhaftmachung.
Der Verlust des Schildes galt als Beweis schimpflicher Feigheit.
Das Zusammenschlagen der Schilde galt als Zustimmung zu den
Anträgen in den Gerichtssitzungen und *Volksversammlungen*.
Nach germanischem Rechtsbrauch wurden Wahlkönige auf den
Schild erhoben und so den Versammelten gezeigt. Die Schilde
waren aus Holz, mit Leder überzogen und meist rund, seltener
rechteckig. Die Mitte der Vorderseite besetzte der *Schildbuckel*,
der die Hand des Kämpfers vor Speer und Pfeil schützte. Seine in
späterer Zeit mehr in die Länge gezogene Spitze diente als Stoßwaffe im Kampf. Auf der Innenseite des Schildes befand sich der
hölzerne oder eiserne Griff, die *Schildfessel*. Öfters war der
Schild von einem Metallrand eingefaßt und verstärkt. Einzelne
Stämme haben ihre Schilde auch bemalt. Die Erinnerung an die
Tätigkeit der Maler, die die Schilde mit Bildern schmückten, lebt
noch in unserem Wort »schildern« weiter. *Helm* und *Brustpanzer*, aus einer Unzahl von kleinen Ringen zusammengefügt, wa-

ren schon bekannt, finden sich aber in der Frühzeit nur selten.
Die Helme führte man von den *Kelten* ein oder erbeutete sie im
Kampf. Sie sind Meistererzeugnisse der Waffenschmiedekunst,
oft besonders kostbar und sogar vergoldet. Der Schild war also
meistens der einzige Schutz. Wie römische Schriftsteller berichten, haben viele Stämme der Germanen mit bloßem Oberkörper
gekämpft. Ihre Angriffswut machte sie unempfindlich gegen
Schmerzen und ließ sie jede Art von Schutzwaffen verachten.
Seine Ausrüstung mußte jeder einzelne selbst aufbringen. Die
Vornehmen waren daher besser bewaffnet als der gewöhnliche
Mann. Sie führten ausgezeichnete Schwerter und schützten sich
vielfach durch Helm und *Brünne*. Eine allgemeine Waffenaus-
bildung gab es nicht, sie blieb ebenso wie die Ausrüstung dem
einzelnen überlassen. Die *Erziehung* der Jugend war bereits darauf abgestimmt, sie kampftüchtig zu machen. Schwimmen, Rei-
ten und Jagen härteten den Körper ab und stählten den Mut. Die
Waffenführung lernte der junge Mann von einem älteren, kampferprobten Krieger, dem er zur Schulung anvertraut wurde.
Das germanische *Heer* war ein *Volksheer*, das allgemeine Volks-
aufgebot aller Waffenfähigen und Waffenberechtigten. Nur dadurch, daß jeder sich freiwillig für den Kriegsdienst bereit hielt,
war es überhaupt möglich, daß die Germanen die schweren
Zeiten einer fortgesetzten Kriegführung mit dem *römischen Imperium* durchhalten konnten. Bei den Stämmen, die Könige hatten, führten diese das Volksheer, bei den anderen wurden für
den Kriegsfall Führer, *Herzoge,* gewählt. Wie tüchtig diese
germanischen Heerführer meist waren, beweist die Tatsache,
daß viele von ihnen später in hohe Befehlshaberstellen der römischen Heere aufrückten. Die germanische Streitmacht gliederte
sich in *Fußvolk* und *Reiterei*. Die Unterteilungen wurden durch
die Sippenverbände und Landsmannschaften gebildet. Die
Notwendigkeit einer größeren Einheitlichkeit führte zur Zusammenfassung in militärische Abteilungen, in *Hundertschaften*
und *Tausendschaften*. Einen geschlossenen Verband, der im
Krieg eine große Rolle spielte, bildete daneben die *Gefolgschaft*.
Sie bestand aus einem Kreis junger Krieger, der sich um einen

frei gewählten älteren und tüchtigen Herrn scharte. Eine solche
Gemeinschaft gab es auch bei den Kelten. Dieses Gefolge hatte
nur einen Ehrgeiz: seinem Gefolgsherrn stets nahe zu sein, ihm
an Ruhm nachzueifern und ihn zu schützen. Dafür mußte der
Herr für den Unterhalt und die Ausrüstung seiner Leute sorgen.
Das Verhältnis in der Gefolgschaft war ein freiwilliges und gegenseitig verpflichtendes, es war getragen von der sittlichen
Macht der *Treue*. So war die Gefolgschaft die stärkste Bindung
außerhalb der *Sippe*. Hier gab es keine Rücksicht auf das Leben,
die Gefolgsleute waren bereit, sich für ihren Herrn zu opfern;
und er hielt es für seine höchste Pflicht, sich für jeden seiner
Mannen, auch unter Todesgefahr, einzusetzen. Noch in der späteren Heldendichtung weisen die burgundischen Könige das
Anerbieten zurück, sich durch Auslieferung ihrer Gefolgsmannen das Leben zu sichern. Die schwere Belastung des Gefolgsherrn durch die Unterhaltspflicht für seine Leute führte allerdings zu immer neuen Beutezügen und Fehden mit Gruppen des
eigenen Staates und mit Nachbarstämmen. Daher hören wir
auch in der Heldendichtung und den *Sagas* oft von dem Fluch,
der auf dem durch solche Kriegszüge erworbenen Gold lag und
mit Blutschuld und Verderben den Herrn und sein Gefolge
überzog.
Das Aufgebot des Heerbanns erfolgte durch Feuerzeichen,
Hornruf und Holzstäbe mit eingeritzten Zeichen, die durch Eil-
boten von Dorf zu Dorf getragen wurden. Eile war meist geboten, denn der Feind fiel ohne Kriegserklärung ins Land ein. Die
den Germanen eigentümliche Kampfweise war der Angriff,
denn darin sahen sie die beste Abwehr des Feindes. In keilförmi-
ger Aufstellung begannen sie den Kampf, an der Spitze der
Heerführer mit den Besten seiner Leute. Die Flanken des immer
breiter werdenden Keiles waren durch dichte Schildreihen gedeckt. Diese Anordnung war zum Angriff und Durchbruch sehr
geeignet, nur beim Mißlingen war die Gefahr der Umgehung
und Vernichtung groß. Den Keil bildeten nur Fußkämpfer. Der
Angriff setzte mit einem lang andauernden, immer lauter werdenden *Kampfgeschrei (barditus)* ein, das durch die vor den

Mund gehaltenen Schilde noch unheimlicher klang. Die Schlacht wurde durch den Nahkampf entschieden. Die Kriegsbeute gehörte dem ganzen Heer und wurde durch das Los verteilt.

Neben dem Fußvolk setzten die Germanen auch Reiter ein, die trotz ihrer einfach gezäumten und unansehnlichen Pferde als sehr gefährliche Gegner galten. Schon *Caesar* erkannte ihren Wert und hat sich ihrer Hilfe mit großem Erfolg bedient. Neben geschlossenen Reitergruppen traten auch gemischte Verbände aus Fußvolk und Reitern auf. Im Gefecht sprangen die Reiter von ihren Pferden und kämpften mit dem Fußvolk Schulter an Schulter.

Zur Sicherung des Landes wurde nur wenig getan. Die Natur selbst bot gegen plötzliche Überfälle Schutz durch Höhenzüge, dichte, unwegsame Wälder und gefahrvolle Moore. Wo diese fehlten oder zuwenig Abwehr boten, verwüstete man die Grenzgebiete und schuf auf diese Weise Ödland, um dem Feind keine Deckung zu bieten[24]. Die *Befestigungswerke*, deren Reste aufgefunden wurden, haben die Germanen großenteils von den *Illyriern* und Kelten übernommen, als sie ihre Gebiete erweiterten. Die Grenzen sperrten sie mit fortlaufenden Wällen und Gräben oder mit einer zusammenhängenden Kette von Ringwällen. Im Inneren des Landes lagen die *Fluchtburgen*, in denen sich die Krieger zum Angriff sammelten und wo die kampfunfähige Bevölkerung mit ihrer Habe und ihrem Vieh einen Schlupfwinkel fand. Die Abwehrstellungen bestanden aus Ringwällen, die durch vorgelegte, aus Steinen geschichtete Mauern und Holzriegel verstärkt waren und vor denen ein Graben verlief. Man wählte dafür die schon von Natur aus geschützten Orte auf Bergen oder hinter Sümpfen. *Städte* und stark befestigte Lager lernten die Germanen erst in der Römerzeit an der Rhein- und Donaulinie kennen. Wenn sie solche Plätze eroberten, nützten sie diese aber nur wenig zur Verteidigung. Sie zogen lieber vor die Mauern, um sich im freien Feld dem Feind zu stellen. Viele dieser Städte wurden bald verlassen und verfielen im Lauf der Zeiten.

Die antiken Schriftsteller haben uns viele Wesenszüge der *Kultur* der Germanen überliefert. Aber unser Interesse gilt nicht nur dem zeitbedingten Gegenständlichen in Haus und Hof, in Recht und Kampf, sondern vor allem dem Überzeitlichen: dem, was in ihren Seelen vorging, den Beweggründen ihres Handelns, und dem, was ins Reich des rein Geistigen strebte.

Keine Tugend achtete der Germane so hoch wie die *Ehre*, nichts war für ihn ein so entscheidender Maßstab für alles, was er tat und ließ. Die Ehre war für ihn das geistige Gegenstück zu Boden und Besitz. Der Ehrverlust rief vollständige Unsicherheit hervor. In der Ehre eines einzelnen lag die Ehre der ganzen *Sippe*, mit dem einzelnen war die ganze Sippe gekränkt und verletzt. Das stark ausgeprägte Gefühl für Sitte steigerte noch die Empfindlichkeit des germanischen Menschen, wenn er seine Ehre bedroht sah. Ein Wort, das ihn beleidigte, eine Verletzung oder gar die Tötung eines Verwandten, ein Verstoß gegen das Besitzrecht nötigten ihn, Gut und Leben aufs Spiel zu setzen und die angetane Schmach zu tilgen. *Heldenlied* und *Saga* künden davon. Die Erhaltung der Ehre forderte daher Willenskraft und Selbstüberwindung, Mut und Tapferkeit. Der Einsatz war hoch, der Gewinn aber war noch größer. Er gab das Gefühl des Glücks und des Friedens. Ehre und Friede bildeten die Summe des Lebens.

Das Wort *Treue* [25] bedeutete zunächst Vertrag, Eid und das darauf gegründete zuverlässige gegenseitige Verhalten zwischen Gefolgsherren und Gefolgsmannen, Herren und Knechten, Mann und Frau. Die hohe Schätzung dieser Tugend finden wir schon bei Tacitus [26], wenn er zwei friesische Fürsten ausrufen läßt, niemand auf Erden übertreffe die Germanen in Waffen und in der Treue. Das Gebot der Treue findet sich immer wieder in Geschichte und Sage, sie ist die vornehmste heilige Pflicht [27] von der Zeit des *Tacitus* an. Auch *Ammianus Marcellinus* erwähnt sie gelegentlich anläßlich der *Alemannenschlacht* bei Straßburg (357 n. Chr.), nach der zweihundert Gefolgsleute mit ihrem König

Chnodomar freiwillig in die Gefangenschaft gingen, weil es ihnen Schmach schien, ihren Fürsten zu überleben[28].

Diese hohe Auffassung von der Treue hängt mit religiösen Anschauungen zusammen. Das freiwillig und in feierlicher Form
gegebene Wort, das man unter den Schutz der höheren Wesen
gestellt hatte, war eine bindende Macht, es schloß im Fall des
Eidbruches die Selbstverfluchung in sich und brachte Schande
für die ganze Familie. In der Hauptsache galt die Treue aber nur
für persönliche Beziehungen von Mann zu Mann, da ein Gefühl
für die Gesamtheit der Stämme fehlte. Tief verwurzelt im altgermanischen Gefühlsleben war hingegen die Treue innerhalb
der Sippe, hier war sie angeboren, bedurfte keines Vertrages.

Aber die Germanen zeigten hinsichtlich der Treue Licht- und
Schattenseiten. Das hat schon der scharf beobachtende Tacitus
erkannt. Die Beharrlichkeit im Schlechten, in der Rechthaberei,
im Eigensinn, in der Verbissenheit in gewisse Ideen zeigt der
Römer an einem Beispiel auf: »Das Würfelspiel betreiben sie,
was Verwunderung erregt, nüchtern wie eine ernste Angelegenheit und mit solcher Verwegenheit im Gewinnen und Verlieren,
daß sie, wenn alles dahin ist, auf den allerletzten Wurf Freiheit
und Leben setzen. Der Verlierende geht ohne Widerspruch in
die Knechtschaft. Wenn er auch jünger, wenn er auch stärker ist,
läßt er sich fesseln und verkaufen. Solcher Starrsinn herrscht in
einer verwerflichen Sache. Sie selbst nennen das Treue[29].

Das Treueverhältnis gedieh nur dann zu einem Glanzbild im
höchsten sittlichen Sinn, wenn der Vertrag gleichzeitig von Zuneigung erfüllt war. Man gab Vertrauen, wenn man auf der anderen Seite dessen sicher war. Die Gegenseitigkeit war die Voraussetzung für jene in der *Heldendichtung* immer wieder ver-
herrlichte Treue mit all ihrem Nebensinn von Ehrlichkeit,
Glauben, Vertrauen und Freigebigkeit, so daß das mittelhoch-
deutsche *triuwe* alle ritterlichen Tugenden zusammenfaßte. Wo
aber der Germane den Betrüger argwöhnte, da fühlte auch er
keine bindende Verpflichtung, da hielt er es für erlaubt, Trug mit
Untreue zu bezahlen. In einem solchen Verhältnis befand er sich
oft den *Römern* gegenüber. Daher finden wir seit Caesar bei den

lateinischen Schriftstellern auch wiederholt den Vorwurf der
perfidia, der *Treulosigkeit.*

Schon in ältesten Zeiten galt bei allen Völkern, die auf einer gewissen Kulturstufe standen, das allgemeingültige Recht auf
Gastfreundschaft. Ohne diese wäre jeder Verkehr und Handel
unmöglich gewesen. Wie sehr sie bei den Germanen entwickelt
war, bezeugen römische Beobachter und die Wandlung des alten
Wortes *hostis* (Fremdling, Kriegsfeind) zu althochdeutsch *gast.*
Den hilfsbedürftigen friedlichen Fremden, den kein Recht und
keine Freunde schützten, nahm man in sein Haus auf, wenn er
darum bat. Davon weiß schon *Caesar* zu berichten: »Sie betrachteten es als eine Schande, einen Gast zu kränken; wer es
auch sein mag und welche Gründe ihn auch veranlassen, die
Gastfreundschaft anderer zu suchen, sie beschützen ihn gegen
Unrecht. Er gilt als heilig. Alle Häuser stehen ihm offen, und das
Essen ist für ihn bereit[30].« Und noch ausführlicher spricht darüber *Tacitus:* »Geselligkeit und Gastfreundschaft pflegt kein anderes Volk in so reichem Ausmaß wie die Germanen. Irgendeinen Menschen von der Tür zu weisen gilt als ein Unrecht. Jeder
bewirtet den Gast nach seinen Mitteln an dem reichbesetzten
Tisch. Geht der Vorrat zur Neige, so weist der Gastgeber ihn an
eine neue Herberge und begleitet ihn; uneingeladen gehen sie ins
nächste Haus. Und es ist kein Unterschied: mit gleicher Freund-
lichkeit werden sie aufgenommen. Ob bekannt oder unbekannt,
gilt für das Gastrecht gleich viel. Wenn der Gast beim Abschied
einen Wunsch äußert, so ist es Sitte, ihn zu erfüllen. Mit der gleichen Unbefangenheit kann auch der Gastgeber eine Gegenfor-
derung stellen[31].«

Die *Saga* unterscheidet zwischen dem Gast, der ungeladen das
Haus betritt, und dem geladenen Besucher. Daher kamen zu einem Fest nicht »Gäste«, sondern »Gebotene«. Spätere Gesetze
schrieben im Einklang mit dem alten Volksgefühl gute Behandlung der Fremden vor.

Der Gast, der sich an den Tisch des Hauses gesetzt hatte, galt als
in den Familienkreis aufgenommen. Der Hausherr mußte ihn
mit seiner äußersten Kraft beschützen, weil das Unglück des

Fremden das ganze Haus zu Fall bringen konnte. Davon erzählt
die *Alboinsage* der Langobarden: Der junge Fürst Alboin hatte
in einer Schlacht einen Sohn des Gepidenkönigs *Thurisind* erschlagen. Trotzdem zog er mit erwählten Mannen zu diesem
König, um dort jene Auszeichnung in der Fremde zu gewinnen,
die zur Erreichung des vollen Ansehens in der Heimat erforder-
lich war. Als Gast von höchster Geburt wurde ihm der durch
seine Bluttat leer gewordene Sitz neben dem König angeboten,
und die Mahlzeit begann. Lang war Thurisind in Schweigen ver-
sunken, die Mienen der anderen waren finster und drohend. Da
rief der König plötzlich: »Mit frohen Augen blicke ich auf diesen
Sitz da, doch schwer drückt es mich, diesen Mann darin sitzen
zu sehen.« Da brach ein Aufruhr in der Halle los, und jede Hand
suchte nach dem Schwertknauf. Doch der König sprang zwischen seine Mannen und hieß sie die Heiligkeit des Gastrechtes
achten. Die Erregung legte sich, das Festmahl nahm seinen weiteren Verlauf, und am Ende holte Thurisind die Waffen seines
erschlagenen Sohnes und übergab sie Alboin. Im Widerstreit
hoher und mächtiger Gefühle hatte die Gastfreundschaft den
Sieg über die *Blutrache* davongetragen.

Die Gastfreundschaft war schlicht und herzlich. Sie bot, was der
wegmüde Wanderer brauchte: freundliches Willkommen,
Wärme, Trank, Kost und Kleider, Wasser und Handtuch. Aber
es war Brauch, nicht zu lang das Gastrecht zu nutzen.

»Geh beizeiten, als Gast nicht weile
immer an einem Ort;
der Liebe wird lästig, der allzulang
an fremdem Feuer sich wärmt[32].«

Es entspricht der Frühzeit der Kulturentwicklung, daß sich das
Gemeinschaftsgefühl der Germanen in dem Erlebnis der *Familie,* der *Sippe* und dem des kleinen Stammes erschöpfte. Dieser
führte die Stammesgenossen gelegentlich der *Volksversammlung* zusammen und weckte dadurch das Gefühl des Verbundenseins. Hier zeigten die Jünglinge bei der feierlichen Verleihung
von *Schild* und *Speer* den *Schwerttanz,* den *Tacitus* als das ein-

zige bei solchen Festen wiederkehrende Schauspiel beschreibt:
»Jünglinge, denen dieses Spiel zur Kurzweil gereicht, führen mit
bloßem Leib zwischen drohend starrenden Schwertern und
Speeren einen Tanz auf. Übung brachte Fertigkeit, Fertigkeit
brachte Anmut. Doch tun sie dies nicht zum Erwerb oder Verdienst: der kecke Wagemut findet in der Lust der Zuschauer
seine Belohnung[33].«
Der Begriff eines größeren Vaterlandes, einer Gemeinschaft aller
germanischen Völker, war unbekannt. Infolge der trennenden
Schranken der Urwald- und Sumpfstreifen schlossen sich die
einzelnen Völker mißtrauisch und feindselig voneinander ab.
Überall kam es zu Reibungen zwischen den Stämmen im Kampf
um das Dasein und den Siedlungsraum. Nur große Ereignisse
drängten zum Abschluß von Bündnissen mehrerer Stämme. Vor
allem führte die Nachbarschaft des *Römischen Reiches* wieder
und wieder die auseinanderstrebenden *Germanenstämme* zu
größeren Verbänden und gemeinsamen Interessen zusammen.
Diese Entwicklung zeigt sich besonders in den Landstrichen östlich vom Unterlauf des Rheins. Hier waren auch die weiten, zusammenhängenden *Siedlungsgebiete* vom *Rhein* bis zur *Elbe*
durch keine unbewohnten, trennenden Waldgebirge unterbrochen. Aber die Verbände zerfielen wieder, sobald der notbe-
dingte Zwang nachließ. *Vaterlandsliebe* war ein fremdes Wort,
man begegnet ihm weder in den *Heldenliedern* noch in der *Skal-
dendichtung*. Nur *Heimatliebe* kannte man. Sie galt dem engen
Lebenskreis: der eigenen Scholle, der Sippe, dem Freundes- und
Bekanntenkreis, der Dorfflur und der vertrauten Umgebung.
Nur wenige große Persönlichkeiten haben das Gefühl der sittlichen Verpflichtung für das gesamte *Germanien* verspürt, wie
etwa *Arminius*, der Teile der Germanen für den Kampf gegen
Rom zu sammeln vermochte, oder *Theoderich*. Im übrigen erweckt die Geschichte der Germanen den Eindruck innerer Zerrissenheit. Wir wissen von Kämpfen der Stämme untereinander
und von Kriegsdiensten unter fremden Völkern, selbst unter den
mongolischen *Hunnen*, vor allem jedoch in Scharen und ganzen
Stämmen unter dem Erzfeind Rom, das hauptsächlich aus dem

germanischen Bruderhaß die Kraft zu jahrhundertelanger Fehde und Abwehr zog. Auch haben es germanische Stämme nicht verschmäht, gegen Stammesbrüder römische Hilfe anzurufen. Der Hauptgrund, daß so viele germanische Jünglinge im Zeichen der römischen Adler dienten, mag in der Eigenart des bäuerlichen Lebens gelegen haben. Dieses zwang wegen der Bodenknappheit stets den Überschuß der wehrfähigen Männer zum Eintritt in das Gefolge eines Fürsten. War diese Möglichkeit nicht gegeben, mußten die Überzähligen über die Grenze, um in römische Dienste zu treten. Das römische Heer benötigte immer diesen Zustrom und bot Gelegenheit, zu Ruhm und Vermögen zu gelangen. Römische *Legionen* an Rhein und oberer Donau ergänzten sich zum großen Teil aus Germanen. Viele germanische Namen finden sich auf den Grabsteinen städtischer Siedlungen, ja es wurden germanische Namen auch latinisiert. Die Germanen stiegen auf der sozialen Leiter empor, erhielten führende Stellungen, wuchsen in die bestehenden Einrichtungen hinein und übernahmen wichtige Ämter. Das Reich, dessen sinkende Lebenskraft sich in späterer Zeit nicht mehr vor den immer häufiger werdenden Germaneneinfällen zu schützen vermochte, mußte die friedliche Überfremdung dulden, wenn sich auch einzelne weitblickende *Römer* dagegen zur Wehr setzten. So führte der Weg nach und nach unaufhaltsam zur Entstehung germanischer Reiche auf römischem Boden.

Auch die germanische *Heldensage* als Abbild ihrer Zeit ruhte nicht auf dem Untergrund eines umfassenden Staatsbewußtseins. Sie stellte im wesentlichen nur den Hof eines Königs in den Blickpunkt einer Erzählung. Was dabei an großen Motiven staatsmännischer Verantwortung für Volk und Staat bleibt und damit auch an hohen und überzeitlichen Konflikten verlorenging, ersetzte das Heldenlied durch gemütvolle Behandlung der persönlichen Beziehungen des Fürsten zu seinem ihm durch die Bande der Verwandtschaft und der Freundschaft nahestehenden Umkreis.

Ein in der *Heldendichtung* wiederholt erwähnter Charakterzug der Germanen war die *Selbstbeherrschung*. Allerdings wurde sie gelegentlich übertrieben gezeichnet. Man mag sich nur an *Hagen* erinnern, wie er, als man ihm das Herz herausschnitt, dabei lachte. Aber solch dichterischer Überschwang beweist, daß man Schmerzen und Wunden ertragen mußte, ohne zu klagen oder zu weinen. Die Forderung nach Selbstbeherrschung reicht aus dem Kreis des Heldischen sogar bis hinab in das alltägliche Leben. Sie verlangte die Bezähmung der Neugierde. So durfte man den Fremdling nicht mit Fragen bestürmen. Man verschloß seine Gedanken und Gefühle in der Brust. Ernst, Schweigsamkeit und Schwermut lagen über die Gesichter gebreitet. Sie verrieten keine innere Bewegung, keine ergriffene Anteilnahme. Die Germanen sahen das Leben mit ruhigem, nüchternem Sinn. Diese Eigenschaften fielen den lebhaften und redefrohen Südländern auf, und sie werteten sie als Stumpfheit und Gefühlsarmut. Aber dies beweist nur ihre mangelnde Menschenkenntnis. Denn die gleichmütige Unbewegtheit war strenge Selbstzucht, die mit großer Willensanspannung die innere Glut niederhielt. Wenn diese aber die Dämme durchbrach, machte sie den Germanen zum gefürchteten und grausamen Angreifer. Maßlosigkeit und Unbeherrschtheit zeigten sich auch, wenn sie ihre seltenen Feste feierten und diese vereinzelten Gelegenheiten nützten und Tag und Nacht durchzechten. Die derbe Geselligkeit führte in der Folge unmäßigen Trinkens wiederholt zu Streitigkeiten, die nur selten mit bloßen Beschimpfungen, viel öfter mit blutigen Schlägen endeten.

Das übrige Verhalten bezeichnen die römischen Berichterstatter als träg und untätig. So schreibt *Tacitus:* »Wenn sie nicht im Krieg sind, verbringen sie wohl die Zeit mit Jagen, mehr aber mit Nichtstun, dem Schlafen und Essen ergeben. Gerade die Tapfersten und Kriegstüchtigsten arbeiten nicht, die Sorge um Haus und Herd und Feld ist den Frauen, den alten Leuten und schwächlichen Mitgliedern der Familie überlassen; sie selber sind untätig. Ein seltsamer Widerspruch in ihrem Wesen, da dieselben Menschen so den Müßiggang lieben und die Ruhe hassen[34].« Der Widerspruch, den sich unser Historiker nicht erklären kann, dürfte wohl auf Eindrücke zurückzuführen sein, die

die Römer beim Zusammentreffen mit den gehobenen Bevölkerungsschichten der *Edelinge* gewonnen haben. Solche Persönlichkeiten lebten von der Arbeit der *Unfreien* und *Hörigen* und
hatten daher genug Zeit, zu jagen und Müßiggang zu pflegen.
Die große Menge des Volkes aber lebte anders. Die rauhe und
karge Natur zwang die *Bauern* immer wieder zu harter Arbeit.
Nur wenige konnten als Nutznießer von den Mühen anderer leben. Es galt, alles zu beschaffen, was sie brauchten, und das Errungene zu behalten. Nur aus diesem rastlosen Fleiß konnte der
ungeheure Bevölkerungsüberschuß erwachsen, der sich immer
aufs neue in Auswanderung und Neusiedlung verschwendete.
Wenn in früherer Zeit zumeist die Frauen die Felder bestellten,
so verlangte die Einführung des *Pfluges* die harte Faust des Mannes zur Mithilfe in der Landwirtschaft. Es ist aber selbstverständlich, daß der Jahreskreis des Landlebens nach höchster
Kraftanspannung wieder ruhigere Tage einfügte, vor allem in
den langen Wintermonaten, in denen die Beschränkung auf das
Haus genug Zeit zu Muße und Kurzweil brachte. Im großen und
ganzen zeugen die Verhältnisse der Frühzeit und auch ein Blick
auf die spätere Geschichte von dem Tätigkeitstrieb und der Regsamkeit dieser Stämme.

Das Bedürfnis, durch eifrige Beschäftigung den Tag zu füllen,
verstärkte sich, je mehr die Germanen mit den Römern in Fühlung kamen. Dabei wurden sie sich des Abstandes bewußt, der
sie von jenen trennte, und sie spürten, wieviel sie noch aufholen
mußten. Vor allem erkannten sie die technische Überlegenheit
des Nachbarvolkes in den *Waffen*, aber auch im Gerät für den
Brückenbau, für die Anlage von Knüppeldämmen durch
sumpfiges Gebiet, für den Angriff auf feste Plätze und deren Belagerung. Schon in vorgeschichtlicher Zeit hatten die Germanen
die für ihre Waffenausrüstung entscheidende Begegnung mit den
Kelten, von denen sie das *Eisen* übernahmen, und zwar Luxusgeräte und Waffen aus diesem Metall. Von ihnen lernten sie die
Bearbeitung des Eisens, und seit ungefähr 500 v. Chr. erzeugten
sie ihre Kriegsausrüstung in ihren eigenen Waffenschmieden.
Die sich steigernde *Zivilisation* der Germanen erkennt man an

ihren Werken des Friedens. Sie eigneten sich viel Zweckmäßiges
in der Landwirtschaft und im Haussteinbau an. War diese Beeinflussung lange Zeit nur äußerlich, so änderte sich dies, als sich
wiederholt germanische Jünglinge aus Fürsten- und Adelsge-
schlechtern als Geiseln oder als Legionsangehörige im römischen Gebiet aufhielten. Sie erlernten die lateinische Sprache
und römische Bildung und wurden dadurch befähigt, hohe Stellungen zu bekleiden. Die Aufgeschlossenheit gegenüber fremden Einflüssen ließ die Germanen bald das neue Kulturgut nützen. Sie verschmolzen es mit ihren heimischen, so daß sie in kurzer Zeit das Versäumte nachholten. Allerdings brachte die neue
Zivilisation auch manche Gefahren für die sittliche Haltung mit
sich. Die eingeführten *Luxusgüter* und der *Wein* weckten erhöhte Bedürfnisse, der Umlauf des Geldes förderte Habsucht,
Neid und Betrug. Es fehlen auch nicht Beispiele, daß die Anlehnung an das Neue die altererbte Sprache und das Bewußtsein der
eigenen Wesensart auslöschte.

Für den germanischen Menschen war die *Familie* die Kraftquelle,
aus der ihm alle Stärke kam. Es konnte ihm kein größeres Unglück drohen, als durch eine Schandtat aus dem Familienverband ausgestoßen zu werden. Das Geborgensein im Verwand-
tenkreis erhöhte das Selbstbewußtsein und stachelte dazu an, die
gegebenen Anlagen zu entwickeln und zur Ehre der Familie einzusetzen. Dieses innere Kraftgefühl befähigte ihn, sein Leben
seinem Willen gemäß zu gestalten, somit zur Erfüllung seines
Schicksals aus eigenem Lebensgefühl beizutragen. Wir sind gewohnt, *Schicksal* mit dem römischen *fatum* gleichzusetzen, als
etwas von außen her Festgelegtes, Unabwendbares. Nach germanischer Auffassung bleibt der Mensch aber ein frei Handeln-
der, er ist nicht Opfer.

Die Religion der Germanen

Das geistige Leben eines Volkes tritt uns vor allem in seinen religiösen Anschauungen entgegen. Bei den Germanen begegnen

uns schon früh religiöse Äußerungen auf allen Gebieten ihrer materiellen Kultur, so etwa Sonnenwagen und Sonnenräder, kleine Äxte, Schiffe in winziger Ausführung, Weiheinschriften. Der Totenkult, Berichte römischer Schriftsteller, Zaubersprüche, Orts- und Personennamen, Bezeichnungen für die Wochentage geben manche Hinweise. Einen tiefen Einblick gewähren die *Eddadichtungen.* Sie stammen zwar aus viel späterer Zeit, aber ihr Inhalt geht auf uraltes Gedankengut zurück, und damit sind sie eine unschätzbare Quelle altgermanischer Mythologie.

Wie andere indogermanische Völker verehrten auch die Germanen der ältesten Zeit eine das Leben bewirkende Kraft. Sie kommt aus ewigem Urgrund, war noch vor dem Werden der Welt, vor den Göttern da, ist allgewaltig, von keinem Untergang bedroht. Sie bewirkt alles Weltgeschehen, bringt Glück und Leid über Haus und Herde, entscheidet nach eigenem Urgesetz über Leben und Tod. Diese höchste Macht ist unsichtbar, unfaßbar, läßt sich nicht in eine vorstellbare Gestalt bannen. Sie gleicht dem geheimnisvollen *numen* der *Römer.*

Aber schon bald versuchte der Germane, diese allbeherrschende Macht in einzelne Gottheiten aufzugliedern. Seine Phantasie schuf aus dem Ungeformten, dem »gähnenden Abgrund«, eine geordnete Welt: Das Chaos spaltet sich in ein südliches Feuerreich *Muspelheim* und in die nördliche Eiswelt *Nebelheim.* Die Begegnung von Feuer und Eis zeugt das Leben. Zunächst entstehen die *Riesen,* sodann die *Götter.* Diese schaffen die Menschen und die *Schwarzalben* oder *Zwerge,* die als kunstreiche Schmiede im Inneren der Erde hausen. Da die Riesen älter sind als die Götter, sind sie dem Chaos näher, ihr Denken und Trachten bleibt immer auf Vernichtung des Götterwerkes gerichtet. Die Götter sind zwar unbeteiligt an der Entstehung der Welt, aber sie sind Ordner und Vollender der Welt. Die Riesen bevölkern den äußersten Kreis des Eises und Feuers, der Einöden und Felsenwildnisse, das Außenreich *Utgard.* Von diesem umschlossen, breitet sich das Mittelreich aus, der *Midgard,* Heimat der Menschen. In der Mitte des Menschenlandes erhebt sich der

Kultkessel von Gunde-
strup, Jütland (1. Jahr-
hundert v. bis 3. Jahr-
hundert n. Chr.); Natio-
nalmuseum, Kopenhagen.

Keltische Gottesmasken;
Nationalmuseum, Kopen-
hagen.

*Schulterzier aus dem Opferfund
von Suderbrarup (3. Jahrhundert
n. Chr.); Landesmuseum für Vor-
und Frühgeschichte Schleswigs,
Schloß Gottorp.*

*Schwertscheidenbeschlag
(450 n. Chr.); Landesmuseum für
Vor- und Frühgeschichte Schleswigs,
Schloß Gottorp.*

heilige Himmelsberg mit seinem Gipfel *Asgard,* der Burg der Götter. Über das Dach ihres Hochsitzes hinaus ragt der Wipfel der *Weltesche Yggdrasil.* Ihre Krone ragt bis zum Himmel, ihre drei Wurzeln stoßen weit hinab in die Tiefe, und jede wird von einem Quell ernährt. Der Weltbaum ist ein schönes Sinnbild, er erinnert an das germanische Haus, das man in früher Zeit häufig um einen lebendigen Baum herumzimmerte, der zur Stütze des Dachstuhles diente. Der Germane formte sein Weltbild nach dem germanischen Dorf mit dem *Dorfbaum* und der alles versorgenden Quelle.

Die *Asen* sind rastlos tätig. Sie bauen Altäre und schmieden das Gold. Nach der Vollendung der Welt und ihres Wunderschlosses leben sie glücklich in ihren goldschimmernden Sälen und üben in sorgloser Heiterkeit das Brettspiel.

Da erscheinen drei Töchter der Riesen, die *Nornen Urd, Werdandi* und *Skuld:* Vergangenheit, Gegenwart und Zukunft. Sie sind vom Schicksal gesandt und walten über dem ganzen Weltgeschehen, bestimmen über Leben und Tod der Götter und Menschen.

Jetzt erhebt sich unter den Göttern, die aus zwei wesensverschiedenen Familien bestehen, Streit. Die einen sind die bereits genannten Asen unter der Führung *Odins,* die anderen sind die Vanen, Schutzkräfte der Flur und des Ackerbaus. Diese brechen in das Gebiet der Asen ein, bezwingen und zerstören schließlich deren Burg Asgard. Nach hartem Kampf kommt es endlich zum Frieden zwischen den feindlichen Gruppen. Die Asen behaupten ihre Vorherrschaft, aber die Vanen werden in die Reihen der Götter aufgenommen: alle sollen der Opfer teilhaftig werden. Dies legt den Gedanken nahe, daß hier zwei verschiedene Kulte um ihre Geltung rangen. Die Vanen wurden, wie es scheint, zuerst bei den *Südgermanen* verehrt; als ihr Kult bei den *Nordgermanen* eindrang, stieß er dort auf Widerstand bei den Anhängern des Asenglaubens. Erst nach hartnäckigem Kampf kam es zu einem Vergleich, der in einer gemeinsamen Verehrung von Asen und Vanen bestand. Manche Forscher sehen in diesem Götterkrieg einen Beleg für ihre Anschauung, daß das Germanenvolk aus der Verschmelzung der *Megalithgräberleute* und der *Streitaxtleute* hervorgegangen ist.

Bald nach dem Vanenkrieg droht Göttern und Menschen eine neue Gefahr. Solang die Götter Hüter der Ordnung und frei von Schuld blieben, waren sie unbesiegbar. Um Asgard wiederherzustellen, hatten sie einen Riesen gegen bestimmte Verträge verpflichtet, das Werk im Verlauf eines Winters durchzuführen. Da sie aber die beschworenen Vereinbarungen nicht einhalten wollten, ließen sie durch List die Arbeit so aufhalten, daß der Bau nicht zur festgesetzten Zeit fertig wurde. Das gab den Göttern den Vorwand, das beschworene Abkommen nicht einzuhalten. Der Riese, der in seinem Zorn über den Verlust des Lohnes die Götter bedrohte, wurde erschlagen. So vertiefte sich die Feindschaft zwischen den Göttern und Riesen; jene wurden eidbrüchig und riefen damit die Ahndung des Schicksals auf sich herab. Das dunkelste Zeitalter bricht an für Erde und Himmel. Mord und Verwilderung herrschen bei den Menschen. Odin, der Weiseste, sieht den Weltuntergang voraus. Er rüstet zum Endkampf der Götter und guten Menschen gegen Riesen und Unholde. Dazu benötigt er Scharen von kühnen Streitern. Darum entfacht er Kriege unter den Menschen, um ihren Kampfesmut zu wecken. Die Gefallenen holt er durch seine Schlachtjungfrauen, die *Walküren,* zu sich nach *Walhall.* Dort üben die erlesenen Streiter, die *Einherier,* täglich für die Entscheidungsschlacht. Von Nebelheim und Muspelheim ziehen die Ungeheuer heran.

»Die Sonne wird schwarz, es sinkt die Erde ins Meer,
vom Himmel fallen die hellen Sterne;
es sprüht der Dampf und der Spender des Lebens,
den Himmel beleckt die heiße Lohe[35].«

Mit den Göttern geht auch die von ihnen geformte Erde zugrunde. Sie versinkt im Meer; Rauch und Dampf hüllt alles ein. Eine neue Erde steigt in frischem Grün auf, ein neues goldenes Zeitalter bricht an. Die Zeit der Unholde ist vorbei. Ein reineres Geschlecht wird aufwachsen. Für dieses hohe Ziel sind Odins Helden gefallen, haben die Götter ihr Ende gefunden.

Als oberster Gott der Germanen tritt uns *Wodan-Odin* entgegen. Mit Wodan bezeichnen ihn die Südgermanen, Odin ist sein Name im Norden. Schon *Tacitus* erwähnt diese Gottheit und setzt sie dem *Mercur* gleich[36]. Denn es war bei den *Römern* Brauch, fremde Götter je nach der Vorstellung, die sie von ihrem Machtbereich und der Art ihrer Verehrung hatten, mit den Namen eigener Gottheiten zu benennen. Daß mit Mercur Wodan gemeint ist, bestätigt die Bezeichnung »Mittwoch«. Er hieß bei den Römern *Mercurii dies,* der Tag Mercurs. Im Germanischen wurde er aber als Wodanstag bezeichnet. Die christliche Kirche ersetzte den heidnischen Wochentagsnamen durch *media hebdomas,* d.h. der mittlere Tag der Woche. *Notker* übersetzte ihn mit *mittawecha,* woraus unser Mittwoch entstand. Die Gleichstellung Mercur = Wodan dürfte auf den Handel, die älteste Beziehung zwischen Römern und Germanen, zurückzuführen sein. Bei Kaufabschlüssen riefen die Römer den Mercur, die Germanen ihren obersten Gott Wodan an. Ferner war Mercur ebenso wie Wodan *Totenführer.* Auch eine äußere Ähnlichkeit dürfte zur Gleichsetzung beigetragen haben: Während im allgemeinen die Götter unbedeckten Hauptes waren, hat man sich diese beiden Gottheiten mit bedecktem Haupt vorgestellt. Wenn Wodan als allwaltender Göttervater auf dem Thron sitzt, trägt er einen goldenen Helm. Auf seinen Schultern hockt je ein Rabe, zu seinen Füßen kauern zwei Wölfe. Als Wanderer, vom blauen Mantel umkleidet, trägt er einen großen Schlapphut, tief in die Stirn gezogen, um seine Einäugigkeit zu verbergen. Denn ein Auge hat er geopfert, damit er aus dem Brunnen der Weisheit seherische Erkenntnis erlange.

Einsam und unerkannt zieht er durch die Lande und kehrt bei den Menschen ein, um ihren Sinn zu erforschen. Aber er jagt auch auf seinem achtfüßigen Grauschimmel *Sleipnir* in schaurigen Sturmnächten, vor allem in der Mittwinterzeit, durch die Luft. Raben umkreisen, Wölfe begleiten ihn, und hinter ihm braust die *Wilde Jagd* seiner toten Gefolgsleute.

Sein Name, so vielfach auch gedeutet, scheint doch mit Wut zusammenzuhängen. Wodan id est furor, Wodan ist Wut, versuchte einer der Erklärer zu deuten. Und dieses Dämonische, das den wütenden Sturm entfacht, scheint das Urerlebnis gewesen zu sein, aus dem sich seine Gestalt formte. So wurde er auch zum Gott des Kampfes und Sieges, der den kriegerischen Mut weckt, den Kämpfer im Gegensatz zum beherrschten römischen *Legionär* zur rasenden Wut des Dreinschlagens treibt. Er ist der Herr von *Walhalla,* der Wunderburg des germanischen Kriegerhimmels. Dort versammeln sich die toten Mannen, die *Einherier.* Nur der findet in Walhalla Einlaß, der an einer Kampfwunde gestorben ist. Wer auf dem Strohlager aus dem Leben schied, kommt in das Reich der *Hel,* in die finstere, freudlose Schattenwelt. In Walhalla aber legen an jedem Morgen die Einherier die Waffenrüstung an und üben sich im schweren Kampf. Zur Mahlzeit sitzen sie in der großen Halle, essen vom Fleisch des göttlichen Ebers, und die *Walküren* schenken ihnen die Becher voll mit *Met.* Wodan ist unter ihnen und belohnt ihren Mut mit reichen Gaben. Aber über diesem Leben schwebt drohend die Gewißheit, daß sich alle bereit halten müssen für den letzten Kampf gegen die zerstörenden Mächte der Welt.

Auf einer höheren vergeistigten Ebene entspricht der Entfachung der Kampfeswut die Weckung der künstlerischen Begeisterung. Wodan ist der Gott des Zaubers, der Erfindung und der Heilkunst. Im *Merseburger Zauberspruch* ist er es, der *Balders* verletztes Roß zu heilen vermag, nachdem sich die Göttinnen vergeblich bemüht hatten. Ihn lieben und verehren die Dichter, bewundern die Tiefe seines Wissens, seine Einsicht in die Geheimnisse der Welt. Von ihm stammt die *Runenschrift,* deren sich die Germanen zur Befragung und Deutung der Zukunft bedienten. Um die magischen Zeichen der Runen zu erfinden und durch sie geheimnisvoller Weisheit mächtig zu werden, hängte sich Wodan an den Weltbaum *Yggdrasil* neun Nächte lang und verwundete sich mit dem Speer:

»Ich weiß, daß ich hing am windbewegten Baum
neun Nächte hindurch,
verwundet vom Speer, geweiht dem Odin,
ich selber mir selbst[37].«

Als er stöhnend herabsank, hob er die *Runentafel* auf, ent-
zifferte sie, und geheimes Wissen ward ihm kund. Aber dadurch
wurde der Gott zu einer tragischen Gestalt, denn sein Blick
durchdringt die Schleier des Kommenden, er sieht den Untergang voraus.

Die Verehrung Wodans erstreckte sich vorerst nur auf bestimmte Gebiete, verbreitete sich aber immer weiter und wurde
schließlich in den Zeiten der großen Wanderzüge allen germanischen Stämmen vertraut. Dies beweisen viele Ortsnamen, wie
Godesberg bei Bonn, aus Wodanesberg entstanden; Gutmanns-
hausen bei Weimar, aus Wodaneshusen; Guteswegen bei Magdeburg, aus Wodeneswege u. a. Die Wodan geweihten Kultstätten fanden sich vorwiegend auf Bergeshöhen.

Der Schirmer des *Germanen* aber, der wahre Beschützer und
Segenspender für Hof und Ackerflur des Bauern war nicht
Wodan-Odin, sondern *Donar,* der Gott des Donners, der *Thor*
der Nordgermanen. Nach ihm nannten sie den Tag des römischen Donnergottes Donnerstag.

Donar bringt als Gott des Gewitters den Feldern die Wohltat des
Regens, er vertreibt den Frost und die Winterkälte. Wie die Wesensart der Bauern, so ist die seine: einfach, ehrlich, gutmütig
und ohne Falsch; sein Körper strotzt von Kraft, er ist der stärkste der *Asen.* Dieser Gott gehört ganz seinen Bauern, sie vertrauen felsenfest auf ihn. Seine Verehrung ist uralt, sie reicht bis
in die Zeit der *Felszeichner* zurück. Seine Waffe ist der *Hammer.*
Mit diesem schützt er *Asgard* und *Midgard* und wahrt die
menschliche Ordnung. Die Flugbahn des geschleuderten Ham-
mers ist der Blitz, das Rollen des Donners verursacht sein Wagen, mit dem er am Himmel dahinfährt, von zwei Ziegenböcken
gezogen. Mit seinem Hammer segnet er die Ehe, weiht den
Leichnam auf dem Holzstoß, bekräftigt die Rechtsverträge.
Noch heute erinnert der Ausdruck »unter den Hammer kommen« an die alte Zeit, noch heute wird der Hammer bei Verstei-
gerungen verwendet, deuten drei Hammerschläge bei der
Grundsteinlegung an, daß sich der Vorgang rechtskräftig voll-
zieht.

Die Mythe, die von Donar-Thor erzählt, kündet von seinen gewaltigen Kämpfen gegen die steten Widersacher der Bauern, die zerstörenden Unholde. Deren Zahl würde ins Unermeßliche wachsen, wenn sein Hammer ihnen nicht Verderben und Tod brächte. Darum ist Donar-Thor der vertraute Freund des germanischen Bauern, darum nennt dieser seine Knaben Thorstein und Thorgrim, seine Mädchen Bergthora und Thordis. Die in die Schlacht ziehenden Krieger rufen Thor an und ehren ihn mit dem *Schildgesang*, der den dröhnenden Klang seiner Stimme nachahmt. Donar schützt den Krieg, den das Volk um Haus und Hof und den Boden der Heimat führt. Bei *Tacitus* erscheint er unter dem Namen *Hercules* [38]. Wie dieser die primitive Keule, so trägt er den einfachen Hammer. Dem Gewittergott waren die wetterstrotzende Eiche und mancher sturmumwehte Berggipfel geweiht. Viele Orts- und Bergnamen künden noch heute von der Verehrung des mächtigen Donnergottes.

Zu den germanischen Hauptgottheiten gehört außer Wodan und Donar noch *Ziu,* der in der nordischen Überlieferung unter dem Namen *Tyr* wiederkehrt. Er entspricht bei *Tacitus* [39] dem römischen Kriegsgott *Mars.* Der Tyrkult war zu der Zeit – im 3. oder 4. Jahrhundert –, in der die Benennung der *Wochentage* stattgefunden haben mag, noch lebendiger als später, da Tyr im Norden zu einer Gestalt zweiten Ranges geworden war. Ziu war bei allen *Germanenstämmen* Gott des Krieges und des Rechtes. Man brachte ihm, ebenso wie Wodan, auch Menschenopfer dar: Frevler oder gefangene Feinde.

Ziu führt in den Ratsversammlungen der Götter immer den Vorsitz. Auch beschützt er das *Thing,* das die Menschen abhalten. Auf zwei Votivsteinen, die friesische *Legionäre* am *Hadrianswall* in England errichten ließen, wird er *Mars Thinscus* genannt: Mars, der das Thing beschützt. Von diesem Beinamen leitet sich unser Dienstag ab, der »Tag des Thingbeschützers«. Krieg und Thing waren für die Germanen verwandte Begriffe. Denn auch der Krieg war für sie ein Rechtsstreit. Daher setzte man Ort und Zeit der Schlacht vorher fest und steckte den Kampfplatz wie auch den Ort des Things ab.

Die reinste Gestalt der germanischen *Mythe* ist *Balder*, der Sohn Wodans und seiner Gemahlin *Frija*. Sein Name besagt: licht, kühn. Alle Götter sind ihm zugetan, nur einer sinnt auf sein Verderben: *Loki*, der boshafte Gott des Feuers. Den lichten Gott Balder quälen todkündende Träume. Da nimmt seine Mutter allen Tieren, Pflanzen und leblosen Dingen den Eid ab, diesem jungen, strahlenden Gott kein Leid zuzufügen. Nur vergißt sie eine Pflanze: die Mistel. Da Balder nun unverletzlich scheint, jubeln die Götter und werfen in übermütigem Spiel allerlei Wurfgeschosse auf ihn. Nichts kann ihn verletzen. Da entlockt der böse Loki Frija das Geheimnis von Balders Verwundbarkeit. Rasch holt er einen Mistelzweig, macht sich an Balders blinden Bruder *Höd* und fordert ihn zum Wurf auf. Loki lenkt die Bahn des harmlosen Zweiges, und dieser wird zum todbringenden Speer – sterbend sinkt Balder zu Boden. Der helle Frühlingsgott muß ins finstere Totenreich. Da senden die Götter zu *Hel*, der Gebieterin der Unterwelt, sie möge ihnen den Liebling zurückgeben. Sie willigt ein, wenn alle Wesen ihn beweinen. Alle beseelten und unbeseelten Geschöpfe tun es, bis auf eine Riesin in einer dunklen Höhle. So bleibt Balder in der Totenwelt. Aber Wodan-Odin, der Zukunftskundige, hat seinem Sohn auf dem Scheiterhaufen ins Ohr geraunt, er werde auferstehen, wenn nach der *Götterdämmerung* eine schönere Welt erwachsen werde.

Balder wird zum Sinnbild ewigen Naturgeschehens, des Dahinwelkens und Werdens. Der lichte Tag, Balder, erlischt im Dunkel der Nacht durch den blinden Bruder Höd.

Auf dem Hochsitz neben Wodan thront seine Gemahlin Frija, die nordische *Frigg*. Ihr Name hängt mit der germanischen Wurzel *fri-* zusammen, die »lieben, freien« bedeutet. *Frija* ist die sorgende Ehefrau und Mutter. Sie lebt in der Vorstellung der Germanen als Hausfrau mit dem Schüsselbund am Gürtel. Durch ihren Namen ersetzten die Germanen den Namen Venus in der Bezeichnung des Wochentages *Veneris dies* = Freitag. Gleich Wodan sieht sie das künftige Geschick der Menschen voraus. Sie nimmt Eide ab und schützt die Ehe, lohnt mit Segen den häuslichen Fleiß, besonders den der Spinnstube. Als mütterlich Sorgende begegnet sie uns im zweiten *Merseburger Zauberspruch:* im Gefolge von Begleiterinnen, wie *Sunna, Sinthgunt* und *Volla,* ihrer Schwester, bemüht sie sich um Balders Fohlen. Diese Gottheiten sind wahrscheinlich Abspaltungen von Frijas Eigenschaften.

Lokis Gestalt ist schwer zu erfassen, denn er ist rätselhaft. Bald steht er auf seiten der Götter, bald bei den *Riesen.* Er ist geistig sehr beweglich, aber verschlagen, ein unzuverlässiger Geselle, helfend und vernichtend wie das Feuer, dessen Gott er ist. Seine teuflische Bosheit offenbart der Baldermythos. Mit höhnenden Worten wirft er den Göttern ihre Fehler vor. Am Ende der Welt wird er auf der Seite der Götterfeinde kämpfen.

Dem Göttergeschlecht der Asen gesellen sich die *Vanen,* die Gottheiten der *Fruchtbarkeit.* Gehören die Asen den religiösen Vorstellungen der indogermanischen Herrenschicht an, so sind die Vanen die Götter des Bauernadels. Sie sind ein mildes, gütiges Geschlecht, Schutzkräfte der Flur und des Ackerbaus. Im Gegensatz zu den deutlicher charakterisierten Asen sind diese Gottheiten verschwommen und unpersönlicher. Sie sind erwachsen aus den Erfahrungen, die die Menschen in ihrem steten Ringen mit den Naturkräften machten. Der mühevollen Arbeit mit der spröden und kargen Erde sollen die übernatürlichen Mächte beistehen. Felsbilder stellen Ernteszenen als die größte Sehnsucht allen Mühens dar. Aber notwendig zum Gedeihen der Ackersaat ist der befruchtende Regen, daher versuchten die Zeichner, durch Hinzufügung eines dem Wasser verbundenen Sinnbildes ihre Wünsche zum Ausdruck zu bringen. So finden sich in den Darstellungen auch immer wieder Schiffsbilder. Aus den Schiffen ragen Bäume, Hinweise auf die Fruchtbarkeit.

Alter Kulturbrauch war es, im Frühjahr beim feierlichen Umzug durch die Feldflur einen vierrädrigen Wagen, von zwei Kühen gezogen, mitzuführen. Auf dem Gefährt stand der Thronsitz für die Gottheit. Er war mit einer Decke verhüllt, eine bildliche Darstellung des Göttlichen selbst fehlte. Man scheute sich anscheinend, die fruchtbarkeitsspendende Macht in einer Figur zu formen. Man ersetzte sie höchstens durch ein Sinnbild, wie z. B. durch die *Sonnenscheibe*. In manchen Gegenden verwendete man auch statt des Wagens ein *Schiff*, das auf einem schlittenartigen Gestell fortbewegt wurde.

Tacitus gibt uns bei der Erwähnung der Erdgöttin *Nerthus* einen sehr eingehenden Bericht über solche Kulthandlungen. Dieser beleuchtet am besten die religiösen Verhältnisse der älteren Eisenzeit[40]. »(Ein Bund *suebischer Stämme*) verehrt Nerthus, d. h die Mutter Erde, und glaubt, sie kümmere sich um das Schicksal der Menschen und komme zu den Völkern gefahren. Auf einer Insel des Ozeans liegt ihr heiliger Hain, darin steht ein geweihter Wagen, mit einer Decke verhüllt. Nur der *Priester* darf ihn berühren. Er merkt es, wenn die Göttin erschienen ist, spannt dann Kühe an den Wagen und geleitet die Göttin mit großer Ehrfurcht. Freudig sind da die Tage, festlich geschmückt die Stätten, die die Göttin mit ihrer Ankunft und ihrem Besuch würdigt. Niemand zieht in den Krieg, niemand greift zu den Waffen. Alles Eisen ist eingeschlossen. Friede und Ruhe ist jetzt nur bekannt, jetzt nur geliebt, bis derselbe Priester die Göttin, die des Umgangs mit den Menschen müde ist, in das Heiligtum zurückbringt. Dann werden Fahrzeuge und Hülle und, wenn man glauben will, die Gottheit selbst in einem verborgenen See gewaschen. Den Dienst dabei verrichten *Sklaven*, die alsbald der See verschlingt. Daher herrscht ein geheimes Dunkel, ein heiliges Dunkel, was das für ein Wesen sei, das nur Todgeweihte schauen.«

Gleiche Bräuche herrschten in *Skandinavien*. Hier ist es eine männliche Gottheit, *Njörd*. Dieser Name stimmt mit dem von Tacitus überlieferten Namen Nerthus überein. Er ist der Spender des Reichtums und gebietet über Wasser, Feuer und Sturm. Seine Kinder heißen *Freyr* und *Freyja*[41]. Alle drei standen als Fruchtbarkeitsgottheiten in hohen Ehren bei einer Bevölkerung, die sich vornehmlich aus Bauern zusammensetzte. Man legte daher besonderes Augenmerk auf die Durchführung der Kultbräuche, um das Gedeihen der Feldfrüchte zu sichern. Die heidnischen Umzüge, die den Segen auf die Fluren herabflehten, verwurzelten sich tief im Bewußtsein der ländlichen Bevölkerung. Was von ihnen nach der Umdeutung im christlichen Sinn erhalten blieb, lebt bis heute noch in den *Prozessionen* weiter, die zur Frühlingszeit durch die keimenden Felder ziehen.

Freyr und Freyja, Sinnbilder jugendlicher Kraft und der Fruchtbarkeit, haben im Norden eine alte Vanengottheit verdrängt, die ursprünglich sehr angesehen war. Es ist *Ullr,* der Stiefsohn Thors. Sein Name bedeutet: »der Glänzende, Strahlende, der Sonnenschein und Fruchtbarkeit Spendende«. Er ist ein hervorragender Krieger, darum ruft man ihn gern zu Hilfe im Zweikampf. Er versteht die Kunst des Bogenschießens und des *Schneeschuhlaufens* so ausgezeichnet, daß niemand mit ihm darin wetteifern könnte. Aber sein Ansehen nahm ab, sein weltweiter Herrscherbereich schwand, und es blieb ihm nur noch die bescheidene Aufgabe, Schirmherr der Schneeschuhläufer zu sein. In dieser Eigenschaft haben die Schiläufer der Gegenwart ihn zu ihrem Schutzpatron erhoben.

Die *Baldersage* sowie die Erzählung vom *Weltuntergang* lassen erkennen, daß den germanischen Göttern kein ewiges Leben beschieden ist. Gibt es nun eine Macht, die über den Göttern, über den Zeiten steht, eine Macht, die nicht dem Untergang verfallen ist? Die *Germanen* glaubten an eine Macht, die die Götter geschaffen hat und alles Weltgeschehen bewirkt; es ist die Macht des *Schicksals.* Allwissende Frauen, die *Nornen,* drei an der Zahl, die bei der Quelle an der Wurzel des Baumes *Yggdrasil* sitzen, verwalten das Schicksal, formen es aber nicht. Es trägt keine persönlichen Züge, läßt sich nicht beeinflussen durch Opfer oder Gebet. Das Schicksal waltet aber nicht mit blinder Willkür, sondern nach dem Urgesetz der Natur. Diese Gesetzmäßigkeit ermöglicht es auch, seinen Willen zu erkunden und Kommendes vorauszuwissen. Dazu dienten bestimmte Naturerscheinungen, wie Vorgänge am Himmel, der *Vogelflug,* das Schnauben der heiligen Rosse, auch die Traumgesichte der *Seherinnen, Los-orakel* und die Auslegung der *Runenstäbchen.* Man verwendete dazu Stäbchen, die von einem fruchtbringenden Baum geschnitten waren und in die man Zeichen geritzt hatte. Damit können aber nicht Buchstaben des *Runenalphabets* gemeint sein, da dieses vor dem 3. Jh. v. Chr. noch unbekannt war, sondern es wird sich um Zeichen gehandelt haben, mit denen man die Vorstellung von Glück oder Unglück verband. Die Losstäbchen streute man über eine weiße Decke, und zwar aufs Geratewohl. Auch heute noch verbindet man mit vierblättrigem Klee oder einem Hufeisen nur dann die Vorstellung einer günstigen Vorbedeutung, wenn man zufällig darauf gestoßen ist. Der Losende hob unter Gebeten, in denen er die Götter anrief, drei Stäbchen auf und erklärte sie nach den eingeritzten Zeichen[42].

Das Wissen um das Schicksal führte aber nicht zu einer tatenlosen Schicksalsergebenheit. Auch das härteste Los verlangte eine verantwortungsbewußte Haltung, um dem Kommenden so entschlossen und mutig wie möglich zu begegnen. So verhält sich auch *Wodan:* In heldenmütiger Bejahung und tätiger Bereitschaft rüstet er sich zum Weltuntergang. Die *Götterdämmerung* bedeutet nicht Zerstörung und Chaos, sondern Vernichtung einer schuldbeladenen Welt, um eine neue, reinere dafür erstehen zu lassen. Das Schicksal wird also zu einer tief sittlichen, ordnenden Macht. Es ist das höchste göttliche Wesen, das die Germanen verehren:

»Von oben kommt der allgewalt'ge
hehre Herrscher zum höchsten Gericht[43].«

Die Germanen waren ein Bauernvolk, daher immer in enger Verbindung mit der Natur. Sie haßten die Städte, ihre Wohnsitze lagen mitten in offener Flur, von Wäldern umsäumt, die sie auf ihren Jagdzügen durchstreiften. Solche Fühlung mit der Natur mußte auch die Kräfte des Gemüts wecken und Anlaß geben, die Natur als belebtes Wesen zu empfinden, in ihr Gewalten zu sehen, die dem Menschen zugeneigt und hilfreich sind, die aber auch Schaden und Gefahren bringen. So werden Bäume zu beseelten Wesen; *Wassergeister,* denen man zu gewissen Zeiten ein Böcklein opfert, bevölkern Quellen, Flüsse und Moore; *Elfen,* schön und freundlich, aber auch verlockend und verderbenbringend, tanzen auf nebelumflorten Waldwiesen; *Zwerge,* klein und häßlich, klugen Rates kundig, oft hinterlistig und boshaft, wohnen in Höhlen der Berge als kunstvolle Schmiede.

Vor allem ist es das Gewaltige in der Natur, dem die Verehrung galt, ob es nun Segen brachte oder Furcht erweckte. So wurde ein Berg, das Meer, die Erde selbst zur Göttin. Wie in den meisten Religionen ackerbautreibender Völker schließt die Erde mit dem Himmel die *heilige Ehe*. So nannten auch die Griechen das Frühlingsfest ἱερὸς γάμος, hierós gámos. Sonnenstrahlen und Regen fallen im Frühjahr befruchtend auf die Ackerkrume und wecken neues Leben. Auch das *Feuer* war heilig. Man führte die junge Frau um die Herdflamme, trieb das Vieh, wenn man es zu Frühlingsbeginn zum erstenmal zur Trift führte, durch das Feuer, um Krankheitskeime zu vernichten. Das Feuer hat reinigende und die Dämonen abwehrende Kraft. Durch das kreisende *Rad* wird die Flamme geweckt, das Rad wird zum Sinnbild der Sonne, die Licht und Wärme spendet. Noch heute zündet man Feuer zur *Sommersonnenwende* an, rollt brennende Räder talwärts.

Sonne und *Gestirne* waren heilige Wesen, ebenso Tag und Nacht. Man ehrt die Sonne in Rad- und Scheibenzeichen, zieht eine aufrechte vergoldete *Sonnenscheibe* von einem vom Pferd gezogenen Wagen durch die Landschaft. Die Germanen kannten einen eigenen Lichtgott, *Heimdall,* »der über die Welt Glänzende«. Er sitzt bei der Himmelsbrücke, um sie gegen die *Riesen* zu hüten. Die Brücke versinnbildlicht den Regenbogen. Götter und Riesen teilen sich in die Beherrschung der Naturkräfte. Aber während die Riesen die gefahrbringenden Gewalten des Feuers und Meeres, des Eises und des Sturmes verkörpern und Maßlosigkeit und Ungestüm ihnen eigen ist, versinnbildlichen die Götter die hohe Welt des ordnenden Geistes, hüten Maß und Recht zum Schutz der Welt.

Der Mensch der Vorzeit war viel abhängiger von der Natur als heutzutage. Er hat daher die Macht der Umwelt stärker gefühlt und die Naturvorgänge als lebende Wesen empfunden. Die ganze Natur wird ihm zu einem beseelten Wesen, das mit seinen Äußerungen und Auswirkungen in das menschliche Leben ein-

greift. Es durch magische Handlungen, Verehrung, Opfer und
Bräuche zu bewegen, wonach Sinn und Herz sich sehnen, mit
ihm in vertrauten Verkehr zu treten, um seinen Schutz von der
Geburt bis zum Tod zu erlangen, war die religiöse Haltung der
germanischen Altvorderen.

Die religiösen Anschauungen hängen eng zusammen mit den
Vorstellungen von der *Seele* und mit der *Totenverehrung.* Der
Seelenbegriff hat sich im Lauf der Jahrhunderte verschieden gewandelt. In der frühen Zeit war man der Meinung, die Seele sei
nicht bloßer Geist, sondern bestehe auch nach der Trennung
vom Leib als eine feinere körperhafte Wesenheit weiter und
setze ihr Leben im Grab fort. Daher gab man dem Toten nicht
nur Waffen und Geräte, sondern auch Speise und Trank mit ins
Grab. Der Tote lebt im Jenseits als derselbe weiter, der er auf
Erden gewesen ist. Daher können Schwächlinge nicht von
Wodan in *Walhalla* aufgenommen werden, weil er zum Endkampf nur starke Streiter benötigt. Als die Erdbestattung von
der *Verbrennung* abgelöst wurde, finden wir gleichfalls *Toten-
beigaben* in den *Brandgräbern.* Diese Sitte deutet darauf hin,
daß auch durch die Verbrennung die Vorstellung vom Fortleben
des Toten keine Änderung erfahren hat.

Den Aufenthalt der Toten dachte man sich im Norden. Die Zu-
fahrt erfolgte übers Meer, daher wurden bei manchen Stämmen
Häuptlinge und Königinnen in wohlausgerüsteten *Schiffen* beigesetzt. Auch wurden Gräber mit Steinblöcken umgeben, die
den Umriß eines Schiffes nachbildeten.

Die einfachste *Begräbnisart,* die am Anfang der *Jüngeren Steinzeit* auftritt, war die Beisetzung in schlichten *Erdgräbern,* deren
jedes einen Leichnam barg. Da sich daneben große *Steingräber*
finden, dürfte die Verschiedenartigkeit der Bestattung auf eine
soziale Schichtung der damaligen Bevölkerung hindeuten.

Gegen Ende der *Jüngeren Steinzeit* werden die Toten in *Grab-
kammern* beigesetzt, die aus riesigen Steinblöcken errichtet
sind. Es sind dies die Erbbegräbnisse des bäuerlichen Adels.
Die ältere Form, die *Kleinen Stuben* oder *Dolmen,* bei der ein
mächtiger Deckstein auf fünf bis sechs tragenden Steinblöcken

ruht, bietet einen verhältnismäßig kleinen Grabraum nur für einen Toten. Da die *Sippen* immer mehr anwuchsen, versuchte man die Dolmen zu erweitern und gelangte, gebunden an die Größe der Findlinge und Steinplatten, zu den *Großsteingräbern,* im Volksmund *Hünengräber* genannt. In ihnen konnten viele Tote beigesetzt werden. Beide Grabformen waren von Erdhügeln überdeckt. Sie glichen Menschenwohnungen. In die Verschlußplatten war eine Öffnung eingearbeitet, die als *Seelenloch* bezeichnet wurde und die der bereits vom Körper gelösten Seele die Möglichkeit bieten sollte, unbehindert mit der Außenwelt Verkehr zu pflegen. In Wirklichkeit schaffte man durch das Loch die folgenden Leichen in das Innere. Denn der Grabbau war ja für eine Reihe von Geschlechtern bestimmt. Die gewaltigen Steine der *Megalithgräber* gaben dem Gedanken Ausdruck, den Toten unvergängliche Wohnstätten zu schaffen.

Um 2000 werden die Riesensteingräber von einer neuen Grabform, den *Steinkisten,* abgelöst. Diese, aus Steinplatten aufgebaut, enthalten in der Regel nur einen Toten. Der Leichnam wurde in gestreckter Lage auf den Rücken gebettet und mit Beigaben, wie Waffen, Werkzeugen, Schmuck und Hausgerät, reich ausgestattet. Er lag, wie Holzspuren beweisen, auch in der Steinkiste auf einem Totenbett oder in einem Holzsarg. Die Kisten waren mit Erde bedeckt. Sie sind nach dem Vorbild der Häuser der Lebenden zusammengesetzt, mit Wohn- und Küchenraum; es galt also noch die Vorstellung, daß der Verstorbene in seinem Grab ein schattenhaftes Dasein weiterführt. Viel häufiger trifft man in jener Zeit auf *Holzsärge,* sei es in Form von rechteckigen Bohlenkisten oder als *Baumsärge.* Sie sind aus mächtigen Eichenstämmen gearbeitet, die man aufspaltete und sorgfältig aushöhlte. Vielleicht führte derselbe Glaube, der die Schiffsbestattungen auslöste, auch zu dieser Begräbnisform. Denn der Baumstamm gleicht dem *Einbaum,* der damals noch in Verwendung stand. Von einigen Eichensärgen sind Hülle und Inhalt so gut erhalten, daß man diesen Umstand ihrer ständigen Lagerung im Wasser und dem luftdichten Abschluß zuschreiben muß. Mit Sorgfalt hat man den Toten mit voller Tracht in eine

Rindshaut oder Wolldecke gewickelt und ihm Waffen, Schmuck und Tongeschirr mit Speisen beigegeben.

In der *Bronzezeit* wird ein anderer Bestattungsbrauch, die *Leichenverbrennung,* heimisch. Man sammelt die Knochenreste und die Asche in einer Urne. Mit der Sitte der Verbrennung scheint sich um diese Zeit auch eine neue Vorstellung vom Weiterleben des Toten verbreitet zu haben. Die Seele löst sich völlig vom Körper und nimmt ihren Weg in ein unirdisches Reich, weshalb die Erhaltung des Leichnams nicht mehr notwendig ist. Die Urnen weisen verschiedene Formen auf: sie gleichen Wohnhäusern oder Gesichtern mit Augen, Nase, Mund und Ohren. Unter römischem Einfluß treten im 4. und 5. Jahrhundert n. Chr. an Stelle der Brandgräber wieder die Erdbestattungen.

Im Norden wurden die Leichname der Häuptlinge in Schiffe gelegt und diese unverbrannt in Hügeln beigesetzt. Diesem Brauchtum verdanken wir die genaue Kenntnis der Begräbnissitten und der damaligen Gebrauchsgegenstände und Geräte. Der berühmteste Fund ist das *Osebergschiff.* Es ist das Grab der Königin *Asa,* der Großmutter des *Harald Schönhaar,* des norwegischen Reichseinigers. Die Königin war eine Frau von etwa fünfzig Jahren. Ihre ungefähr dreißigjährige Magd hatte sich entschlossen, mit ihrer Herrin zu sterben. Sie wurde bei ihr auf dem Schiff bestattet. Vor der Grabkammer stand der Prunkwagen, in dessen bootartigem Kasten vermutlich die Leiche der Königin samt ihrer dem Tod geweihten Begleiterin zu Schiff gebracht worden war. Auf dem Schiff fand man vier Schlitten, die das Grabgut mit kostbaren Gewändern und dem Webstuhl und eine Kücheneinrichtung enthielten.

Nach der Bestattung opferte man am Grab oder beim Scheiterhaufen und setzte sich dann am Abend zum Mahl, das alle Sippengenossen vereinte. Aus der Trauer fand man dabei bald wieder den Weg in die Lebensfreude. Aber die Erinnerung an den Verstorbenen wurde weiterhin bewahrt, man kehrte immer wieder zu bestimmten Zeiten zu seinem Grab zurück, brachte *Opfer* dar und bat ihn um seinen Segen. Einmal im Jahr, wenn die Ernte eingebracht war und die dunklen Tage heraufkamen,

lud man die Toten gleichsam zu einem gemeinsamen Opfer zu
sich, um ihnen für ihr wohlwollendes Wirken in Haus und Hof
Dank zu sagen. Das Gastmahl wurde zubereitet, die Tafel gedeckt, und auch für die Toten wurden Plätze freigehalten; sie
sollten in kurzer Gemeinschaft mit ihren Nachfahren das Glück
des häuslichen Herdes genießen. Diesen Brauch des rührenden
Verbundenseins mit den Abgeschiedenen nahm in zeitgemäßer
Abwandlung später die christliche *Kirche* auf und schuf *Allersee-
len,* das Fest des Gedenkens an die Toten.

»Besitz stirbt, Sippen sterben,
du selbst stirbst wie sie;
eins weiß ich, das ewig lebt:
des Toten Tatenruhm[44].«

Die Verbindung des Menschen mit der Gottheit stellte der *Gottesdienst* dar. Die *Germanen* kannten an gottesdienstlichen
Handlungen das *Gebet,* das *Opfer,* aber auch die *feierlichen
Flurumzüge,* religiöse Festspiele und Tänze. *Tempel* und *Götterbilder* schienen ihnen nach der Mitteilung des *Tacitus* fremd
gewesen zu sein. »Im übrigen entspricht es nicht ihrer Anschauung von der Hoheit der himmlischen Mächte, die Götter in
Wände einzuschließen oder sie irgendwie menschenähnlich
nachzubilden. Sie weihen Haine und Wälder und benennen mit
den Götternamen jenes Geheimnisvolle, das man nur in from-
mer Andacht schaut[45].«
Schon *Herodot* berichtet von den *Persern,* sie hätten keine Tempel für ihre Gottheiten gebraucht. Und *Cicero* begründet diese
Tatsache ganz ähnlich wie *Tacitus:* Der Perserkönig Xerxes ließ
die Tempel der *Griechen* in Brand stecken, weil sie mit Wänden
die Götter einsperrten, die doch ihre Freiheit behalten müssen
und deren Tempel und Wohnstätte die ganze Welt sei.
Opferstätte der Germanen war ein geweihter Wald, ein heiliger
Berg oder eine andere Örtlichkeit, wo sie sich ihren Göttern näher fühlten. Daher haben die Völker auch noch in christlicher
Zeit, ja bis auf unsere Tage das Bedürfnis gehabt, draußen unter
freiem Himmel zu beten, haben Kreuze und Bildstöcke an We-

Grabmal des Theoderich (453–526) in Ravenna.

gen aufgestellt und sogar gottesdienstliche Handlungen und
Prozessionen ins Freie verlegt. In den heiligen Hainen stand der
Opferstein. Dort fanden auch *Volksversammlungen* statt und
wurde Gericht gehalten, denn *Thing* und Rechtsspruch standen
unter göttlichem Schutz und erhielten durch den Bannkreis der
heiligen Stätte ihre höhere Weihe.

Wenn *Tacitus* im Gegensatz zu seiner Behauptung, die Germanen hätten keine Tempel, von dem Tempel der Göttin *Tamfana*[46] spricht und die Gottheit *Nerthus* nach ihrer Fahrt in den
Tempel zurückkehren läßt[47], so ist dieser vermeintliche Widerspruch leicht zu erklären. Bei dem Tempel der Nerthus handelt
es sich um eines jener kleinen Gebäude, in denen man den Göt-
terwagen, Opfergeräte u. a. vor den Unbilden der Witterung
bewahrte. Auch umgab man die Kultstätte mit Steinsetzungen,
um den heiligen Platz abzugrenzen. Diese Umhegungen wuchsen öfters zu einer aus Steinen geschichteten Mauer auf. Ein solcher dachloser Steinbau wird mit dem Tempel der Tamfana gemeint sein. Denn weder des *Tacitus* Germania noch die neueren
wissenschaftlichen Forschungen geben Anlaß zur Annahme, die
Germanen hätten Tempel gehabt. Soweit größere Bauten festgestellt werden konnten, handelte es sich um Versammlungshäu-
ser, wo die gemeinsamen Mahlzeiten eingenommen wurden und
alle am Opfer teilnahmen.

Menschenähnliche Götterbilder in der Art, wie sie Griechen und
Römern geläufig waren, hat es bei den Germanen des Festlandes
nicht gegeben. Statt dessen dienten einfache Sinnbilder für das
gestaltlose Heilige, wie Pfähle, Äxte, Scheiben und Räder. Auf
Felsritzungen finden sich große Figuren in Umrissen, mit vergrößerten Händen, oder bloß Fußspuren, die göttliche Mächte
andeuten sollten. Der Umstand, daß das bei *Tacitus* erwähnte
Bild der Göttin Nerthus, unter einer Decke verhüllt, durchs
Land gefahren wurde und also nicht sichtbar war, läßt darauf
schließen, daß sich die Germanen keine Gestaltvorstellung von
ihren Gottheiten machten und es jedem überlassen blieb, sich
nach seinen Anschauungen ein Bild von ihnen zu formen. Als
Feldzeichen trug man Sinnbilder von Gegenständen oder Tieren,

die einer Gottheit beigeordnet waren, wie die Lanze Wodans, Thors Hammer, einen Stier, Eber, Raben oder ein Roß.

Die Germanen hatten keine eigene Priesterkaste nach Art der keltischen Druiden, auch hatten sie keine Geheimlehre. Die *priesterlichen Aufgaben* bei allen religiösen Handlungen, die den Staat oder Stamm betrafen, vollführte der König oder der Häuptling, weltliche und geistliche Gewalt lag vereint in den Händen des obersten Hüters der Volksgemeinschaft, alles Leben stand unter göttlichem Gesetz. Der Priester war Mittler zwischen Gott und Menschen, hatte die Opfer darzubringen und in Weissagungen den Willen der Himmlischen bekanntzugeben. Im häuslichen Kreis besorgte der Familienvater die Weihehandlungen bei Geburt und Hochzeit, die *Losorakel* und Opfer. Als gottnahe Menschen galten die *Frauen*, denen nach dem Glauben der Germanen etwas Heiliges, *Seherisches* innewohnte. Daher zog man auch Frauen zum Gottesdienst heran und betraute sie vor allem mit der Zukunftsbefragung.

Das germanische *Opfer* war Spende für die Götter, Dank für gewährten Fruchtsegen und Schutz oder Mittel, um Gunst und Hilfe zu erlangen oder Zorn abzuwehren. Dabei ging es vor allem um die Bereitschaft zum Opfer und die damit verbundene Bitte, also um eine sinnbildliche Handlung, weniger um Überschwenglichkeit und Fülle der Gaben. Endziel war, den Abstand zwischen Göttern und Menschen zu vermindern und die Gemeinsamkeit zwischen beiden zu fördern. Im Familienkreis spendete man einen kleinen Teil von Speise und Trank der Gottheit. Bei den großen Feiern der *jahreszeitlichen Feste,* im Herbst, zu Neujahr und im Frühling, war eine größere Aufmachung üblich. Man opferte vor allem Tiere, fing das Blut im Opferkessel auf und besprengte damit Menschen und Gegenstände, um durch die Zauberkraft der Flüssigkeit die Gemeinsamkeit zwischen Göttern und Menschen zu festigen. Das Opfermahl, bei dem die Gottheit ursprünglich gegenwärtig gedacht war, sollte die Verbindung noch inniger machen. Teile des geschlachteten Tieres wurden den Göttern geweiht, andere verzehrt, und das kreisende *Trinkhorn* mit *Met* ging von Mund zu Mund. Das hochgestimmte Beisammensein der festlich geschmückten Teilnehmer schloß das innere Band noch enger, bot den Angehörigen verschiedener Stämme Gelegenheit, ihre wechselseitigen Beziehungen zu vertiefen, Kulturgüter und Gedanken zu tauschen und das wohltuende Gefühl des Vertrauens in die Zukunft zu wecken, um sich gestärkt in einen neuen Lebenskampf zu wagen. Das war die Weihe solcher Feste, die frei von irdischem Tun und überglänzt von der Freude eines erhöhten Friedens waren. Als besondere Opfergaben galten die *Pferde*, der kostbarste Besitz, daher auch das würdigste Geschenk für den Gott; überdies war das *Roß* dem *Wodan*, dem höchsten Gott, heilig.

Aber wie die ältesten Hellenen und durch Vermittlung der Etrusker die Römer, so wie überhaupt die Völker der Frühzeit, brachten auch die Germanen gelegentlich bei ihren Festen *Menschenopfer* dar. Man weihte Kriegsgefangene, *Sklaven* und Verbrecher, die sich durch ihre Untat außerhalb der menschlichen Gemeinschaft gestellt hatten, den Göttern, vor allem Wodan, der in ältester Zeit allgemein als Totengott angesehen wurde. Nie war es aber Germanenart, Menschen ohne Schuld und Fehl aus den eigenen Reihen dem Tod preiszugeben.

Die großen Hauptfeiern beschränkten sich nicht auf einzelne Stämme, sondern es fanden sich alljährlich Abordnungen verschiedener Zweigvölker zu einer großen, eindrucksvollen Kultgemeinschaft zusammen. Man versammelte sich an bestimmten Orten, wie z. B. im heiligen Hain der *Semnonen*, die im Gebiet der Spree und Havel wohnten, oder im Bundesheiligentum an den *Externsteinen* bei Detmold im *Teutoburger Wald*. Die alten germanischen Jahresfeste fanden vielfach ihre Fortsetzung in den christlichen Feiertagen, da die *Kirche* manche heidnische Feiern in christliche umwandelte.

Die Dichtung der Germanen

Wie bei allen indogermanischen Völkern, hebt auch bei den Germanen die Dichtung nicht erst mit der Zeit an, aus der die

ältesten schriftlichen Zeugnisse auf Stein, Bronze oder Pergament stammen, sondern sie beginnt schon mit der Volkwer-
dung und ist in ihren ersten Anfängen aufs engste mit dem
Gottesdienst verbunden. Bereits in der *Bronzezeit,* aus der uns
Götterbilder, in Felsen geritzt, und heilige Zeichen, in Speere
geschnitten, Bronzegeräte für Wehr und Zier überliefert sind,
begleiten die Germanen ihre kultischen Feiern mit symbolischen
Handlungen und Tänzen, vielleicht auch mit rhythmischem,
dämonenscheuchendem Lärm. Höhepunkten des religiösen
Vorganges gaben Sprecher eine besondere Weihe mit gehobenen, bedeutsamen Worten. Neben den Worten erhöhte die Musik der *Luren* die Feier. Diese waren in kühner Schwingung ge-
baute konische Bronzehörner, die am Ende Scheiben trugen, mit
getriebenen oder gepunzten Ornamenten verziert. Die Scheiben
sollten den Schall genau nach vorn verteilen. Die Länge der Luren schwankte zwischen 1,50 und 2,30 Metern. Damit über-
treffen sie an Größe die meisten unserer heutigen Blasinstrumente. Man fand die Luren vorwiegend im Moor und meist
paarweise. Die Paare waren in jeder Hinsicht vollkommen gleich
gearbeitet, nur ihre Rohre gegenläufig gedreht wie die Hörner
des Stieres. Ihr edler und weicher Klang eignete sich nicht zu gel-
lenden Kampfsignalen, sie waren also wohl nur Instrumente des
Kultes.
Die frühe germanische Dichtung lebte nur in mündlicher Überlieferung. Dadurch blieb aber der Text nicht unverändert. Er erfuhr durch die jeweilige Auslese des Vortragenden Umgestal-
tungen und mußte sich auch vor den Hörnern immer wieder von
neuem bewähren. So lebte die Dichtung zwar unwandelbar in
ihrem Wesenskern, aber wandelbar in allem Äußerlichen weiter.
Zu unserer Kenntnis gelangte von germanischer Dichtung bloß
so viel, wie Schriftkundige aufzeichneten. Dies geschah nur in
bescheidenem Maß, da sich, als man begann, durch Niederschrift altes Geistesgut zu bewahren und zu verbreiten, Zeitgeist
und Lebensbedingungen stark verändert hatten. Wir kennen
also die Dichtung dieser Frühstufe nur aus fremden, vor allem
römischen Berichten, aus vergleichender Erschließung paralle-

ler Anfänge bei anderen indogermanischen Völkern und endlich
aus viel späteren Aufzeichnungen, die jedoch durch die Ungunst
der Zeit zum Teil verlorengegangen sind. So bleiben schließlich
nur ganz wenige Bruchstücke, die aber gerade wegen ihrer Sel-
tenheit zu den kostbarsten Erinnerungen an unsere Altvorderen
zählen.

Tacitus berichtet, daß zu seiner Zeit den Germanen zwischen
Rhein und Weichsel weder ein einigender Verband der Stämme
noch ein einheitlicher Name das Bewußtsein der Zusammengehörigkeit gegeben habe. Nur in der gemeinsamen Sprache und
Poesie schlang sich ein Band um die getrennten Stämme.»In alten Liedern, der einzigen Überlieferung und Geschichtsschrei-
bung dieses Volkes, feiert man einen erdgeborenen Gott *Tuisto*.
Ihm schreiben sie einen Sohn *Mannus* als Stammvater und
Gründer ihres Volkes zu; dem Mannus hinwiederum drei Söhne, nach deren Namen die an der Küste des Ozeans wohnenden
Ingävonen, die in der Mitte *Herminonen,* die übrigen *Istävonen*
heißen sollen[48].« In diesen alten Liedern haben die Germanen
ihre *Ursprungssage* gestaltet und in der Person des Mannus, d.h.
Mensch, die weite Kluft zwischen der Gottheit und den Menschen überbrückt. Solche Lieder, die den gemeinsamen Stam-
mesmythos pflegten, dürften, wie Beobachtungen bei anderen
Völkern zeigen, die kultische Handlung der großen Feste und
der feierlichen Umzüge durch die Feldflur begleitet und ausge-
deutet haben. Die kämpferische Überwindung von menschen-
feindlich gedachten dämonischen Gewalten, von Drachen,
Berg- und Eisriesen, von Meeresungeheuern, in denen man die
schädlichen Naturmächte personifizierte, die man beseitigen
mußte, um die Erde zum Siedlungsland der Menschen zu machen, dürfte jenes Idealbild der Götter und Heroen geformt haben, das uns in den Liedern begegnet. So haben hymnische
Preislieder *Donars (Thors)* Taten gegen *Riesen* und Unholde
verherrlicht. Außer den Göttern besang die rhythmisch geglie-
derte erzählende Dichtung die Leistungen göttergleicher Helden, den Ruhm großer Ahnen. So lebte *Arminius,* der Befreier
Deutschlands, nach *Tacitus'* Bericht[49] noch mehr als hundert

Jahre nach der Schlacht im *Teutoburger Wald* (9 n. Chr.) in *Preisliedern* fort. Die Leichenfeiern tapferer Krieger wurden von feierlichen Chören, in denen die Taten der Verstorbenen verherrlicht wurden, begleitet. Zu den Worten gesellten sich Tanz und gemessenes Umschreiten der aufgebahrten Leiche oder des Grabhügels. Auch beim Auszug zur Schlacht sangen die Krieger Hymnen, in denen sie, wie wieder *Tacitus* berichtet, einen Gott Hercules, wohl *Donar* (Thor), »als den ersten aller Helden« feierten. Unmittelbar vor Beginn des Angriffes hielten die Krieger die Schilde vor den Mund und stimmten den rauhen Schildgesang, *barditus,* an, der je nach seinem stärkeren oder schwächeren Dröhnen zur guten oder bösen Vorbedeutung für den Kampf wurde. Es bleibt dabei allerdings zweifelhaft, ob es sich nur um ein schreckenerregendes Gebrüll oder um ein aus sinnvollen Worten oder Sätzen geformtes Kriegsgeschrei handelte.

Dazu kamen die übrigen Gattungen der Dichtkunst aus der indogermanischen Frühzeit. Lebensklugheit und Wegweisung zu rechtem Verhalten bot die *Spruchdichtung.* Die poetische Form erfaßte auch die Rechtssprache und band Rechtssatzungen in knappe und einprägsame Verszeilen. Das *Rätsel* ist sehr verbreitet, die *Edda* enthält deren viele, so das uns nur lateinisch und neuhochdeutsch überlieferte Rätsel von der Sonne und dem Schnee.

Flog Vogel federlos,
saß auf Baum blattlos;
kam Frau fußlos, fing ihn handlos,
briet ihn feuerlos, fraß ihn mundlos.

Magische Wirkung schrieb man den *Zaubersprüchen* zu. Die geheimnisvolle Kraft lag in der Eindringlichkeit der Worte. Hauptmittel dafür war die meist dreifache Wiederholung der Beschwörung mit ihrer starken Schlußsteigerung. Unter den erhaltenen Zaubersprüchen finden wir nur Beispiele für Abwehrzauber gegen Unheil. Der Spruch *Gegen Würmer* ist zwar nur in seiner jüngeren (altdeutschen) Gestalt auf uns gekommen, er-

weist aber durch die Übereinstimmung mit altindischen Segens-
formeln seine Herkunft aus sehr früher Zeit.

Geh hinaus, Wurm, mit neun Würmelein:
hinaus von dem Marke in den Knochen,
hinaus von den Knochen in das Fleisch,
hinaus von dem Fleische in die Haut,
hinaus von der Haut in diesen Pfeil!

Der fünfmal wiederholte nachdrückliche Befehl trifft den Wurm
und weist ihm in den gleichgebauten Zeilen den Weg vom Mark
des Menschen bis außen an die Haut und auf den daraufgelegten
Pfeil, mit dem der dämonische Krankheitsbringer in die Leere
der Vernichtung geschossen werden soll.
Zwei Zaubersprüche fand man 1841 in der Bibliothek des Dom-
kapitels zu Merseburg; sie erhielten nach dem Fundort den Namen. Ihre Niederschrift stammt aus dem 10. Jahrhundert, ihrem
Inhalt nach aber sind sie viel älter, und der Wortlaut hat gewiß
eine lange mündliche Überlieferung hinter sich und ist sehr ver-
derbt. Der erste heißt:

Eiris sazun idisi, sazun hera duoder.
suma hapt heptidun, suma heri lezidun,
suma clubodun umbi cuoniouuidi:
insprinc haptbandun, invar vigandun!

Einst saßen Idise, saßen nieder hier und dort.
Die hefteten Hafte, die hemmten das Heer,
die entflochten Gliedern die Fesseln:
»Entspring den Banden, entfleuch den Feinden!«

Den Zaubersprüchen liegt die Vorstellung zugrunde, man
könne die Himmlischen durch die Erinnerung an eine ähnliche
frühere Lage, in der sie geholfen hatten, zum Beistand in einer
gegenwärtigen Not bewegen. So erzählt auch der erste *Merseburger Zauberspruch* nur schlagwortartig folgendes: Helferin-
nen des Schlachtengottes, *Idise*, rauschen nieder auf das Kampf-
feld, wo Krieger umzingelt, manche schon gefesselt und gefangen sind. Die himmlischen Wesen teilen sich in drei Gruppen,

fesseln die Feinde (hefteten Hafte), die anderen halten den feindlichen Ansturm auf, die dritten nesteln an den Banden ihrer ge-
fangenen Schützlinge, um sie zu befreien. Aus der geschilderten
Sachlage löst sich als zweiter Teil der magische Spruch: »Entspring den Banden, entfleuch den Feinden!« Mit diesem sieghaf-
ten Zuruf wünscht der Sprecher der Bannformel seinen gefange-
nen Kampfgefährten die Freiheit. Wie die Idise damals geholfen
haben, so mögen sie auch jetzt in gleicher Not den Bedrängten
helfen. Noch deutlicher gliedert sich der zweite Merseburger
Zauberspruch in seine zwei Teile: Begebenheit und Beschwörung.

Phol ende Uuodan vuorun zi holza.
du uuart demo Balderes volon sin vuoz birenkit.
thu biguolen Sinthgunt, Sunna era suister,
thu biguolen Friia, Volla era suister,
thu biguolen Uuodan, so he uuola conda:
soso benrenki, sose bluotrenki,
sose lidirenki:
ben zi bena, bluot zi bluoda,
lid zi geliden, sose gelimida sin!

Phol und Wodan fuhren zu Walde.
Da ward dem Fohlen Balders sein Fuß verrenkt.
Da besprachen ihn Sindgunt und Sunna, ihre Schwester,
da besprachen ihn Frija und Volla, ihre Schwester,
da besprach ihn Wodan, wie er's wohl verstand:
So Beinverrenkung wie Blutverrenkung wie Gliedverrenkung:
»Bein zu Beine, Blut zu Blute,
Glied zu Gliedern, als wenn sie geleimet wären.«

Eine Gruppe von Göttern reitet durch den Wald (Holz), *Wodan*
unter ihnen. Da verstaucht sich *Balders* Fohlen den Fuß. Zwei
göttliche Schwesternpaare, *Sinthgunt* und *Sunna* sowie *Frija*
und *Volla,* wollen dem Liebling der Götter, Balder, beistehen,
aber vergeblich mühen sie sich um den Heilzauber. Auch Wodans Gemahlin Frija gelingt es nicht. Da greift Wodan selbst ein.
Kundig der heilkräftigsten Sprüche, heilt er rasch und sicher das
Roß. An die erzählte Begebenheit schließen sich mit Selbstver-

ständlichkeit die Beschwörungsworte. Sie wecken mit ihrem gewichtigen und feierlichen Aufbau, dem wuchtigen Klang des *Stabreimes* und der nachdrücklichen Wiederholung das Vertrauen der Menschen. Diese zwei Zaubersprüche, so klein sie auch sind, geben uns einen Begriff von der ältesten Poesie. Sie sind in rheinfränkischer Mundart abgefaßt. Das Volk der Krieger und Hirten wird solche Heilwünsche im Vertrauen auf seine Götter in Gefahr und Not gesprochen haben, in der Hoffnung, daß der Spruch, wie er sich damals bewährt hatte, auch künftig nützen wird.

Die Form dieser Sprüche ist die durch den *Stabreim* aus zwei Kurzzeilen verklammerte Langzeile, in der meist drei von vier Haupthebungen Stabreime tragen. Die *Alliteration* (Stabreim) ist Kennzeichen und Schmuck der germanischen Verse. Sie ist der Gleichklang der Anlaute sinnstarker Wörter innerhalb einer Verszeile. Die Konsonanten lauten vollkommen gleich, während alle Vokale ohne die Forderung des Gleichklanges alliterieren,

zum Beispiel »suma hapt heptidun, suma heri lezidun«.

Stabreime finden sich nicht nur in der Poesie, sie waren auch in verkürzter Form als stabende Wortpaare Stütze des Rechtskundigen und leben in zweigliedrigen Formeln noch im volkstümlichen Sprachgut unserer Tage fort, wie Erb und Eigen, Land und Leute, Haus und Hof, Nacht und Nebel, Roß und Reiter, Stock und Stein u. a. Durch Stabung waren die Geschlechterreihen gebunden, wie es noch die Namen der *Heldensage* bezeugen: Heribrand, Hildebrand, Hadubrand. Der Stabreim gibt dem Vers Einheit und Zusammenhang, Ruhepunkte im Strom der Worte. Die Zahl der tonlosen Zwischensilben schwankt, selten sind es mehr als zwei. Da der Vers vom betonten Hauptwort zum anderen Hauptwort fortschreitet, hat er einen festen, wuchtigen Gang, das Vorherrschen der harten konsonantischen Stäbe gibt ihm einen rauhen, stoßenden Klang. Er fließt nicht in natürlichem, erzählendem Lauf dahin, wird nicht durch die Zeitwörter, denen nur eine untergeordnete Aufgabe zuerkannt ist, beweglich und glatt. Die Handlung schwingt sich von einem klanglich einprägsamen Höhepunkt zum anderen, beleuchtet nur die Gipfel der Erzählung mit gespannter Kraft, gleich der späteren Ballade mit ihrem sprunghaften, knappen, nur die auffallenden Ereignisse andeutenden Gang.

Frühgermanische Kunst

Das Kunstschaffen der altgermanischen Epoche beschränkt sich auf die Ausschmückung der Geräte und Waffen. In der *Steinzeit* war Ton das Material, auf dem Schmuckformen angebracht wurden. Ohne großen Widerstand hielt die weiche Töpfererde die aufgedrückten Verzierungen fest. Das Ornament unterstrich die Gestalt des Gefäßes, grenzte die Teile des Halses und Bauches durch waagrechte Linien ab, betonte und verdeutlichte die Übergänge durch senkrechte Striche. Aus diesen entwickelten sich durch Schiefstellung die Zickzacklinie und in späterer Entfaltung die schmückenden Dreiecke. Eine wesentliche Änderung in der Ornamentik tritt ein, als sich mit dem Aufkommen der Bronze neue Möglichkeiten der Verzierung ergeben. Dieses edlere Metall wirkte schon durch seinen goldähnlichen Glanz und löste bald die starren geradlinigen Muster der frühesten *Bronzezeit,* die deutliche Nachklänge an die *Jüngere Steinzeit* aufweisen, durch wellige, bewegungsreiche Spiralmuster ab, die die bronzenen Schüsseln und Spangen mit kreisförmigen Linien sowie mehrstreifigen Spiralen überziehen. Am eindrucksvollsten wirkt die Flächenfüllung der großen Gürtelscheiben mit ihren vielen konzentrierten Ringen. Aus dieser Zeit sind uns Glanzstücke vollendeten Schaffens erhalten, die zum Allerschönsten gehören, was uns altgermanische Kunst hinterlassen hat. Die Sonnenlaufspirale und die anderen auf den Kult bezüglichen Ornamente mit ihrem bedeutungsschweren Gehalt wollen nicht Abbild der Wirklichkeit sein, sondern Mittler der Phantasie zu einer überirdischen Welt, um sie zu bannen und den Menschen hilfreich zu machen.

Der germanische Künstler beherrschte zur Zeit seines höchsten technischen Könnens das Material vollkommen. Er bildete Motive mit sicherer Zierlichkeit und feinem Empfinden für die Harmonie zwischen Ornament und Fläche. Die einfache Aneinanderreihung von konzentrischen Kreisen wird durch Verbindungslinien erzeugt und führt zu immer neuen Zierformen. Ein Kreis drängt in den anderen hinüber. Es kommt lebhafte Bewegung in die Muster, sie steigern die Dekoration in unerschöpflichem Reichtum. Sie wird später bereichert durch die *Filigranornamentik*[50], eine Schmuckarbeit aus Gold- oder Silberdraht, der glatt, gekörnt oder gezwirnt in Zierformen auf die Metallunterlage gelötet wird, die außerdem feine goldene und silberne Knötchen bedecken, eine Art der ·Verzierung, die man *Granulation* nennt. Filigran und Granulation umlaufen zuerst nur die Ränder der Schmuckstücke, bald aber dehnen sie sich auch über die Spangenbügel und Zierscheiben aus und überwuchern sie nach und nach mit einfachen geometrischen Figuren (Dreiecken, Kreisen, Rädern, Sternmustern), die gleichförmig aneinandergereiht werden. Schließlich verbinden sich die Motive zu schmalen Flechtbändern.

Der Beginn der *Eisenzeit* bringt einen sehr auffälligen Stillstand der germanischen Kunst. Das Eisen fügt sich nur schwer künstlerischer Bearbeitung. Mehr als tausend Jahre vergehen, ehe sich eine neue Kunst entwickeln kann. Sie wird geboren aus den Nöten der Völkerwanderungszeit.

DRITTER TEIL

ROM UND DIE VÖLKERWANDERUNGSZEIT

Erstes Kapitel

Die Römer in Germanien

Die erste Begegnung der Römer mit germanischen Völkern, die Landnot und Landsuche nach Süden trieben, die Wanderzüge der *Kimbern* und *Teutonen,* endete mit dem Untergang der beiden Völker. Wie ein Grabgesang wehen zweihundert Jahre später die Worte des *Tacitus* über die alten Wohnsitze der Kimbern: »Ganz nahe am Nordmeer wohnen die Kimbern, nun ein kleines Volk, aber von ruhmreicher Vergangenheit. Weithin zeugen noch Spuren von ihrem alten Ruf. Lagerplätze auf beiden Ufern des Rheins lassen aus ihrem Umfang noch heute Menge und Leistung des Stammes und die Glaubhaftigkeit einer so großen Auswanderung ermessen[1].«

Ariovist

Für Rom blieb der Waffengang mit den Kimbern und Teutonen eine Episode ohne Folgen. Eine zweite ernste Begegnung mit den Germanen erfolgte in den sechziger Jahren v. Chr., als sich die Lage in *Gallien* stark zum Nachteil Roms verschoben hatte. War den Germanen bis zu ihrem Zusammentreffen mit den Römern eine im wesentlichen friedliche Entwicklung vergönnt, so änderte sich dieser Zustand von *Caesars* Tagen an. In dieser Zeit tritt zum erstenmal aus dem Zwielicht der germanischen Frühgeschichte eine deutlich umrissene Persönlichkeit, ein tapferer, erfolgreicher Heerführer und ein umsichtiger, aber eigenwilliger

Staatsmann: *Ariovist,* der Heerkönig der *Sueben,* den die keltischen *Sequaner* gegen die ebenfalls keltischen *Häduer* zu Hilfe riefen. Zwischen den beiden keltischen Stämmen war es zu offenen Feindseligkeiten wegen der Zölle auf dem Arar (der Saône) gekommen. Ariovist überschritt mit 15 000 Kriegern den Oberrhein und warf die Häduer nach langen, wechselvollen Kämpfen nieder. Da trat ihm *Caesar,* zum Statthalter Galliens ernannt, entgegen und schlug den Suebenkönig in der furchtbaren *Schlacht bei Mühlhausen* im Elsaß (58 v. Chr.). Nur kleine Stämme blieben im Elsaß zurück, die übrigen versuchten sich schwimmend oder auf Kähnen über den Rhein zu retten. Auf solche Weise entkam auch Ariovist und lebte noch einige Jahre, von seinen Landsleuten hoch geehrt. Die geschichtliche Bedeutung des Entscheidungskampfes beruht darin, daß der *Rhein* nunmehr *Grenze des Römischen Reiches* wurde, dadurch dem Vordringen der Germanen gegen Westen auf Jahrhunderte hinaus eine Schranke erstand und der erste Anstoß für die spätere Staatsgrenze durch das oberrheinische Stromgebiet gegeben war.

Im weiteren Verlauf des gallischen Feldzuges stieß *Caesar* wieder zum Rhein vor. Uneinigkeit unter den germanischen Stämmen zwang die *Usipeter* und *Tencterer* am Niederrhein, vor den sie bedrängenden *Sueben* auf das linksrheinische Gebiet auszuweichen. Dabei knüpften sie Verhandlungen mit Caesar über neue Wohnsitze an. Er ließ aber unter Bruch des Völkerrechts ihre Häuptlinge gefangennehmen und die führerlosen Germanen niedermetzeln. Nur Reste konnten sich auf das rechte Ufer retten und bei den *Sugambrern* zwischen Sieg und Lippe Zuflucht finden. Nach dem Sieg über diese deutschen Stämme überschritt der Römer auf einer von seinen Pionieren kunstvoll gebauten Brücke den Rhein (55 v. Chr.) und verwüstete das geräumte Gebiet völlig. Danach zog er sich aus dem unbekannten Land zurück und ließ die Brücke abbrechen. Er hatte nicht die Absicht, die römische Grenze über den Strom vorzuschieben, sondern wollte nur den fremden Kriegsschauplatz erkunden. Auch der zweite Rheinübergang (53 v. Chr.) diente nur dem

Oben: Vergoldete Prunkfibel aus Wittis-
lingen, Schwaben (7. Jahrhundert
n. Chr.); Bayerisches Nationalmuseum,
München.
Links: Silberne Schwertscheide aus Guten-
stein, Baden (7. Jahrhundert n. Chr.);
Museum für Vor- und Frühgeschichte,
Berlin.

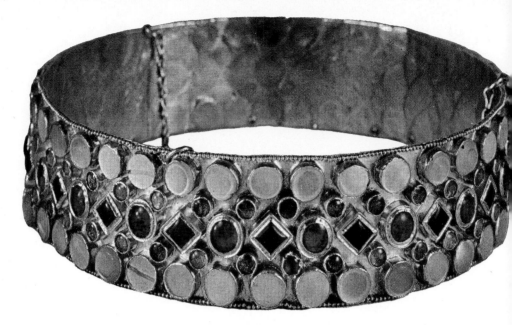

Stirnreif der Königin Theodelinde (frühes 7. Jahrhundert); Dommuseum, Monza.

Die »Eiserne Krone« der Langobarden (10. Jahrhundert n. Chr.); Dommuseum, Monza.

Gedanken, den Feind abzuschrecken, sich in die gallischen Zwistigkeiten einzumischen. Er verlief ohne Kampf wie der frühere und blieb ohne weiteren militärischen Erfolg.

Die nächsten Jahrzehnte herrschte Ruhe an der Rheinlinie. Nur die durch die Sueben bedrängten *Ubier* hatten an die Römer Anschluß gesucht und sich freiwillig unter ihr Joch gebeugt. Durch *Agrippa,* den Schwiegersohn des Augustus, wurden sie am linken Rheinufer angesiedelt (38 v. Chr.). Ihr neuer Hauptort, *oppidum Ubiorum,* erhielt auf Veranlassung der *Agrippina,* der Enkelin des Agrippa und Gemahlin des Kaisers *Claudius,* im Jahr 48 n. Chr. eine Veteranenkolonie nach ihrem Namen *Colonia Agrippinensis* genannt, der in dem späteren Namen *Köln* weiterlebt. Es ist die älteste Stadt am Rhein, war mit einer Umwallung geschützt und mit römischem Bürgerrecht ausgestattet. Germanische Überfälle auf das linksrheinische Ufer wurden durch Gegenangriffe abgewiesen, die vor allem eine ruhige Entwicklung der neuen gallischen Provinz sicherstellen sollten.

Da den Germanen der Ausbruch nach Westen versperrt war, lag die Gefahr nahe, daß sich ihr Druck nach Süden verstärken würde. Daher versuchte Caesars Nachfolger, *Augustus,* ihnen den Weg nach Süden zu verlegen. Die kaiserlichen Prinzen *Drusus* und *Tiberius* besetzten im Jahr 15 v. Chr. im Krieg gegen die *Raeter Vorarlberg* und *Nordtirol* und bezwangen dann auch das Königreich *Noricum,* das sich durch *Salzburg, Ober- und Niederösterreich* südlich der Donau, *Kärnten* und *Steiermark* zog. Somit war die Reichsgrenze über das Alpenvorfeld bis an die Donau vorgeschoben worden. Später sicherten diese Gebiete zwei große Legionslager, *Carnuntum* und *Vindobona.*

Feldzüge des Drusus und Tiberius

Ungefähr gleichzeitig mit der Eroberung der Alpengebiete erfolgte ein völliger Umschwung in der Außenpolitik gegenüber *Germanien.* Die Absicht, eine neue Grenze zur Sicherung des Reiches festzulegen, hatte *Augustus* auf den Plan gerufen. Durch

eine große Offensive gegen die Germanen mit weitgestecktem
Ziel sollte die Eroberung des feindlichen Gebietes bis an die Elbe
vorgetragen werden. Den Oberbefehl zur Unterwerfung Germaniens übernahm der schon genannte zweite Sohn aus *Livias*
erster Ehe, *Drusus,* der Liebling des Augustus. Es gelang ihm
durch verschiedene Angriffe zu Lande und zur See, vom Mittel-
und Unterrhein tief nach Germanien bis zur Weser vorzudringen. Ja im Jahr 9 v. Chr. glückte ihm der Vormarsch durch die
Gebiete der *Chatten* und *Cherusker* über die Weser hinaus bis an
die *Elbe.* Am Ufer des Stromes soll dem Drusus ein Barbaren-
weib von übermenschlicher Größe entgegengetreten sein und
ihn vor einem weiteren Vorrücken gewarnt haben. Die Mah-
nung der hellseherischen Frau deckte sich mit dem kaiserlichen
Befehl, die Elbe keineswegs zu überschreiten. Auf dem Heimritt
traf Drusus das tödliche Geschick: er stürzte so unglücklich vom
Pferd, daß er an einem schweren Schenkelbruch dreißig Tage
dahinsiechte, bis ihn am 9. September 9 v. Chr. der Tod von seinen Qualen erlöste. Die Leichenfeier in Rom unter Anteilnahme
aller Großen sowie des Volkes läßt die Bedeutung seiner
Waffentaten ermessen. Der erbliche Beiname *Germanicus* sollte
die Erinnerung an den verdienstvollen Mann bei seinen Nachkommen erhalten. *Drusus* hatte in dem Raum zwischen Nordsee
und Main, Rhein und Elbe alle germanischen Stämme bezwungen und über sie die römische Herrschaft aufgerichtet.
Unter dem Druck der wachsenden Römerherrschaft verlegten
die im Maingebiet ansässigen *Markomannen* unter der Führung
des *Marbod* (Maroboduus), der als Jüngling nach Rom gekommen war, sich der Gunst des Augustus erfreute und mit Roms
Zustimmung den Königstitel führte, ihre Wohnsitze nach Böhmen und Mähren. Durch die Abwanderung der keltischen *Bojer*
war dieser Raum, *Boiohaemum,* leer geworden und bot durch
die Gunst des Landes die Möglichkeit zu einem entwicklungsfä-
higen und fast unangreifbaren Herrschaftsgebiet.
Mit den Aufgaben des *Drusus* wurde nach dessen Tod sein älterer, militärisch noch begabterer Bruder *Tiberius* betraut. Mit
verstärktem Druck auf Germanien zwang er weitere Stämme,

darunter auch die *Cherusker,* unter römische Oberhoheit. Darauf sollte der entscheidende Schlag gegen das Markomannenreich erfolgen. Welche Bedeutung die Römer diesem mächtigen Staat beilegten, läßt die Stärke des Angriffsheeres erkennen, das aus zwölf Legionen und vielen Hilfstruppen bestand. Von zwei Seiten rückten die Römer gegen Böhmen vor. Der Legat C. *Sentius Saturnius* drang von Mainz den Main aufwärts gegen den Böhmerwald vor, von Süden führte Tiberius selbst die illyrischen Truppen, die er in *Carnuntum* versammelt hatte. Durch diese drohende Zange schien das Schicksal des Maroboduus besiegelt. Da brach plötzlich im Rücken der Römer ein gewaltiger Aufstand los, der halbe Balkan brannte, durch den römischen Steuerdruck zur Verzweiflung getrieben. Tiberius mußte umkehren, aber Maroboduus nützte nicht die Gunst der Stunde zum Gegenstoß, sondern schloß Frieden.

In den folgenden Jahren, in denen trotz der schwierigen Lage der Römer die Ruhe in Germanien nicht gestört wurde, versuchte der neue Statthalter *P. Quinctilius Varus,* ein naher Verwandter des Kaiserhauses, Germanien langsam durch Errichtung von Kastellen, Umsiedlung der Stämme, Einführung des römischen Rechtes und der lateinischen Sprache in die römische Provinzialverwaltung überzuleiten. Besonders drückend waren die Steuergesetze des Varus, dem von seinem Prokonsulat in Syrien her, das er »arm als reiches Land angetroffen und als armes reich verlassen hatte[2]«, ein schlechter Ruf voranging. Die Stimmung bei den Römerfreunden, die sich um *Segestes,* den Schwiegervater des *Arminius* gesammelt hatten, schlug bald, nach bitteren Enttäuschungen, in Haß um. Der Cheruskerfürst Arminius, der früher als Führer germanischer Hilfsvölker im römischen Heer gedient und viele Auszeichnungen und den Ritterrang erhalten hatte, scharte die Unzufriedenen, vor allem die Jugend, um sich und löste die schwere Aufgabe, auch die Nachbarstämme trotz der dem germanischen Volkscharakter eigenen Sonderbestrebungen zu gemeinsamem Handeln zu einen. Obwohl seine gegnerischen Landsleute immer wieder alle heimlichen Vorbereitungen den Römern verrieten, hatten sie keinen

Erfolg bei Varus, weil dieser glaubte, Arminius sei durch die ihm verliehenen Auszeichnungen für Rom gewonnen. Der Cherusker zeichnete sich durch Tapferkeit und geistige Gewandtheit aus, war der lateinischen Sprache kundig, kannte aus eigener Erfahrung die römische Kriegskunst, und seine große Begabung als Feldherr und Staatsmann verschaffte ihm einen immer mehr wachsenden politischen Einfluß bei seinen Landsleuten.

Im Herbst des Jahres 9 n. Chr. überfielen die Aufständischen unter Führung Arminius' Varus mit seinen drei Legionen im *Teutoburger Wald* – die genaue Örtlichkeit konnte bis heute noch nicht einwandfrei festgestellt werden – und vernichteten in einem dreitägigen Kampf das feindliche Heer völlig. Der Statthalter stürzte sich in der Verzweiflung nach Römerart in sein Schwert.

Der Sieg des Arminius erlangte weltgeschichtliche Bedeutung. Schon *Tacitus* hatte dem kühnen Heerführer in seinen Annalen ein bleibendes Denkmal gesetzt, als dem »Befreier Germaniens, der es wagte, das römische Volk nicht in seinen Anfängen, wie andere Könige und Häuptlinge, herauszufordern, sondern in der glänzendsten Blüte des Reiches«. Durch seinen Erfolg vernichtete er die Vorbereitung eines großen Planes der Römer. Sie wollten die Grenze den Elbstrom aufwärts über Böhmen hinweg in fast gerader Linie weiter die March entlang bis zur Donau führen und sie dann mit viel geringeren Truppen halten. Das eroberte Land aber wäre gleich Gallien der allmählichen Romanisierung verfallen. Durch die heldenmütige Gegenwehr jedoch konnte Germanien, frei von Rom, seinen eigenen Entwicklungsgang gehen. Die Kunde von der fürchterlichen Niederlage traf den greisen Kaiser Augustus schwer, er war der Verzweiflung nahe, entließ seine germanische Leibwache, ließ monatelang Haar und Bart wachsen und soll wiederholt ausgerufen haben: »Quinctilius Varus, gib die Legionen wieder!« In weiser Beschränkung, unter dem Zwang der Ereignisse gab er die Absicht auf, seine Eroberungspolitik gegen die Germanen fortzusetzen. Das römische Überlegenheitsgefühl hatte der siegreiche Ausgang des germanischen Freiheitskrieges völlig zerstört, die

Varus-Schlacht wurde zu einem Wendepunkt der Völkerschick-
sale.

Als *Tiberius* nach seiner Thronbesteigung durch seinen Feldherrn *Germanicus*, des Drusus Sohn, die Unterwerfung Germaniens neuerlich aufnehmen wollte, stieß er bei den von Arminius
geführten Cheruskern auf so hartnäckige Abwehr und erlitt
auch durch Ungunst der Gegend und des Klimas so schwere
Schäden, daß er die Fortsetzung des Kampfes untersagte, weil
die aufgewendete Mühe in keinem Verhältnis zu den erreichten
Erfolgen stand. Die Zahlen der drei verlorenen Legionen wurden in Heereslisten getilgt, die Namen der Provinzen Ober- und
Untergermanien (Germania superior et inferior) mit der Grenzlinie zwischen Andernach und Remagen verblieben den linksrheinischen, mit Germanen besiedelten Landstrichen als einzige
Erinnerung an einstige große Eroberungspläne. Ein glänzender
Triumphzug für Germanicus in Rom sollte dem Feldherrn und
dem Volk einen kleinen Trost bieten. Im Triumphzug schritt
Thusnelda, die Gattin des Arminius, die durch Verrat ihres Vaters Segestes in die Hände des Feindes gefallen war, mit ihrem in
der Gefangenschaft geborenen Söhnlein *Thumelicus*, das in Ravenna erzogen wurde. Tiberius begnügte sich, die alte Rheingrenze zu halten, und hegte die Hoffnung, die kommende Zeit
werde durch neue Stammesfehden die Germanen schwächen.
Die Ereignisse der nächsten Jahre sollten der abwartenden Politik des Kaisers recht geben.

Zwischen *Maroboduus*, der sich in den Tagen der Not abseits
von seinen Landsleuten gehalten hatte, und den Cheruskern unter Arminius kam es zu einer kriegerischen Auseinandersetzung.
Nach zwei Schlachten, in denen erbittert und unter Anwendung
römischer Kriegserfahrungen gekämpft wurde, siegte der Cheruskerfürst. Maroboduus wendete sich an Rom um Hilfe, aber
die Römer und auch die verbündeten Stämme ließen ihn im
Stich, römisches Geld arbeitete bereits gegen ihn im Land. Ein
markomannischer Edeling, *Catvalda*, von Maroboduus geächtet und zu den *Goten* geflüchtet, kehrte mit deren Hilfe zurück
und erstürmte die Königsburg. Maroboduus floh auf römischen

Boden und erhielt nach seinem unrühmlichen Abgang *Ravenna* als Zwangsaufenthalt angewiesen.

Arminius stand auf dem Gipfel seiner Macht. Es ist unklar, welchem weiteren Ziel er zustrebte, ob er die germanischen Stämme zu einem festeren Verband einigen und selbst als König an ihre Spitze treten wollte. Ein tragisches Schicksal stellte sich seinem weiteren Erdenlauf entgegen. Man neidete ihm den schwer erkämpften Ruhm, die Heimat vor dem Zugriff des Feindes gerettet zu haben; er fiel im Alter von 37 Jahren durch den Morddolch seiner eigenen Verwandten, die seine überlegene Macht mit Eifersucht und Haß erfüllt hatte (19 n. Chr.).

Nach des Arminius Tod zerfiel wieder der Zusammenschluß der germanischen Stämme. Man erkennt deutlich, daß mit dem großen Cherusker der einigende Gedanke verlorengegangen ist. Durch fast fünfzig Jahre nach seinem Ende lebt die Fehde mit Rom nur in unbedeutenden Einzelkämpfen weiter. Erst der *Bataveraufstand* (69–70)[3] wurde zu einem gefährlichen Unternehmen für die Römer, da er außerdem in die unruhige Zeit der Nachfolgestreitigkeiten nach dem Tod *Neros* fiel. Die Batavern waren ein germanischer Stamm im Rheindelta, sie waren frei von Abgaben und nur zur Heeresfolge verpflichtet. Die Führung der Aufständischen übernahm *Julius Civilis,* der, wie einst Arminius, seine militärische Ausbildung in römischen Diensten erlangt hatte. Die Lage wurde für Rom um so bedrohlicher, da sich der Bewegung auch *rechtsrheinische Germanenstämme* sowie die benachbarten *Gallier* angeschlossen hatten. Alle Legionslager und Kastelle außer *Mogontiacum* (Mainz) und *Vindonissa* (Windisch a. d. Aare bei Brugg) fielen, die niederrheinischen Legionen wurden auf *Vetera* (Xanten am Rhein) zurückgeworfen, die römische Rheinflotte fiel in die Hände der Batavern. Da übernahm *Petilius Cerialis* den Oberbefehl über die gegen die Batavern operierenden Truppen, die aus Italien, Spanien, Britannien und Raetien herbeigeholt worden waren. Einzelne römische Verbände, die zu den Aufständischen übergetreten waren, besannen sich auf Eid und Waffenehre und kehrten zum Gehorsam zurück. Mit der fast unblutigen Besetzung von *Trier* war der

Traum von einem freien Gallien rasch zu Ende. Schwerer war
der Kampf mit den Germanen unter Civilis. Sie wagten es, den
römischen Feldherrn in Trier zu überfallen, und wenig fehlte, so
wäre das kecke Unternehmen gelungen. Noch manchen Erfolg
errangen sie; aber *Köln* trat wieder zu den Römern über, Civilis
mußte vor der Übermacht über den Rhein weichen und sein
Heimatland preisgeben. Nun ließ Cerialis die verbrannten
Standlager wieder aufbauen und durch Steinbauten sichern. Er
verwüstete die Bataverinsel, geriet aber in eine schwierige Lage,
da mit dem Spätherbst heftige Regengüsse die Flüsse ansteigen
ließen, die Wege überschwemmten und die Zufuhr von Lebensmitteln erschwerten. Zum Glück für die Römer nützte Civilis die günstige Gelegenheit nicht, sondern bot die Hand zum
Frieden. Seine Landsleute und auch die rechtsrheinischen Bundesgenossen waren kriegsmüde, seine Heimat, seine Gattin und
Schwester in den Händen des Feindes, ein weiterer Krieg mit der
gesamten Römermacht aussichtslos. So nahm er den unter er-
träglichen Bedingungen gebotenen Frieden an. Dieser stellte das
frühere Verhältnis der aufständischen Stämme zu Rom wieder
her. Der so vielversprechende Freiheitskampf, der die meisten
Völker Westgermaniens zu gemeinsamem Vorgehen geeint hatte, endete ergebnislos[4].

Die Römer in der Abwehr · Der Limes

Die darauffolgende lange Ruhepause nützten die Römer, um
endgültig zur Verteidigung überzugehen und Maßnahmen zu
treffen, die die bestehenden Grenzen im großen und ganzen sichern sollten. Kaiser *Vespasian* (69–79) verkürzte die sehr un-
günstige Grenzziehung zwischen Donau und Rhein. Denn in
diesem spitzen Winkel konnten sich die Germanen sehr leicht
zum Durchbruch ins Rhônetal bereitstellen. Er schob die Ver-
teidigungslinie in das heutige Südwestdeutschland bis an den
oberen Neckar vor, besiedelte den Raum mit gallischer Bevölkerung und führte als kurze Verbindung zwischen Donau- und

Rheintruppen eine Heeresstraße von der Donau durch den Schwarzwald nach *Argentorate* (Straßburg). Vespasian legte also mit dem neuen, gesicherten Schutzstreifen den Grund zu dem späteren berühmten *Limes,* jener Dauergrenze, die Rom im wesentlichen bis zur Völkerwanderung behauptete.

Das Werk des Vaters setzte Kaiser *Domitian* (81–96) fort, der als der eigentliche Schöpfer des *obergermanisch-rätischen Limes* anzusehen ist. Er eröffnete den Krieg gegen die *Chatten,* die die Höhen des Taunus beherrschten und von dort dauernd Einfälle in das fruchtbare Gebiet der Wetterau machten. Das ganze Taunusland samt der Wetterau wurde besetzt, der Winkel zwischen Rhein und Donau, die sogenannten *decumates agri*[5], das Dekumatenland, das heutige Baden und Württemberg, erweitert und mit den neueroberten Gebieten am Main verbunden. Auch an der Donaugrenze kam es zu Zusammenstößen mit *Markomannen* und *Quaden,* die zu einer Niederlage des Kaisers und Erweiterung des markomannischen Reiches über das östliche *Niederösterreich* bis zur *Donau* führte.

Traian (98–117) hatte vor seiner Thronbesteigung gegen die Unruhen am Niederrhein eingegriffen, auch im ersten Jahr seiner Regierung die Grenzen an Rhein und Donau gesichert und den Limes im Dekumatenland ausgebaut. Nach Niederwerfung der thrakischen *Daker* an der unteren Donau verlängerte er die Donaustraße stromabwärts und schuf dadurch eine direkte Verbindung zwischen dem Westen und dem *Schwarzen Meer.* Die fortschreitende Befriedung am Limes unter den folgenden Kaisern *Hadrian* (117–138) und *Antoninus Pius* (138–161) führte zur Vollendung und zu wesentlichen Änderungen in der Einrichtung des Verteidigungswalles.

Das Wort *Limes* (Querweg) bezeichnete ursprünglich den Grenzrain zwischen zwei Grundstücken, wurde in der Kaiserzeit im militärischen Sinn die Benennung für eine möglichst geradlinige Schneise durch die Wälder an der Reichsgrenze, die einen raschen Verkehr zwischen den Grenzwachen ermöglichte. In Abständen, wie sie die Sichtweite erforderte, standen Wachttürme. Die Haupttheeresmacht lag am linken Rheinufer, vor allem in Mainz, das durch eine feste Brücke mit dem *castellum Mattiacorum*[6] auf dem anderen Flußufer verbunden war. Jenseits des Stromes befanden sich nur Hilfstruppen, die einen Angriff frühzeitig erkunden und an die hinter dem Rhein stationierten Legionen melden sollten. Im Zug des allmählichen Ausbaues des Limes wurden Erdschanzen für die Feldwachen und Türme für die Vorposten aufgeführt und im Vorfeld Gräben ausgeworfen. Die Wachttürme waren anfänglich aus Holz, 5 bis 6 m hoch, mit einem Umgang versehen und streckenweise miteinander durch Zäune aus Flechtwerk verbunden. Die Meldung vom Herannahen des Feindes erfolgte am Tag durch Hornsignale, bei Nacht durch Feuerzeichen. Die Wachttürme waren mit den dahinter liegenden Kastellen und diese wiederum mit dem Legionslager durch sorgfältig angelegte Wege verbunden. An eine Verteidigung unmittelbar an der Grenze war nicht gedacht. Der ältere Limes war noch keine zusammenhängende Grenzsperre. Seit Hadrian jedoch wurden die Binnenkastelle in die Grenzlinie verlegt, das durch den Limes gedeckte Hinterland der bürgerlichen Besiedlung überlassen und der Verlauf der Wehranlagen, der bisher vielfach gekrümmt und gezackt war, ohne Rücksicht auf das Gelände über Höhen, Ebenen und Flußläufe geradegezogen und, wo kein Grenzfluß schützte, mit Palisadenzäunen, später in besonders gefährdeten Gegenden sogar mit Steinmauern gesichert.

Der Limes nahm, abgesehen von zeitbedingten Änderungen, folgenden Verlauf: Er begann am Rhein bei *Rheinbrohl*, umging das *Neuwieder Becken*, querte bei Ems die *Lahn*, folgte dem Kamm des *Taunus*, krümmte sich um die *Wetterau*, stieß südlich von Hanau auf den *Main*, folgte ihm bis *Miltenberg*. Von hier aus ging er geradeaus südwärts bis gegen *Lorch* in der Nähe des Hohenstaufens. An dieser Stelle schloß sich der *rätische Limes* an, der, dem Nordabfall des *Schwäbisch-Fränkischen Jura* folgend, bei *Hienheim* nahe dem römischen Lager *Castra Regina* (Regensburg) an die *Donau* führte. Hier endete der rund 550 km lange Grenzwall, der wohl zu den eindrucksvollsten Werken römischer Wehranlagen auf deutschem Boden gezählt werden darf. Von Hienheim stromabwärts bildete der Donaulauf die Grenze, deren Schutz durch die Legionslager *Lauriacum* (Lorch in Oberösterreich), *Vindobona* (Wien), *Carnuntum* (bei Deutsch Altenburg in Niederösterreich) usw. übernommen wurde.

Die Besatzungen der Kastelle und Wachtposten ergänzten sich vorwiegend aus der in den Grenzbezirken ansässigen Bevölkerung, sie dienten als Reiter und Fußsoldaten und wurden vor allem zum Aufklärungsdienst verwendet. Sie wohnten in ihrer Freizeit bei ihren Familien. Die Einheimischen lebten in Dörfern und Einzelhöfen. Sie erhielten Zuzug von Handwerkern und Gewerbetreibenden. Das Durchschreiten des Limes war den *Germanen* nur an bestimmten Toren gestattet, ihre Waffen mußten sie zurücklassen. Neugierde trieb die Leute, auch wollten sie tauschen, kaufen und verkaufen. Für ihre Waren mußten sie den vorgeschriebenen Zoll entrichten. Durch den wachsenden friedlichen Verkehr wurden die Germanen mit manchem römischen Gebrauchsgegenstand oder Werkzeug bekannt, lernten den *Gartenbau,* die *Obstkultur* und den *Weinbau,* machten sich durch Handelsgeschäfte mit dem Geld vertraut, gewannen Einblick in die Verwaltung, das Kriegswesen und den Steinbau. Gar manche durch den römischen Einfluß übernommene *Lehnwörter* erinnern noch heute daran. Es sei nur auf einige Beispiele hingewiesen: *speculum* = Spiegel, *catena* = Kette, *asinus* = Esel, *cuprum* = Kupfer, *caulis* = Kohl, *radix* = Rettich, *populus* = Pappel, *planta* = Pflanze, *pirum* = Birne, *fructus* = Frucht, *vinum* = Wein, *mustum* = Most, *piper* = Pfeffer, *moneta* = Münze, *mercatus* = Markt, *strata* = Straße, *milia (passuum)* = Meile, Monatsnamen, wie *Martius* = März; *pilum* = Pfeil, *vallum* = Wall, *castellum* = Kastell, *murus* = Mauer, *tegula* = Ziegel, *camera* = Kammer, *cellarium* = Keller.

Der Limes verbaute auf geraume Zeit den Germanen die Möglichkeit, ihr Gebiet nach Westen und Süden auszudehnen, und zwang sie daher, den infolge des Bevölkerungszuwachses immer spärlicher werdenden Boden durch eine sorgfältigere Bearbeitung in erhöhtem Maße ertragfähig zu machen und dabei den

Römern und den germanischen Siedlern jenseits der Grenzsperre als Lehrmeistern zu folgen. Die erzwungene Seßhaftigkeit schränkte auch die Stammesfehden ein und veranlaßte, daß
immer mehr junge Männer bei den Römern Kriegsdienste leisteten, dabei römisches Waffenhandwerk und infolge des langjährigen Aufenthaltes in römischen Städten auch staatliche Ordnung und Verwaltung erlernten und sich die Kenntnis des Lateinischen aneigneten. So konnten die *Westgermanen,* ohne den
Zusammenhang mit ihren Angehörigen und ihrer Eigenart zu
verlieren, ohne sich in andere klimatische oder geographische
Verhältnisse fügen zu müssen, die Kultur Roms in sich aufnehmen und das ihrem Wesen Zusagende verarbeiten und fortent-
wickeln.

Der Markomannenkrieg

Das Römische Reich hat im Lauf des zweiten Jahrhunderts noch
eine große Machtentfaltung erlebt und mit Würde und Kraft die
Rheingrenze gehalten. Nur an der Donau geschah ein gewaltiger
Einfall der *Markomannen* und *Quaden,* die den Limes in breiter
Front durchbrachen und zusammen mit anderen kleineren Verbänden im schnellen Vormarsch durch *Steiermark* und *Kärnten*
bis nach *Aquileia* vorstießen. Seit den karthagischen Kriegen
war Rom nicht mehr aus solcher Nähe bedroht worden. Da der
größte Teil der Legionen an den fernen Grenzen stand, mußte
der Kaiser *Marc Aurel* (161–180) rasch ein Heer durch neue
Aushebungen von Freiwilligen und Einstellung von Veteranen
aufbringen und es durch *Sklaven* und *Gladiatoren* verstärken.
Nach dem altbewährten Grundsatz des Angreifers wandte sich
Marc Aurel gegen die Feinde, deren locker gefügte Haufen vor
den römischen Adlern ohne Schwertstreich zurückwichen. Der
Kaiser setzte bei *Carnuntum* über die Donau und zwang nach
schweren Kämpfen, in denen das Kriegsglück oft geschwankt
hatte, zuerst die Markomannen, dann die Quaden zur Unterwerfung. Die bezähmten Widerspenstigen wurden als *Colonen*
in den Donauländern angesiedelt, d.h. sie erhielten Grund-

besitz, waren aber an diesen gebunden, mußten Kriegsdienste leisten und Abgaben entrichten. Damit begannen die germanischen Völker, das Gebiet südlich der Donau zu ihren Wohnsitzen zu machen. Die Einverleibung von *Böhmen, Mähren* und *Nordungarn* war fast erreicht, als Marl Aurel mitten in seiner Tätigkeit von der Pest hinweggerafft wurde und zu Wien (180) starb.

Sein Sohn und Nachfolger *M. Aurelius Commodus* (180–192) war seines edlen Vaters, des »Philosophen auf dem Thron«, unwürdig, denn ihm bedeuteten Gladiatorensiege in der Arena mehr als die Verteidigung der Reichsgrenzen. Er gab die großen Pläne und Eroberungen wohl in Erkenntnis der militärischen Schwäche des Reiches auf und stellte die alten Grenzen wieder her. Dieser Zustand hielt sich unverändert unter den *Severern* (193–235), die trotz ihrer schweren Familiengreuel und ihrer zügellosen Gewalttaten der römischen Welt noch einmal den Frieden, wenn auch in der Stunde des Unterganges, geschenkt hatten. Nach dem Erlöschen dieser Dynastie jedoch brach in drei sehr wichtigen Grenzstrecken schwere und dauernde Not herein. Die *Alemannen* überschritten den Rhein, überrannten den Limes auf ganzer Front zwischen Rhein und Donau, vernichteten die Kastelle und setzten sich in dem herrenlosen Land am Oberrhein fest. Die *Franken,* auch ein Stammesbund wie die Alemannen, drangen zwischen den Flüssen Lahn und Sieg vor. Die Städte, die jahrhundertelang in der Ruhe der *Pax Augusta* gelebt hatten, mußten sich mit festen Mauern gegen die neuen Angriffe schützen. An der unteren Donau tauchten die *Goten* auf, am Euphrat die *Perser,* die das zuletzt im Hellenismus vermorschte *Partherreich* abgelöst und aufgefrischt hatten. Der Zusammenhalt des Reiches wurde dadurch schwer erschüttert, kriegerische Verwüstungen und die Pest vernichteten auf weite Strecken die mühsam hervorgebrachte und behauptete Kultur. Es lohnt sich nicht, alle die Männer zu nennen, die damals oft nur in einem beschränkten Kreis von Provinzen, den Purpur trugen, denn in diesen fünfzig Jahren erzitterte das Imperium in seinen Grundfesten, und mehrmals schien es, als sei das Ende gekommen. Aber wir sehen am Ende dieser fünfzig Jahre, wie eine neue Ordnung begründet wird, die dem Römerreich noch weit über ein Jahrhundert hinaus Bestand gibt.

Die *Westgermanen* treten uns in der damaligen Zeit nicht mehr als die einzelnen Stämme entgegen, die uns aus des *Tacitus* Germania wohlbekannt sind. Sie haben sich zu neuen Verbänden zusammengeschlossen. Über Ursachen und Begleitumstände dieses Wandels herrscht wenig Klarheit. Aber er dürfte sowohl in veränderten römischen Verhältnissen als auch in germanischen Vorgängen begründet sein. Der Niedergang des Imperiums dichtete die Grenzen nicht mehr so widerstandsfähig gegen immer häufigere Einbrüche ab, der Bevölkerungszuwachs auf germanischer Seite jedoch zwang zu stets weiterer Landnahme. Bei diesem Vormarsch nach Westen bildeten sich unter dem Druck nachdrängender Stämme neue staatliche Verbände. Denn nur die Kraft eines großen, über den Einzelstamm hinausgewachsenen Stammesbundes konnte neuen Boden erobern, und nur die Macht eines ansehnlichen Staates vermochte den inneren Aufbau der gewonnenen Gebiete zu ordnen. Im Lauf dieser Entwicklung traten uns als die wichtigsten Völkerschaften die *Franken, Alemannen, Thüringer* und *Sachsen* entgegen.

Der Name Franken erscheint um 250 in den römischen Berichten als *Franci* und bedeutet: die *Kecken, Mutigen*. Bei ihrem ersten Auftreten sind sie noch kein Volk mit geschlossener kultureller und geistiger Haltung, sondern ein lockerer Wehrverband kleinerer westgermanischer Stämme, wie die *Usipeter* und *Tenkterer, Brukterer, Chamaven, Bataver* und *Ampsivarier*. Gefördert wurde der Zusammenschluß durch die weiten, zusammenhängenden Siedlungsräume zwischen Rhein und Elbe, die durch kein einziges unbewohnbares Waldgebirge unterbrochen wurden. Waren es anfangs nur plündernde Einfälle in römisches Gebiet, so wurden in den folgenden Jahren die Versuche immer nachdrücklicher, links des Rheins Siedlungsland zu erobern. Vom Mittelrhein ausgehend, scheinen die *Salier,* die nördliche Stromsippe, zuerst allein die Vorwärtsbewegung des fränkischen Stammes getragen zu haben. Eine zweite große Gruppe

setzte sich an den weitverzweigten Nebenflüssen des Rheins
fest, ein Ufervolk, das um 400 unter dem Namen *Ripuarier*[7] auftritt. Aus dem allmählichen Zusammenschluß der losen Bündnisse entstand das mächtige fränkische Universalreich, dessen
weltgeschichtliche Sendung es wurde, nach dem Zusammenbruch des römischen Imperiums als Grundfeste in kultureller
und politischer Hinsicht den mittelalterlichen Bau des Abendlandes, das *Heilige Römische Reich Deutscher Nation,* zu tragen. Durch die Franken verlagerte sich das politische Schwer-
gewicht Europas aus den Mittelmeerländern in den mitteleuropäischen Raum.

Als nächster tatfroher Stammesverband tauchten schon unter
Kaiser *Caracalla* zum erstenmal die *Alemannen* auf. Ihr Name
bedeutet nach einer auch heute noch anerkannten sprachlichen
Erklärung die *Gesamtheit der Männer.* Es hatte sich also ein
Kampfverband gebildet mit dem Ziel der Kriegführung gegen
die Römer, die durch weitere Verstärkung des Limes ein immer
fühlbareres Hindernis für die Ausbreitung der Germanen nach
Südwestdeutschland wurden. Gleich den Franken sind sie aus
Angehörigen verschiedener Bevölkerungsteile hervorgegangen,
deren Kern eine große *Suebengruppe* gebildet zu haben scheint.
An die Abstammung von den Sueben erinnert noch der Name
Schwaben, der als ältester germanischer Stammesname mehr als
2000 Jahre bis heute fortlebt. Der gelehrte Abt von Reichenau,
Walafried, berichtet uns aus dem neunten Jahrhundert über die
beiden Namen Alemannen und Schwaben: »Von den beiden Bezeichnungen für ein und dasselbe Volk verwenden die welschen
Nachbarvölker das Wort ›Alemannen‹ zu unserer Benennung;
mit dem Namen ›Schwaben‹ aber bezeichnen wir uns selbst wie
auch unsere germanischen Nachbarn nach Brauch und Herkommen.« Nach römischen Berichten scheinen sie eine ungewöhnlich große Menschenmenge umfaßt zu haben, an deren
Spitze Herzoge und Könige gestanden sind. Sie zeigten sich zuerst im Maingebiet. Später brachen sie in breiter Front durch den
Limes, besetzten das Elsaß[8], die Pfalz und Ostschweiz und richteten sich in den Alpenvorländern bis zum Lech hin wohnlich

ein. Als ihr mächtiger Ausbreitungsdrang mit der Zeit auch den Franken gefährlich wurde, kam es zwischen den beiden Stämmen zur Entscheidung, die zugunsten der *Franken* ausfiel. Von nun an gingen die Alemannen im Fränkischen Reich auf. Ihre größte geschichtliche Leistung bestand darin, daß sie in den gewaltigen Ringen zwischen den Römern und Germanen die teilweise schon von den Sueben eroberten Gebiete in Süddeutschland, im Elsaß und in der deutschen Schweiz endgültig mit Schwert und Pflug zum germanischen Siedlungsboden gemacht haben. Durch ihren Arbeitsfleiß und Unternehmungsgeist, ihre große künstlerische Begabung, durch ihren Freiheitsdrang auf geistigem und politischem Gebiet sind sie eines der wertvollsten Glieder des deutschen Volkes geworden.

Aus dem volkreichen germanischen Stamm suebischen Ursprungs, den *Hermunduren,* deren Gebiet zwischen Harz und Erzgebirge lag und sich später über das engere Stammland hinaus bis an die Donau erstreckte, sind die *Thüringer* hervorgegangen. Ihr Siedlungsraum war also größer als das heutige Thüringen. Ihr Name *Thuringi* erscheint zum erstenmal am Ende des vierten Jahrhunderts und ist mit dem älteren Namen aufs engste durch denselben Wortstamm *Duren* verwandt, der die *Wagenden, Mutigen* bedeutet. Die Thüringer müßten eigentlich Düringer heißen, da das Th statt D bloß durch literarische Überlieferung begründet ist. Der Name deutet also mit seiner Endung -ing auf die Abkunft: die *Nachkommen der (Hermun)-duren.*

Als Volk der Mitte wurden die Thüringer zum seßhaften Stamm, die erstarkenden Nachbarn drängten sie immer mehr zusammen, bis sie den übermächtigen Gegnern, den Franken und *Sachsen,* zum Opfer fielen und ihre politische Freiheit verloren. Im Osten grenzte der thüringische Volksstamm an die *Slawen.* Hier öffnete ihm der Vormarsch der deutschen Stämme gegen die Slawen ein Tor ins Freie, er wanderte mit und erwarb sich einen erheblichen Anteil an der Kolonisation des deutschen Ostens. Aber es fehlte ihm die staatenbildende Kraft, der politische Sinn; er wog den Mangel reichlich auf durch seine Aufgeschlossenheit für alles Neue, das ihm auf den sich in seinem Land kreuzenden Straßen Mitteleuropas zuströmte, durch seine Betriebsamkeit als Bauer und Bergmann und seine wissenschaftliche sowie künstlerische Begabung.

Die ältesten Sitze der *Sachsen*[9], eines ursprünglich kleinen Stammes, sind nördlich der Elbe im heutigen Holstein zu suchen. Ihr Name *Saxones* ist abgeleitet von ihrer Waffe, dem kurzen, einschneidigen Schwert oder *sahs*. Zur Zeit des Kaisers *Julianus*, um 360, standen sie schon als eines der stärksten Völker im Rücken der Franken. Sie sind nämlich inzwischen in das noch zur Zeit des *Tacitus* von den *Chauken* bewohnte und von ihnen später aufgegebene Gebiet an der Nordküste eingewandert und haben sich nach dem Abzug der *Langobarden* nach Südosten auch über Niederdeutschland verbreitet. Im dritten Jahrhundert machten sie weite Einfälle zu Land und zu See an den Küsten von Frankreich und *England* und begannen im folgenden Jahrhundert gemeinsam mit ihrem Nachbarstamm, den *Angeln*, England zu erobern und zu besiedeln. Dadurch haben sie, wie die Franken das alte *Gallien* unter ihrem eigenen Namen auf die Weltbühne der späteren Zeiten stellten, der britischen Insel durch die Verknüpfung mit dem Namen *Angelsachsen* eine neue Zielrichtung für die Zukunft gegeben und ihre Sprache zu Weltgeltung gebracht. Im Bund mit den Franken bedrängten sie die Thüringer und besetzten Teile ihres Landes bis an die Saale. In den jahrzehntelangen Kämpfen mit den Franken verloren die Sachsen ihre staatliche Unabhängigkeit und wurden dem Siegerstaat einverleibt. Aber gerade dieser Umstand verstärkte in der Osthälfte des Frankenreiches, das schon stark römischem Wesen verpflichtet war, das germanische Element und schuf damit die Grundlage für ein deutsches Reich.

Der Sachse war vor allem Bauer und blieb es auch durch die Jahrhunderte hindurch. Aber gerade dieses bäuerliche Wesen mit seinem Ernst, seiner Verschlossenheit und Schlichtheit, seiner Abneigung gegen Wohlleben und Luxus trägt in sich den Geist des Beharrens im Alten. Die Anlage seines *Bauernhauses* überdauerte die Jahrhunderte. Die Eigentümlichkeit besteht darin, daß alle für Menschen, Tiere und Vorräte bestimmten Räume

Das »Wessobrunner Gebet« (814 n. Chr.); Bayerische Staatsbibliothek, München.

Kreuz des Langobardenkönigs Berengar (7. Jahrhundert); Dommuseum, Monza.

unter einem Dach untergebracht sind, das von einem hohen Ständergerüst aus Eichenbalken getragen wird. Vom Giebel grüßen die gekreuzten Schnitzverzierungen, gewöhnlich *Pferdeköpfe,* ein gewaltiges Tor führt auf die weite Diele. Es ist auch kein Zufall, daß die Sachsen ihre alte Sprache, das *Plattdeutsche,* bewahrten. An ihren Stammesgrenzen verlief jene Linie, an der die von Süden her vordringende *hochdeutsche Lautverschiebung* haltmachte. Die plattdeutsche Sprache hat einmal mit der Hansa die Welt beherrscht und sich auch bis heute noch nicht aus dem Bereich des nordischen Meeres verdrängen lassen.

Die erstarkenden und an Volkszahl bedrohlich zunehmenden westgermanischen Völker drängten gefährlich gegen den schützenden römischen Grenzwall. Doch den Römern gelang es, jahrhundertelang den Druck der großen Wanderbewegung aufzuhalten. Allerdings verbarg die anscheinend noch feste Fassade des *Imperiums* nur den immer mehr fortschreitenden *Verfall* im Inneren. Die alten Tugenden, die Rom einst stark gemacht hatten, waren geschwunden, Verwilderung der Sitten und die aus dem Orient eingedrúngenen Laster der Ausschweifung und Genußsucht erschlafften das Volk. Die freien römischen Bauern, einst das Rückgrat des Römerreiches, sanken zu *Colonen* herab. Diese waren landlose Bauern, auch *Freigelassene,* die Landparzellen aus dem Großgrundbesitz in Pacht erhielten, vom Grundherrn das notwendige Inventar, Saatgetreide und Wohnung bekamen, dafür den Boden bebauen und laufend Abgaben zahlen oder Frondienste leisten mußten, ihre Scholle aber nicht verlassen durften. Die sinkende Steuerkraft steigerte den Steuerdruck. Die Bevölkerung nahm ab, das Geld schwand, Beamte bereicherten sich schamlos am Volksgut, nur eine dünne Oberschicht schwelgte noch als Nutznießerin im Reichtum. Grausamkeit, Willkür und sinnlose Verschwendung der Herrscher schufen anarchische Zustände, Aufstände in den Provinzen wechselten mit Pöbelunruhen und Palastrevolutionen. Die Überfremdung des Reiches nahm unheimlich zu, *Germanen* wurden in den Provinzen angesiedelt, um verödete oder verwüstete Landstriche wieder unter den Pflug zu nehmen, Germanen ergänzten die römischen Heere. Germanische Hilfstruppen finden wir zuerst unter *Caesar,* der sie im gallischen und im Bürgerkrieg in größerem Umfang verwendete.

Ihrer Tapferkeit spendete er sein uneingeschränktes Lob. In der Folgezeit wurden immer wieder, und zwar in stets erweitertem Ausmaß, germanische Mannschaften ausgehoben, als die Kaiser ihre Heere verstärkten. Eine große Rolle spielten sie auch als Leibwachen der Herrscher. Im zweiten und dritten Jahrhundert bestanden die Grenztruppen fast ausschließlich aus Germanen. Sie lernten in all diesen Jahren den Gebrauch der römischen Waffen und trugen sie zu gegebener Zeit gegen die Römer selbst. Im folgenden Jahrhundert erlangten sie wegen ihrer Tüchtigkeit und Begabung auch Offiziers-, ja sogar Befehlshaberstellen, und seit *Theodosius dem Großen* (379–395) wurden mit Vorliebe *Germanen* zu *Heerführern* gewählt. Bei der Bedeutung des Heeres nimmt es nicht wunder, daß zeitweilig germanische Heerführer, wie z. B. der Franke *Arbogast,* die tatsächliche Herrschaft in Händen hielten. Allmählich wurden die Germanen die Stützpfeiler Roms. Im Heer und in der Verwaltung, in der Hauptstadt und in den Provinzen wurden frei werdende Ämter mit Germanen besetzt, die in kurzer Zeit zu den höchsten Machtstellen emporstiegen.

So war die Zeit gekommen, in der das *römische Weltreich* seiner inneren Auflösung entgegenging, da Rom auch durch die Verlegung des Kaiserhofes nach *Konstantinopel* unter *Constantinus* (330) seines politischen Schwerpunktes verlustig ging und die Rivalität zwischen Ost- und Westreich den Zusammenbruch förderte. Die Stunde für die Germanen brach an: die *Ostgermanen,* schon lang in Bewegung, rückten in die weiten Räume gegen Südosten vor, durchstießen die morschen Dämme der Verteidigung und überfluteten das Reich.

ZWEITES KAPITEL

Die Völkerwanderung

SCHON VOR DEN GROSSEN WANDERUNGEN im europäischen Raum, die zum Sturz des römischen Imperiums führten, war es zu kleinen Völkerbewegungen gekommen. Die Zeit dieser unruhigen Vorgänge erstreckt sich von 1000 v. Chr. bis 1000 n. Chr. Sie haben ihre grundlegende Ursache in dem Trieb der Völker, in die Stätten mit einer höheren Kultur einzudringen. Dadurch ergibt sich auch die Stoßrichtung nach dem Süden, wo die Mittelmeerkulturen einen mächtigen Anreiz bieten.

Goten und Hunnen

Um 1000 v. Chr. schoben sich die *Dorier* gegen den *Peloponnes* vor, um 387 erschienen die *Kelten* vor *Rom*, später in Kleinasien, drangen die *Kimbern* und *Teutonen* in die Provence und nach *Oberitalien* (102, 101) ein, überschritten die *Markomannen* die *Donau* und stießen bis vor *Aquileia* vor. Aber auch nach dem großen germanischen Völkersturm kamen die Wogen der Wanderungen nicht zur Ruhe. Der letzte Wellenschlag trieb seit dem 9. Jahrhundert die *Normannen* nach *Britannien* und *Irland*, *Nordfrankreich* und *Unteritalien*. Es ist eine lange, in ihren inneren Ursachen zusammenhängende Kette, eine Auseinandersetzung der im wesentlichen städtischen Kultur des Kaiserreichs und der rein ländlichen der Germanen. Das Ergebnis dieses Zusammenstoßes ist der Untergang des Imperiums und die Gründung germanischer Reiche auf römischem Boden.

Die eigentliche *Völkerwanderung* ist also von den anderen Völkerbewegungen nicht nach Wesen und Ursache, sondern nur nach Ausdehnung und Erfolg verschieden. Der Auszug der germanischen Stämme zielt nicht auf Raubfahrten. Dieses Motiv mag nur mitunter bestimmend gewesen sein. In der Hauptsache waren es Züge ganzer Völker oder wenigstens großer Teile, die mit Weib und Kind und ihrer Fahrnis Neuland suchten. Das treibende Element war die durch die stetig und schnell wachsende Bevölkerung immer drückender werdende Landnot. Die Menschen konnten sich bei dem damaligen Betrieb des Feldbaues nicht mehr genügend ernähren. Angaben über Hungersnöte und Überbevölkerung finden sich immer wieder in der eigenen Überlieferung der Stämme als Gründe zum Verlassen der Heimat. Dazu kamen noch Klimawechsel im Norden und Sturmfluten an der Nordseeküste. Die an sich stetige Entwicklung der Wanderung bekam etwas Gewaltsames dadurch, daß ihr durch den Limes Halt geboten wurde. Die anstürmenden Massen wurden immer größer, und das Römische Reich konnte nicht mehr wie früher die vordringenden Scharen in sein Gebiet eingliedern.

Die Bewegung zeigte nicht überall den gleichen Charakter. Die *Westgermanen* waren unter dem römischen Druck zu Seßhaftigkeit und intensiverem Ackerbau gelangt. Sie verließen nicht geschlossen ihre Heimat, oft zog nur ein Teil in die Fremde und hielt häufig dort noch sein Besitzrecht an dem angestammten Eigentum fest. Bei den *Ostgermanen* hat sich ein halb nomadisches Leben länger erhalten als im Westen. Daher schoben sich die westlichen Völker aus der Heimat nur langsam vorwärts, dehnten sich nur auf das benachbarte Gebiet aus, ohne die Fühlung mit den alten Wohnsitzen aufzugeben, wanderten also im eigentlichen Sinn nicht. Die Ostgermanen aber gaben ihre alte Heimat völlig auf und strebten in weiten Wanderzügen nach fernen Zielen. Daraus ergibt sich ein durchgreifender Unterschied der kulturellen und politischen Folgen: die Westgermanen wahren ihre wirtschaftlichen Errungenschaften, entwickeln sie noch weiter und gelangen schließlich zu dauernder Staatenbildung; die Ostgermanen werden gezwungen, in ihrer nomadisierenden Lebensweise zu beharren, und bringen es nur zu rasch vergänglichen Staatenschöpfungen.

Die ältesten historisch nachweisbaren Sitze der *Goten* lagen auf dem rechten Ufer der unteren Weichsel. Aber sie waren an der Südküste der Ostsee sicherlich nicht ureingesessen, sondern sind in diese Gebiete vom südlichen skandinavischen Festland, wahrscheinlich aus *Götaland,* wegen Überbevölkerung ihrer Heimat eingewandert. Sie verließen ganz oder teilweise diese Siedlungsgebiete an der Weichselmündung seit der Mitte des zweiten Jahrhunderts, wobei das Nachschieben der *Slawen* zwar nicht bestimmend, aber doch nicht ohne Erfolg war. Die *Weichsel* entlang wendeten sie sich nach Südosten. In den ausgedehnten Gebieten nördlich der Donau und des *Schwarzen Meeres* kamen sie zu einer gewissen Ruhe. Sie besiedelten die fruchtbaren Akkerflächen der Schwarzmeergebiete.

Noch lange Zeit bildeten die gotischen Stämme keine politische Einheit, vielmehr bestand jeder Stamm aus einer Mehrheit selbständiger Völkerschaften. Die erste Persönlichkeit, die über das gesamte Gotenvolk herrschte, war der sagenhafte König *Ostrogotho,* der aus dem Haus der *Amaler* stammte. Die unermeßliche Ausdehnung seines Reiches hat ihn der Sage nach bewogen, Volk und Land zu teilen. Um die Mitte des dritten Jahrhunderts finden wir die *Westgoten* oder *Terwingen* am *Bug* und *Pruth,* die *Ostgoten* oder *Greutungen* östlich vom *Dnjestr* bis gegen den *Don.*

Im dritten Jahrhundert sind ostgotische Scharen in die *Krim* gezogen, wo unter ihrer Herrschaft ein reges kulturelles Leben erblühte. Mit dem Vorstoß zur Meeresküste begannen aber auch die furchtbaren Gotenzüge zur See gegen kleinasiatische Städte, wo ihnen unter anderem der berühmte *Artemistempel zu Ephesos* zum Opfer fiel. In späteren Jahren drangen sie gegen *Griechenland* vor und richteten dort große Verheerungen an. Erst im vierten Jahrhundert gelang es Kaiser *Konstantin dem*

Großen, den Ansturm der Goten einzudämmen. Eine Beruhigung im Ostgotenreich trat erst ein, als der sagenberühmte König *Ermanarich* (um 350 bis 375) aus dem Geschlecht der Amaler zur Herrschaft kam. Sein Staat erstreckte sich vom Schwarzen Meer bis zur Ostsee, umfaßte eine große Zahl fremder Völker und unterhielt gute Beziehungen zum Römischen Kaiserreich. Ein solches großes Reich konnte nur mit Reitertruppen gewonnen und auch im Zaum gehalten werden. Die Goten pflegten besonders die Pferdezucht. Ihren Reiterscharen hatten sie ihre Überlegenheit gegenüber den römischen *Legionen* zu verdanken.

Der Gote *Jordanes* sagt von *Ermanarich* in seinem Werk über seine Stammesgenossen: »Mit guten Gründen haben manche den König vormals mit Alexander dem Großen verglichen.« Wie sein Ruhm als Herrscher und Heerführer, so ist auch die Kultur seiner Zeit und seines Landes groß und schöpferisch gewesen. Ermanarich ist als Gestalter des Geschickes der Ostgoten in Südrußland auch in die Welt der Sage eingegangen. Aber hier zeigt er ein wenig günstiges Bild. Er wird zum grausamen Tyrannen, der gegen sein eigenes Haus wütet. In dieser Darstellung dürfte sich die Erinnerung an manche Schwierigkeiten erhalten haben, mit denen er während seiner Regierung zu ringen hatte. Mitten in die Blüte seiner Herrschaft traf die Schreckenskunde von dem Einfall der *Hunnen.* Welche Erregung und Furcht diese Nachricht verbreitete, erklärt das sagenhafte Ende des Königs. Der greise Herrscher soll sich, von einer schweren Schwertwunde noch nicht genesen, an einem erfolgreichen Widerstand verzweifelnd, den Tod gegeben haben. Die Ostgoten verloren beim Zusammenstoß mit den Hunnen die Schlacht und wurden den fremden Reiterscharen botmäßig, mußten Heeresdienste leisten, bewahrten sich aber eine gewisse Selbständigkeit.

Die *Hunnen* (die Dunklen, Schwarzen, wie ihr Name gedeutet wird) waren Mongolen und kamen aus der kirgisischen Steppe. Sie dürften die in den chinesischen Quellen genannten *Hiung-nu* gewesen sein. Als ihr Reich in der *Mongolei* und in *Ostturkestan* von den *Chinesen* zerstört worden war, zogen sie Ende des ersten Jahrhunderts nach Westen und ließen sich an der Jaxartesmündung am *Aralsee* nieder. Die Hunnen waren ein ackerbauloses, nomadisches Reitervolk. Sie sprachen Türkisch. Den Kulturvölkern Europas erschienen sie als zweifüßige wilde Tiere *(bipedes bestiae)*. Ihr Aussehen war schrecklich. Es bildete nach Jordanes ihre Hauptwaffe: »Auch die, denen sie im Krieg vielleicht nicht überlegen waren, erfüllten sie mit Entsetzen durch den grauenvollen Anblick und jagten sie durch ihr furchtbares Aussehen in die Flucht. Sie hatten eine dunkle Hautfarbe und, wenn man so sagen darf, kein Menschenantlitz, sondern einen unförmigen Klumpen, in dem nicht eigentlich Augen, sondern eher Punkte steckten. Ihren verwegenen Mut verriet ihr verunstaltetes Aussehen. Denn ihren Kindern zeigten sie gleich am Tag der Geburt ihre Grausamkeit: Sie durchschnitten mit Eisen die Wangen der Knaben, um sie, noch ehe sie einen Tropfen Milch erhalten hatten, den Wundschmerz ertragen zu lehren. Ihre Greise waren bartlos und ihre Jünglinge ohne Schönheit, da ihr von den Schnitten durchfurchtes Gesicht durch die Narben den Bartwuchs verhinderte. Sie waren unansehnlich, aber flink und ausgezeichnete Reiter, breitschultrig und geübt im Pfeilschießen. Sie hatten starke Nacken, die sie stets stolz aufgerichtet hielten. In Menschengestalt führten sie ein Leben von tierischer Wildheit.«

Krieg war ihr Gewerbe, Viehzucht ihre Erholung, ihre Heimat der Pferderücken. Auf ihren kleinen, aber schnellen und unermüdlichen Pferden aßen, tranken und schliefen sie, durchschwärmten sie die endlos sich dehnenden Steppen, während ihre Familien in den mit Ochsen bespannten Wanderwagen, gefolgt von den Herden, langsam hinterherzogen.

Vom Aralsee waren sie jahrzehntelang westwärts geritten an die Grenzen Europas, am *Kaspischen Meer* entlang drangen sie vor und stießen zunächst auf die nichtgermanischen, aber den Germanen verwandten *Alanen*, die sie 372 besiegten. Nur ein Teil der Alanen schloß sich den Hunnen an, die Masse des Volkes blieb im Kaukasus. Beim weiteren Vorrücken trafen die Hunnen auf die *Germanen*, zuerst, wie schon erwähnt, auf die Ostgoten, die 375 besiegt werden. Auch von diesen bleibt der eine Teil des Volkes in den bisherigen Sitzen, der andere folgt den Hunnen; ein geringer Bestand verblieb in der *Krim,* wo er später unter byzantinische Herrschaft kam und sich lange noch erhielt. Bis ins 18. Jahrhundert sollen diese *Krimgoten* ihre Sprache bewahrt haben und 1779 nach *Mariupol* am *Asowschen Meer* versetzt worden sein.

Die Hunnen wandten sich nun gegen die *Westgoten,* die sich ihnen am *Dnjestr* entgegengestellt hatten, aber überrannt wurden. Die Westgoten hatten es zu keiner gemeinsamen Königsherrschaft wie die Ostgoten gebracht, sondern wurden von Gauherzogen regiert. Die bedeutendsten aus der Mitte des vierten Jahrhunderts sind *Athanarich* und *Fritigern* gewesen. Sie vertraten die beiden Parteien, die sich bei den Westgoten gebildet hatten. Die Gruppe des Athanarich hielt an dem alten Götterglauben fest und versuchte die Vorherrschaft über die andere Gruppe zu erlangen. Da sah Fritigern keinen anderen Ausweg, als *Ostrom* um Aufnahme in dessen Staatsgebiet zu ersuchen. Kaiser *Valens* nahm die gotischen Kriegsscharen, bei 200000 Krieger, auf und wies ihnen Wohnsitze in *Thrakien* an. Es wurde ihnen zugestanden, nach eigenen Gesetzen und unter eigenen Fürsten zu leben, dafür aber mußten sie sich verpflichten, dem Reich Kriegsdienste zu leisten. Aber die Bedingungen des mit ihnen abgeschlossenen Bündnisses wurden nicht gehalten, vor allem blieben die Getreidelieferungen aus. Über diese Ereignisse berichtet uns *Jordanes:* »Da geschah es, daß sie von einer schweren Hungersnot heimgesucht wurden. Fritigern und andere gotische Fürsten verhandelten mit den römischen Befehlshabern. Voller Gier verkauften ihnen diese nicht nur das Fleisch von Schafen und Rindern, sondern auch das Aas von Hunden und unreinen Tieren gegen hohen Preis. So verlangten sie für ein Brot und fünf Kilo Fleisch einen *Sklaven.* Als Sklaven und Hausrat ausgegangen waren, forderte der Kaufmann, die Notlage der Goten ausbeutend, deren Kinder. Die Eltern gingen voll Sorge um ihre Nachkommenschaft darauf ein. Sie hielten es für besser, eher die Freiheit als das Leben zu verlieren.«

Eine allgemeine Erregung bemächtigte sich des verzweifelten Volkes. Da kam es, als Fritigern bei dem römischen Statthalter zu Gast war, zwischen dem Gefolge des Gotenfürsten und Einheimischen zu Zwist und Blutvergießen. Sobald Fritigern das Geschrei vernahm, erhob er sich von der Tafel und eilte zu seinen Mannen. Er rief sein Volk zur Rache auf für römische Treulosigkeit und verheerte weit und breit das Land. Neue Scharen vermehrten seine Streiter, Ostgotenschwärme und Landsleute, die im römischen Heer dienten. Kaiser *Valens* rückte selbst heran und schlug bei *Adrianopel* ein festes Lager auf. Er wollte nicht das Eintreffen des Gegenkaisers abwarten, sondern sogleich die Schlacht wagen. Trotz der anfänglichen Überlegenheit der Legionen entschied schließlich die gotische Reiterei den Kampf zugunsten der Goten. Der Kaiser wurde verwundet und flüchtete in eine Bauernhütte, in der er verbrannte.

Im Gegensatz zu Fritigern, der mit den Römern in Verbindung getreten war, verwahrte sich *Athanarich* gegen alle Lockungen und Gefahren des römischen Imperiums und zog sich von den drohenden Hunnen in die *Transsylvanischen Alpen* zurück. Hier schirmte ihn der Urwald, dessen Schutz er noch durch Befestigungen verstärkte. Hier ließ er, soweit man der Überlieferung Glauben schenken kann, den herzoglichen Schatz, den sogenannten *Schatz des Athanarich,* vergraben. Es war dies der *Gotenhort,* der das Vermögen der ganzen Volksgemeinschaft darstellte. Ein ähnlicher Schatz ist uns aus der Sage bekannt, der *Nibelungenhort.* Der Gotenhort bestand aus einer großen Zahl von goldenen Geräten und Schmuckstücken, die im Jahre 1837 Straßenarbeiter beim Steinebrechen im Berg Istrita nahe dem Dorf *Pietroássa* in Rumänien fanden.

Als Athanarich von seinen Stammesgenossen verstoßen wurde, begab er sich als alter, gebrochener Mann nach Byzanz und fand bei *Kaiser Theodosius dem Großen* (346–395) Schutz. Nach seinem Tod (381) schlossen die Römer und Westgoten Frieden. Die Westgoten, die Theodosius mit großem Geschick in sein Imperium eingegliedert hatte, wurden nach dem Tod des Kaisers wieder unruhig, da sich die Schwäche seiner Nachfolger offenbarte. Sie schlossen sich enger zusammen und wählten aus dem uralten, ruhmreichen Geschlecht der Balthen (Kühnen) *Alarich* zum König über das Gesamtvolk. Er ist von allen germanischen Königen der erste, der in der historischen Überlieferung lebendig blieb.

Alarich, der seine Ausbildung im römischen Heer durchgemacht hatte, erstrebte als erster Germane bewußt eine germanische Reichsgründung auf römischem Boden. Doch war er bestrebt, sein Ziel auf friedlichem Weg zu erreichen, und zwar durch vertragliche Abtretung einer römischen Provinz. Den Kampf gegen Rom unternahm er bloß gedrängt durch die Umstände. Denn er sah für sein Volk das Heil nur in der Annahme der römischen Kultur. Seine Politik wurde wesentlich begünstigt durch die aufkeimende Rivalität zwischen *Ost-* und *Westreich.* Da Byzanz schwächer war, wandte sich Alarich zuerst gegen die Balkanhalbinsel und verheerte *Griechenland.* Nirgends trat ihm ein planvoller Widerstand entgegen. Der Hof in Byzanz wußte sich hinter seinen uneinnehmbar scheinenden Mauern sicher und überließ die regierten Länder sich selbst. So ging der gotische Plünderungszug ungestört durch die Thermopylen nach Phokis, Böotien und Attika hinein, ohne daß sich irgendwo ein schützender Leonidas erhob. Dörfer und Städte loderten in Flammen auf, und viele Städte bezahlten den verfallenen Zustand ihrer Mauern mit völligem Untergang: alles Wertvolle, namentlich die noch vorhandenen Schätze an Gold und Silber, wurden geraubt, die Männer erschlagen, Frauen und Kinder in die Knechtschaft geführt. Aber vor Athen begnügte sich der rauhe Sieger mit einem Lösegeld; »die Schatten der Pallas und des Achilles retteten die Stadt«. Dann ging es weiter in die *Peloponnes* hinein; *Korinth, Argos, Sparta* wurden ihrer letzten Zierden beraubt und versanken in Schutt und Asche.

Nun endlich erbarmte sich *Stilicho* des geschändeten Griechenland. *Theodosius* hatte zwei Söhne hinterlassen, den achtzehnjährigen *Arcadius* und den elfjährigen *Honorius.* Jenem sollte nach dem Willen des Vaters das Ostreich, diesem das Westreich zufallen, doch sollte der tapfere und staatskluge Wandale Stilicho zunächst über beide eine Art Vormundschaft ausüben. Stilicho, ein Mann von königlicher Erscheinung und römischer Bildung, war trotz seiner barbarischen Abstammung durch seine Tüchtigkeit zu den höchsten Staatsämtern emporgestiegen und galt schon längst als die stärkste Stütze des Thrones. Stilicho landete mit großer Macht in *Achaia,* wagte aber nicht den Kampf gegen Alarich in offener Feldschlacht, sondern suchte durch Schanzwerke nach Caesars Art die Märsche Alarichs zu hemmen. Der Gote geriet in den Wäldern Arkadiens so in die Enge, daß er sich nur mit Mühe zur nördlichen Küste durchschlug und mit Heer und Beute nach *Aetolien* übersetzte. Ehe aber Stilicho ihm folgen konnte, hatte der Oberkämmerer des Ostreiches, neidisch auf den Ruhm des Nebenbuhlers aus dem Westen, schnell mit Alarich Frieden geschlossen, indem er ihm mit der Würde eines *magister militum per Illyricum* den ganzen Anteil der Präfektur *Illyricum,* das ist die Westhälfte der Balkanhalbinsel bis gegen Belgrad nordwärts, übertrug. Jauchzend empfingen die nordischen Krieger diese Botschaft.

Der Westgotenkönig stand nun drohend zwischen zwei Welten und wußte nicht, ob er zuerst das Westreich oder das Ostreich angreifen sollte. Wenige Jahre genügten dem kühnen Balthen zu neuen Rüstungen in der neuen Heimat. Gotische Scharen und Heerhaufen anderer Germanenstämme, die an der unteren Donau hausten, wurden herbeigezogen, und im Jahr 401 begann die Heerfahrt. Das Ziel war *Italien;* über das Motiv für diese Wahl sind wir nicht genügend unterrichtet. Der Weg führte das ganze gewaltige Westgotenheer mit einem endlosen Troß von Karren mit Weibern und Kindern durch die niedrigen Pässe der Ostalpen nach *Venetien* hinein. *Aquileia* wird bestürmt, ebenso *Verona.* Das nächste Ziel war *Mailand,* der glänzende Sitz des weströmischen Kaisers *Honorius* (395–421). Der Kaiser floh, um in Gallien Schutz zu suchen. Da kam *Stilicho* rettend herbeigeeilt. Er hatte bei Alarichs Einbruch aus rheinischen Legionen, aus römischen Streitkräften von Britannien sowie aus barbarischen Verbänden ein buntgemischtes Heer zusammengestellt und überfiel 403 das Lager der Goten bei *Pollentia.* Das heiße Ringen

verlief ohne Entscheidung. Doch gelang es Stilicho, den Gotenkönig zum Rückzug aus Italien zu bewegen. Alarich kehrte mit
stark vermindertem Heervolk nach *Illyrien* zurück. Italien ju-
belte über seine Befreiung, und der Ruhm Stilichos, des »neuen
Marius«, war auf aller Lippen. Der Sieg wurde durch einen
prunkvollen Triumphzug des Honorius in Rom gefeiert. Neben
ihm stand der eigentliche Held des Tages, Stilicho, der Feldherr
und Schwiegervater des Kaisers. Es war das letzte Schauspiel
dieser Art, das Rom gesehen hat.

Honorius residierte ungefähr ein Jahr in Rom. Als die Kunde
kam, daß sich neue Barbarenstämme gegen Italien in Bewegung
gesetzt hätten, verlegte er seinen Sitz nach *Ravenna*, das damals
noch am Meer gelegen war und dem Kaiser sicherer schien als die
alte Welthauptstadt, da es von ausgedehnten Sümpfen gegen das
Festland hin gedeckt war. Die nach Oberitalien eindringenden
Scharen standen unter der Führung des Ostgoten *Radagais*. Es
gelang Stilicho im Sommer 406 bei *Faesulae* (Fiesole), die unge-
ordneten, aber keineswegs unbedeutenden Heerhaufen zurück-
zuwerfen. Doch um dieselbe Zeit erschienen am *oberen und
mittleren Rhein* andere Völker, die sich mit den Resten der Scharen Radagais' vereinigten. Viele Städte sanken in Trümmer, so
Mainz und *Trier*, die ehedem kaiserliche Residenz, dann traf das
Schicksal Städte in Gallien, wie *Reims, Amiens* u. a. Stilicho bemühte sich, mit den zu einem kleinen Rest zusammengeschmol-
zenen Truppen wenigstens Italien zu decken und die verlorenen
Gebiete Galliens zurückzugewinnen. Aus diesem Grund hatte
er mit *Alarich* Verhandlungen angeknüpft. Dieser sollte gegen
eine Entschädigung von 4000 Pfund Gold seine Heerscharen
zum Schutz des Westreichs zur Verfügung stellen. Dieses Ange-
bot verletzte den Stolz des römischen Senats, er fand die Bun-
desgenossenschaft mit den Barbaren und die Abhängigkeit von
ihnen entwürdigend. Dieser Widerstand hätte Stilicho zeigen
können, wie unterhöhlt bereits seine Stellung war. Die Hofpar-
tei in Ravenna stachelte den Kaiser auf mit dem Hinweis, daß er
jedes Einflusses auf die Regierung beraubt und nur noch ein Gefangener seines Heermeisters sei. Das geplante Bündnis mit Ala-

rich habe keinen anderen Zweck, als Honorius zu entthronen und an seiner Stelle seinen Sohn *Eucherius* mit dem Purpur zu bekleiden. So wußten die Höflinge alles zu Stilichos Sturz zu tun, und im Jahr 408 wurde der Minister, dessen Verhalten tatsächlich vielfach Bedenken erregte und der zweifellos nicht die Idealgestalt war, zu der ihn sein Lobredner, der Hofdichter Claudianus, gemacht hatte, ermordet. Der Schirmherr des Reiches, der einzige Mann, der das Weströmische Reich noch hätte retten können, fiel den Ränken unfähiger und verleumderischer Feinde zum Opfer.

Doch dem Ermordeten erstand in *Alarich,* seinem bisherigen Gegner im offenen Feld, ein Rächer. Er wartete noch immer auf die verheißenen 4000 Pfund Gold und auf Anweisung fester Wohnsitze. Als Honorius eine abweisende Antwort gab, drang der Gote zum zweitenmal in *Italien* ein, und diesmal war kein Stilicho da, der es ihm verwehrte. Er zog an Ravenna vorbei, wo sich der Kaiser hinter Mauern und Sümpfen verbarg. Das reiche Umbrien lieferte Lebensmittel, und der rauhe Apennin hemmte den Marsch der abgehärteten Krieger nicht. Sie erreichten und belagerten die Siebenhügelstadt, die seit Hannibal keinen auswärtigen Feind vor ihren Toren gesehen hatte. Bald hielten Hunger und Pest ihren Einzug in das belagerte *Rom*. Mit 5000 Pfund Gold und 30000 Pfund Silber mußte sich Rom loskaufen. Um diese Forderungen erfüllen zu können, mußte man einen Teil der goldenen und silbernen Weihegeschenke aus den heidnischen Tempeln der Stadt einschmelzen. Die Ironie des Schicksals wollte es, daß auch die Statue der *Virtus,* der altrömischen Göttin der Tugend, darunter war. Nachdem Alarich die hohe Summe empfangen hatte, zog er ab. Doch er führte 4000 Barbarensklaven mit sich, die während der Belagerung Roms aus der Stadt geflohen waren; andere Verstärkungen schickte ihm sein Schwager *Athaulf* von der Donau zu. Alarichs Friedensbedingungen fanden am Hof von Ravenna keine günstige Aufnahme. Die Friedenssehnsucht der Goten mag man an der Mäßigkeit ihrer Bedingungen erkennen. Es ging um Geldbeträge und besonders um Abtretung von Siedlungsland, wobei Alarich vor allem

an *Venetien, Dalmatien* und *Noricum* dachte. Der Kaiser und
seine Ratgeber antworteten völlig ablehnend. Alarich versuchte
nun das letzte friedliche Mittel, das ihm zur Verfügung stand: er
zwang den römischen Senat (409), Honorius abzusetzen und
den Stadtpräfekten *Priscus Attalus* zum Gegenkaiser zu erheben.
Dieser zeigte sich jedoch als Regent unfähig und war für die
Pläne des Goten so unzugänglich, daß ihn Alarich (410)
absetzte.

Nun wandte sich der König wieder gegen die Ewige Stadt, die er
am 24. August 410 einnahm. Aus Rache an Honorius versprach
er seinen Goten die Plünderung der noch immer unermeßlich
reichen Stadt, jedoch beschränkte er die Dauer der Plünderung
auf drei Tage und verlangte außerdem Schonung der Kirchen.
Nach drei Tagen räumten die Goten tatsächlich die Stadt, doch
nahmen sie angesehene Persönlichkeiten als Gefangene mit; unter ihnen war *Galla Placidia,* die Schwester des Honorius.

Der Mangel an Lebensmitteln machte es Alarich unmöglich,
Rom dauernd zu halten. Er wollte über Sizilien nach *Afrika*
übersetzen, um sich dieser Kornkammer als sicherer Basis für
seine Herrschaft über Italien zu bemächtigen. Der weitere Zug
durch die üppigen Badeorte am Golf von Neapel und die herrlichen Landhäuser der Großen, die alle Bequemlichkeiten boten,
gaben den Goten reichlich Gelegenheit, sich von den Strapazen
des Krieges zu erholen. In *Bruttium* erkrankte der König und
starb, erst 34 Jahre alt, »während noch die Jugendlocken seine
Schulter blond umgaben[1]«. In der Nähe von *Consentia* (Cosen-
za), im Bett des abgeleiteten Flusses *Busento,* begruben ihn seine
Krieger mit vielen Schätzen. Dann töteten sie alle *Sklaven,* die
die Stätte kannten: »Keines Römers schnöde Habsucht soll dir je
dein Grab versehren.«

Alarichs schöner Schwager *Athaulf* (410–415) gehörte ursprünglich zu jenen, die das Römertum vernichten wollten. Als er nun
zum Nachfolger Alarichs gewählt wurde, sah er die Unmöglich-
keit seines Vorhabens ein und wandelte als Herrscher ganz in
den Bahnen der Politik seines Vorgängers. Er überzeugte sich
durch Kämpfe und Verhandlungen, daß eine Reichsgründung in

Italien unmöglich sei. Nach langen Auseinandersetzungen mit Honorius erklärte sich Athaulf bereit, in den Sold des Kaisers zu treten und in seinem Auftrag *Gallien,* das noch immer von germanischen Wanderscharen verwüstet und von Gegenkaisern zerrüttet wurde, wieder für das Westreich zu erobern. So zog er im Frühjahr 412 nach Gallien, als Unterpfand des Vertrages jedoch nahm er die Schwester des Honorius, *Galla Placidia,* die noch immer als Gefangene im Gotenlager weilte, aber mit fürstlichen Ehren behandelt wurde, mit sich und vermählte sich mit der schönen dreiundzwanzigjährigen Prinzessin wider den Willen ihres Bruders. Die Hochzeit wurde 414 zu *Narbo* (Narbonne) mit allem Glanz und nach römischem Brauch gefeiert. Athaulf hatte zwar in Gallien die Herrschaft der Nebenkaiser beseitigt, mußte aber die Provinz räumen, da seine Völker Mangel litten und die Getreidezufuhr aus Italien versagte. Er überschritt im Herbst 414 die *Pyrenäen,* besetzte die *Tarraconensis,* das Land am Ebro, und eroberte *Barcelona.* Aber hier wurde er im Sommer 415 ermordet, ein Opfer germanischer Blutrache. Ihm folgte sein Bruder *Wallia* (415–418) in der Königsherrschaft. Dieser stellte den Frieden mit Ravenna dadurch her, daß er *Placidia,* Athaulfs Witwe, an Honorius auslieferte. Diese vermählte sich widerstrebend nun doch mit *Constantius,* dem allmächtigen Feldherrn und Minister des Honorius, der schon lang nach ihrer Hand strebte. Der Kaiser sicherte dem Westgotenkönig seinen Besitz zu und beauftragte ihn, die *Wandalen, Alanen* und *Sueben* in *Spanien* zu unterwerfen. Als die Oberherrschaft Roms auf der Iberischen Halbinsel wiederhergestellt war, wurden die Westgoten nach Gallien zurückgeführt und erhielten feste Sitze in *Aquitanien,* von Tolosa (Toulouse) bis zum Atlantischen Ozean. Der Kaiser behielt sich zwar die Souveränität vor, und die Goten blieben nominell *Föderaten* (Verbündete), aber ihre neue Heimat zwischen der Garonne und den Pyrenäen wurde doch der Grundstein des ersten unabhängigen germanischen Reiches auf römischem Boden. Hauptstadt war Tolosa. *Südgallien* und Teile der *provincia Narbonensis* schieden aus dem Imperium aus.

Die Wandalen

Ungefähr zu der Zeit, in der die westgotische Reichsgründung erfolgte, richteten die Wandalen in Afrika ein neues Reich auf. Die geschichtlichen Quellen berichten über die Entstehung und Entwicklung dieses Volkes nur wenig, es wird erst von den Geschichtsschreibern erwähnt, als es auf seinen großen Wanderzügen weite Teile des römischen Weltreiches durchzog und sich in Afrika festsetzte. Zur Kenntnis seiner Frühgeschichte hat jedoch die Archäologie Wesentliches beigetragen.

Die ursprünglichen Sitze der Wandalen lagen südlich der Ostseeküste zwischen *Oder* und *Weichsel,* wohin sie wahrscheinlich aus Nordjütland gekommen waren. Sie siedelten also in Ostdeutschland und Polen und nahmen die Sandgebiete und die besseren Lehmlagen an der Ostseeküste unter ihren Pflug. Der gemeinsame Name umfaßte anfangs eine größere Gruppe von Völkern, blieb dann aber an zwei Hauptstämmen haften, an den *Asdingen* und *Silingen.* Der Name der letzteren lebt noch im heutigen Landesnamen *Schlesien* weiter. Die Asdingen wendeten sich bei der großen gotischen Wanderung nach Süden, der Oder folgend. Während des *Markomannenkrieges* gewannen sie Sitze an der oberen *Theiß,* wo sie mit den *Goten* zu kämpfen hatten. Ein Teil von ihnen fand unter *Konstantin* Aufnahme in das *Römische Reich.* Eine neue Wanderung erfolgte zu Anfang des 5. Jahrhunderts, wahrscheinlich durch Übervölkerung veranlaßt. Nur der kleinere Teil blieb in den bisherigen Wohnsitzen, die Masse des Volkes wendete sich nach Westen. Ihr schließen sich die Silingen an, die ursprünglich in Niederschlesien saßen, aber in der Mitte des 3. Jahrhunderts an den mittleren Main zogen. Dazu gesellten sich Teile der Alanen und suebischen Scharen, *Semnonen* und *Markomannen,* wohl auch Reste der Abenteurer des *Radagais.* Die vereinigten Völker kämpften zuerst gegen die Franken, 406 überschritten sie den *Rhein* und verwüsteten drei Jahre hindurch Gallien bis zu den Pyrenäen hin. Gruppen von Alanen blieben in Gallien, die Masse der Völker aber drang 409 in *Spanien* ein. 411 schlossen sie mit dem

Westgotische Königshalle in Oviedo (um 850).

Kaiser einen Vertrag, womit sie als *Föderaten* anerkannt wurden. Die einzelnen Provinzen wurden unter die verschiedenen Stämme durch das Los verteilt. Die Alanen bekamen den Südwesten, *Lusitanien* und *Cartagena*, die silingischen Wandalen den Süden, *Baetica (Andalusien = Wandalusien)*, die asdingischen Wandalen und die Sueben den Nordwesten, *Galicien*. Die Tarraconensis blieb den Römern.

Der Friede mit Rom war nicht von langer Dauer. Sobald die *Römer* die *Westgoten* gewonnen hatten, um die silingischen Wandalen zu besiegen, gaben sie nach alter Übung die neuverbündeten Germanen wieder auf. Daraufhin unterwarfen sich die bedrohten Silingen und die Alanen den asdingischen Wandalen, so daß in Spanien nur noch ein Wandalen- und ein Suebenreich bestanden. Vor den Westgoten wichen die Wandalen nach der *Baetica* zurück (419). Mehr und mehr machten sie sich mit der Schiffahrt vertraut und wurden allmählich die Beherrscher des westlichen Mittelmeeres. Die in den südspanischen Häfen eroberten Schiffe bildeten den Grundstock ihrer später so gefürchteten *Seemacht*.

Im Jahr 428 kam *Geiserich* auf den Thron. In ihm erwuchs den Wandalen eine der kühnsten Gestalten der Völkerwanderung. Er war ein weitblickender, genialer Führer, ein tatkräftiger und umsichtiger Staatsmann und ein wagemutiger Feldherr. Es war schon das Ziel der Westgotenkönige Alarich und Wallia gewesen, ihr Volk nach Afrika zu führen. Denn die Beherrscher dieser Provinz, der Kornkammer Italiens, waren in der Lage, die Politik des Weströmischen Reiches maßgebend zu beeinflussen, während sie selbst, namentlich wenn ihnen eine Kriegsflotte zur Verfügung stand, sich in einer fast unangreifbaren Stellung befanden. Geiserich gelang es, diesen Gedanken in die Tat umzusetzen. Ein Jahr nach seinem Regierungsantritt glückte ihm das gefahrvolle Unternehmen, ein Volk von ungefähr 80 000 Menschen aus Südspanien, von *Julia Traducta* (dem heutigen Tarifa) aus, auf einer Flotte über das Meer zu setzen und an der gefahrvollen Riffküste entlang nach der reichen römischen Provinz *Nordafrika* zu führen, eine Leistung ganz großen Ausmaßes, die im Altertum nicht wiederholt worden ist. Mit klugem Geschick nützte er dabei die am Hof in *Ravenna* herrschenden Gegensätze aus. Dort hatte der leitende Staatsmann *Aetius* durch seine Intrigen die Widerstandskraft der römischen Macht in Afrika gelähmt. In Spanien blieben nur die Sueben zurück. Die Eroberung Afrikas vollzog sich im allgemeinen ziemlich rasch, da die religiösen Gegensätze der dortigen Bevölkerung das Vordringen der *Germanen* erleichterten und die niedergehaltenen Klassen begreiflicherweise in den Wandalen nicht die Eroberer, sondern die Befreier sahen. Die eingeborenen *Berber* oder, wie sie von Römern und Byzantinern genannt wurden, *Mauren* erhofften von Geiserich eine günstige Lösung ihres fortwährenden Kampfes mit den Römern. Nur wenige Städte leisteten Widerstand, so vor allem *Cirta* und *Hippo Regius* (das heutige Bone). Die Bevölkerung war zwar unkriegerisch, dennoch vermochte sich Hippo während seiner vierzehn Monate dauernden Belagerung zu halten. Auch Karthago trotzte allen Stürmen. Daher sah sich Geiserich nach dem Verlust vieler Streiter genötigt, Rom um Frieden zu bitten. Er wurde unter günstigen Bedingungen geschlossen. Rom erkannte Geiserichs Eroberungen an, die Wandalen blieben im Land und wurden in dem prokonsularischen *Numidien* mit der Hauptstadt Hippo Regius als *Föderaten* angesiedelt. Dafür versprach Geiserich, Karthago und den noch römisch gebliebenen Rest der Prokonsularprovinz unbehelligt zu lassen und Tribut zu zahlen. Mit diesem Vertrag waren nun auch die Wandalen in die Stellung der Föderaten eingetreten. Aber Geiserich war weit davon entfernt, sich mit dem Erreichten zufriedenzugeben. Wie er sich im Innern des Landes ganz als selbständiger Regent aufspielte, so ließ er seine Flotte an den Küsten des Mittelmeeres rauben und plündern. Den Gipfel seines kühnen Auftretens in Afrika erreichte er, als er im Jahr 439 unvermutet *Karthago* überfiel und ohne Schwertstreich in seine Botmäßigkeit brachte. Damit war das Schicksal des römischen Afrika entschieden. Die Arsenale und die vielen im Hafen liegenden römischen Schiffe lieferten dem König reiches Material, seine *Kriegsflotte* neu auszurüsten und zu verstärken, und bald war sie der Schrecken des Mittelmeeres. In den Herzen der Wandalen erwuchs wieder, in Erinnerung an die Seefahrten ihrer Altvorderen, der Seemannsgeist. Sie fanden sich schnell im Seemannsberuf zurecht und betrieben diesen mit Lust und Wagemut. Ihre *Plünderungen* dehnten sie bis nach *Sizilien, Italien, Illyrien* und *Griechenland* aus.

Dieser wandalische Staat im Süden des Mittelmeers war eine geniale Schöpfung Geiserichs. Was menschenmöglich war, hatte er getan, um den germanischen Charakter des Reiches zu erhalten und den Wandalen die Stellung eines Herrschervolkes auf die Dauer zu sichern. Die gleichzeitige Beherrschung der See und des Landes, das von der Landseite aus kaum angegriffen werden konnte, schien dieses nordafrikanische Reich unerschütterlich zu machen. Dazu kam bei der Einrichtung des Staatswesens, daß Geiserich ein unermüdlicher und hervorragender Organisator war, der in vieler Hinsicht seiner Zeit voraus war. Strenge Vorschriften schützten die Sittenreinheit und verlangten die möglichste Loslösung der einheimischen Bevölkerung von römi» schem Einfluß. Der König vereinigte in seiner Hand die gesamte Macht, er regelte die Thronfolge, baute *Flottenstützpunkte* in Sizilien und an anderen Plätzen des Mittelmeeres und versuchte durch feste Verträge mit Byzanz und Rom sich zu decken. Die Höhe seiner Macht erreichte Geiserich, als er gegen die Hauptstadt des Weltreiches zu ziehen wagte. Er erschien 455 plötzlich vor *Rom* und rief größte Verwirrung unter den Einwohnern hervor. Ohne Widerstand zu finden, drang er in die Ewige Stadt ein. Vierzehn Tage währte die Plünderung. Doch wurde nichts mutwillig zerstört und auch das Leben der Bevölkerung geschont. Aber viel Edelmetall und Schmuckstücke aus dem Kaiserpalast und den Häusern der Reichen, Beute der Römer aus früheren Kriegen, vor allem aus dem Tempelschatz von Jerusalem, den Titus vor vierhundert Jahren nach Rom gebracht hatte, verluden die Wandalen auf ihre Galeeren. Tausende von Männern wurden als Sklaven nach Afrika gebracht. Der Sieger nahm die Kaiserin und ihre beiden Töchter als Geiseln mit und vermählte die eine von ihnen, *Eudoxia,* mit seinem Sohn *Hunerich.*

Die Befürchtungen für sein Vaterland, die *Scipio* vor mehr als
sechshundert Jahren auf den rauchenden Trümmern *Karthagos*
ausgesprochen hatte, waren in Erfüllung gegangen, und es war
eine eigentümliche Fügung des Schicksals, daß das Unheil gerade von dieser Stadt, die von den Römern so freventlich zerstört
worden war, ausging. Verglichen mit dem furchtbaren Untergang Karthagos im Jahr 146 v. Chr., war dieser Überfall auf
Rom noch milde zu nennen und mit den Kriegsregeln des Altertums vereinbar. Das in Beziehung auf diese Heimsuchung Roms
geprägte und zuerst von dem französischen Bischof *Gregoire
von Blois* im Jahr 1794 zur Kennzeichnung des blinden Wütens
in der Zeit der Französischen Revolution angewandte Wort
Wandalismus hat den Wandalen ein unverdientes Brandmal auf-
gedrückt. Denn ohne Schwertstreich hatte Geiserich die Stadt
Rom genommen, hatte kein Blutbad angerichtet und kein Feuer
gelegt. Das Fortschaffen der zusammengetragenen Kriegsbeute,
vorwiegend aus öffentlichem Besitz, war bei allen Völkern, besonders bei den Römern selbst, herkömmlicher Kriegs-
brauch.
Als Geiserich 477 starb, schien er ein gefestigtes Reich zu hinterlassen, jedoch brach es schon 56 Jahre später zusammen, und
sein Volk ging zugrunde. Seine Nachfolger reichten nicht entfernt an ihn heran. Sie beschleunigten durch ihre Unfähigkeit
und ihre verfehlte Politik den *Untergang* des Wandalenreiches.
Überdies hatte sich der König eine unerfüllbare Aufgabe gestellt: Er verpflanzte die Söhne der Ostsee in das ungewohnte,
entnervende Klima des heißen Erdteils, in einem der Natur dieses Volkes höchst unzuträglichen Umkreis, mitten in eine völlig
andersgeartete Bevölkerung. Das für die harte Arbeit untaug-
liche Klima hinderte die Germanen bald an ihrer gewohnten
Tätigkeit. Sie saßen als Herren auf ihren Gütern und ließen
Einheimische für sich arbeiten. Das Aufgeben der alten Lebensweise, der erschlaffende Reichtum, Krankheiten und Seuchen
zehrten an der Kraft des Volkes. Geiserichs großes Werk wurde
morsch und hohl; der Feind lauerte auf den Augenblick, in dem
er dieses Volk, dessen Kriegsfahrten über das Mittelmeer die

ganze damalige Welt in Unruhe und Furcht hielten, vernichten und auslöschen konnte.

Die unfähigen Nachfolger Geiserichs erleichterten dem Oströmischen Reich diese Arbeit. Der kriegerisch schwächste und politisch unbegabteste war Geiserichs Enkel *Hilderich*, der Sohn *Hunerichs* und der Kaisertochter *Eudoxia*. Er verursachte in seiner Unklugheit einen Bruch mit den *Ostgoten* und suchte Anschluß an *Byzanz*. Dieser selbstmörderischen Politik gegenüber erhob sich *Gelimer*, ein Urenkel Geiserichs, und entthronte, auf die volkstreue Partei gestützt, den König (530). Das gab dem oströmischen Kaiser *Justinian* (483–565) den Anlaß zur Einmischung in die afrikanischen Verhältnisse. Er forderte die Wiedereinsetzung Hilderichs. Zwar waren die Streitkräfte, mit denen der kaiserliche Feldherr Belisar in den Kampf zog, nicht ansehnlich, aber der Ostgotenkönig, mehr rachsüchtig als klug, überließ ihm Stützpunkte in Sizilien. Von hier aus landete *Belisar*, als die wandalische Flotte eben zu einer Unternehmung ausgelaufen war, in Afrika, besetzte das unverteidigte *Karthago* und zwang Gelimer, Zuflucht bei den Mauren zu suchen. Hier konnte er sich mit wenig Getreuen in einer kleinen Festung mehrere Monate unter härtesten Entbehrungen halten. Schließlich ergab sich der Wandalenkönig, durch Hunger gezwungen, und wurde im Triumphzug Belisars im Hippodrom zu Byzanz mitgeführt (534). Gelimer hatte sich in der letzten Schicksalsstunde als untüchtig erwiesen. In Klagen um seinen gefallenen Bruder *Amata* versäumte er den günstigen Augenblick für den Kampf. Seelisch völlig gebrochen, erbat er von seinen Verfolgern Brot, das ihm schon lang gefehlt hatte, einen Schwamm, um sein geschwollenes Auge zu waschen, und eine Harfe, um das Lied, das er auf sein Unglück gedichtet hatte, zu begleiten. Von Justinian erhielt er ein Landgut in Kleinasien, wo er seine letzten Tage unbeachtet und vereinsamt beschloß. Die mitgefangenen Wandalen wurden in das römische Heer eingestellt. Unter den Beutestücken Belisars befanden sich auch die Tempelgeräte aus Jerusalem, die nun wieder dorthin zurückgebracht wurden. Das Wandalenreich war nach mehr als hundertjähriger Dauer (429–534) vernichtet,

Afrika wurde wieder *römische Provinz*, das Volk der Wandalen verschwand aus der Geschichte.

Die Burgunden

Die Erinnerung an die Burgunden lebt bis heute fort in *Burgund*, dem Namen einer französischen Landschaft, und in der Nibelungensage. Die Burgunden kamen in jenen unruhigen Zeiten, um die Mitte des 2. Jahrhunderts v. Chr., als die große Wanderbewegung landhungriger Germanen über die Ostsee einsetzte, aus *Südskandinavien* über die Insel *Bornholm* (*Burgundarholm; holm* = Insel). Ihre ersten Sitze in historischer Zeit lagen zwischen der mittleren *Oder* und *Weichsel* auf ostdeutschem Boden, der ihnen durch 500 Jahre Heimat war. Es ist kein Zufall, daß die Wanderrichtung aller ostgermanischer Stämme gegen das Oderland zielte; denn dieses Gebiet war nur sehr dünn besiedelt und setzte daher vordringenden Scharen keinen Widerstand entgegen. Man hat in jüngster Zeit gute Gründe für die Zugehörigkeit der Burgunden zu den *Ostgermanen* angeführt; jedenfalls ist nicht zu bestreiten, daß sie in mancher Hinsicht den Goten nahestanden. Um die Mitte des 2. Jahrhunderts schob sich die Hauptmasse des Volkes nach Westen und Süden vor und setzte sich zunächst in *Schlesien* und in der *Niederlausitz* fest. Um 250 wanderten sie nach Westen, erschienen in den oberen Maingegenden und bedrängten die *Alemannen* im Rücken. Mit diesen lagen sie, um den Zugang nach *Gallien* zu gewinnen, in dauernder Fehde und waren so gleichsam die natürlichen Verbündeten der Römer. Der Wandalenzug riß sie weiter nach Westen über den *Rhein* hinaus, sie fielen in Gallien ein und eroberten *Worms*. Im Umkreis dieser befestigten keltisch-römischen Stadt *Borbetomagus* erwarb der erste König, *Gundahari*, der Gunther des Nibelungenliedes, durch Waffengewalt (406) und durch Vertrag (413) neue Sitze links des Rheins und gründete das sagenhafte Burgundenreich. Da den Burgunden ihr Gebiet bald zu eng wurde, fielen sie 435 in die benachbarte Provinz *Belgica* ein, wurden aber von *Aetius,* dem *Patricius* (Reichsverweser) des Weströmischen Reiches, zurückgeschlagen. Da dieser fühlte, daß er sich allein gegen die Germanen in Gallien nicht behaupten konnte, gewann er die *Hunnen* als Bundesgenossen. Mit ihnen vereint, griff er 437 plötzlich die Burgunden an. In einem Verzweiflungskampf wurden deren König und 20000 Krieger vernichtet, das kleine Reich rings um *Worms* wurde zerstört. Das ist die sagenberühmte Niederlage der Burgunden, die den historischen Kern des Nibelungenliedes bildet. An dem Kampf war der Hunnenkönig Attila selbst nicht beteiligt, aber die Verbindung dieses Sieges mit dem gewaltigen Hunnenherrscher war so naheliegend, daß nicht bloß die Sage, sondern auch spätere Historiker (wie z. B. *Paulus Diaconus*) ihm die Vernichtung der Burgunden zuschrieben. Der Erfolg des Aetius sollte sich jedoch als nur zeitbedingt herausstellen: schon sechs Jahre später sah er sich aus Gründen, die wir nicht kennen, bewogen, die Reste des burgundischen Stammes in das Weströmische Reich aufzunehmen und ihnen *Sapaudia* (Savoyen) als Wohnsitz anzuweisen. *Genf* wurde jetzt die Hauptstadt. Hier trat eine neue Dynastie, vielleicht westgotischer Herkunft, an die Spitze des durch Zuzug rechtsrheinischer Volksteile schnell wieder erstarkenden Stammes. Unter ihrem ersten König, *Gundowech,* wurde *Lyon* mit den umliegenden Gebieten besetzt und zur Hauptstadt erhoben (461). Gundowechs Bruder und Nachfolger *Chilperich I.* erweiterte die Grenzen im Kampf mit den *Westgoten* und *Alemannen.* Das Reich der Burgunden erlangte damals seine größte Ausdehnung: es erstreckte sich von Besançon im Norden bis zur Durance im Süden über das große Saône- und Rhônebecken. Die Grenzen in der Schweiz gegen die Alemannen deckten sich ungefähr mit der heutigen französisch-deutschen Sprachgrenze. Das Reich bestand bis 534. Es verlor durch einen Angriff der *Franken* seine Selbständigkeit und wurde nach kaum hundertjährigem Bestand dem *Merowingerreich* einverleibt. Die Burgunden gingen – wie so manch anderer germanischer Stamm – in fremdem Volkstum auf.

Aetius und Attila

Durch die Unfähigkeit und Schwäche der Kaiser, die nur noch dem Namen nach über das Weströmische Reich herrschten, war der Weg zu höchster Macht für ehrgeizige Befehlshaber des Heeres frei geworden. Allerdings fehlten die nötigen Truppen. Sie wurden ersetzt durch die föderierten Germanen und andere nichtrömische Bundesgenossen. Um ihre führende Stellung zu behaupten, versuchten die Kaiser, die mächtigsten Männer an ihrem Hof gegeneinander auszuspielen. Dazu kam der Wettstreit zwischen Ost- und Westrom um den Vorrang. Byzanz gab den Anspruch auf das Gesamtgebiet nicht auf, war aber bei jeder Beistandsleistung für Westrom nur auf den eigenen Vorteil bedacht. Aus diesem Widerspiel der Kräfte stieg ein kalt erwägender und bedenkenloser Mann auf: Aetius.

Flavius Aetius stammte aus einer vornehmen römischen Familie und war 390 geboren worden. Seine Jugend verlebte er als Geisel bei den *Hunnen*. Dadurch kam er in ein näheres Verhältnis zu diesen und hielt auch später die Verbindung mit ihnen aufrecht. Zuerst trat er in die Dienste *Ostroms*. Als aber *Galla Placidia* für ihren fünfjährigen Sohn *Valentinian III.* die Regierung übernahm, berief sie den gefährlichen Widersacher, der sich außerdem der militärischen Unterstützung der Hunnen erfreute, an ihren Hof und machte ihn zum Statthalter von *Gallien*. Sein Streben war, die Reste römischer Herrschaft in Gallien, wo sich Westgoten, Franken und Alemannen ausgebreitet hatten, zu behaupten. Er, der »letzte Römer«, wandte sich betont von der Politik des Kaisers *Theodosius* ab, der durch das gute Einvernehmen mit den Germanen noch einmal die innere Widerstandskraft des römischen Imperiums stärken wollte, und drängte den germanischen Einfluß in Gallien soweit wie möglich zurück. Unter ihm fanden wir im Heer und in der Verwaltung fast keine germanischen Namen; wo er fremde Kräfte nicht entbehren konnte, verwendete er mit Vorliebe Hunnen. Auch in seiner äußeren Politik stellte er sich den neuentstandenen Reichen der Germanen in offener Feindschaft gegenüber. Er hatte

jedoch keinen besonderen politischen Scharfblick, da er in erster
Linie nicht Afrika, die eigentliche Stütze Italiens, sondern Gallien für das Imperium zurückzugewinnen versuchte.

Inmitten dieses Kräftespiels wuchs *Attila* heran. Mehr als ein
halbes Jahrhundert waren die Hunnen an der unteren *Donau* in
Teilreichen gesessen und hatten sich mit gelegentlichen Raubzügen begnügt. Allem Anschein nach unterstanden sie keinem Anführer und lebten daher ein wildes und ungezügeltes Leben. Erst
Rua (Rugila, gestorben 434) und *Oktar* haben den größten Teil
des Volkes zu einem Reich vereinigt. Als Doppelkönigtum, das
bei den Nomaden häufig und für sie eigentümlich ist, begann Attilas Herrschaft, der sie mit seinem Bruder *Bleda* teilte. Erst nach
der Beseitigung des Mitregenten (445 oder 446) lag die Regierung in Attilas Händen allein. Attila ist ein gotisches Wort.
Wahrscheinlich haben die *Goten* eine bei den Hunnen übliche
Bezeichnung in ihre Sprache übersetzt. Durch Lautwandel entstand *Etzel*, der uns im *Nibelungenlied* begegnet. Der Name bedeutet »Väterchen«. Manch wilder Zug zeigte sich in seiner Lebensweise, doch tauchen die Bezeichnungen *virga Dei* (Gottes
Zuchtrute) erst im 7. Jahrhundert bei *Isidor von Sevilla* und
flagellum Dei in der Legende des heiligen *Lupus* im 8. oder 9.
Jahrhundert auf. Man muß sich Attila ganz anders vorstellen, als
ihn die Überlieferung zeichnet.

Attila war von kleinem Wuchs, aber von kraftstrotzender Gesundheit und großer Willensstärke. Voll Selbstbewußtsein und
Majestät war sein Auftreten. Er hielt aber durchaus auf Etikette
und formgerechtes Verhalten. Obwohl die Hunnen auch jetzt
noch am Nomadenleben festhielten, bestand doch schon eine
patriarchalisch geordnete Regierung mit einer Art *Hauptstadt* in
Westdakien, östlich der oberen *Theiß*. Wir besitzen über das
Treiben an Attilas Hof einen ausführlichen Bericht des griechischen Rhetors und Geschichtsschreibers *Priskus*, der im Jahr
446 mit einer oströmischen Gesandtschaft zum Hunnenkönig
kam. Die Residenz bestand aus Hütten. Sein vornehmer Hof-
staat führte ein ausschweifendes, üppiges Leben. Er selbst blieb
mäßig und bescheiden, ließ seinen Gästen die feinsten Bissen auf

Gold- und Silbergeschirr auftischen, begnügte sich selbst aber mit Holztellern und -bechern. Für ihn arbeitete eine richtige *Kanzlei,* seine diplomatischen Verbindungen erstreckten sich fast über den gesamten Mittelmeerkreis. Abgesandte aus aller Herren Länder trafen sich an Attilas Hof, Beauftragte aus Byzanz, Wandalen aus Nordafrika, Westgoten als Sendboten des Tolosanischen Reiches und Legaten des weströmischen Statthalters Aetius. Die Sprachen des hunnischen Königshofes waren neben der eigenen barbarischen das Gotische und Lateinische, in Ausnahmefällen auch das Griechische. Ganz unleugbar war er zu Verhandlungen stets geneigter als zu kriegerischen Entscheidungen, denn er versuchte nicht mehr – anders als seine Stammesgenossen vor 70 Jahren – in brausendem Reitersturm alles über den Haufen zu rennen, sondern war sorgsam bestrebt, ehe er etwas unternahm, sich durch Gewinnung von Bundesgenossen den Erfolg zu sichern. Welche Landstriche sein Riesenreich bildeten, darüber fehlen zuverlässige Angaben. Man wird annehmen dürfen, daß es vom *Schwarzen Meer* bis zur *Ostsee* und im Westen bis nach *Süddeutschland* hinein reichte. Darin wohnten *Ostgoten:* die ostgermanischen Stämme der *Gepiden, Heruler, Skiren* und *Rugier,* ferner *Alanen, Slawen, Thüringer, Markomannen* und andere *suebische Völker.* Attilas Regierungsweise war patriarchalisch und mild, die einzelnen Völker spürten keine Beschränkung ihrer Freiheit. Daher stand der König auch bei allen in höchstem Ansehen, er wurde fast abgöttisch von ihnen verehrt.

Die ersten Angriffe unternahm Attila gegen das Byzantinische Reich. Dort suchte er Beute und Machtausdehnung. Im Jahr 447 drang er in einem großen Raubzug bis zu den *Thermopylen,* bis *Gallipoli* und zum *Bosporus* vor. 449 kam es zum Frieden, der für das Ostreich ziemlich demütigend ausfiel. Schon nach zwei Jahren aber brach Attila nach dem Westen auf. Was ihn zu diesem Angriff veranlaßte, der im Hinblick auf das bisherige gute Einvernehmen mit Aetius unvermutet kam, bleibt dunkel. Angeblich soll Attila die Schwester des Kaisers *Valentinian III., Honoria,* zur Gattin begehrt haben, aber wegen der daraus sich ergebenden erbrechtlichen Folgen abgewiesen worden sein. Ein Grund wird vielleicht in dem Umstand zu suchen sein, daß das schon oft heimgesuchte *Ostreich*, das überdies in dem Nachfolger des erbärmlichen Kaisers Theodosius II., *Marcianus*, einen tapferen Verteidiger fand, der alle Tributzahlungen einstellte, den Hunnen weniger zu bieten schien als der wehrlose Westen. Es wäre auch möglich, daß *Geiserich* mit allen Mitteln den Hunnenkönig zum Angriff gegen Westrom gereizt hatte, wie manche historische Quellen durchblicken lassen. Denn der Wandale mußte ja fürchten, Aetius würde jede Gelegenheit benützen, die Kornkammer Italiens zurückzuerobern.

Jedenfalls steht aber fest, daß Attila 451 mit einer ungeheuren Heeresmacht den *Rhein* überschritt. In seinem Heer zogen außer den Hunnen auch etliche germanische Völker, vor allem die *Ostgoten*. Jeder Landstrich, den sie berührten, wurde zur Wüste gemacht. Alle römischen Festungen wurden zerstört. *Metz* fiel trotz tapferen Widerstandes und trotz seiner festen Mauern. Nur eine einzige Kapelle soll die Stelle bezeichnet haben, wo früher die Stadt gestanden hatte. Der Vorstoß gegen *Gallien* führte bis nach *Orleans*, dem einstmals wichtigen militärischen Stützpunkt. Nach langwieriger Belagerung wurde die Festung genommen. Da kam unerwartet Hilfe. Inzwischen hatte nämlich *Aetius* im Anblick der Gefahr ein Bündnis zwischen Rom und dem westgotischen König *Theoderich* zustande gebracht und durch ein Entsatzheer Attila zum Rückzug aus Orleans gezwungen. Der Hunne wendete sich nach Osten gegen *Troyes*. Aetius folgte ihm. In der Ebene von *Catalaunum* (zwischen Troyes und Chalôns-sur-Marne), in der Wüstung *Maurica* (heute Moirey), kam es im Sommer 451 zur Schlacht. Dieses entsetzliche Gemetzel auf den Katalaunischen (mauriacensischen) Feldern dauerte der Sage nach drei Tage und drei Nächte, ihm sei nach der Erzählung eines alten Schriftstellers keines aus der damaligen oder früheren Zeit zu vergleichen gewesen. Der Westgotenkönig *Theoderich* blieb auf der Walstatt, vielleicht durch die Hand eines Ostgoten getroffen, sein Sohn *Thorismund*, dem Krieg auf seiten der Römer abhold, wurde noch auf dem

Schlachtfeld vom Heer zum Nachfolger ausgerufen. Die Römer errangen ihren letzten Sieg, dessen Früchte sie allerdings nicht ernten konnten. Aetius lag daran, daß die Hunnen nicht völlig aufgerieben würden, um in ihnen ein Gegengewicht gegen die immer stärker werdenden Germanen zu haben. Daher bewog er Thorismund unter Hinweis auf Umtriebe seiner Brüder, die ihm zu Hause die Herrschaft streitig machen wollten, zur Rückkehr. Ein Triumph der Westgoten war ihm auch deshalb nicht erwünscht, da er allzu deutlich die sinkende Macht des römischen Imperiums geoffenbart hätte. Durch dieses selbstsüchtige, gewagte Gaukelspiel des Aetius blieb die Schlacht, die so viele Menschenleben gefordert hatte, eigentlich ohne Erfolg und Entscheidung. Attila konnte, ungehindert von den Römern und ihren Bundesgenossen, einen geordneten Rückzug nach *Ungarn* antreten. Er hatte mit der Möglichkeit einer Niederlage gerechnet und eine Pyramide von Pferdesätteln auftürmen lassen, um darauf verbrannt zu werden, falls die Gefahr bestünde, dem Feind in die Hände zu fallen.

Attilas gallischem Feldzug dürfte hauptsächlich deshalb kein Erfolg beschieden gewesen sein, weil ihm die geeinte Macht der Römer und Westgoten gegenübergestanden war. Das gleiche war kaum zu befürchten, wenn er das Weströmische Reich von einer anderen Seite, weit weg von den gotischen Sitzen, angriff. Es war daher politisch ganz richtig, daß er jetzt *Italien* selbst zum Ziel seiner Unternehmung wählte. Im Frühjahr 452 überschritt er die Julischen Alpen und legte *Aquileia* völlig in Schutt und Asche. Bald war die ganze Poebene in seiner Gewalt, auch *Pavia* und *Mailand*. Seine Berechnung erwies sich als zutreffend: von einer westgotischen Hilfe war keine Rede, und Aetius verhielt sich merkwürdig untätig. Vielleicht war er davon überzeugt, daß er allein der Macht der Hunnen nicht gewachsen war. Viele Bewohner der Städte flüchteten damals auf die Inseln in der Adria, weshalb die Anfänge *Venedigs* gewöhnlich in diese Zeit verlegt werden. Von einem Zug nach *Rom* nahm Attila aber aus freien Stücken Abstand. Eine legendäre Überlieferung führt diesen Verzicht auf die Überredungsgabe des Papstes *Leo I.* zurück, der unerschrocken dem Hunnenkönig am *Minicio* entgegentrat. Welche Gründe in Wirklichkeit maßgebend waren, darüber lassen sich nur Vermutungen anstellen, die allerdings kaum viel von der Wahrheit abweichen werden. Der Zug nach Italien bezweckte gewiß keine dauernde Unterwerfung des Landes, dafür war er zuwenig vorbereitet; es sollte im wesentlichen nur ein Raubzug in größerer Aufmachung als bisher sein. Von einer drohenden Vernichtung des Abendlandes durch die Hunnen kann keine Rede sein. Im Heer Attilas überwog, wie bei einem Nomadenvolk üblich, die *Reiterei*. Das hätte sich sofort als Nachteil ausgewirkt, wenn der Hunnenkönig aus der Poebene in das Bergland Mittelitaliens vorgedrungen wäre. Weiters bestand die Gefahr, daß der oströmische Kaiser *Marcianus* von Osten her die Rückzugslinie bedrohen könnte. Endlich aber mußte es Attila nach den Erfahrungen auf den Katalaunischen Feldern daran liegen, taktische Entscheidungen soviel als möglich zu vermeiden, da seine zusammengewürfelten Scharen selbst einem viel kleineren richtigen Heer nicht gewachsen waren. Jedenfalls verließ er Italien mit dem Bewußtsein, in der Hauptsache erreicht zu haben, was er gewünscht hatte, und gab sich mit den reichen Geschenken und Tributen zufrieden. Er soll sogar an einen zweiten Zug nach Gallien gedacht haben. Da setzte im nächsten Jahr (453) bei seiner Hochzeit mit der Burgundin *Hildico* ein Blutsturz seinem Leben ein Ende. Dieser historischen Tatsache liegt Etzels Ermordung zugrunde, von der die altgermanisch-nordische Sage erzählt.

Attilas Söhne konnten den Großstaat, der bei aller Bedrohung des Oströmischen Reiches doch auch die Germanen an der Donaugrenze gezügelt hatte, nicht halten, sie teilten ihn. Dieser Machtverlust ermöglichte den Sieg der abhängigen Völker, die sich unter des Gepiden *Ardarich* Führung erhoben. Bald war das ganze Reich Attilas zerfallen. Die Mehrzahl der *Hunnen* kehrte in das Gebiet am *Dnjestr* und *Dnjepr* zurück, während die *Gepiden* von Kaiser Marcianus *Siebenbürgen* und die *Walachei*, die *Ostgoten Pannonien*, die *Sarmaten Obermösien* und die *Alanen Niedermösien* erhielten.

Aber auch der Gegenspieler Attilas, Aetius, der seine gotischen Mitkämpfer um den Sieg betrogen hatte, sollte sich seines Erfolges nicht lang erfreuen. Als er, um seine Stellung zu sichern, die Vermählung seines Sohnes mit der Kaisertochter *Eudoxia* verlangte, tötete ihn Valentinian bei einem Wortwechsel mit eigener Hand (454). Denn der Kaiser hegte im Bewußtsein seiner eigenen Unfähigkeit und der Feindschaft vieler Höflinge, die er durch seine Schandtaten aufs schwerste beleidigt hatte, den nicht unbegründeten Argwohn, der große Mann strebe nach seinem Untergang und wolle die eigene Familie auf den Thron bringen. Aber schon im folgenden Jahr (455) wurde Valentinian, der letzte Regent aus dem Haus des großen Theodosius, auf Anstiften des reichen Senators *Petronius Maximus* von zwei germanischen Soldaten des Aetius vor den Augen des Volkes ermordet. Hierauf wurde Maximus zum Kaiser ausgerufen.

Die Westgoten in Spanien

Das westgotische Reich war gut unterbaut. Die Masse des Volkes saß in Gallien, wo es auch – im Gegensatz zu den Wandalen – mit den *Römern* vermischt siedelte. Die Hauptstadt des Reiches war *Tolosa* (Toulouse). Das Bestreben der Könige richtete sich auf Erweiterung ihrer Herrschaft sowohl gegen Rom wie nach Westen gegen die Germanen in Spanien. Mit Rom war bald Krieg, bald Frieden. Bereits *Theoderich I.* sprengte das Föderatenverhältnis und damit die Anerkennung der römischen Oberhoheit. Sie wurde nach der Ermordung *Thorismunds* von *Theoderich II.* (453–466) zwar noch einmal erneuert, dann aber von *Eurich* (466–484) endgültig beseitigt.
Theoderich II. drang auch in Spanien vor, das ihm von dem ihm befreundeten weströmischen Kaiser *Avitus* überlassen wurde. Hier waren nach dem Abzug der Wandalen die *Sueben* zurückgeblieben. Sie waren aber zu schwach an Zahl, um eine wirkliche Herrschaft auszuüben. Ebensowenig gelang es den Römern, sie völlig zu verdrängen. Der Höhepunkt der suebischen Macht fiel

unter *Rechila* († 448). Richtig feste Sitze hatten die Sueben nur
im Nordwesten, in *Galicien*, wo auch eine wirkliche Landteilung stattfand. Außerhalb dieser Gebiete suchten sie nicht
Ansiedlung, sondern nur Raub. Theoderich II. besiegte sie und
seinen Schwager *Rechiar*, den Sohn Rechilas, doch kann von gänz-
licher Unterwerfung nicht die Rede sein. Seine größte Ausdehnung erreichte das Westgotenreich jedoch erst unter *Eurich*, der
seinen Bruder Theoderich II. im Jahr 466 gewaltsam beseitigte.
Ja man kann sagen, daß es an innerem Hader weder bei Wandalen, Ostgoten noch bei den Langobarden fehlte, der aber von
den westgotischen Wirren weit übertroffen wurde. Von 34 Königen starben nur 14 eines natürlichen Todes. Und trotzdem
hielt sich das Westgotenreich, während Wandalen und Ostgoten
dem Ansturm des Feindes erlagen. Gewiß spricht dabei wesentlich mit, daß die Westgoten das Glück hatten, trotz vorüberge-
hender Mißregierungen immer wieder hochbegabte Herrscher
zu finden, die es verstanden hatten, das Reich nach innen und
außen zu kräftigen, veraltete Einrichtungen zeitgemäß zu ändern und durch geeignete Maßnahmen die wirtschaftliche und
militärische Kraft des Staates zu stärken. Ebenso wichtig aber
war es, daß auch zur Zeit, in der das Westgotenreich Feindseligkeiten der *Byzantiner* ausgesetzt war, in der sich hier doch schon
alles weit fester gestaltet hatte, aus den Gewaltzuständen der ersten Eroberung dauernde Grundformen erwachsen waren und
sich alle Gegensätze mehr ausgeglichen hatten, als es bei Ostgoten und Wandalen der Fall war. So fanden die Westgoten zunächst in Eurich einen Führer, wie sie seit Alarich keinen gehabt
hatten. Er war tapfer, kühn im Krieg, schlau und geschickt im
Verhandeln und von schonungsloser Energie und Härte, wenn
es die Verfolgung seiner Ziele galt. Weitblickend jede sich dar-
bietende Situation ausnützend, führte er das Westgotenreich auf
den Höhepunkt seiner Macht. Er kämpfte in *Gallien* siegreich
gegen die Römer, gelangte in den Besitz des Landes zwischen
Loire und *Rhône* und vollendete die Eroberung *Spaniens* in der
Hauptsache.
Die Festigung des Reiches hatte den inneren Aufbau zur Folge.

König Eurich schuf eine Gesetzessammlung, die als *Codex Euricianus* teilweise auf uns gekommen ist. Bei den umfangreichen diplomatischen Beziehungen und dem regen Handelsverkehr, die der König mit vielen Völkern unterhielt, fanden sich in dem Codex auch verschiedene Bestimmungen über den Schutz der Fremden und Reisenden sowie über den Verkehr mit der römischen Bevölkerung.

Das mächtige Reich sank unter dem schwächlichen König *Alarich II.* von seiner Höhe. Als im Jahr 486 der bei *Soissons* geschlagene römische Statthalter *Syagrius* auf westgotischem Gebiet Schutz suchte, lieferte ihn der Gotenkönig auf Verlangen des siegreichen *Chlodowech* ohne weiteres aus, der ihn ermorden ließ. Diese Nachgiebigkeit reizte die Angriffslust der *Franken*. Es kam 494 mit ihnen zum erstenmal zum Krieg, der nach wechselvollen Kämpfen durch den auf einer Loireinsel bei *Amboise* abgeschlossenen, von dem Ostgotenkönig *Theoderich dem Großen*, Alarichs II. Schwager, vermittelten Friedensvertrag vorläufig beendet wurde (um 502).

Die Westgoten waren wie die Ostgoten, Wandalen, Burgunden und Langobarden Anhänger der Lehre des alexandrinischen Presbyters *Arius*, des *Arianismus*, jener Lehre, die in Jesus Christus nicht Gott, sondern ein mit göttlichen Kräften ausgestattetes Geschöpf sah, das von Gott als Sohn angenommen wurde. Obwohl die Westgoten fest an ihrem arianischen Glauben hingen, ließen sie sich durch den religiösen Gegensatz zu den *Katholiken* zu keinen Verfolgungen hinreißen, wie es bei den Wandalen der Fall war. Nicht nur die Kultusfreiheit blieb unangetastet, auch die Bischofssitze wurden den Katholiken belassen, und sogar das Verbot für Römer, arianische Kirchen zu bauen, behielt Gültigkeit. An der Oberhoheit des Staates über die *Kirche* hielten die Könige allerdings fest und beanspruchten insbesondere bei der Besetzung der Bischofsstühle maßgebenden Einfluß. Streitigkeiten haben natürlich nicht gefehlt, aber es handelte sich stets nur um staatliche Maßnahmen gegen einzelne Bischöfe, nicht aber gegen die katholische Kirche als Gesamtheit.

Gemme mit dem Bildnis des Westgotenkönigs Alarich II. (484–507); Kunsthistorisches Museum, Wien.

Mosaik mit wandalischem Reiter aus Karthago (um 500); British Museum, London.

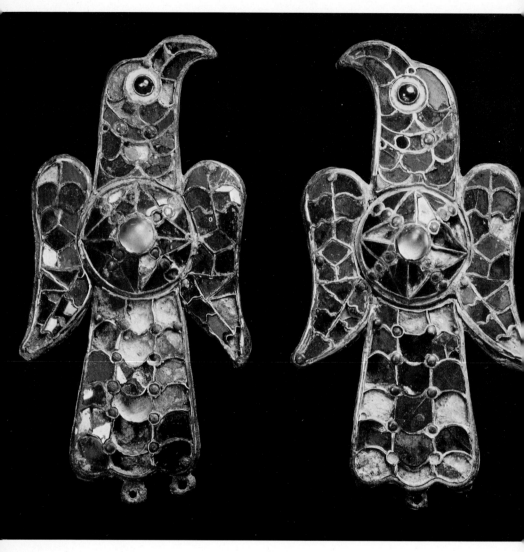

Westgotische Adlerfibeln (um 500); The Walter's Art Gallery, Baltimore.

Es ist begreiflich, daß sich Westgoten und *Römer* lang als Angehörige verschiedener Völker fühlten. Noch am Ende des 5. Jahrhunderts trugen die Westgoten Pelze und beharrten auf der eigentümlichen heimischen Haartracht. Die kaiserlichen Gesetze, die Ehen zwischen Westgoten und Römern verboten, wurden auch von den westgotischen Königen aufrechterhalten. Für beide Völker galt verschiedenes Recht. In den Romanen erblickte man keineswegs nur Untertanen zweiter Klasse. Wohl waren sie vom Heer anfangs ausgeschlossen, aber schon von *Wallia* wurden sie für wehrfähig und wehrpflichtig erklärt, und bald setzten sich die einzelnen militärischen Einheiten aus Goten und Römern zusammen. An staatsrechtliche Beschränkungen wurde nie gedacht, ebensowenig fanden, abgesehen von jener ersten Landteilung, Eingriffe in das Eigentum der Romanen statt. Schnell gelangten die Römer wieder zu Wohlfahrt und Ansehen. Die römische Ämterorganisation blieb auch hier bestehen, ebenso die römische Stadtverwaltung. Auch die Rechtsprechung in der unteren Instanz blieb den Römern gewahrt; erst das Gericht der Oberinstanz war für Römer und Germanen gemeinsam. Religiöse und nationale Gegensätze waren also auch hier vorhanden, aber der Boden für eine allmähliche Verschmelzung der beiden Nationalitäten war doch von vornherein gegeben, vor allem, weil hier den Römern bald das Heer geöffnet wurde.

Ehe freilich ein derartiger Ausgleich erfolgte, gingen kampfvolle Stürme über die Westgoten hinweg. Der Gegensatz zum *Frankenreich* führte unausbleiblich zum offenen Krieg. *Chlodowech* (Chlodwig) hatte den Plan, sein Reich durch die Eroberung westgotischer Gebiete zu vergrößern, nicht aufgegeben und zog daher unter dem Feldruf, den *Katholizismus* gegen den Arianismus verteidigen zu müssen, gegen Alarich II. Theoderich der Große versuchte durch Gesandtschaften und Verhandlungen den Konflikt beizulegen, konnte sich aber nicht völlig durchsetzen, da er im eigenen Land durch ein gespanntes Verhältnis zum Kaiser gebunden war. In der vogladensischen Ebene, zehn Meilen von *Poitiers* entfernt, beim heutigen Vouillé, kam es zur Schlacht zwischen den Franken und Westgoten. König Alarich verlor sie und sein Leben (507). Große Teile des gallischen Besitzes fielen an die Franken, auch die Hauptstadt Tolosa. Der Ostgotenkönig holte zum Gegenschlag aus. Seinem Eingreifen unter dem Feldherrn *Ibba* war es zu danken, daß die völlige Zerstörung des gallischen Westgotenreiches abgewandt wurde. Es verblieb noch das Land um *Narbonne* mit dieser als Hauptstadt. Theoderich führte für seinen Enkel *Amalarich* die Herrschaft. Erst nach dem Tod des Ostgotenkönigs wurde das westgotische Reich wieder selbständig, aber es hatte auch den Rückhalt eingebüßt, den Theoderichs Politik hatte bieten können, die auf die Förderung der Gesamtinteressen der germanischen Staaten hinzielte.

Unter den nächsten Herrschern wurde die völlige Eroberung *Spaniens*, was nach den gallischen Verlusten auf der Hand lag, in Angriff genommen, aber nur mit geringem Erfolg gefördert. Eher machten die *Byzantiner* Fortschritte, als daß ihnen Terrain abgenommen wurde; schon schien dem Westgotenreich das Schicksal der Ostgoten zu drohen. Da brachte die Herrschaft des Königs *Leuwigild* (569–586) eine Wendung. Sein Bruder hatte ihn zum Mitregenten genommen, und schon bei dessen Lebzeiten führte er in Spanien die Herrschaft, aber erst als Alleinherrscher entfaltete sich seine Politik zu vollem Glanz. Aufs schärfste betonte er die seit Theoderich I. tatsächlich schon vorhandene Selbständigkeit des Reiches, was sich auch in der Münzprägung ausdrückte. Er setzte als erster seinen Namen neben den des römischen Kaisers und tat bald den weiteren Schritt, daß er nur unter seinem Namen, ohne den des Kaisers, prägte. Auch im Äußeren kehrte er den Herrscher mehr als seine Vorgänger hervor: er trug ein Purpurgewand, die Goldkrone und das Zepter. Den schon lang, aber nur zögernd geführten Kampf gegen die Byzantiner in Spanien nahm er mit Energie und Feuer auf. Er eroberte *Córdoba* und *Málaga* und beschränkte Byzanz auf einige Küstenstädte. Noch nach einer anderen Seite dehnte Leuwigild das westgotische Reich aus, indem er die westgermanischen *Sueben* unterwarf, die einst bei der Ansiedlung in Spanien den Nordwesten erhalten hatten und für kurze Zeit nach dem Abzug der Wandalen das einzige germanische Volk in Spanien gewesen waren. Sie konnten sich aber diese günstige Gelegenheit nicht zunutze machen, da ihre Bevölkerung zu gering war. Sie durchzogen wohl die Halbinsel raubend und plündernd, ohne jedoch dauernde Niederlassungen zu begründen.

Zu den schwierigen politischen Verhältnissen kamen die religiösen. Der schon genannte suebische König *Rechila* († 448) gehörte noch dem *Heidentum* an, sein Nachfolger *Rechiar* war *Katholik*, heiratete aber eine *Arianerin*. Doch diese Bekehrung zum Katholizismus war keineswegs endgültig. Unter dem Einfluß des mächtigen westgotischen Nachbarn gewann der Arianismus an Boden, so daß gegen Ende des 5. Jahrhunderts das Volk, soweit es sich zum Christentum bekannte, dem arianischen Bekenntnis angehörte. Erst ziemlich spät gelang es der katholischen Kirche, die sich in Spanien immer behauptet und im Suebenreich stets Einfluß ausgeübt hatte, hier eine abermalige Wendung herbeizuführen. Um 563 traten König *Theodemir* und sein Volk zum *Katholizismus* über. Nach außen hin sahen sich die Sueben bei ihrer geringen Macht gegenüber dem kühn aufstrebenden Westgotenreich von vornherein in die Abwehr gedrängt. Die tatkräftigen westgotischen Herrscher trugen Waffen auch gegen die Sueben, vor allem beschränkte Eurich sie auf das galicische Gebiet. Unter Alarichs II. schwachen Nachfolgern trat auch hier ein Stillstand des Vordringens ein, das nun von Leuwigild um so energischer aufgenommen wurde.

Als bei der Empörung *Hermenigilds,* des ältesten Sohnes Leuwigilds, die *Sueben* mit ihrem König *Miro* den Aufstand unterstützten, wurde ihr Heer von Leuwigild eingeschlossen (583). Sie mußten die westgotische Oberhoheit anerkennen und Heerfolge versprechen. Wohl wurde durch *Audeca* noch einmal der Versuch gemacht, die Unabhängigkeit wiederherzustellen, aber dies führte zum völligen Zusammenbruch des Reiches. Leuwigild siegte bei *Oporto* überlegen, Audeca mußte ins Kloster (585), und das Gebiet der Sueben wurde ganz dem Nachbarreich einverleibt. Im wesentlichen war dadurch Spanien für die Westgoten gewonnen. Es war gewissermaßen der äußere Ausdruck für die Tatsache, daß der politische Schwerpunkt des Reiches sich geändert hatte, als Leuwigild seine Residenz dauernd nach *Toledo* verlegte. Zugleich versuchte er auch diplomatisch das Errungene zu sichern, indem er sich bemühte, mit dem *Frankenreich* in freundliche Beziehungen zu treten. Das Mittel zur Anbahnung eines besseren politischen Verhältnisses glaubte er, ebenso wie manche seiner Vorgänger, in einer dynastischen Verbindung zu finden. Er vermählte seinen Sohn *Hermenigild* mit *Ingunthis*, der Tochter des Frankenkönigs *Sigibert I.* Freilich sollte sich gerade diese Heirat bald als verfehlt herausstellen.

Ebenso wie nach außen, bedeutete auch im Innern die Regierung Leuwigilds einen neuen Aufschwung des Königtums. Den ersten Schritt tat er damit, daß er das *Eheverbot* zwischen *Germanen* und *Romanen* aufhob, um das Verhältnis zwischen den beiden Völkern zu entspannen. Sehr bedenklich war die rasche Machtzunahme der *Aristokratie*, die auch hier insbesondere auf Kosten der kleineren Freien erfolgte. Die Westgoten hatten in *Gallien* und Spanien, ebenso wie die Franken in Gallien, bei der römischen Bevölkerung eine ganze Reihe persönlicher Abhängigkeitsverhältnisse vorgefunden. Diese blieben nicht nur bestehen, sondern dehnten sich durch die Verteilung von Krongut allmählich auch auf die *Goten* aus, so daß neben dem römischen auch gotischer Großgrundbesitz entstand. Es war eben alles zu sehr auf *Latifundienbetrieb* angelegt, als daß an Stelle dessen mit einemmal die kleinbäuerliche Wirtschaft hätte treten können. Die Folge war einerseits das Aufkommen einer zahlreichen Klasse persönlich freier, doch sachlich abhängiger Leute, anderseits einer neuen Aristokratie, die mehr auf dem Besitz als auf einem Amt beruhte und sich sowohl aus Römern wie aus Germanen zusammensetzte. Bald nahm der Grundherr völlig die Verfügung, ja die Herrschaft über die kleinen Freien seines Gebietes in Anspruch: wer ihm nicht gehorchen wollte, wurde mit Gewalt dazu gezwungen. Damit schmolz der freie *Bauernstand*, auf dem der altgermanische Staat und seine Wehrkraft beruhten, zusammen. Je schwächer das Königtum war, um so mehr übte der *Adel* eine gesetzlose Willkürherrschaft über die kleinen

Leute aus. Die Ausdehnung ihrer Macht nach unten bot der Aristokratie zugleich das Mittel, ihr Ansehen nach oben zu erweitern. Gestützt auf die von ihr abhängigen Menschen, versuchte sie, dem Königtum als gleichberechtigter Faktor gegenüberzutreten. Sie gewann im Staatsrat Einfluß auf die Leitung der Regierungsgeschäfte: Wenn sich der Herrscher ihren Wünschen widersetzte, scheute der Adel vor Empörung und offener Gewalttat nicht zurück, er erhob oder stürzte die Könige nach Belieben.

Diesen Zuständen wollte Leuwigild nun soviel als möglich Einhalt tun. Er trat dem unbotmäßigen Adel mit Härte entgegen. Verbannung oder gar Todesstrafe trafen diese Widersacher des Königtums. Sehr richtig erkannte Leuwigild die beiden Punkte, an denen er zur Stärkung der königlichen Macht den Hebel anzusetzen hatte. Vorerst versuchte er die materielle Stellung des Herrschers zu stärken. Nicht nur, daß er aus der Kriegsbeute und vermöge strafrechtlicher Einziehung des gegnerischen Besitzes den Schatz vermehrte, auch die Steuern wurden erhöht. Noch wichtiger war der zweite Schritt: die Beseitigung der Unsicherheit in der *Thronfolge*. Hier lag der Hauptgrund für die Schwäche des Königtums. Es gab keine Erblichkeit der Krone. Der Thron wurde in freier Wahl vergeben. Wählbar war den Vorschriften nach jeder freie Gote. Wähler waren anfangs gesetzmäßig alle Freien, später aber nur die Bischöfe und die weltlichen Großen. Diesen Zustand, der das Königtum ganz von der Aristokratie abhängig machte, versuchte Leuwigild zu ändern, indem er 572 seine Söhne *Hermenigild* und *Rekkared* zu *Mitregenten* machte. Damit war entschieden der Übergang zur vollen Erblichkeit angebahnt.

Da wurde jedoch alles Errungene durch inneren Zwist wieder in Frage gestellt. Denn Hermenigild empörte sich gegen seinen Vater (580). Es scheint, es habe sich der Adel bemüht, den Thronfolger für sich zu gewinnen. Mit dem inneren Widerstand verband sich sofort die äußere Erhebung: *Basken* und *Sueben* traten auf die Seite Hermenigilds. Die *Franken* und *Byzantiner* hingegen benützten den *Bürgerkrieg* zum Angriff auf das Westgotenreich. Aber die Macht Leuwigilds war bereits zu fest verwurzelt, um dem Ansturm der Gegner zu erliegen. Rasch hatte er die äußeren und inneren Feinde besiegt und nützte die Parteinahme der Sueben gegen ihn, um deren Reich völlig zu unterwerfen. Hermenigild wurde zuerst nach Valencia verbannt, etwas später (585) ließ ihn Leuwigild enthaupten. Im folgenden Jahr starb der König, der letzte Vertreter des alten, selbstbewußten, rein weltlichen Königtums.

Unter seinem Sohn und Nachfolger *Rekkared I.* (586–601) geschah ein weiterer entscheidender Schritt in der Entwicklung des westgotischen Staates: die Herstellung der engen Verbindung zwischen *Königtum* und Kirche durch den Übertritt des Königs zum *Katholizismus. Ein Konzil zu Toledo* (589) drückte dem die feierliche Weihe auf. Das Volk folgte schnell dem Beispiel des Königs. Das Maßgebende bei Rekkareds Übertritt war sicher einerseits der Wunsch, dem religiösen Gegensatz ein Ende zu bereiten. Denn dies war der einzige Weg, jeder andere stellte sich als ungangbar heraus, wie das Scheitern von Leuwigilds Versuch, den Übertritt zur arianischen Staatskirche zu erleichtern, zeigte. Anderseits war es des Königs Bestreben, in der Kirche eine Stütze gegen den weltlichen Adel zu gewinnen. Selbstverständlich war er persönlich aufgrund seiner Erziehung und seines Umgangs von der besseren Sache des Katholizismus überzeugt. Die letzten Reste des *Arianismus* wurden bald unterdrückt, das Westgotenreich hatte, ebenso wie das Frankenreich, zur religiösen Einheit gefunden. Staat und Kirche verschmolzen völlig. Die arianische Überlieferung dürfte dazu beigetragen haben, daß die westgotische Landeskirche noch mehr als die fränkische unter königliche Führung kam. Erst im 7. Jahrhundert setzte sich die Autorität der Bischöfe in steigendem Maß gegenüber den schwächer werdenden Königen durch.

Die Machtstellung des *Königs,* wie sie namentlich durch Leuwigild befestigt wurde, war so bedeutend, daß seine Überlegenheit gegenüber dem Adel und der Kirche außer Frage stand. Denn wie die Amts-, Polizei- und Finanzhoheit, waren auch Gesetzgebung, Rechtsprechung und Heerwesen Vorrechte des Königs.

Theoretisch kannte das westgotische Staatsrecht eigentlich nur einen Machtfaktor, den König. War auch seine Gewalt verfassungsmäßig und nicht unbeschränkt, so waren doch die rechtlichen Hindernisse, die der Ausbildung einer umfassenden Alleinherrschaft entgegenstanden, wenig bedeutend. Wohl aber trafen derartige Bestrebungen auf den Widerstand einer Machtgruppe, von der zwar das Staatsrecht nichts, die Wirklichkeit aber desto mehr wußte, auf den der *Aristokratie*. Auf dem Gegensatz Königtum–Adel beruhte seit Alarich II. die westgotische Geschichte. Infolge solcher Zwistigkeiten wäre das Reich einem starken äußeren Angreifer wohl ebenso früh erlegen wie das der Wandalen und der Ostgoten, aber der fehlte. Das *Byzantinische Reich* war mit der Eroberung Nordafrikas und Italiens an den Rand seiner Leistungsfähigkeit gekommen; bei der steten Persergefahr konnte es nur vorübergehend schwache Vorstöße nach dem fernen Spanien richten. Indes, selbst diese brachten ihm den Besitz der südöstlichen Küste und Córdobas. Gegen den zweiten Feind aber, den Franken, schützten die Pyrenäen.

Rekkared warf mit Hilfe des katholischen Episkopats die Aufstände des Adels und des arianischen Klerus nieder. So gefestigt war seine Macht, daß, freilich erst durch eine Wahl, sein Sohn *Leuwa II.* (601–603) auf ihn folgte. Er wurde allerdings bald durch einen Aufstand entthront. Die nächsten Jahre brachten der Monarchie schwere Einbußen. Es folgten schwache Herrscher, die alle wenig Talent entwickelten. Erst mit *Sisibut* (612–620) kam wenigstens in die äußere Politik wieder ein energischerer Zug, und nach langer Pause wurde die Angriffspolitik Leuwigilds gegen die Byzantiner so kraftvoll aufgenommen, daß der oströmische Kaiser *Herakleios* den byzantinischen Küstenstrich am Mittelmeer endlich abtreten mußte. Was Sisibut begonnen hatte, vollendete *Swinthila* (621–631). Unter ihm fielen die letzten byzantinischen Häfen in die Hände der Goten, und die letzten oströmischen Besatzungen mußten nach dem Orient abziehen. Ebenso wurden die Bergvölker der Pyrenäen durch Swinthila unterworfen. Jetzt war ganz Spanien gotisch.

Wie sehr die feinere *romanische Bildung* in den oberen Schichten der Goten bereits Wurzel geschlagen hatte, zeigen einige Beispiele: Sisibut verfaßte nebenher Gedichte, behandelte astronomische Fragen in kunstgerechten Hexametern, schrieb eine Chronik der Goten und eine Darstellung des heiligen Desiderius. Aus der iberoromanisch-westgotischen Verschmelzung war das spanische Volk hervorgegangen. Obgleich es nur auf einem kleinen Gebiet im äußersten Nordwesten der Halbinsel seine äußere Unabhängigkeit bewahren konnte, entledigte es sich in der Folge der Vorherrschaft der Mauren über Spanien und eröffnete später Europa den Weg in überseeische Räume.

Im 7. Jahrhundert war es jedoch einem tatkräftigen König unmöglich, mit den einzelnen Schichten der Goten ohne Konflikt auszukommen. Swinthila begünstigte die *kleinen Freien* gegenüber dem Adel, man nannte ihn den Vater der Armen, und er versuchte – unabhängig vom Klerus – dadurch zu regieren, daß er kein Konzil berief. Die Antwort der Großen war die Empörung des *Sisinanth* (631–636), der Swinthila vom Thron stieß und in ein Kloster sperrte. Die Drahtzieher der Rebellion waren es dann, die 633, auf dem *Konzil von Toledo*, den Kirchenfluch aussprachen gegen jeden, der sich gegen den König empörte. Nach einer längeren Zeit, in der unbedeutende Männer die Geschicke des Reiches lenkten, kam wieder ein Mann vom Schlag des Leuwigild auf den Thron. Es war dies *Chindaswinth,* der bei der Thronbesteigung angeblich schon 79 Jahre alt war. Dessen ungeachtet hat er eine staunenswerte Energie entwickelt und mit erbarmungsloser, politisch jedoch angebrachter Härte den unbotmäßigen Adel zu beseitigen getrachtet. Viele Aristokraten wurden hingerichtet, viele mußten Zuflucht im Ausland suchen, der Verkehr mit Geflüchteten wurde bei Strafe untersagt. Sie selbst traf Einziehung des Vermögens. In wohldurchdachter Gesetzgebung nahm sich Chindaswinth der *kleinen Freien* an, die er nach Möglichkeit zu schützen strebte. Trotz seines rauhen und harten Wesens beschäftigte er sich mit einer Neubearbeitung der Gedichte des *Blossius Aemilius Dracontius.* Dieser war ein lateinischer Dichter um 500 und Sachwalter in *Karthago.* Er schrieb unter anderem das christliche Lehrgedicht *Laudes Dei*. Chindaswinth schickte auch eine besondere Gesandtschaft nach Rom, um einige Werke *Gregors des Großen* zu besorgen, die in Spanien nicht mehr zu haben waren. Er steht also, ebenso wie Sisibut, schon ganz unter dem Einfluß der romanischen Kultur. Gleich Leuwigild richtete er sein Augenmerk auf die Erblichkeit der Krone, und es gelang ihm wirklich, seinen Sohn *Rekkeswinth* (652–672) als Mitregenten anerkennen zu lassen, so daß dieser nach dem Tod seines Vaters ohne Schwierigkeiten die Herrschaft antreten konnte. Leider zeigte sich Rekkeswinth seiner Stellung nicht gewachsen. In Verletzung einer dem Vater gegebenen Zusage ließ er die Verbannten und Emigrierten zurückkehren und gab ihnen nach Möglichkeit ihre Güter zurück. Den Forderungen der Großen kam er weiter entgegen, als es im Interesse einer geordneten Verwaltung erlaubt war. Nicht nur, daß er die volle Wahlfreiheit bei Besetzung des Throns zuließ, er gab auch zu, daß bei Beschwerden von Privatleuten gegen den Herrscher ein Schiedsgericht zusammentreten dürfe, dessen Entscheidung sich die Krone zu fügen habe. Eine andere, fast modern anmutende Maßnahme bedeutete ebenfalls eine Schwächung der Königsgewalt: die unter Rekkeswinth ausgesprochene strenge Scheidung von Krongut und Staatsgut. Nur das, was der Herrscher bei seiner Thronbesteigung als Privatbesitz mitgebracht hatte, sollte auf seine Erben übergehen. Damit war der Begründung einer starken Hausmacht und einer Erbmonarchie der Boden entzogen.

Die Regierung Rekkeswinths ist deshalb besonders wichtig, weil sie auch äußerlich zum Ausdruck brachte, daß die innere Entwicklung des Reiches zu einem gewissen Abschluß gekommen war. Nach dem Erlöschen des Arianismus konnte sich der *Katholizismus* ungehindert durchsetzen. Damit schwindet in Spanien allmählich auch der Gegensatz zwischen den Nationen. Durch den Einfluß der Kirche, die das Lateinische in ihren Predigten und in der Liturgie beibehielt, ließen die Westgoten innerhalb eines Jahrhunderts nach der völligen Eroberung Spaniens ihre gotische Sprache in Vergessenheit geraten und wan-

delten das Latein der Halbinsel zu der Ausdruckskraft und
Schönheit des *Spanischen*. Unter Rekkeswinth entstand eine Ge-
setzsammlung, die dem Reich ein einheitliches Recht brachte,
das sowohl für Goten wie für Römer galt. Es war durchaus nicht
alles neues Recht, vielmehr stammte weit über die Hälfte aus den
Leges antiquae, d. h. aus den Gesetzen der früheren Herrscher,
vor allem Eurichs, Leuwigilds und Chindaswinths. Wohl waren
auch diese Königsgesetze schon für Römer wie für Goten gültig
gewesen, aber sie hatten das für beide Nationen bestehende Son-
derrecht, das altgotische Gewohnheitsrecht und das Breviar
Alarichs I. keineswegs aufgehoben, sondern ihm nur Ergänzun-
gen oder Änderungen hinzugefügt. Im Gegensatz zu solchen gelegentlichen Gesetzen wurde nun eine umfassende systemati-
sche Bearbeitung des gesamten Rechts in zwölf Büchern vorge-
nommen und diesem ausschließlich Geltung verliehen, so daß
fortan die Anwendung der römischen Rechtsgrundlagen untersagt war: Erst jetzt fiel formell jenes Eheverbot zwischen Römern und Goten, das praktisch schon seit Leuwigild beseitigt
war. Was nun die Frage betrifft, ob dieses Gesetzbuch, die *Lex
Visigotorum*, mehr römisches oder mehr germanisches Recht
enthält, ist zu sagen, daß man früher die Bedeutung der germanischen Elemente des Buches zu gering angeschlagen hat. Denn es
steckt darin unzweifelhaft mehr wirkliches westgotisches
Stammesrecht, als man bisher geglaubt hat, und gerade in diesem
westgotischen Recht hat sich das altgermanische Recht so ursprünglich und unverfälscht erhalten wie bei keinem anderen
Stamm. Freilich, mehr als in der offiziellen Gesetzgebung lebte
das westgotische Recht im Gewohnheitsrecht der einzelnen
Landesteile fort. Erst in viel späterer Zeit wurde es in den *Fué-
ros*[2] schriftlich festgelegt. Wenn man aber auch anerkennt, daß
die Lex Visigotorum eine starke germanische Grundlage aufweist, kann darüber doch kein Zweifel sein, daß außerordentlich
viel dem römischen Recht entnommen ist. Eine große Menge
von Bestimmungen stammt entweder aus den Konzilsbeschlüs-
sen oder aus römischen Vorschriften, so vor allem aus dem *Codex Theodosianus*. Zum Beispiel ist die Art des Prozesses stark

römisch gefärbt. Im Beweisverfahren spielt die Anwendung der
Folter eine wesentliche Rolle, neben die charakterisierende Zeu-
genaussage von Freunden ist die Urkunde als Beweismittel getreten, zur germanischen Todesstrafe und Geldbuße sind Schlä-
ge, Verbannung, Vermögenseinziehung gekommen und ähnli-
ches mehr. Das Gesetzbuch läßt aber vor allem einen sicheren
Schluß auf die nationalen Verhältnisse des Reiches zu; es gab
nicht mehr ein Nebeneinander von Goten und Römern, es bestand nicht mehr ein auf fremden Boden verpflanztes Staatswesen, sondern das Westgotenreich war romanisch geworden, wie
es bei dem Mißverhältnis der Zahl von Goten und Römern von
Anfang an unausweichlich war. Es ist daher zu merken, daß das
Romanentum in Spanien nicht erst in der Periode nach der Eroberung durch die Araber erwachsen ist, sondern daß das Westgotenreich schon bei seinem Untergang in der Hauptsache ein
romanischer Staat war, auch wenn die äußeren Formen vielfach
noch germanisch waren. Darüber läßt weder das Gesetzbuch
noch das, was wir sonst vom Tun und Treiben aus dieser letzten
Zeit wissen, auch nur den geringsten Zweifel. Durch die Beseitigung des Arianismus wurde auch die *Wulfila-Bibel* abgeschafft
und dadurch die gotische Sprache ihres wesentlichen Haltes beraubt. Die politische Bedeutung der von den Romanen beherrschten Konzilien nahm gewaltig zu und unterstützte in be-
ängstigender Weise die Romanisierung der Goten.
Vielleicht kann man die Regierung des letzten energischen Herrschers, *Wamba* (672–680), als eine Art Gegenbewegung gegen
die fortschreitende Romanisierung des Reiches auffassen. Er
brachte auf dem Gebiet des Heerwesens Bestrebungen zur Geltung, die den altgermanischen Grundsatz von der allgemeinen
Waffenpflicht wiederaufnahmen, nur daß entsprechend den ge-
änderten wirtschaftlichen Verhältnissen die Beschränkung dieser Waffenpflicht auf die *Vollfreien* fallengelassen wurde. Die
Waffenpflicht war, wie anderswo auch, im Westgotenreich für
die kleinen Freien besonders drückend, da diese alle Lasten des
Kriegsdienstes selbst zu tragen hatten und zugleich ihrem Besitztum entzogen wurden. Er war dies ein Hauptgrund dafür,

daß so viele sich in die Abhängigkeit der großen Grundbesitzer begaben. Dadurch wurde jedoch das Kriegsaufgebot, über das der König verfügte, stetig schwächer und die Last derer, die noch heerespflichtig waren, um so größer. Wamba versuchte, diesen Mißständen abzuhelfen. Die Heerespflicht wurde auch auf die *Unfreien* und die abhängigen Leute ausgedehnt: nur ein Zehntel von ihnen durfte zu Hause bleiben, neun Zehntel mußten ins Feld. Auch die Angehörigen der Kirche wurden davon nicht ausgenommen. Wer sich der Waffenpflicht entzog, wurde rechtsunfähig. Aber mit diesem Heeresgesetz hatte Wamba die Interessen der Geistlichen verletzt und wurde bald darauf durch *Erwig* (680–687) ersetzt, der nicht nur alle, die Wamba wegen Aufruhrs bestraft hatte, begnadigte, sondern auch dessen Heeresgesetz änderte und verschiedene Vorschriften abschwächte. Von den Unfreien sollten fortan nicht neun Zehntel, sondern es mußte nur noch ein Zehntel ins Feld ziehen. Die Strafen wegen Nichterfüllung der Heerespflicht wurden wesentlich gemildert, die Kirche wurde von dieser Pflicht ganz befreit. Die Regierungen der folgenden Könige brachten die trübste Zeit des Reiches, denn sie waren nur noch Schattenherrscher, und die eigentliche Gewalt lag bei den Erzbischöfen von Toledo.

Das Bild der späteren westgotischen Geschichte trüben immer mehr die inneren Streitigkeiten, besonders jene im Königshaus. Die Macht des *Adels* wuchs dadurch immer mehr: von der Laune und Berechnung der mächtigen adeligen Familien war die Thronfolge abhängig, es war ein langsamer, aber unaufhaltsamer Untergang, gefördert durch den Reichtum und den Großgrundbesitz, der in der Hand weniger Männer aus den oberen Schichten lag, und das damit verbundene Wohlleben. Immer größer wurde die Kluft zum armen Volk, das in bitterer Not lebte. Das einst mächtige Reich, das allen Feinden, auch den Franken, standgehalten hatte, war der Vernichtung geweiht, schwach und in Fehden zerrissen, wenn ein starker, rücksichtsloser Eroberer gegen seine fast unverteidigten Grenzen anstürmte. Und schon sammelte ein solcher Feind im Süden der Iberischen Halbinsel seine Scharen zum Angriff. Es waren die Mauren.

Zu Anfang des 8. Jahrhunderts drangen neue welterobernde Stämme nach Westen, die Nordküste *Afrikas* entlang, jeden Widerstand niederwerfend, die *Araber*. Für sie, die früher in vielerlei einfache Religionen zerspalten waren, bedeutete der *Islam* eine Erlösungsreligion. Durch die Lehre Mohammeds wurden sie alle Brüder und verloren ihre Todesfurcht: Allah wird niemanden vergessen, wird ihn heimholen in sein Jenseits höchster Freude. Dieses *Freiheitsgefühl* gab dem kriegerischen Volk die ungestüme Kraft, die Begeisterung zu weltweiter Eroberung. Sie wurde noch dadurch erhöht, daß die Araber in Afrika bei geringstem Widerstand in kühnem Siegeslauf zu ungeahnten Erfolgen gelangten. Dem Islam schlossen sich die *Berber* an, eine Völkergruppe in Nordafrika, die zu den fanatischsten Verfechtern der neuen Religion wurde. Natürlich waren dabei auch wirtschaftliche Erwägungen ausschlaggebend, denn die Nichtmuselmanen zahlten eine Kopfsteuer, die Übergetretenen waren eine Zeitlang davon befreit. Die aus den Berbern und den vorgestoßenen Arabern vermischte Bevölkerung des Atlasgebietes führte den Namen *Mauren*.

Diese mohammedanischen Völker hörten von der Schönheit Spaniens, der Fruchtbarkeit des Bodens, von dem heiteren Himmel und dem milden Klima, von den großen, prachtvollen Städten mit ihrem märchenhaften Reichtum. Aber sie erfuhren auch von dem Zwist der Bevölkerung untereinander, den Intrigen am Königshof. Seit dem Jahr 710 regierte König *Roderich* das Westgotenreich. Von ihm ist historisch nicht mehr als der Name bekannt. Er ging als Don Rodrigo in den Sagenkreis der spanisch-maurischen Ritterromantik ein. Die Araber beabsichtigten durchaus nicht die Eroberung des Reiches oder die Entthronung Roderichs. Ihr Zug war ursprünglich nichts anderes als ein etwas größerer Raubzug, dem schon andere ähnliche Unternehmungen vorangegangen waren, nur war diesmal das Ergebnis nicht bloß überraschend, sondern über Erwarten erfolgreich.

Die Araber unternahmen Plünderungsfahrten über die Meerenge. Zuerst erfolgte eine solche mit nur einigen hundert Männern,

nachher eine zweite durch den Berber *Tarik*, der als Feldherr
7000 Berber und 300 Araber führte. Er landete mit diesem kleinen Heer im Auftrag des arabischen Statthalters von Nordafrika, *Musa Ibn Nusayr*, im Jahr 711 im Südteil der Iberischen
Halbinsel. Noch jetzt wird der Felsen, an dessen Fuß er aus dem
Schiff stieg und ein festes Kastell anlegte, nach ihm *Gibraltar* genannt, das sich von der maurischen Bezeichnung *Dschebel Al
Tarik* (Berg des Tarik) ableitet. Sogleich fielen einige gotische
Adelige ab und gingen zu Tarik über. Weder dieser noch Musa
dachte an eine dauernde Besetzung. Roderich, im Bewußtsein
der Größe der Gefahr, bot den ganzen gotischen Heerbann,
90000 Mann, auf. Aber die alte Kraft und der kühne An-
griffsgeist waren längst geschwunden. Zudem haßten viele Roderich wegen seines Willkürregiments. Er zog nach Süden, wo
auch Tarik lagerte. Nach arabischer Überlieferung begann am
19. Juli 711 am *Wadi Becca* (jetzt Saládo) die sieben Tage wäh-
rende Schlacht. Ob sie, wie vielfach angegeben, in der Nähe von
Jerez de la Frontera stattfand, ist heute umstritten. In einer zeitgenössischen Quelle heißt es wörtlich: »Tarik und seine Gefährten zogen gegen Roderich aus, sie waren alle zu Fuß, es war
kein Reiter unter ihnen. So fochten sie vom frühen Morgen bis
zum späten Abend und glaubten, daß ihr Untergang bevorstehe.
Aber Gott tötete Roderich und seine Gefährten und gab den
Muslimen den Sieg. Und es war niemals im Westen eine bluti-
gere Schlacht als diese. Die Muslime hoben ihr Schwert drei Tage
lang nicht von Roderich und seinen Gefährten weg.« Das Ende
dieser Schlacht bedeutete – gewiß zur allgemeinen Überraschung, besonders zu der des arabischen Feindes, der an Zahl ja
weit unterlegen war – zugleich auch das Erlöschen des westgotischen Reiches. Das germanische Heer wurde von Berbern und
Arabern vernichtet. Von einem zusammenhängenden oder entschlossenen Widerstand war fortan nicht mehr die Rede. Im Jahr
712 setzte Musa selbst mit 10000 Arabern und rund 8000 Mauren über, belagerte und nahm *Sevilla* und *Mérida*, tadelte Tarik,
weil er seine Befehle überschritten hatte, und ließ ihn in den
Kerker werfen. Aber der Kalif berief Musa zurück und ließ Ta-

rik wieder frei. Dieser setzte seinen Siegeszug nach Norden fort. Bald war ganz Spanien von den Arabern unterworfen. Die Westgoten ergaben sich zum Teil durch Vertrag den Arabern, um ihren Grundbesitz zu erhalten, zum Teil erfolgte die Unterwerfung gewaltsam, wobei der größte Teil des Landes den Eroberern zufiel, während die bisherigen Bewohner fortan zu entweder unfreien oder doch zinspflichtigen Bauern herabsanken. Von diesem Zins kam ein Fünftel an den Staat und vier Fünftel an die Soldaten. Auch hier zeigte namentlich die niedere Bevölkerung wenig Neigung, dem Einfall der Fremden Widerstand entgegenzusetzen, da die Araber einerseits die Religionsausübung nicht beschränkten und keine höheren Steuern als die Westgoten erhoben, anderseits unter ihnen die drückende Last des Kriegsdienstes aufhörte, da nur die Muslime fortan Waffen tragen durften. Soweit bei der arabischen Invasion noch ein Unterschied zwischen Goten und Romanen bestanden hatte, so verschwand er nun vollkommen in den Kämpfen der christlichen Bevölkerung, die den Arabern als eine gleichartige Masse von Romanen entgegentrat.

Die Ursachen des schnellen Erliegens des Westgotenreiches waren fast die gleichen wie bei den Wandalen: innere Zwistigkeiten und Verfall des Heeres, dem man seit der Beseitigung von *Wambas* Heeresreform nicht mehr steuern konnte. Militärisch besaß deshalb das Reich keine Widerstandskraft mehr, politisch war es durch den inneren Hader gelähmt. Es ist kein Wunder, daß es einem Angriff erlag, der an sich keineswegs seinem Bestand galt. Nichtsdestoweniger darf man nicht übersehen, daß hier auch noch während der letzten Zeit sehr wesentliche *Kulturarbeit* geleistet wurde, die freilich mehr dem romanischen als dem germanischen Kulturkreis angehört. Insbesondere fand jene Fortführung antiker Traditionen – die Beschäftigung mit Literatur und Wissenschaft –, die vor der Gründung der germanischen Mittelmeerstaaten mehr noch als in Italien in Gallien ihren Sitz gehabt hat, im Westgotenreich ihr neues Heim. Es verdient Beachtung, wenn man noch im 7. Jahrhundert in *Isidor von Sevilla* (um 560–636) einem Gelehrten begegnet, der wie kein anderer alles, was man damals an Bildung aus dem politischen Schiffbruch des Kaiserreiches gerettet hatte, in sich vereinigte und beherrschte und durch seine Sammelwerke *Etymologiarum sive originum libri XX* (Zwanzig Bücher der Etymologien oder Ursprünge) einer der einflußreichsten Lehrer des Mittelalters werden sollte.

Von der reichen *Kunst* des westgotischen Reiches in Spanien ist vieles verlorengegangen. Die arabischen Eroberer fanden in den Palästen und Kirchen kostbare Goldschmiedearbeiten und Schmuckstücke, die von dem Kunstsinn der Könige und Adeligen zeugen. Ein reicher Schatz wurde in *Fuente de Guarrazar* bei Toledo im Grabgewölbe eines Priesters neben dem Kirchlein des Dorfes entdeckt. Er bestand aus einigen goldenen Weihekronen, von denen drei die Namen der Stifter durch hängende Buchstaben künden, darunter ist auch die von König Rekkeswinth gestiftete.

Sind also Ostgoten und Wandalen fast spurlos dahingegangen, so verhält es sich mit den Westgoten trotz des scheinbar gleichen Endes anders. Hier ist wirklich Vollgültiges geleistet worden, sowohl politisch wie national und kulturell. Nach der vernichtenden Niederlage zogen sich die *Westgoten* nach dem Norden, in die Provinzen *Galicien* und *Asturien,* zurück. Hier hielten sie den Boden, als schließlich auch das stärkste Bollwerk des Landes, Toledo, dem eindringenden Feind die Tore hatte öffnen müssen. Der arabische Statthalter Musa richtete seinen Sitz in dieser alten Hauptstadt ein, und die grüne Fahne, die von den Zinnen des ehemaligen Königspalastes wehte, kündete, daß Spanien nun dem Propheten Mohammed und dem Kalifen von Damaskus gehörte.

Sowohl archäologische als auch sprachwissenschaftliche Forschungen zeigen den Rückzug der Westgoten in das alte Suebengebiet auf. Von der gotischen Sprache blieben nur *Personen- und Ortsnamen* übrig, von der gotischen Kultur erhielt sich nur das *gotische Recht.* Die *gotische Schrift* blieb noch lang im Gebrauch und wurde erst um 1090 abgeschafft. Noch heute künden mehrere im Volk gebräuchliche *Vornamen* von der Gotenzeit, noch

Bildnis des Westgotenkönigs
Rekkeswinth aus dem Codex
Vigilanus (976 n. Chr.);
Biblioteca de El Escorial.

Westgotische Votivkrone
(7. Jahrhundert); Museo
Arqueológico Nacional,
Madrid.

Votivkrone
des West-
gotenkönigs
Rekkeswinth
(652–672);
Museo
Arqueológico
Nacional,
Madrid.

Westgotische
Votivkrone
(7. Jahrhundert
n. Chr.);
Museo
Arqueológico
Nacional,
Madrid.

heute wird im Dom von Toledo in der ersten Frühstunde eine Messe nach dem sogenannten *gotischen Ritus* (nach dem altchristlichen, vor der maurischen Besetzung üblichen Ritus) zelebriert.

Das ostgotische Italien

Als Attilas hunnische Nomadenschwärme gegen König Ermanarichs schwaches Reich stürmten, blieb den Ostgoten kein anderer Ausweg, als sich dem übermächtigen Feind zu unterwerfen und einen unrühmlichen Frieden abzuschließen. Ihre wehrfähigen Männer mußten Attila nach dem Westen auf seinen Eroberungszügen folgen. Auch Männer aus dem alten, hochangesehenen Geschlecht der *Amaler* – *Walamer*, *Thiudimer* und *Widimer* – waren im Gefolge des Hunnenkönigs. Allerdings bewahrten die Ostgoten in ihren bisherigen südrussischen Wohnsitzen unter eigenen Herrschern eine ziemlich selbständige Stellung. Bei dem allgemeinen Zerfall des Hunnenreiches gewannen sie ihre volle Unabhängigkeit wieder, mußten aber ihr Gebiet den nach Osten zurückweichenden *Hunnen* überlassen und wurden von Kaiser *Avitus* in dem wiedergewonnenen *Pannonien* angesiedelt. Nach dem Abzug des Avitus erneuerten sie die Verträge mit dem oströmischen Kaiser *Marcianus,* denen zufolge sie als Hilfstruppen dienen sollten, wogegen sie Jahrgelder und Getreidelieferungen zugesagt erhielten.

Die Ostgoten machten aber bald mit dem ränkevollen Hof zu Byzanz böse Erfahrungen. Kaiser *Leon I.* verweigerte die Weiterzahlung der ihnen bisher gewährten Jahrgelder. Daraufhin griffen die Amaler zu den Waffen, verheerten Illyrien und zwangen den Kaiser (461) zur Bewilligung ihrer Forderungen. Der Kaiser ging darauf ein und räumte ihnen auch das südliche Pannonien (Slawonien) ein. Zur Sicherung des Friedens verlangte der Oströmer die Auslieferung *Theoderichs,* des siebenjährigen Sohnes des Königs Thiudimer, als Geisel und Unterpfand des Friedens. Der Knabe kam nach *Byzanz* wie einstmals

Arminius an den Kaiserhof zu Rom. Er hatte hier in der großen
Metropole der alten Welt Gelegenheit, die von ihm bewunderte
griechisch-römische Kultur kennenzulernen, im täglichen Umgang mit dem Kaiser Einblick in die Künste der Kriegführung
und der Regierung zu gewinnen und damit sehr entscheidende
Eindrücke zu sammeln, die für ihn als künftigen Herrscher von
größter Wichtigkeit wurden. Welche Willenskraft und welches
Selbstbewußtsein mußten in ihm gewesen sein, daß er unter diesem berückenden Umwelteinfluß nicht Heimat und Volk vergaß
und zum *Römer* wurde! Sein stattliches, einnehmendes Äuße-
res, sein munteres, gewinnendes Wesen erwarben ihm bald die
Zuneigung Leons. Als inzwischen die Macht der Ostgoten unter
Thiudimers Herrschaft gestiegen war, dieser alle Feindseligkeiten gegen sein Reich immer wieder schlagkräftig abwies, versuchte der Kaiser, sich mit ihm gut zu stellen. Daher entließ er
den achtzehnjährigen Theoderich aus freien Stücken in seine
Heimat und erkannte ihn als König der Ostgoten an (471), als
seinen Vater Thiudimer auf einem Kriegszug der Tod ereilt hatte. Theoderichs Oheim *Widimer* führte einen Teil der Ostgoten
nach *Italien,* wendete sich aber auf Veranlassung des Kaisers
Glycerius nach *Gallien,* wo sein Volk sich mit den *Westgoten*
vereinigte (473).
In den folgenden Jahren stand Theoderich in einem wechselvollen Verhältnis zu *Ostrom.* Die Gunst des Kaisers schwankte
zwischen ihm und *Strabon* (Schieler), der seinerseits sich einmal
dem Kaiser, ein andermal Theoderich zuwendete, um seine eigene Stellung am Hof zu festigen. Dadurch kam es zu stetem
Krieg zwischen den Ostgoten und Byzanz. Der Kaiser fürchtete
die Nähe und Stärke der Ostgoten und suchte nach einem pas-
senden Anlaß, sich ihrer zu entledigen. Diese Gelegenheit bot
sich in der Person *Odovakars.*
Odovakar (diese Namensform ist urkundlich belegt) war ein
Skire, Sohn des Fürsten *Edica,* 433 geboren. Die Skiren, Wan-
dergenossen der *Bastarnen,* wohnten zuerst östlich der *Goten* an
der unteren *Weichsel.* Sie wendeten sich dann südwärts und gehörten Attilas Reich an, nach dessen Auflösung sie an der mittle-

ren *Donau* siedelten. Odovakar, der schon früh die Sehnsucht nach einer hohen Stellung in sich trug, zog um 469 mit einer kleinen Schar seines Volkes nach Italien, um dort kaiserliche Dienste zu nehmen. Auf seiner Wanderung dahin kam er auch zum heiligen *Severin*. Der fromme Mann, aus patrizischem Geschlecht, hatte am Nordsaum des Römerreiches im Dorf *Favianis* (heute Mautern bei Krems an der Donau) ein kleines Kloster erbaut. Der hochgewachsene Skire, in bescheidene Kleider gehüllt, trat gebückt in die kleine Hütte des Gottesmannes und bat ihn um seinen Segen. Dieser entließ ihn mit der vieldeutigen Prophezeiung: »Geh nach Italien! Geh! Zwar bist du jetzt nur mit armseligen Fellen bekleidet, aber bald wirst du vielen sehr reiche Gaben spenden[3]!«

Als Odovakar in Italien ankam, war der Römerstaat schon dem Tod nahe. Den Abschiedsgruß des Mönches hatte er sich als eine Verheißung der Krone ausgelegt. Des Zufalls Gunst sollte ihn tatsächlich zu solcher Höhe emportragen. Wegen seiner vornehmen Abkunft und besonders wegen seiner hohen, schönen Gestalt fand er Aufnahme in die kaiserliche Leibgarde. Damals herrschte als Kaiser *Romulus Augustus,* den man nicht aus Spott, sondern weil er noch ein fünfzehnjähriger Knabe war, *Augustulus* nannte. Die Regentschaft für ihn führte sein Vater, der ehemalige Sekretär Attilas, der Pannonier *Orestes,* der zum Heermeister und Patricius berufen war. Dieser sah sich nach nicht ganz einem Jahr vor Forderungen der nunmehr fast durchwegs aus Barbaren gebildeten Truppen gestellt, die er nicht verantworten zu können glaubte. Darauf fielen die Söldner von ihm ab. Es ist erklärlich, daß sie unzufrieden waren, wenn sie sahen, daß ihre Kameraden in Gallien, Spanien und Afrika eine neue Heimat gefunden hatten, während sie selbst eine solche in Italien noch nicht erhielten. Wohl mußte seit der Gesetzgebung des *Honorius* und *Arkadios* der römische Besitzer dem bei ihm einquartierten Söldner ein Drittel des Hauses zur Benützung überlassen, aber das genügte vielfach nicht. Manche hatten Weib und Kind: sie wollten nicht nur eine Wohnung, sondern eine Heimat. Deshalb forderten sie nun von dem Patricius, es möge ihnen auch der dritte Teil der Ländereien ihrer römischen Quartiergeber abgetreten werden. Sie fanden in Odovakar einen Führer, der gewillt und imstande war, ihre Forderungen durchzusetzen. Orestes konnte sich begreiflicherweise gegen den von den Truppen, vor allem von den *Herulern*, am 23. August 476 zum *König* gewählten Odovakar nicht durchsetzen. Dieser Tag war von welthistorischer Bedeutung: Das Weströmische Reich war untergegangen, der erste Germane bestieg den weströmischen Thron. Orestes floh, wurde ergriffen und enthauptet. Sein Sohn Romulus Augustus oder Augustulus, das Kaiserlein, erhielt eine Villa bei Neapel und eine jährliche Rente von 6000 Solidi. In der einzigen Urkunde, die von Odovakar erhalten ist (489), nennt er sich *rex* (König). Aber seine Glückszeit währte nicht lang, bald sollte ihn ein Mächtigerer auf dem Thron ablösen.

Odovakar war früh in das römische Heer eingetreten, doch brachte es der des Schreibens unkundige Mann zu keiner leitenden Stellung. Nun aber, als er König geworden war, erhielten die Söldner, die ihm zur Macht verhalfen, das, was sie gefordert hatten. Das Land wurde geteilt, und die germanischen Truppen wurden in ganz Italien angesiedelt. Das wichtigste war natürlich die Regelung der Stellung des neuen Herrschers. Auf seine Veranlassung hin schickten der abgesetzte Romulus und der römische Senat eine Gesandtschaft an den byzantinischen Kaiser *Zenon*, übermittelten ihm die kaiserlichen Insignien und baten ihn, Odovakar zum Patricius zu ernennen und ihm die Leitung des Westens zu übertragen, wogegen man bereit war, Zenon als nominellen Herrscher zu betrachten. Sie bedürften keines besonderen Kaisers mehr, ein gemeinsamer Herrscher genüge für beide Reichsteile. Zur selben Zeit trafen auch Gesandte des *Nepos* in *Kostantinopel* ein, durch die dieser Geld und Truppen verlangte, um sich in den Besitz des weströmischen Thrones setzen zu können. Die Wünsche der beiden Parteien standen einander also schroff entgegen. Zenon befand sich in einer schwierigen Lage. Er vermied daher eine bindende Antwort und begnügte sich mit allgemeinen Zusicherungen des Wohlwollens für beide

Parteien. Dieses Benehmen hatte zur Folge, daß sich der Skire auf eigene Füße stellte, sich den kaiserlichen Geschlechtsnamen Flavius beilegte und praktisch ganz wie ein Herrscher kraft eigenen Rechtes handelte. Das Reich Odovakars erstreckte sich von *Sizilien*, das Ende 476 die Wandalen abgetreten hatten, über das ganze italienische Festland bis zum Kamm der *Alpen* und über *Dalmatien* mit den zugehörigen Inseln.

Die Zeitgenossen haben das Erlöschen des Weströmischen Reichs nie als eine umstürzende Neuerung empfunden. Der *römische Staat* war nämlich damit keineswegs untergegangen; an seine Stelle war kein neues Gebilde, kein selbständiges germanisches Königtum getreten. Odovakars Tat bedeutet keinen Bruch mit der Tradition, sondern war nur ein weiterer Schritt auf dem Weg, den die politischen Verhältnisse seit geraumer Zeit eingeschlagen hatten. Odovakar beseitigte das abendländische Kaisertum, das zuletzt nur ein Scheindasein geführt hatte, dachte aber nicht daran, sich aus dem Reichsverband zu lösen und von dem oströmischen Kaiser zu emanzipieren, an den nunmehr von selbst die Rechte des Westreichs übergingen. Odovakar war es nur möglich, trotz seiner unsicheren Rechtslage und der geringen militärischen Macht, sich dreizehn Jahre lang im festen Besitz der Herrschaft zu behaupten, da er eine von Takt, Besonnenheit und Gerechtigkeit geleitete innere und äußere Politik betrieb, den tatsächlichen Verhältnissen Rechnung trug und es sorgfältig vermied, die Verwirklichung uferloser Pläne anzustreben. Zwar gelang es ihm nicht, die alteingesessene Bevölkerung an die neue Herrschaft zu gewöhnen, aber er erreichte doch durch Milde und Unparteilichkeit, daß sie sich nicht gegen ihn auflehnte. Für die Römer war es der nationale König. Die *Byzantiner* sahen in ihm nie den legitimen Herrscher, für sie blieb er der Usurpator, der Tyrann. Der wahre Regent, der nur zeitweilig an der Ausübung seiner Rechte verhindert war, war in ihren Augen der Kaiser, der *dominus noster,* damals also Zenon. In Wirklichkeit aber erblickte man in Italien in Odovakar den tatsächlichen Vertreter des Kaisers.

In dem Maß, in dem Odovakar festeren Fuß faßte, betonte er

auch die Selbständigkeit seiner Herrschaft. Prägte er anfangs nur *Münzen* mit dem Namen Zenons, so ging er später dazu über, mit seinem eigenen Monogramm zu prägen: Er nahm, allerdings nur auf den Münzen, den Namen Flavius an, der entschieden ein kaiserliches Attribut war. Es war durchaus nicht seine Absicht, die alte Ordnung und Organisation zu zerstören: Er schlug im Innern keine neuen Bahnen ein, hier war seine Herrschaft vielmehr unmittelbar eine Fortsetzung der Kaiserzeit. Römische Beamtenschaft und römische Verwaltung bestanden unverändert fort. Abgesehen von jener ersten Landteilung, wurden die Römer weder staatsrechtlich noch privatrechtlich geschädigt. Seine Stellung war nach innen ja ebenso schwach wie nach außen. Er konnte sich nicht auf ein Volk stützen wie die anderen germanischen Häuptlinge, sondern nur auf lose vereinigte Söldnerscharen. Er war ein Einsamer in seinem Werk, er stand allein als König, neben ihm war kein Volk, keine persönliche Macht. In die Heldensage hat sein Name keinen Eingang gefunden, nur im *Hildebrandslied* war er kurz genannt. Er konnte nichts Größeres wagen. Auch der katholischen Kirche trat er, der Arianer, unbefangen und sogar wohlwollend entgegen. Außenpolitisch gab er den Westen sichtlich verloren, dagegen wollte er auf die im Osten und Nordosten zu Italien gehörigen Provinzen nicht ohne weiteres verzichten. Daher unterwarf er auch Dalmatien, das immer zum Westreich gehört hatte, und gliederte diese wichtige Provinz wieder seinem Reich ein, ohne daß Kaiser Zenon dagegen Einspruch erhob. In eine sehr gefährliche Lage brachte er sich, als er den Streit zwischen Kaiser *Zenon* und dem ostgotischen König *Theoderich* für sich ausnützen und einen Einfall in das *Ostreich* machen wollte. Der Kaiser antwortete damit, daß er die *Rugier* antrieb, nach Italien vorzustoßen. Odovakar aber kam den Angreifern zuvor und vernichtete das Rugierreich in zwei Feldzügen (487 und 488). Die Rugier gehörten zu den *Ostgermanen*. Sie wohnten zur Zeit des *Tacitus* in Hinterpommern und waren dorthin möglicherweise aus dem südlichen Norwegen gekommen. In der Völkerwanderungszeit zogen sie nach Süden und waren im 5. Jahrhundert, dem Reich

Attilas eingegliedert, an der *Donau* in *Niederösterreich*, wurden aber nach dem Abzug der *Hunnen* wieder frei und selbständig.

Odovakar entschloß sich mittlerweile zu einem Schritt von gewaltiger Tragweite. Angesichts der immer erneuten Einfälle der *Germanen* in *Noricum*, dessen Bewohner er nicht mehr wirksam schützen konnte, befahl er, daß trotz seines Sieges die römischen Besatzungen und sämtliche römische Provinzialen aus Rätien und Noricum abzuziehen und in *Oberitalien* neu anzusiedeln seien. Damals wurden auch die Gebeine des heiligen *Severin* in ein Kloster bei *Neapel* gebracht. So wurden diese Donaugebiete ganz den Germanen preisgegeben. In die geräumte Provinz rückten zunächst *Heruler* und dann *Langobarden* ein. Maßgebend für die *Räumung* Ufernorikums mag auch die Erkenntnis Odovakars gewesen sein, daß er eines weiteren Angriffs durch Zenon gewärtig sein müßte. Und in der Tat fand der Kaiser in Theoderich den erwünschten Helfer. Im Frühjahr 489 erschien dieser an der Nordostgrenze Italiens, um das Land für sich und seine Goten in Besitz zu nehmen. Der Amaler kam nach Italien als Vertreter des legitimen Herrschers, obwohl sich Odovakar selbst bis jetzt unangefochten teils als Nachfolger des letzten weströmischen Kaisers und teils als Stellvertreter des oströmischen gefühlt und benommen hatte.

Die Hauptmacht des Heerbannes Theoderichs waren die kampferprobten Ostgoten. Ihnen schlossen sich von den Germanen die an, die in Italien Beute und Gewinn erhofften. Ein Teil der Ostgoten blieb an der Donau zurück. Auch Rugier waren in größerer Zahl im gotischen Heer. Im Herbst des Jahres 488 begann die allgemeine Auswanderung. Ein gewaltiger Wagentroß war für die Reise nötig, um Weib und Kind und die Fahrnis befördern zu können. Theoderich hatte zwar Erfahrungen in der Führung solcher Unternehmungen, aber der gegenwärtige Plan bedeutete insofern etwas Neues, als eine sehr große Wegstrecke zu überwinden war. Überdies waren die Straßenverhältnisse schlecht und gefahrvoll. Der Zug folgte von *Novae* der Donau nach *Singidunum* (Belgrad), weiter führte er nach *Sirmium* (Mit-

rowitz), *Emona* (Laibach) und *Aquileia*. Bei Sirmium hatten
sich *Gepiden* in den Weg gestellt. Sie wurden in hartem Kampf
geworfen. Der Einzug nach Italien erfolgte ohne besonderen
Widerstand. Odovakar hatte sein wohlgerüstetes Heer am
Isonzo zur Abwehr zusammengezogen. Obwohl er mit bewundernswerter Tatkraft den Widerstand organisiert hatte, endete
die Schlacht am Isonzo mit der Niederlage Odovakars. Er ging
bis *Verona* zurück, aber auch hier waren die Goten siegreich,
und zwar war der Erfolg von solcher Bedeutung, daß Verona als
Bern und Theoderich als *Dietrich* in die Heldensage eingegangen
sind. Odovakar flüchtete nach *Ravenna*. Theoderich zog gegen
Mailand und wurde von der Stadt kampflos aufgenommen.
Aber bald kam es zu einem ernsten Rückschlag: der Gotenkönig
wurde in *Pavia* eingeschlossen. Jedoch die Ankunft eines westgotischen Ersatzheeres zwang Odovakar zur Aufgabe der Belagerung. An der *Adda* siegte Theoderich zum drittenmal, Odovakar entkam mit Mühe nach Ravenna, die Goten folgten und
umschlossen die Stadt, die durch ihre Lage am Meer und durch
unwegsame Sümpfe gut gedeckt war. Drei Jahre lang hielt
Theoderich die Stadt in eiserner Umklammerung. Immer wieder
versuchte Odovakar heldenmütig einen Ausfall. Erst als der
Gote die Stadt auch von der Seeseite her durch Schnellsegler ab-
sperren konnte, mußte Odovakar am 25. Februar 493 kapitulie-
ren, nachdem er vorher seinen Sohn *Thela* als Geisel gestellt
hatte und ihm selbst von König Theoderich Sicherheit seiner
Person gelobt worden war. Am 5. März zog der Sieger in feierlicher Weise in die eroberte Stadt ein. Der als Rabenschlacht in die
Sage eingegangene Kampf hatte sein Ende gefunden. Ein Vertrag
vermittelte zwischen den Gegnern: die beiden Könige sollten
gemeinsam regieren.

Wie dieser Vertrag sich in Wirklichkeit durchführen ließe, mag
wohl beiden nicht recht klar gewesen sein. Welcher Haß muß
Odovakar erfüllt haben bei dem Gedanken, daß der in sein Reich
eingedrungene Gegner ihm, der keinen Anlaß dazu gegeben hatte, der sich frei von Schuld fühlte, sein Lebensglück und seine
Machtstellung zerschlagen hatte. Aber auch in Theoderich wird

der Gedanke aufgestiegen sein, daß der Skire nicht über sein Geschick hinwegkommen, sondern jede Gelegenheit benützen werde, um das Verlorene zurückzugewinnen. Und so reifte in ihm der finstere Entschluß, den Feind zu beseitigen, um die eigene Herrschaft ohne Furcht und Sorge beginnen zu können. Er lud Odovakar zu einem Gastmahl und stieß ihn dabei unter Verletzung des Vertrages und des Rechtes der Gastfreundschaft nieder (493). Dem König folgten dann auch seine Getreuen und Kriegsmannen in den Tod. Theoderich ließ sie alle in ganz Italien niedermetzeln. Vielleicht ergriff ihn später Reue, aber sie konnte nicht mehr den Fleck tilgen, der auf dem sonst so ruhmvollen Theoderich haftet. Die unselige Bluttat wirft einen dunklen Schatten auf den Beginn der ostgotischen Herrschaft und auf die Person des Königs selbst, der in der Sage als Dietrich von Bern neben die Lichtgestalt Siegfrieds tritt.

Seit dem Tod Odovakars herrschte der König der Ostgoten allein und unangefochten. Erst jetzt, als an die Stelle des römischen Imperiums in Italien ein wirkliches germanisches Reich trat, scheint der Untergang *Westroms* besiegelt. Die kaiserliche Regierung hatte zu den Ereignissen in Italien noch nicht Stellung genommen. Theoderichs Heerbann aber traf schon vorher die Entscheidung, indem er den *Amaler,* der ja für die Seinen schon längst König war, zum König von Italien erhob. In *Byzanz* war 491 Kaiser Zenon gestorben. Sein Nachfolger *Anastasios I.* ließ sich Zeit. Erst 498 traf die Zustimmung Ostroms zu der tatsächlichen Machtstellung Theoderichs ein, und Boten überbrachten als hohe Auszeichnung nach byzantinischem Brauch einen *Krönungsornat,* die *ornamenta palatii* (die Ehrenzeichen des Palastes). Der lange Aufenthalt als Geisel in Byzanz hatte dem König die Bedeutung des Prunks klargemacht, und er trug daher bei Hoffesten mit Absicht das Purpurgewand.

Obwohl Theoderich gelegentlich auch in *Rom* residierte und im Kaiserpalast auf dem Palatin wohnte, waren seine Lieblingsstädte doch Ravenna und Verona. Letztere hieß bei den Goten Bern. Dem König lag sie besonders am Herzen, da er hier seinen glänzendsten Sieg über Odovakar erfochten hatte.

Die Verschiedenheit der Völker, die jetzt Theoderichs Zepter vereinte, verlangte von ihm viel Klugheit und Überlegung. In all den neugegründeten germanischen Mittelmeerstaaten blieb der Gegensatz der Nationalitäten und Bekenntnisse bestehen. Die *Germanen* traten der römischen Bevölkerung als seßhaft gemachtes Volksheer gegenüber. Wenn ihnen auch ein Bruch mit den politischen Einrichtungen fernlag, ergab sich doch von selbst aus dem Charakter ihrer Reiche ein neues Staatswesen, in dem an Stelle der städtischen Kultur und der Geldwirtschaft wieder die Naturalwirtschaft trat. Durch ihren *Arianismus* waren diese Germanenstaaten von der *römischen Kirche,* die nun allein das Bewußtsein des früheren Zusammenhangs aufrechterhielt, unabhängig, stellten sich auch teilweise feindlich zu ihr, so daß sie ganz von selbst zur Vertreterin der Interessen der römischen Bevölkerung gegenüber der germanischen Einwanderung wurde. In allen germanischen Reichen ging das literarische Leben weiter, allerdings war es beschränkt auf die römische und katholische Bevölkerung. Die Germanen unterlagen überall rasch dem Einfluß der alten Kultur, da sie nichts anderes an deren Stelle zu setzen wußten, und auf die Germanisierung des Imperiums im 4. Jahrhundert folgte jetzt, seit der Mitte des 5. Jahrhunderts, die *Romanisierung der Germanen.* Freilich drangen auch manche germanische Elemente in das Leben und in die Anschauung der römischen Bevölkerung ein, so besonders auf dem Gebiet des Familien- und Ehewesens sowie des Rechtes. Auch unter Theoderich blieben die Beziehungen des Westens zum Osten dunkel und unklar: speziell die Frage, ob auch das ostgotische Italien als Bestandteil des Imperiums galt, läßt keine bestimmte Antwort zu, ist aber eher zu bejahen. Zumindest *Justinian* sah im gotischen Königtum eine dauernde Reichsverweserschaft. Er hat auch später die Maßnahmen der gotischen Könige bis *Totila* in ihrer Gültigkeit nicht bestritten. Doch wird man höchstens sagen können, Theoderich und die Amaler haben formell die Oberhoheit des Kaisers anerkannt. Im ganzen waren unter Theoderich die Beziehungen zu Byzanz freundlich. Er war Reichsverweser, auch im byzantinischen Sinn, und er trat dieser Auffassung in keiner Weise entgegen. Er datierte z. B. seine Urkunden nicht nach den Jahren seiner Herrschaft, sondern nach Konsuln. Münzen aus Gold ließ er nur mit dem Bild des Kaisers prägen, wenn er auch sein Monogramm beisetzte. Die Goldprägung war stets ein Reservat des Kaisers. Als Münzstätten werden Rom, Mailand, Bologna, Ravenna genannt. Nur ein einziges Stück, offenbar eine Gedenk- oder Gelegenheitsmünze, ein dreifacher, bei Senigallia gefundener Solidus, zeigt uns auf der einen Seite das römisch stilisierte Bild des Amalers in auffallend hoher, wilder Haartracht, auf der anderen Seite mit einem Helm. Die Umschriften geben beiderseits nur den Namen des Königs an, samt dem Titel *pius princeps* beziehungsweise *victor gentium*. In nichts ging Theoderich also über die Stellung eines vornehmen kaiserlichen Beamten hinaus. Praktisch freilich war er nicht gewillt, Eingriffe in seine Machtsphäre zu gestatten; er trug z. B. kein Bedenken, seine Ostgrenze in den Jahren 504 bis 508 sogar gegen Byzanz mit den Waffen zu schützen. Sein Amt schloß zwar die meisten Rechte des Augustus in sich, jedoch fehlte ein wesentliches Vorrecht: die Gesetzgebung. Als vornehmer Beamter konnte Theoderich wohl Verordnungen erlassen und bestehende Gesetze authentisch erläutern, er konnte aber keine neuen Institutionen schaffen. Auch hier hielt er sich formell durchaus innerhalb der Schranken des römischen Staatsrechtes. Jede seiner Maßnahmen gibt sich als Verordnung, als *edictum*, nicht als *lex* (Gesetz). Auch sein wichtigster Erlaß, das zwischen 511 und 515 veröffentlichte *Edictum Theoderici*, wollte kein neues *Recht* schaffen, sondern nur die am häufigsten vorkommenden Fälle aufgrund des römischen Rechtes regeln. Wenn nun aber auch Theoderich die staatsrechtlichen Schranken offiziell beachtete, so war all dies doch nichts anderes als Gesetzgebung, und eine solche war unbedingt nötig, um der durch die Einwanderung entstandenen Unsicherheit im Recht abzuhelfen. Da die Goten nicht römische Bürger geworden waren, galt für sie nicht ohne weiteres das römische Recht. Erst die Rechtsprechung Theoderichs und seiner Nachfolger schuf ein einheitliches Recht für Römer und Germanen. Soweit dieses nicht ausreiche, blieb für die Goten das gotische Recht bestehen. Auch wurde dadurch eine gewisse Einheit erzielt, daß für beide Nationen das Königsgericht die höchste Behörde bildete. Für die weitere Stellung der Goten wurde von entscheidender Bedeutung, daß Theoderich ein weiteres Reservat des Kaisers, die Verleihung des römischen Bürgertums, nicht besaß. Das bewirkte, daß die Goten von der Zivilverwaltung ausgeschlossen waren und die nationale Scheidung bestehenblieb. Die Goten galten als kaiserliche Soldaten, erhielten wie diese Ausrüstung und Verpflegung, blieben aber im staatsrechtlichen Sinn Ausländer, die keiner Gemeinde angehörten. Das Gegenstück dazu war, daß die Römer vom Kriegsdienst ausgeschlossen waren. Ansonsten war das Königtum unter Theoderich auf dem besten Weg, die Vollgewalt, die es über die Römer hatte, auch auf die Goten auszudehnen. Doch begann unter ihm schon eine Entwicklung, die nach der entgegengesetzten Seite neigte: die Entstehung einer neuen, rein sozialen *Aristokratie*. Daß von Anfang an bei der Ansiedlung gewisse Ungleichheiten des Besitzes bestanden, ist anzunehmen; daß sie sich rasch steigerten, wissen wir sicher. Die Großen wie auch Mitglieder des Herrscherhauses machten da keine Ausnahme. Sie fingen an, den Besitz der *kleinen Freien* aufzukaufen und ihren eigenen Grund und Boden auszudehnen. Wenn sie ein Amt bekleideten, hat dies derartige Bestrebungen sehr begünstigt. War der alte Geburtsadel auf der Wanderung verschwunden, so begann sich sofort nach der Eroberung ein neuer Adel zu bilden, dessen Stellung ausschließlich auf Amt und Besitz beruhte. Schon hatte er im Staatsrat das Ohr des Königs, und es war nur eine Frage der Zeit, wann er stark genug war, um dem König gegenüber als selbständige Macht aufzutreten.

Theoderich nahm den Titel *rex,* also den eines Königs an. Es wurde damals allgemein zur Gewohnheit, daß Herrscher, die unter byzantinischer Oberhoheit standen, diese Bezeichnung führten. Sein Streben war, seinen neuen Besitz in Italien gegen alle Nachbarn zu sichern. An feindlichen Vorstößen fehlte es nicht. Daher versuchte er, durch verwandtschaftliche Bindungen Fühlung mit anderen germanischen Staaten zu nehmen. An Stelle einer Mehrheit von nebeneinander bestehenden Staaten sollte wahrscheinlich ein germanisches Mittelmeerstaatensystem treten. Er vermählte sich daher mit *Audefleda,* der Schwester *Chlodwigs I.* Diese Heirat läßt erkennen, wie früh er sich schon der Bedeutung jenes Mannes bewußt war. Seine beiden Töchter aus erster Ehe, *Thiudigotha* und *Ariadne,* nach der oströmischen Kaiserin Ariadne genannt, heirateten die Herrscher der Westgoten und Burgunden, *Alarich II.* und *Sigismund;* seine Schwester *Amalafrida* gab er dem Wandalenkönig *Thrasamund* zur Frau, und seine Nichte *Amalaberga* wurde die Gemahlin des Herrschers in Thüringen, *Herminafrid.* Es spricht für die Stellung, die das Reich der Ostgoten damals hatte, daß der König nicht nur einen Zwist zwischen Westgoten und Wandalen verhüten konnte, sondern auch die Thüringer und Alemannen zu schützen verstand. Allerdings bedeutete es seit alters eine Schwäche solcher Systeme, wenn sie nicht – wie bei dem späteren fränkischen Einheitsstaat – auf festgegründeten Einrichtungen, sondern auf Personen aufgebaut waren, auf der Genialität ihrer Anführer, auf dem guten Willen ihrer Verbündeten. Schon zu Lebzeiten Theoderichs bröckelte das Gebäude. Kaum war er gestorben, überrannten die Franken das Thüringerreich. Doch solange Theoderich lebte, war er ein Wächter des Friedens und des Rechtes und somit ein Segen für seine Zeitgenossen. Es war sein Verdienst, als erster danach getrachtet zu haben, das zufällig Gewordene in eine höhere Ordnung zu bringen. Damit wurde er zum ersten germanischen Herrscher von wirklich politischer Größe, dessen Absichten weiter gingen als auf das Bedürfnis des Augenblicks. Dieser Machtstellung war sich Theoderich auch bewußt. Er, der Sproß aus dem altberühmten Amalergeschlecht, war nicht nur der Herr des angesehensten Germanenreiches, er war zugleich auch der stärkste und einzige Vertreter des byzantinischen Kaisers im Westen.

Durch seine maßvolle Herrschaft im Innern bewahrte er dem Land die Ruhe. Da nach den Kämpfen in Italien viel herrenloses Land brachlag, ließ sich die Landanweisung an die Goten durch den geschickten römischen Prätorianerpräfekten *Liberius* ohne Schwierigkeiten in den gebräuchlichen Formen, wie schon bei Odovakar, durchführen und gab keinen Anlaß zu Klagen. Die Neusiedler erhielten ein Drittel des Hauses und ein Drittel vom Grundbesitz mit der entsprechenden Zahl von Arbeitern als Eigentum zugewiesen. In der Verwaltung änderte der König nichts. Er beließ die alterprobten römischen Beamten in ihren Ämtern. Streitsachen zwischen Römern und Römern sollten römische Richter, solche zwischen Goten und Goten die *Gaugrafen* entscheiden, solche aber zwischen Goten und Römern sollten von den Gaugrafen abgeurteilt werden, unter Hinzuziehung von römischen Rechtskundigen.

Das stark zerrüttete Italien erlebte unter Theoderichs dreißigjähriger Regierung eine Friedenszeit sondergleichen. Ödland wurde urbar gemacht, an der Trockenlegung der Pontinischen Sümpfe wurde gearbeitet, Straßen wurden ausgebessert und neue angelegt, Kanäle geführt. Die Äcker, vermehrt um die neuangelegten Bauerngüter, brachten nach Jahrhunderten wieder einen Überschuß an Getreide. Eine kluge Finanzgebarung schuf Mittel zum Aufbau des Staates und senkte die Steuern der niederen Volksschichten.

Mit der wirtschaftlichen Blüte verband sich auch ein Aufschwung des geistigen Lebens. Freilich lag die Pflege der Künste und Wissenschaften fast ausschließlich in den Händen der Römer. Theoderich zog die bedeutendsten Vertreter der Wissenschaft an seinen Hof. Dem Gotenkönig stand der bedeutende Historiker *Magnus Aurelius Cassiodorus Senator* zur Seite. Er hat die höchsten Staatsämter als *magister officiorum* bekleidet und alle Erlässe und amtlichen Schreiben des Königs verfaßt und stilisiert. Er war einer der wenigen, die damals noch so ziemlich das gesamte antike Wissen beherrschten. Als Geschichtsquelle sind am wichtigsten seine *12 Variarum libri* – eine Sammlung von Briefen und Erlässen aus seiner Amtszeit, eine *Gotengeschichte* –, deren Hauptziel die Verherrlichung der Amaler war und die die Freundschaft zwischen Goten und Römern als eine naturgemäße hinstellten. Seine Gotengeschichte ist verlorengegangen, aber wir haben davon einen Auszug durch *Jordanes* (551), einen Goten, der als Notar zu den Amalern in Beziehung stand. Nach 540 zog sich Cassiodorus in das von ihm gegründete Kloster *Vivarium* im Bruttierland zurück. Da der Süden Italiens unter der Völkerwanderung am wenigsten zu leiden gehabt hatte, fand Cassiodorus diese Gegenden für Klostergründungen passend. Sein großes Verdienst war die Hebung der Bildung der Mönche. Er lehrte sie, antike Bücher abzuschreiben, und richtete einen eigenen Raum, das *scriptorium*, für diese Zwecke ein. Sein Beispiel machte Schule, und viele Klöster, vor allem das Stammkloster der Benediktiner auf dem Berg *Monte Cassino*, wurden Pflegestätten der klassischen Literatur und Wissenschaft. In sein Lehrbuch *Institutiones divinarum et humanarum lectionum*, ein Lehrgang geistlicher und weltlicher Studien, nahm er auch die von Martianus Capella stammende Einteilung des Studiums in das *trivium*, in die Unterstufe mit Grammatik, Dialektik und Rhetorik, und in das *quadrivium*, in die Oberstufe mit Arithmetik, Geometrie, Musik und Astronomie, auf, die im mittelalterlichen Lehrplan allgemein Anwendung fand. Cassiodorus hat seinem König auf beste Weise gedient. Die Verschmelzung der beiden Nationen zu einem begreiflicherweise stark römisch gefärbten Ganzen schwebte ihm als letztes Ziel vor. Denn die einfache Fortdauer des römischen Imperiums auf der Grundlage der alten Verfassung und die Einfügung der Goten als rein militärische Macht war kaum sein wahres Ziel. Die Würdigung des gelehrten Mannes ist in den Worten des Enkels Theoderichs, des Königs *Athalarich*, erhalten, mit denen er dem römischen Senat Cassiodors Erhebung zum *praefectus praetorio* anzeigt: Nicht damit habe sich Cassiodorus begnügt (meint er), die lebenden Herren zu loben. »Auch in das Altertum unseres Geschlechtes ist er hinaufgestiegen und hat durch Lesen erkundet, was kaum noch im Gedächtnis unserer Väter haftete. Er hat die Könige der Goten, die lange Zeit Vergessenheit barg, aus den Schlupfwinkeln der Urzeit hervorgezogen. Er hat die Amaler mit dem vollen Ruhm ihrer Herkunft wieder ans Licht gestellt, indem er klar nachwies, daß wir bis in die siebzehnte Generation von königlichem Stamm sind. Er hat die Herkunft der Goten zu einer römischen Geschichte gemacht und die Blütenkeime, die bis dahin auf den Gefilden der Bücher hier und dort zerstreut waren, in einem einzigen Kranz gesammelt. Bedenkt, welche Liebe zu euch er durch unser Lob bewiesen hat, da er nachwies, daß der Stamm eures Herrschers von Uranfang her wunderbar gewesen ist, so daß nun auch ein altes Königshaus über euch die Herrschaft führt, über euch, die ihr von euern Vorfahren her immer als von edler Art gegolten habt.«

Der zweite bedeutende Mann an Theoderichs Hof war *Anicius Manlius Severinus Boethius* (480–524). Auch er stammte aus einer reichen römischen Familie, diente dem Theoderich als Staatsmann und mühte sich, zwischen Heidentum und Christentum eine Brücke zu schlagen. Er erhielt die beste Bildung, die Rom bieten konnte, und verbrachte achtzehn Jahre an *Athens* Schulen. Nach Rom zurückgekehrt, befaßte er sich mit Übersetzungen griechischer Werke, vor allem denen des *Aristoteles,* in das Lateinische und mit philosophischen und theologischen Studien. Sein weiterer Weg führte ihn von den Büchern in das politische Leben. Er stieg zu den höchsten Ämtern empor und zeichnete sich neben anderen Vorzügen durch eine vielbewunderte Beredsamkeit aus. Sein vertrauter Verkehr mit seinen katholischen Glaubensgenossen und in römischen Kreisen fand das Mißfallen der gotischen Hofbeamten, und sie machten den König gegen Boethius argwöhnisch. Theoderich schenkte den Einflüsterungen um so leichter Gehör, als er schon lang spürte, daß *Adel* und *Klerus* gegen ihn, den Arianer, gegnerisch eingestellt waren. Er ließ den Philosophen, als er sich für *Albinus* einsetzte, gefangennehmen und später hinrichten.

Boethius verfaßte im Kerker zum eigenen Trost die berühmte Schrift: *De consolatione philosophiae* (Über die Tröstung der Philosophie). Darin zeigt er sich als echter Jünger der *Stoa:* er ergibt sich mit heldenmütiger Ruhe in sein Schicksal. Boethius hat zwar als Katholik dieses Werk geschrieben, es atmet aber noch den Geist der antiken Philosophie, stellt somit das letzte Werk der heidnischen Philosophie dar. Er wurde für das christ-

Kelch des Tassilo (um 777); Stift Kremsmünster, Oberösterreich.

liche Mittelalter durch seine Schriften ein Hauptmittler antiker
Weisheit.

So ruhmvoll und friedensreich die Regierungszeit Theoderichs
auch verlief, so umschattet waren seine letzten Jahre. Schweres
Leid brachten die Nachrichten aus Afrika. Dort war sein Schwager *Thrasamund* gestorben und *Hilderich* zur Herrschaft über
die Wandalen gelangt. Dieser schlug einen durchaus römer-
freundlichen Kurs ein und riß damit eine schwere Bresche in das
allgermanische Sicherungssystem Theoderichs. Hilderich ließ
das gotische Gefolge *Amalafridas* ermorden und sie selbst ins
Gefängnis werfen, wo sie bald darauf starb. Diese Schmach zu
rächen und auch dem zunehmenden Einfluß der Byzantiner in
dem Italien so nahe gelegenen Reich entgegenzutreten, rüstete
Theoderich eine Flotte aus. Außerdem belasteten die Angriffe
des neuen oströmischen Kaisers *Justinus I.* gegen die *Arianer*
den Religionsfrieden in Italien aufs schwerste. Denn Theoderich
fühlte sich als Schutzpatron der Arianer. Als 523 eine heftige
Arianerverfolgung im Oströmischen Reich einsetzte, schickte
Theoderich Papst *Johannes I.* (523–526) mit fünf Bischöfen und
vier römischen Senatoren nach *Konstantinopel,* mit dem Auftrag, vom Kaiser zu verlangen, daß diejenigen zur arianischen
Lehre zurückkehren dürften, die gewaltsam zur Abschwörung
gezwungen worden waren. Der Papst sollte alles aufbieten, die
Widerrufung des Edikts und die Zurückgabe der entrissenen
Kirchen herbeizuführen.

Da der gewünschte Erfolg ausblieb, wurde Theoderich mißtrauisch. Der siebzigjährige, im Alter reizbare und argwöhnische
Herrscher witterte einen Zusammenhang zwischen diesem Fehlschlag und einem anderen Ereignis: mit der Anklage auf Hoch-
verrat, die gegen den vornehmen Römer *Albinus* von einem
gewissen *Cyprian,* der vielleicht nach den Reichtümern des Albinus begehrte, erhoben worden war. Die Dinge mögen verwik-
kelter gewesen sein, als sie uns geschildert wurden. Denn am
Schluß wurden nicht nur der inzwischen von Theoderich verhaf-
tete Papst, sondern auch der warmherzige Verteidiger des Albinus, Boethius, und dessen Schwiegervater *Symmachus der Jün-*

gere in die Anzeige mit hineingezogen. Papst *Johannes I.* starb am 18. Mai 526 im Gefängnis. Theoderich hatte die beiden anderen, wahrscheinlich aus Scheu, römische Patrizier selbst zu richten, dem Senat zur Aburteilung übergeben. Es ist begreiflich, daß dieser, zur Willenlosigkeit erniedrigt, das erwartete Urteil fällte und die Angeklagten dem Tod überlieferte. Theoderich schien eine Weile gezögert zu haben, dieses Urteil vollstrecken zu lassen. Es wird berichtet, er habe Boethius und Symmachus schon zur Verbannung begnadigt gehabt, als er sich eines anderen besann und an beiden die Hinrichtung vollziehen ließ: am 24. Oktober 524 an Boethius, 525 an Symmachus. Am Anfang von Theoderichs Herrschaft stehen der Wortbruch und der Mord an Odovakar, am Ende diese blutige Untat. Bald darauf, am 30. August 526, ist Theoderich an Ruhr gestorben.

Theoderich war bei der Besetzung Italiens in ein Reich gekommen, das trotz seiner starken Verfallserscheinungen noch immer aus seiner großen Vergangenheit wesentliche Kräfte für die staatliche Organisation und das kulturelle Leben schöpfte. Diesen Kräften standen er und seine Goten als Fremde gegenüber. Sie waren losgerissen vom Mutterboden, von ihren alten Bräuchen und Überlieferungen. Entwurzelt standen sie, eine Minderheit, unter anderen Menschen mit anderer Sprache, Sitte und Religion. In dieser Welt wollte Theoderich seine Verehrung des Altertums mit der Liebe zu seinem Volk vereinen, Goten und Römer in freundnachbarliche Verbindung bringen und den Goten eine neue Heimat aufbauen. Aber jeder Schritt vorwärts mußte ihn an der endgültigen Lösung verzweifeln lassen. Dazu erhob sich in seinen letzten Jahren auch noch der Verrat. Und wie sah es mit der Zukunft aus? Er hinterließ keinen männlichen Erben, nur eine Tochter. Sie würde die Regierung für ihren unmündigen Sohn auf ihre schwachen Schultern nehmen müssen, hineingestellt zwischen eine eigensüchtige Adelspartei und die Bevormundung durch Byzanz.

Das ist die Tragik dieses Königs, die mit dem Tag anhub, da er den Boden Italiens betrat, und die er seinen Nachkommen hinterließ. In einer Zeit, in der er seinem Volk unentbehrlicher denn

je geworden war, da die Auseinandersetzungen mit den Wandalen noch nicht beseitigt, die religiösen Streitfragen noch nicht gelöst waren, haben die Goten ihren König zu Grabe getragen.
Wer heute durch die Straßen Ravennas schreitet, findet noch
manche Erinnerung an den größten König der Völkerwanderungszeit. Es sind dies Baudenkmäler in dem zu jener Zeit auf-
gekommenen byzantinischen Stil, Reste der reichen Bautätig-
keit, die damals Kirchen, Paläste, Theater, Bäder und Wasserlei-
tungen erstehen ließ.

Der Einfluß der *byzantinischen Kunst* war in *Ravenna* zu stark,
als daß sich dort eine eigene Stilrichtung hätte durchsetzen können. Ravenna war geradezu die zweite Heimat des byzantinischen Stils geworden. Schon in der *Grabkapelle der Galla Placidia* tritt uns diese Kunstform entgegen. Das Mausoleum ist ein
schlichter Ziegelbau mit Blendarkaden. Im Innern enthält es far-
benprächtige Mosaike. Solche schmücken auch die Kuppel von
San Giovanni in Fonte, dem Baptisterium der Katholiken. Eine
neue Lösung findet der *Basilikabau.* Theoderich ließ zu Beginn
des 6. Jahrhunderts die Kirche *Sant' Apollinare Nuovo* für seine
Arianer errichten. Das Innere wird durch 24 Säulen in 3 Schiffe
geteilt.

Die kostbarste Art des Zentralbaues – im Gegensatz zum früher
erwähnten Basilikabau – bildet die Kirche *San Vitale.* Eine acht-
seitige Umfassungsmauer schließt einen ebenfalls achtseitigen
Zentralbau ein, der sich mit einer zusammenhängenden Folge
von Nischen nach innen öffnet. Nur die östliche Nische erweitert sich durch Verlängerung zum Chor. Kostbare Kapitelle
stützen die Bogen, und Mosaiken mit Blau und Gold als tonan-
gebenden Farben flimmern und leuchten von den Wänden.
Auch hier sehen wir, wie in Sant' Apollinare Nuovo, die erstarr-
ten Figuren, die fließenden Falten, die möglichst jede Rundung
vermeiden, die kalte Ruhe, noch eindrucksvoller durch die maskenhaft großen Augen. Alles erinnert an orientalische Motive
und gemahnt daran, daß die neue Metropole dem Osten näher
gerückt ist.

Sind die vorher genannten Bauwerke und ihre künstlerische

Ausschmückung, wie z. B. die Mosaiken in Sant' Apollinare Nuovo, von nichtgermanischen Künstlern geschaffen worden oder doch in so enger Anlehnung an die südliche Kunst entstanden, daß sie nicht mehr als rein germanische Schöpfungen betrachtet werden können, so erinnert das *Grabmal Theoderichs* in seiner Einfachheit und mit seinem gewaltigen Deckstein an die primitive Kunst der Wandervölker. Theoderich ließ es sich im Weichbild der Stadt, einstmals in der Nähe des Meeres, aus großen Quadersteinen erbauen. Es lehnt sich in seiner Bauform an die Mausoleen an, wie ein solches das Grabmal der Galla Placidia ist. Der Grundriß des doppelgeschossigen Baues ist zehneckig. In den Kuppelraum gelangt man heute über zwei erst im 18. Jahrhundert angebaute Steintreppen. Um das Obergeschoß führt ein Umgang, der von den zehn tiefen Rundbogennischen des Unterbaues getragen wird. Die Brüstung bildete wahrscheinlich jenes berühmte Bronzegitter, das heute im Dom zu Aachen ist. In der Mitte des Kuppelraumes wird der Sarkophag mit der Leiche des Königs gestanden haben. Das Gebäude deckt eine riesige Felsplatte, ein Monolith, mit henkelartigen Ansätzen ringsherum, die zum Aufziehen der Steinplatte dienten. Der Deckstein hat ein Gewicht von 800 Tonnen, einen Durchmesser von 11 m, eine Dicke von 3,5 m und einen Umfang von 34 m. Der riesige Block gemahnt an die Hünengräber im germanischen Norden. Den Fries am Hauptgesims schmückt das berühmte germanische Zangenornament, ein Dreieckmuster mit Kreisen, das auf die Dreieckspitze gestellt wird. Der eine Dreieckschenkel ist jedesmal spiralig aufgerollt und bildet so das uralte germanische Wellenband. Das Grabmal birgt heute nicht mehr die Leiche des Königs. Im 19. Jahrhundert fanden Arbeiter unweit des Grabes neben einem Skelett einen Goldharnisch, der allgemein als der des Königs bezeichnet wurde. Vielleicht haben die Getreuen des Königs den Leichnam heimlich in der Nähe verscharrt, um ihn dadurch vor Schändung durch Feinde zu bewahren.

Nach Theoderichs des Großen Tod führte seine Tochter *Amalaswintha,* früh verwitwet, die Regierung für ihren noch unmündigen Sohn *Athalarich.* Sie war eine hochbegabte, tat- und geistesstarke Frau und nicht ohne gewisse Wesenszüge ihres Vaters. Trotzdem nützten Fremde und eigene Leute die Regierung einer Frau, um sich Vorteile zu verschaffen. Der Westgotenkönig *Amalarich* war aus dem engen Verband mit den Ostgoten geschieden und regierte selbständig. In Konstantinopel kam *Justinian I.* (527–565) auf den Thron. Er hatte sich als Offizier im Heeresdienst ausgezeichnet und erlangte nun im Alter von 45 Jahren die Herrschaft. Er trug sich mit dem Gedanken, die Reichseinheit auf Kosten der germanischen Staaten wiederherzustellen. Amalaswintha bemühte sich noch mehr als ihr Vater, die Gegensätze zwischen *Goten* und *Römern* zu beseitigen, konnte aber noch weniger als er dieser Schwierigkeiten Herr werden. Aus zu großem Entgegenkommen stand sie in wohlwollender Weise Justinians Feldherrn *Belisar* im Krieg mit den *Wandalen* bei, indem sie ihm Stützpunkte auf Sizilien überließ. Dadurch half sie unwillkürlich mit, Justinian von der Wandalengefahr zu befreien, und gab ihm dadurch die Möglichkeit, in die inneren Verhältnisse ihres eigenen Landes einzugreifen. Teils aus persönlichen, teils aus sachlichen Gründen zeigte sich schon unmittelbar nach dem Tod Theoderichs ein Widerstand der auf Amt und Besitz gegründeten neuen ostgotischen *Aristokratie,* die vor allem die Zeit, in der die Zügel des Reichs in den Händen einer Frau lagen, zu nützen trachtete, um ihre Stellung zu stärken. Sie strebte danach, den unbestimmten Einfluß, den schon unter Theoderich der ostgotische Staatsrat erlangt hatte, zu einem allumfassenden zu erweitern und sich gegen die bisherige römerfreundliche Politik der Regierung zu kehren. Amalaswintha tat alles, was auch Theoderich an ihrer Stelle getan hätte. Man darf dabei nicht übersehen, daß noch immer *Cassiodor* der leitende Staatsmann war. Sie gab den Erben des *Boethius* und *Symmachus* das eingezogene Vermögen zurück, sie gewährte den seit dem Urteil gegen ihre Häupter begreiflicherweise verbitterten Römern Steuernachlässe und Strafmilderungen und verlieh ihnen Ehren und Würden. Daß die Goten selbst nicht zu kurz gekommen sind, dürfte anzunehmen sein. Besonders pflegte man der Regentin vorzuwerfen, daß sie den höchsten Wert auf gute Beziehungen zu *Byzanz* legte. Aber was hätte sie tun sollen? Sie stand nach dem Tod ihres Vaters allein da, außer Cassiodors Hilfe besaß sie nichts als ihre gute Erziehung. Im Innern wurde die Opposition immer lauter, und um sie herum lösten sich die Staaten von der Mittelmeerpolitik Theoderichs. Wo überall hätte sie eingreifen sollen?

Es war also nichts als Selbsterhaltungstrieb, wenn sich Amalaswintha auf den einzigen Staat stützte, der ihr im Notfall helfen konnte: auf Byzanz. Man übersehe auch nicht, daß die byzantinischen Heere, die nach ihrem Tod in Italien landeten, dies unter dem Vorwand taten, die Verbündete ihres Herrn und Kaisers rächen zu wollen. Ihre Beziehung zu *Ostrom* muß also tatsächlich sehr eng gewesen sein, aber nur dadurch gewann sie die Kraft, die Opposition niederzuhalten. Diese sah sich daher gezwungen, ihren Zielen jenen Vorwand zu geben, der immer zugkräftig ist, nämlich den nationalen. Auf einmal kehrte sich die ganze Widerstandsbewegung gegen die Römer, und die Aristokratie benützte geschickt einen ganz geringen Anlaß, um die Macht an sich zu reißen: Als die Regentin ihren nun ganz römisch erzogenen Sohn in Gegenwart des Hofes züchtigte, erklärten die gotischen Adeligen, dies sei eines germanischen Königs unwürdig, und sie erzwangen es, daß Amalaswintha den jungen Fürsten einer gotischen Umgebung übergab. Da staatsrechtlich der 518 geborene *Athalarich* trotz seiner Unmündigkeit der eigentliche Herrscher war, verstand es sich von selbst, daß nun die Regierung in den Händen seiner neuen Umgebung lag. Die Regentin sah sich an die zweite Stelle zurückgedrängt, die gotische Nationalpartei triumphierte, aber nicht lang. Die Tochter Theoderichs war keineswegs gewillt, auf die Herrschaft zu verzichten: hatte man sie ihrer Stellung auf gewaltsame Weise beraubt, so versuchte sie diese durch Gewalttaten wiederzuerlangen. Es gelang ihr, drei Führer der Aristokratie in die Grenzgebiete zu entfernen, und als sie auch dort mit der Opposition in Verbindung blieben, trug sie kein Bedenken, sie beseitigen zu lassen. Zugleich hatte sie mit Kaiser Justinian Unterhandlungen angeknüpft, um sich für den äußersten Notfall in Byzanz einen Rückhalt zu sichern. Durch das Gelingen des Anschlags auf die drei Herzoge schien Amalaswinthas Stellung von neuem gefestigt, da starb Athalarich im Jahr 534, und dieses Ereignis entzog der Regentin jede gesetzliche Grundlage zur Weiterführung der Regierung, da sie nur für den Sohn und nicht aufgrund eigenen Rechtes geherrscht hatte.

Innerhalb der Königsfamilie hatte nur *Theodahad* noch Anspruch auf die Krone: er war ein Vetter Amalaswinthas, der Sohn der Wandalenkönigin Amalafrida. Er stammte aus deren erster Ehe, Thrasamund war ihr zweiter Gemahl. Theodahad hatte sich bisher vornehmlich als Vertreter jener Richtung der ostgotischen Aristokratie gezeigt, die auf Kosten der Gemeinfreien ihre Stellung zu verbessern versuchte. Er hatte in *Tuszien* eine Menge kleiner Grundbesitzer teils aufgekauft, teils gewaltsam verdrängt und sich auf diese Weise eine bedeutende Stellung geschaffen. »Nachbarn zu haben schien Theodahad eine Art von Unglück«, sagte *Prokop von Caesarea* von ihm. Er war wegen dieser Auffassung auch schon manchmal mit der Regentin in Konflikt gekommen, jetzt aber brachte sie ihn dazu, ihre an sich sehr fraglichen Ansprüche auf den Thron anzuerkennen, was entschieden ein großer diplomatischer Erfolg war. Sie nahm ihn zum Mitregenten an, wogegen er schwor, ihr die wirkliche Regierung zu überlassen. Daß sie ihn geheiratet habe, beruht auf mißverständlicher Lesung der Quellen, in denen erwähnt wird, sie habe ihn zum Genossen der Krone erhoben. Theodahad war vermählt. Er hat jedoch den Verzicht auf die Herrschaft keineswegs ernst gemeint. Schon unmittelbar nach seiner Erhöhung war er mit Kaiser Justinian in nicht ganz durchsichtige Verhandlungen getreten. Kaum hatte er die Krone empfangen, warf er die Maske ab: er setzte die Regentin auf einer Insel im Bolsenasee gefangen und ließ sie dort im Bad ermorden (535). Die byzantinische Gesandtschaft, die um jene Zeit am ostgotischen Hof weilte und öffentlich für Amalaswintha eintrat, spielte eine zwielichtige Rolle, da damals möglicherweise die Interessen des byzantinischen Herrscherpaares – wie auch sonst noch manchmal – auseinandergegangen sein können. Justinian dürfte wirklich vom Mord an der Königin nichts gewußt haben, während die einflußreiche Kaiserin *Theodora*, einst eine Zirkustänzerin, vielleicht nicht so ganz unbeteiligt gewesen sein mag. Es war hier eine Lage geschaffen, die sehr jener ähnelte, in der sich wenige Jahre vorher das wandalische Reich befunden hatte, als *Hilderich* von *Gelimer* gestürzt worden war. Kaiser Justinian zögerte nicht, sie in geschickter Weise für seine Zwecke zu verwerten. Er trat zornentbrannt als Rächer Amalaswinthas auf, und der Krieg Ostroms gegen die Ostgoten begann.

Es wurde dem Staat zum schweren Verhängnis, daß sich der König der Situation nicht gewachsen erwies. An Anläufen, den Byzantinern gegenüber volle Energie zu zeigen, fehlte es freilich nicht. War bisher die Stellung des Ostgotenreiches zum Kaiserreich eine sehr unklare gewesen, hatte mehr oder minder eine gewisse nominelle staatsrechtliche Abhängigkeit bestanden, so scheint jetzt Theodahad absichtsvoll die ganze Macht des gotischen Königtums betont zu haben: Hatten Theoderich und Athalarich ihre Münzen mit dem Bild des byzantinischen Kaisers geprägt und nur auf der Rückseite ihren Namen genannt, so ging jetzt Theodahad wenigstens bei den Kupfermünzen zu ganz selbständiger Prägung über. Er versah das Kleingeld mit dem altrömischen SC *(senatus consulto)* und zeigte auf der Vorderseite sein Bild mit der Krone, auf der Rückseite begnügte er sich mit einer Victoria. Dem drohenden byzantinischen Angriff versuchte er durch Bündnisse zu begegnen, indem er sich bemühte, die *Franken* für sich zu gewinnen. Daß Theodahad, von vornherein verzagt, den Krieg um jeden Preis habe vermeiden wollen, dürfte nicht den Tatsachen entsprechen. So können auch seine Verhandlungen mit Byzanz möglicherweise nur den Zweck gehabt haben, Zeit zu gewinnen, obwohl er sogleich Anerkennung der kaiserlichen Oberhoheit und dann volle Unterwerfung anbot. Wenn auch die diplomatische Haltung des Königs alles andere als entschlossen und kühn war, kann man sie doch nicht als ganz verfehlt bezeichnen: Wenn man den Ausbruch der Feindseligkeiten möglichst verzögerte, konnte man die auf den Krieg wenig vorbereitete und im ganzen Land verstreute gotische Heeresmacht zusammenziehen und besser einüben, um dann dem byzantinischen Einfall mit Erfolg entgegenzutreten. Der unverzeihliche Fehler Theodahads lag auf anderem als auf politischem Gebiet, nämlich auf militärischem. Ostrom führte den Krieg von zwei Seiten her, von *Dalmatien* und von *Sizilien* aus. Der Feldherr Justinians, *Belisar,* der auch Oberkommandierender gegen die Wandalen gewesen war, landete mit der Hauptmacht auf *Sizilien* und begann, unbeirrt von den fortlaufenden Verhandlungen Theodahads, sogleich in energischer Weise die kriegerischen Operationen. Der Widerstand, den er auf gotischer Seite fand, war schlaff und unzureichend. Bald hatte er die Insel in seine Gewalt gebracht, im Frühjahr 536 setzte er nach *Reggio* über und nahm nach 21tägiger Belagerung *Neapel,* indem er einige Krieger durch den Aquädukt in die Stadt kriechen ließ. Theodahad hatte der gotischen Besatzung von Neapel keine Hilfe gebracht. Es hatte den Anschein, als würde der Krieg ohne ernsthafte Gegenwehr von seiten der Goten geführt, da der König und das Volk von der Aussichtslosigkeit überzeugt waren, wie dies auch beim Untergang des Wandalenreiches der Fall gewesen war. Doch es erwies sich bald, daß die Ostgoten militärisch auf einer anderen Stufe standen als die Wandalen. Sie erkannten bald die kriegerische Unfähigkeit des Königs und besannen sich darauf, daß nach altgermanischem Staatsrecht dem Heer die gleiche Befugnis wie der Volksversammlung zustehe. Daher traten die Krieger in der Nähe von Rom zusammen und setzten den König wegen Unfähigkeit und Hochverrats ab.

Danach schritten sie zur Neuwahl und setzten *Witigis* (536–540) auf den Thron. Er war zwar nicht von adeliger Herkunft, hatte sich aber als Krieger durch seinen Heldenmut ausgezeichnet. Er war jedoch weder politisch noch militärisch seiner Aufgabe gewachsen und beging gleich zu Beginn seiner Herrschaft den nicht wiedergutzumachenden Fehler, daß er *Rom,* noch immer Mittelpunkt des geistigen und politischen Lebens, preisgab, ohne eine Entscheidungsschlacht oder auch nur eine energische

Verteidigung der Stadt zu wagen. Damit war von vornherein ein aussichtsreicher Widerstand nur auf Norditalien beschränkt. Im Süden und in der Mitte der Halbinsel handelte es sich fortan nicht mehr darum, den Besitz des Volkes gegen einen fremden militärischen Einfall zu behaupten, sondern er war wieder ganz und gar römisches Eigentum geworden, das man nun von neuem erobern mußte. Sehr bezeichnend ist, daß der neue König seine Erhebung durch das Heer nicht als genügend betrachtete, sondern sich durch Verbindung mit dem Haus der Amaler eine Beglaubigung seiner Rechtmäßigkeit verschaffen wollte. Dies war der Hauptgrund dafür, daß er Rom im Stich ließ und mit der Hauptmacht der Goten nach *Ravenna* zog, um sich mit Theoderichs Enkelin *Mataswintha* zu vermählen und dadurch ein gesichertes Anrecht auf den Königsthron zu erhalten. Die Frau aber haßte ihn und trat mit den Römern in verräterische Beziehungen.

Zu spät erkannte Witigis, was er versäumt hatte. Inzwischen hatte nämlich Belisar Rom eingeschlossen, das im Dezember 536 mit dem Papst *Liberius* an der Spitze dem Feldherrn die Tore öffnete. Nun rückte Witigis mit angeblich 150000 Mann gegen Rom vor und faßte den wahnwitzigen Entschluß, gegen die an Wasser und Lebensmitteln notleidende Stadt einen Sturmangriff anzusetzen. Durch die Überlegenheit der römischen Verteidigungsmaschinen erlitt Witigis einen so schweren Verlust, daß er zu keinem neuerlichen entscheidenden Vorstoß fähig war. Ein Jahr lang lag das schwer mitgenommene Heer vor Rom, das Belisar geschickt und tapfer verteidigte. Dann mußte Witigis unverrichteter Dinge abziehen.

Nun aber schlägt Witigis allmählich ganz die Bahnen Theodahads ein und sucht nicht auf militärischem, sondern auf diplomatischem Weg mit Hilfe von Bündnissen Rettung aus der Not. Schon am Beginn seiner Regierung hatte er sich bemüht, mit den Franken eine Verständigung zu erzielen: er trat ihnen die ostgotischen Besitzungen in *Gallien*, die *Provence*, ab, wofür sie ihm militärische Hilfe versprachen. Zwar erschienen die Franken in Oberitalien unter König *Theudebert I.* (539), aber sie nützten den Goten nur wenig, denn es war keineswegs ihre Absicht, den Stammesgenossen gegen die *Byzantiner* Beistand zu gewähren. Theudebert wollte vielmehr selbst aus dem Krieg Vorteil ziehen und Oberitalien in seine Hand bringen. Er wurde allerdings durch Seuchen bald zum Rückzug gezwungen. Ein anderer diplomatischer Schachzug schien Witigis besser zu glücken, nämlich die Verbindung mit dem Perserkönig *Chosroes*.

Der Neuausbruch des Perserkriegs an den Grenzen des byzantinischen Reiches machte in der Tat Justinian derart besorgt, daß er den Friedensvorschlägen der Goten entgegenkam. Diese boten – auch darin Gedanken des vielgeschmähten Theodahad verfolgend – die Abtretung Italiens südlich der Poebene an. Aber was man in *Konstantinopel* schon angenommen hatte, das verwarf aus eigener Machtvollkommenheit der kaiserliche Heerführer Belisar, der schon solche Fortschritte erzielt hatte, daß er den Gotenkönig in seiner Residenz Ravenna belagern konnte. Da setzte abermals bei den Goten eine Bewegung ein, die indes jetzt nicht vom Volk, sondern von der *Aristokratie* ausging: man versuchte sich des unfähigen Königs zu entledigen und bot Belisar die Krone an. Der Adel wollte sich auf Kosten des gotischen Volkes seine Stellung sichern. Man darf sich jedoch die Sache nicht so vorstellen, als ob Belisar gotischer König auf dem Thron der Amaler hätte werden sollen, sondern man beabsichtigte offenbar, ein von Byzanz unabhängiges Nebenkaisertum zu gründen, in das die gotische Aristokratie als vollberechtigte Klasse eintreten sollte. Dies ist ein Beweis mehr, wie sehr schon bei den Ostgoten die Interessen des Volkes und des Adels auseinandergingen. In bezug auf die Person des ausersehenen Königs war diese Überlegung nicht überraschend. Es wäre nicht das erste Mal gewesen, daß ein kaiserlicher Feldherr abtrünnig wurde. Daß der Plan nicht verwirklicht wurde, ist einzig darauf zurückzuführen, daß Belisar eben eine Ausnahme war: er ging nur scheinbar auf die Sache ein. Es ist unwahrscheinlich, daß ein so anständiger Mensch auch nur einen Augenblick daran gedacht haben konnte, dieses Anerbieten eines politisch unerfahrenen Volkes anzunehmen. Als aber Ravenna in seiner Gewalt war, da setzte er Witigis gefangen und verkündete die kaiserliche Herrschaft. Immerhin hatte er durch dieses falsche Spiel das Mißtrauen Justinians erregt, so daß dieser ihn nach dem Osten in die Perserkriege abberief. Gehorsam schiffte sich der Befehlshaber ein und nahm Witigis und Mataswintha sowie andere Edle als Gefangene nach Konstantinopel mit (541). Mit ihnen fiel auch der ganze große *Schatz des Theoderich* in die Hände des Feindes. Witigis trat zum Katholizismus über und erhielt neben reichen Einkünften den Rang eines *Patricius*. Italien aber wurde als römische Provinz behandelt.

Nun schien zwar mit der Gefangennahme des Königs der Krieg beendet und dem Ostgotenreich ein klägliches Ende gesetzt, aber noch war die Kraft der Ostgoten nicht gebrochen. Bitter enttäuscht durch Belisars falsches Spiel, erhoben die Reste der Goten *Hildebad,* einen Verwandten des Westgotenkönigs, auf den Schild. Aber Hildebad wurde bald ermordet. Die Römer, die zuerst die Befreiung durch Belisar begrüßt hatten, fühlten sich unter der neuen Herrschaft sehr enttäuscht: die Lasten für die byzantinischen Besatzungstruppen lagen schwer auf ihnen, die alte, korrupte Staatsverwaltung setzte wieder ein, und das römische Volk seufzte unter hohen Steuern. Unter den Gotenkönigen jedoch war die Verwaltung einwandfrei, auch die Steuern waren niedrig gewesen. Daher fanden die Goten, die sich in einigen festen Plätzen gehalten hatten, bei der römischen Bevölkerung starke Unterstützung und einen hilfsbereiten Rückhalt. Dieser Beistand war einer Wiedererhebung der Ostgoten sehr förderlich, besonders da die gotische Bevölkerung durch Kriegsverluste, Lebensmittelnot und Seuchen an Zahl sehr zurückgegangen war.

Durch die Abwendung der einheimischen Bevölkerung von ihren Befreiern erklärt es sich, daß von den geringen Resten des gotischen Widerstandes schließlich die Neueroberung des Landes und eine anscheinende Blüte gotischer Macht in Italien ausgehen konnte. Insbesondere hatte man in *Totila* (Badwila), der als Befehlshaber von Treviso gerade im Begriff war, in kaiserliche Dienste zu treten, endlich einen Mann gefunden, der sich der höchst bedenklichen Lage gewachsen zeigte. Ihn, den jungen strahlenden Menschen, mit scharfem Verstand und außerordentlicher Tatkraft begabt, den klugen Diplomaten und kühnen Feldherrn, stellten die Goten an die Spitze, und mit ihm trat eine Wende des Kriegsglücks ein. Er ist unter dem Namen Totila besser bekannt, doch die Münzen nennen ihn Badwila. Er hat übrigens nicht nur Kupferstücke mit seinem Bildnis prägen lassen wie Theodahad, sondern auch Silbermünzen.

Die römische Aristokratie verhielt sich, genau wie einst unter Theoderich, zurückhaltend gegen ihn. Der milde und wohlwollende Totila, der freilich immer noch gotischer Herrscher war und es bleiben wollte, konnte sie nicht gewinnen. Ihre Sympathien standen nach wie vor auf byzantinischer Seite. In die Kriegführung kommt mit Totila neues Leben. Er verzichtete darauf, sich auf zweifelhafte ausländische Bündnisse zu stützen, und versuchte sich aus eigener Kraft mit Hilfe des gotischen Heeres zu behaupten. Er begnügte sich nicht damit, den vorgefundenen Besitzstand zu verteidigen, sondern war bestrebt, auch das durch die Schuld seiner Vorgänger verlorene Mittel- und Süditalien wiederzugewinnen. Dabei ist er weit davon entfernt gewesen, nur Soldat zu sein. Er hatte offenbar erkannt, daß die Macht der Goten doch zu schwach war, um es auf die Dauer mit dem Kaiserreich aufzunehmen. Sein Ziel blieb – wie das Theodahads und Witigis' – die Herbeiführung einer Verständigung mit Byzanz. Wieder und wieder machte er Friedensangebote. Er war bereit, große Opfer zu bringen, sich im Notfall sogar mit Oberitalien zu begnügen. Immer aber wurde er von Justinian schroff abgewiesen, der ihn nicht als gesetzmäßigen König anerkannte. So wurde Totila fast wider Willen zu energischer Kriegführung und zu stärkerer Hervorhebung seiner Souveränität gedrängt, was auch, wie erwähnt, in seinen Münzprägungen zum Ausdruck kam, die zwar zunächst noch das Bild Justinians aufweisen, zuletzt aber das seine.

Seine militärischen Erfolge waren anfangs ganz überraschend, was allerdings zum Teil auf Rechnung der Unfähigkeit der byzantinischen Feldherren kommt, die Belisar abgelöst hatten, zum Teil aber daher rührt, daß sich die niedere Bevölkerung den Goten freundlich zeigte. Von *Verona* aus drang der König nach Süden vor, siegte 542 bei *Faenza* und eroberte im folgenden Jahr *Neapel* zurück. Italien war in der Hauptsache wieder in seiner Hand, woran auch die Rückkehr Belisars nichts zu ändern vermochte, der freilich nur über unzulängliche Streitkräfte verfügte. Den Höhepunkt von Totilas Glück bedeutete es, daß er 546 nach längerer Belagerung *Rom* in seine Hand brachte. Hier freilich ließ sich der bisher so ausgezeichnete Feldherr einen schweren Fehler zuschulden kommen: Statt sich in Rom, dessen Wichtigkeit doch die Kämpfe des Witigis genügend dargetan hatten, mit aller Macht festzusetzen, begnügte er sich damit, einen kleinen Teil der Befestigungen zu zerstören. Im übrigen gab er die Stadt auf. Wir können heute nicht mehr sagen, was ihn dazu bewogen hat, auf Rom zu verzichten. Es wird wahrscheinlich Zwang gewesen sein und nicht Unbedachtsamkeit oder Leichtsinn. Belisar allerdings zögerte begreiflicherweise nicht, daraus Vorteil zu ziehen. Er warf sich in die Ewige Stadt, stellte deren Verschanzungen wieder her und brachte damit weitere Angriffe des Gotenkönigs mühelos zum Scheitern. Doch Belisar wurde, als ihn das Schlachtenglück in Unteritalien im Stich ließ, von seinem ungnädigen Kaiser 549 abermals abberufen und mußte nach Byzanz zurückkehren. Noch in demselben Jahr eroberte Totila Rom zum zweitenmal und konnte schon daran denken, seine Waffen gegen *Sizilien* zu wenden, aber er hatte doch schon zuviel Zeit verloren. Noch war *Ravenna* in römischer Hand. Totila machte sich an die Belagerung dieser mächtigen Seestadt, doch hier wendete sich sein Glück. Er mußte die Belagerung aufgeben, und seine Flotte wurde vernichtet.

Mittlerweile hatte sich der Kaiser überzeugen müssen, daß er, um dem Vordringen der Goten wirksamer begegnen zu können, weit bedeutendere Streitkräfte ins Feld führen müsse. Zum Anführer bestimmte er den zweiten Gemahl *Mataswinthas*, *Germanus,* in der Absicht, dadurch einen Teil der Goten von Totila abtrünnig zu machen, da in den Augen mancher Mataswintha nach Theodahads Tod den alleinigen gesetzmäßigen Anspruch auf den Thron hatte. Als Germanus plötzlich starb, wurde *Narses,* ein Mann von kleiner, schwächlicher Gestalt, aber von gewandtem Geist und großem Feldherrntalent, zum Oberbefehlshaber ernannt (551). Er war vom Kaiser mit reichen Geldmitteln und mit einem starken Heer, das fast ausschließlich aus germanischen Söldnern bestand, vor allem aus *Langobarden, Gepiden und Herulern,* ausgerüstet worden.

Das oströmische Heer zog auf dem Landweg heran und drang von Salona aus durch Venetien nach Italien vor. Narses wollte rasch eine Entscheidung herbeiführen, denn das Söldnerheer war sehr kostspielig und konnte sich bei längerer Untätigkeit verlaufen. Am Fuß des *Apennin,* bei dem Dorf *Tadinae* (heute Gualdo Tadino), stellte er sich dem Gotenkönig. Die gotischen Streitkräfte waren durch die Kämpfe unter Theodahad und Witigis so geschwächt worden, daß Totila im Anfang seiner Regierung nur über etwa 5000 Mann verfügte, doch erwartete er vor dem Kampf noch 2000 Mann Verstärkung. Seinen Kriegern verbot er – verhängnisvollerweise – Pfeile zu benützen. Die Truppen des Kaisers, die alle Waffen je nach Bedarf einsetzten, waren dadurch im Vorteil. Der Kampf währte bis zum Abend, dann war die Niederlage der Goten offensichtlich. Das Heer wurde zersprengt, auch Totila jagte mit wenigen Begleitern in die Nacht hinaus, die seine Todesnacht werden sollte. Bei der Verfolgung traf ihn ein Speer. Aber noch ritt er eine weite Strecke durch die Finsternis, bis er, als man ihn verbinden wollte, tot zu Boden sank.

Mit Totilas Niederlage bei Tadinae war der große Kampf um das Ostgotenreich beendet. Die Goten waren völlig erschöpft. Was folgte, hat nur noch geringe Bedeutung. Die Reste des Volkes wählten in *Ticinum* (Pavia) einen neuen König, *Teja.* Doch Aussichten auf erfolgreichen Widerstand hatte er bei seinen schwachen Mitteln von vornherein nicht. Er faßte daher auch seine Stellung lediglich als die eines Heerführers auf, nicht mehr als die eines Herrschers, indem er, statt einen Versuch zur Behauptung der Gebiete nördlich des Po zu machen, was vielleicht erfolgverheißend gewesen wäre, sich in politisch absolut aussichtslosem Umgehungszug nach *Campanien* wandte. An den zum Sarnustal abfallenden Hängen des Milchberges, des *Mons Lactarius,* gegenüber dem Vesuv, kam es zum Endkampf. Die Goten wurden von allen Seiten umstellt. Beim Durchbruchsversuch fiel der König nach einem auch von den Gegnern bewunderten achtstündigen Heldenkampf, von einem Wurfspeer getroffen, in dem Augenblick, in dem er seinen von zwölf Lanzen beschwerten Schild gegen einen anderen eintauschen wollte (553). Seinem Heldentod und dem seiner Getreuen läßt sich nur der Untergang des Leonidas an die Seite stellen. Noch zwei Tage leisteten die Goten nach dem Tod ihres Anführers verzweifelte Gegenwehr. Die meisten fielen. Von Hunger und Durst bezwungen, begannen sie Unterhandlungen mit dem Feind. Narses gewährte ihnen in Anerkennung ihres tapferen Widerstandes freien Abzug. Die kleine Schar von vielleicht 1000 Mann zog mit ihren Waffen und ihrer Habe nordwärts, überschritt den Po und durchquerte die Ostalpen. Dort verlor sich die Spur ihrer Wanderung im Dunkel der Geschichte. Nach zwei Jahren streckten auch die letzten Reste, die sich in der gotischen Festung *Compsa* (Conza) gehalten hatten, die Waffen. Der Krieg mit den Goten war nun gänzlich beendet (555).

Italien wurde jetzt wieder eine oströmische Provinz, alle Einrichtungen der früheren römischen Verwaltung wurden wiederhergestellt. Es ist gewiß, daß nicht alle Volksangehörigen in den Kämpfen ihren Untergang fanden oder in die Sklaverei verkauft wurden. Manche werden als Bauern in die neuen Verhältnisse des *Exarchats*[4] übergetreten sein, andere waren Soldaten des Kaisers geworden. Noch lang traf man in Konstantinopel und anderen Städten des Ostens gotische Truppen, die man mit großer Rücksicht behandelte und denen man sogar den arianischen Gottesdienst gestattete. Sicher sind auch viele Goten rechtzeitig nach dem Norden abgezogen und haben bei stammverwandten oder befreundeten germanischen Völkern Zuflucht und eine neue Heimat gefunden. Das aber ist gewiß, daß sich alle Angehörigen des ostgotischen Stammes frühzeitig in der neuen Um-

*Fränkischer
Spangenhelm
(um 600
n. Chr.);
Rheinisches
Landesmuseum,
Bonn.*

Der Evangelist
Johannes,
franko-irische
Buchmalerei
(8. Jahrhundert);
Stiftsbiblio-
thek, St. Gallen.

Franko-irisches
Reliquienkästchen
(8. oder 9. Jahr-
hundert);
Abteikirche
St. Luideger,
Werden a. d.
Ruhr.

gebung, gleichviel, ob sie germanisch oder romanisch war, verloren und binnen weniger Geschlechter spurlos darin aufgingen. So ist von den Ostgoten in Italien nur wenig geblieben, obwohl in Kultur, Verfassung und Recht die ostgotische Episode für die Umbildung des römischen Imperiums zum mittelalterlichen Italien von wesentlicher Bedeutung war.

Das Reich der Langobarden

Während die ursprünglichen drei germanischen Mittelmeerstaaten der Ost-, Westgoten und der Wandalen ein gewaltsames Ende fanden, war von eben jenen Gebieten, aus denen diese drei Reichsgründungen ihren Anfang genommen hatten, aus den *Donaulanden,* abermals die Schöpfung eines germanischen Mittelmeerstaates ausgegangen. Die *Heruler* und die *Gepiden* haben es zwar nicht zu einer Reichsgründung gebracht, wohl aber gelang dies den Langobarden.

Die Heruler, das letzte nordische Volk, das zur Zeit der Völkerwanderung auf festländischem Boden erschien, bewohnten zuerst den Süden Schwedens. Sie nahmen an der großen Südwanderung im Gefolge der Goten teil, und wir finden später ein Herulerreich am *Asowschen Meer.* Sie sind dann dem König *Ermanarich,* später *Attila* unterworfen gewesen, nach dessen Tod sie sich befreiten. Nachher hatten sie an der Donau mit den *Langobarden* zu kämpfen, von denen sie geschlagen wurden (494). Sie wichen vor ihnen in das von den *Rugiern* geräumte Reich aus. Aber auch hier vermochten sie sich nicht zu halten. Daher ging die Hauptmasse 512 über die Donau und wurde vom oströmischen Kaiser in einer der illyrischen Provinzen angesiedelt und dann nach *Pannonien* südlich der *Save* verpflanzt. In den späteren Kämpfen mit *Germanen, Römern* und *Slawen* gingen sie völlig unter. Andere hatten die Wanderung mitgemacht und sich nach dem Westen, nach der Mark *Brandenburg,* und weiter nach dem *Niederrhein* gewendet, wo sie später im Fränkischen Reich aufgingen. Ein Teil der Heruler kehrte vor dem

Andrängen der Langobarden an die *Ostsee* zurück und zog nach *Gotland,* wo er bald mit den dort eingesessenen Germanen ganz verschmolz. Die Heruler zeigten in noch höherem Maß als andere germanische Völker die Neigung, in den römischen Sold zu treten. Sehr tapfer und umsichtig, bildeten sie die Hauptmasse der Söldner *Odovakars,* den vor allem sie zum König wählten. Er wird deshalb auch oft als *rex Herulorum* (König der Heruler) bezeichnet. In den Heeren des *Belisar* und *Narses* machten sie einen beträchtlichen Teil der Mannschaft aus.

Die *Gepiden* finden wir zuerst im *Weichsel-Nogat-Delta.* Sie sind die dort zurückgebliebenen Angehörigen gotischen Stammes. In ihrem ersten Siedlungsgebiet besiegten sie die *Burgunden* und dehnten sich über *Westpreußen* und *Posen* aus. Auch sie wanderten dann südwärts, stets im Gefolge der Goten, und wurden wie diese von den *Hunnen* abhängig. Nach Attilas Tod benützten sie die Gelegenheit des Erbfolgestreites unter den Söhnen des Hunnenkönigs und schüttelten als erste unter ihrem König *Ardarich* das hunnische Joch ab. Sie gründeten in den *Theißlanden* ein großes Reich. Es reichte von den Nord- und Ostkarpaten bis zur Aluta und Donau im Osten und Süden und bis zur Theiß im Westen. Unter Ardarich erlebten sie eine Glanzzeit nicht nur in politischer, sondern auch in kultureller Hinsicht, wie die reichen Funde bezeugen. Nachdem die Ostgoten aus Pannonien abgezogen waren, stießen die Gepiden dorthin vor. *Theoderich* drängte sie zurück, und viele von ihnen schlossen sich den Ostgoten an. Beim Sinken und Untergang des Reiches (568) ergriffen sie abermals die Offensive. Es folgten ununterbrochen Kämpfe mit den *Langobarden,* in deren Verlauf die Gepiden teils von dem Langobardenkönig *Alboin* vernichtet wurden, teils unter langobardische und awarische Herrschaft kamen. Ihr Gebiet besetzten die *Awaren.*

Die *Langobarden* wohnten schon früh westlich der Unterelbe. Ihre von der Sage behauptete Abstammung aus *Skandinavien* wird heute zwar von vielen Forschern abgelehnt, scheint aber doch erwiesen zu sein. Sie dürften ihren Ausgang von der schwedischen Insel Gotland genommen haben. Darüber, ob sie den *West-* oder *Ostgermanen* zuzurechnen sind, herrscht keine Einigkeit, denn die älteste langobardische Geschichte ist derart sagenüberwuchert, daß sich hier nur wenig Sicheres feststellen läßt. Es war wohl so, daß die ursprünglichen Ostgermanen durch ihre Niederlassung an der Niederelbe Westgermanen geworden sind. Ein Teil des Stammes blieb lang in den alten Wohnsitzen. Der Bardengau und Bardowiek in der nächsten Nähe von Lüneburg erinnern an sie. Zuletzt ist hier dieser Teil in den Sachsen aufgegangen, von denen auch der Name *Langbärte* stammen könnte, da die Sachsen kurze Bärte trugen. »Barden« von Waffen abzuleiten ist unzulässig. Die langobardische Waffe war der Ger, nicht »eine lange Barte«, die Streitaxt.

Ein anderer Teil wanderte aus, sei es infolge von Hungersnot, sei es, daß er von den Sachsen verdrängt wurde. Er erscheint später in den *Donaulanden.* Auf welchem Weg er dorthin gekommen ist, darüber gehen die Annahmen weit auseinander. Sie rückten in das Land der *Rugier* ein, wohl nachdem *Odovakar* hier aufgeräumt hatte, und kämpften an der Donau mit den Herulern, die sie zum Teil vernichteten, zum Teil austrieben.

Die ruhmvollste Zeit aus dieser Periode der Langobarden war die Regierung König *Wachos,* der bis 539 herrschte. So manches spricht für die Vermutung, daß er der erste war, der bei den Langobarden ein wirkliches Königtum gründete, und zwar im Gegensatz zu den zur Regierung berufenen gesetzmäßigen Gewalten, aber immer im Bund mit dem Kaiser. So lehnte er 539 ein Hilfegesuch *Witigis'* ab. Wohl weiß die Legende von einer ununterbrochenen Königsreihe zu berichten, aber das Königtum ist erst in den späteren Zeiten der Wanderung erwachsen. Vom Rugierland wandten sich die Langobarden unter König *Audoin* donauabwärts nach *Pannonien,* wahrscheinlich deshalb, weil die Landschaften an der mittleren Donau, die so lang das Plünderungsgebiet verschiedener germanischer Stämme gewesen waren, nun wirtschaftlich erschöpft waren. Wacho war mit Byzanz verbündet. Auch Audoin, ein Verwandter Wachos, schloß mit dem oströmischen Kaiser ein Bündnis. Dadurch erhielten die Langobarden nicht nur ansehnliche Jahrgelder vom Römischen

Reich, sondern der Kaiser überließ ihnen auch vertraglich Pannonien zum ständigen Wohnsitz (546).

In der *Donau-Theiß-Ebene* gerieten die Langobarden 510 mit den *Gepiden* in Streit, die in jene Gebiete nach dem Abzug der Goten vorgedrungen waren. Die byzantinische Politik hatte ein Interesse daran, daß die beiden Stämme einander gegenseitig bekämpften und schwächten. Sie tat deshalb alles, um die Feindschaft zu schüren, und ergriff bald für die einen, bald für die anderen Partei, um einen entscheidenden Erfolg zu verhindern. Das Verhältnis zwischen Gepiden und Langobarden verschlechterte sich im Lauf der nächsten Jahre immer mehr. Als 565 die Gepiden in den Byzantinern einen schützenden Rückhalt fanden, verband sich der Langobardenkönig *Alboin,* der Sohn Audoins, mit den *Awaren,* einem nomadischen Reitervolk, das dem türkisch-finnischen Stamm angehörte und in der Mitte des 5. Jahrhunderts in den Ebenen des *Kaspischen Meeres* erschienen war und von dort aus die *Südukraine* besetzte. Die Awaren ließen sich ihre Unterstützung teuer genug bezahlen, denn sie beanspruchten den zehnten Teil des Viehs der Langobarden, die Hälfte der Kriegsbeute und das ganze Gepidenland. Im Jahr 567 schlug Alboin die Gepiden so vernichtend, daß sie aus der Geschichte verschwanden. Er hat seinen Gegner, König *Kunimund,* im Handgemenge erschlagen und darauf dessen schöne Tochter *Rosamunde* geheiratet. Die Awaren waren an diesem Kampf nicht beteiligt. Sie rückten aber in die Donau-Theiß-Ebene ein, setzten sich dort fest und kamen dadurch den Langobarden in drohende Nachbarschaft.

Im Jahr 568 führte Alboin auf Beschluß des ganzen Volkes die Langobarden nach *Italien.* Vor allem gaben die Langobarden den Donauraum deshalb freiwillig auf, um ihren neuen und immer zudringlicher werdenden Nachbarn auszuweichen. Überdies lockte Italien, dessen Schönheit und Fruchtbarkeit schon viele von früher her kannten, als sie im Gefolge der oströmischen Feldherrn gegen die *Ostgoten* gekämpft hatten. Die Umstände waren zu dieser Zeit auch sehr günstig. Byzanz war mit den Awaren und Persern beschäftigt, und Rom war von den vielen

Kriegen so erschöpft, daß es weder Mut und Kampfeslust noch die nötigen Mittel zu einer neuen Auseinandersetzung mit den Waffen aufbringen konnte. Die Annahme, daß *Narses*, der bisherige oströmische Statthalter des Exarchats Italien, voll Zorn über seine Absetzung durch Kaiser *Justinus II.* und die Kaiserin *Sophia*, Neffe *Justinians* und Nichte *Theodoras*, die Feinde ins Land gerufen habe, ist unrichtig. Narses starb im Vollbesitz der kaiserlichen Gnade, der Kaiser selbst war unter den Trägern seines Sarges.

Den Langobarden schlossen sich, nach Gregor von Tours, etwa 26000 *Sachsen* an. Auch *Sueben, Thüringer* und eine Anzahl *Gepiden* folgten dem Zug nach dem Süden. Die Zahl der Langobarden schätzt man auf 130000. Männer, Frauen mit Kindern und dem Troß zogen über den *Predilpaß* durch *Friaul* nach *Aquileia.* Sie fanden nur geringen Widerstand. Ohne Feldschlacht eroberten sie die *Poebene*, die von ihnen den Namen *Lombardei* erhielt, und die *Toskana*, ferner die inneren Landschaften Süditaliens mit *Benevent.* Rom und die Küstenplätze blieben in den Händen der Oströmer. Drei Jahre trotzte die alte Festung *Ticinum* (Pavia)[5]. Nach ihrer Einnahme erhob Alboin sie zu seiner Hauptstadt (572). Es entstand hier in den nächsten Jahren das letzte germanische Königreich auf dem Boden des einstigen Imperium Romanum, eine arianisch-germanische Herrschaft von harter, römerfeindlicher Prägung. Mit diesen Ereignissen schließt die gewaltige Wanderung, die fast zweihundert Jahre lang die Völker aus der schirmenden Enge der Heimat in die gefährlichen Weiten der Fremde durch Ströme von Blut, von Not und Elend geführt hat.

Der tapfere und rauhe König Alboin sollte sich nicht lang seines Erfolges erfreuen. Wir haben schon erfahren, daß er im Kampf den Gepidenkönig Kunimund getötet und seine Tochter Rosamunde geehelicht hatte. Aus dem Kopf des Erschlagenen ließ er, wie uns der Geschichtsschreiber der Langobarden, Paulus Diaconus, überlieferte, nach skythischer Sitte eine Trinkschale formen. Bei einem wilden Gelage ließ er diese seiner Gemahlin Rosamunde reichen und forderte sie auf, fröhlich »mit ihrem

Vater« zu trinken. Die empörte Frau aber forderte, getrieben von der Blutrache für ihren Vater, den Waffenträger Helmichis, ihren Geliebten, auf, den König meuchlings zu ermorden (572). Nach der Tat entflohen beide nach *Ravenna* zu den Byzantinern. Als Rosamunde hier den Werbungen des *Longinus,* der als Nachfolger des Narses Exarch von Italien war, nachgab und Helmichis durch einen Gifttrunk aus dem Leben schaffen wollte, wurde sie gezwungen, den Rest des Giftbechers zu leeren.

Da die Tat von der Königin Rosamunde, einer gepidischen Prinzessin, ausgegangen ist, läßt sich hier vielleicht die Vermutung wagen, es könnte sich bei Alboins Ermordung um einen rächenden Rückschlag der gepidischen Gruppe gehandelt haben.

Mit Alboin war, da kein männlicher Erbe vorhanden war, das erst vor kurzer Zeit gegründete Erbkönigtum zu Ende.

Als Alboin aus dem Leben schied, war das *Königtum* noch nicht genügend erstarkt. Neben dem Herrscher nahmen die *Herzoge,* die die Städte und Landschaften verwalteten, eine sehr selbständige Stellung ein. Solche Herzoge saßen z. B. in Pavia, Bergamo und Brescia. Die größte Macht war jenen Herzogen eigen, die den Grenzmarken vorstanden. Ihr Gebiet war größer als das der übrigen. Sie mußten auch den Schutz gegen äußere Angriffe übernehmen, wie z. B. der Markherzog von *Friaul* gegen die *Awaren* und *Byzantiner.* Das Ansehen der Herzoge stieg dadurch, daß Alboin keinen männlichen Nachfolger hinterlassen hatte. Daher wählte das Volk aus dem Kreis der Herzoge *Klef* zum Nachfolger. Als dieser schon nach achtzehn Monaten durch die Hand eines Dieners das Leben verlor, wurde für seinen unmündigen Sohn kein Reichsverweser eingesetzt, sondern es regierten die 36 Herzoge zehn Jahre hindurch ohne König, ein jeder in seinem Wirkungskreis selbständig. Es scheint also wenigstens für eine gewisse Zeit das Königtum beseitigt. Um diese Vorgänge zu verstehen, muß man den Blick auf die Art der Eroberung des Landes und das Verhältnis der Eindringlinge zu den Römern richten. Ebenso wie bei den Wandalen erfolgte die langobardische Invasion, im Gegensatz zur ost- und westgotischen, im offenen Kampf mit dem Römischen Reich. Deshalb

war von einer Landverteilung durch römische Beamte zunächst
keine Rede. Immerhin scheint der König die Römer in gewissem
Grad geschützt und an der Absicht einer friedlichen Regelung
dieser ganzen Verhältnisse festgehalten zu haben. In der Beseitigung des Königtums durch die Herzoge hat man daher nicht
ohne Grund eine Gegenströmung gegen die römerfreundliche
Politik erkennen wollen. Tatsache ist jedenfalls, daß die Römer
in der königlosen Zeit schlechter behandelt wurden. Es fehlte
nicht an Gewalttaten; viele sanken in Unfreiheit, so manche verloren sogar ihr Leben. Die baldige Wiederherstellung des Königtums brachte auch in diese Fragen Ordnung und Milderung.
Die Landverteilung wurde jetzt, soweit sie schon vollzogen war,
fest geregelt, und die von ihr nicht betroffenen Römer wurden
gegen weitere Eingriffe in ihr Eigentum geschützt. Übrigens waren die Langobarden keineswegs immer geneigt, das Land, das
sie durch Eroberung gewonnen hatten, nun auch selbst zu bebauen. Sehr häufig lebten die langobardischen Herren in der
Stadt, während ihr Besitztum von den früheren Eigentümern
bewirtschaftet wurde, der ein Drittel seines Ertrages an den
neuen Herrn abzuliefern hatte. Der Gegensatz zwischen Germanen und Romanen zeigte sich hier anfangs in voller Schärfe.
Es kann auch nicht geleugnet werden, daß die Langobarden weit
härter und ungesitteter auftraten als die Goten. Nur der Langobarde hatte öffentliche Rechte, der Römer hatte keinen Zutritt
zum Heer oder zu Beamtenstellen.
Privatrechtlich wurde der Römer dagegen nicht geschmälert.
Nachdem an Stelle der ersten Willkür der Herzogsmacht dauernde und geregelte Zustände gefolgt waren, trat der nationale
Gegensatz bald zurück, und in weniger als einem Jahrhundert
war er ganz verschwunden. Es waren übrigens nicht allein die
Römer, gegen die sich bald nach der Eroberung eine national-
langobardische Gegenströmung wandte. Selbst die eigenen Gefährten auf dem Zug nach Italien, die *Sachsen,* hatten sie zu
empfinden. Ähnlich wie bei der Einwanderung der Ostgoten,
war auch diesmal die Ansiedlung gruppenweise erfolgt, so daß
die einzelnen Stämme nahe beieinander wohnten, vor allem die

26000 Sachsen. Von ihnen verlangten die Langobarden nun, daß sie ihr eigenes Recht aufgeben und in Zukunft nach dem der Langobarden leben sollten. Bei der Zähigkeit, mit der man in jenen Zeiten noch am heimischen Recht hing, läßt es sich begreifen, daß die Sachsen es vorzogen, statt sich dieser Forderung zu fügen, die neuen Wohnsitze zu verlassen und in ihre frühere Heimat zurückzukehren (573). Ihr Wiedererscheinen in Norddeutschland veranlaßte dort allerhand Wirren, da natürlich die dort früher von ihnen innegehabten Gebiete längst von anderen Stämmen eingenommen worden waren. Den Langobarden aber gingen durch diese Rückwanderung der Sachsen Streitkräfte verloren, die sie bei ihrer geringen eigenen Volkszahl sehr gut hätten brauchen können, zumal die Kämpfe mit den äußeren Feinden seit der Eroberung ununterbrochen fortdauerten.

Kaum hatten sich die Langobarden einigermaßen in Italien festgesetzt, begingen sie den verhängnisvollen Fehler, daß sie, statt alle Kraft an die Sicherung des Gewonnenen und die Abwehr der Byzantiner zu wenden, sofort in maßlosem Ausdehnungsdrang gegen die *Franken* vorgingen. Schon unter Alboin hatten die ziellosen langobardischen Einfälle in das Frankenreich begonnen. Besonders verstärkt wurden sie indes in der Regierungszeit der Herzoge. Bei dem ungeheuren Mißverhältnis zwischen der militärischen Macht der Langobarden und der der Franken war es von vornherein unmöglich, daß derartige Raubzüge gelingen konnten, und es war auch durchaus nicht überraschend, daß sich das Blatt wendete und an Stelle der Einfälle der Langobarden in das südliche Gallien Kriegszüge der Franken nach *Norditalien* traten. Schon 581 drangen diese bis in die Nähe von *Trient* vor. Besonders schlimm aber war, daß jetzt Franken und Byzantiner in besonders nahe Verbindung traten und Kaiser *Maurikios* den Frankenkönig *Childebert I.* und dessen Mutter *Brunhilde* seit 583 mit Geld unterstützte. Diese neue Verbindung, die nur die Folge der törichten Plünderungspolitik der langobardischen Herzoge war, stellte damals geradezu die Existenz des Staates in Frage.

Mit dieser kläglichen äußeren Politik hängt zweifellos die Neuaufrichtung des Königtums zusammen, die 584 erfolgte, als eben jener vereinte fränkische Angriff drohte. Durch Volkswahl wurde *Authari*, der mündig gewordene Sohn des verstorbenen Herzogs von Bergamo, *Klef*, zum König erhoben. Man hat seine Erhebung mit Recht als einen Gegenschlag des langobardischen Volkes gegen die Gewaltpolitik der Herzoge aufgefaßt, die nun dem König die Hälfte ihres Besitzes abtreten mußten. Freilich fügten sich nicht alle gutwillig. Manche, wie der Herzog *Droktulf*, zogen es vor, zu den Byzantinern überzugehen. Autharis Hauptsorge war die Herstellung geregelter Zustände. Er versuchte, mit den Franken wie mit den Römern zu einem friedlichen Übereinkommen zu gelangen. Im Innern ordnete er das Verhältnis zur römischen Bevölkerung. Mit richtigem Blick wußte er auch nach außen dem Reich eine Stütze zu schaffen, indem er die enge Verbindung mit *Bayern* anstrebte, die sich noch so manchmal für die Langobarden als nützlich erweisen sollte und die bis zum Ende des Reiches fruchtbar und in Geltung blieb. Wie früher schon, befestigte auch diesmal eine Heirat das politische Bündnis. Authari warb durch Gesandte um die schöne Tochter *Theodelinde* des bayerischen Herzogs *Garibald*. Als er die Zusage erhalten hatte, reiste er unerkannt als langobardischer Botschafter nach Bayern, um seine Braut zu sehen. Nicht lang darauf überfiel der Frankenherrscher *Childebert II.* das Bayernland. Vor den Kriegsnöten entfloh Theodelinde mit ihrem Bruder nach Italien zu ihrem Verlobten. Authari empfing sie mit großem Gefolge, und in *Verona* wurde die prunkvolle Hochzeit gefeiert, bei der die Langobarden die junge Königin jubelnd begrüßten.

Freilich, jene Gefahr, die den Langobarden durch die byzantinisch-fränkische Allianz drohte, war noch keineswegs beseitigt: schon 590 kam sie, diesmal noch bedenklicher als früher, aufs neue zum Vorschein. Schon waren *Mailand* und *Pavia* bedroht, schon machten einige Herzoge mit den Feinden gemeinsame Sache, da glückte es Authari, dessen Fähigkeiten offenbar auf diplomatischem Gebiet lagen, die Franken zu einem Waffenstillstand zu bestimmen. Während dieses Zeitraumes starb er an

Gift. Diese Tat kann möglicherweise von eigenen Landsleuten begangen worden sein, die die Notwendigkeit eines geordneten Staatswesens nicht einsehen wollten.

Es war wohl hauptsächlich die noch immer gefährdete äußere Lage des Reiches, die die Herzoge bewog, nicht abermals den Mangel eines nachfolgeberechtigten Erben zur Aufbebung des Königtums zu nützen, und sie veranlaßte, die Wahl eines Nachfolgers und Gemahls der Königinwitwe anheimzustellen. Theodelinde gab Hand und Krone Herzog *Agilulf* von Turin (590–615). Diesem gelang es, mit den Franken einen dauernden Frieden zu schließen. Und wenn auch die Feindseligkeiten zwischen den beiden Völkern nicht für ewig aufhörten, so war doch von jetzt ab ein freundliches Verhältnis die Regel, das nur hin und wieder von lokalen Streitigkeiten unterbrochen wurde, so daß die Langobarden bald von neuem in der Lage waren, von der Verteidigung zum Angriff überzugehen.

Den nun in der Folge wieder energisch aufgenommenen Versuchen der Langobarden, die Grenzen weiter vorzuschieben, worauf schon Authari gezielt hatte, der im Süden, Osten und Westen das Meer als Grenze seines Reiches sehen wollte und ganz Italien beanspruchte, trat jetzt eine Macht hindernd in den Weg, die sich erstmals zu Agilulfs Zeiten neben die Langobarden und die Byzantiner als dritte nach der Herrschaft über Italien strebende Partei stellte: das *Papsttum*. Bald war der eigentliche Repräsentant *Roms* nicht mehr der kaiserliche *Patricius,* sondern der *Pontifex maximus.* Rechtlich blieb Rom wohl eine Provinzialstadt, aber tatsächlich glich es schon mehr einem päpstlichen Territorium. Vollends zum Vertreter des römischen Italien aber wurde der Papst, als er selbst an die Spitze des nationalen Widerstandes gegen die Langobarden trat, den die byzantinischen Exarchen teils aus Unfähigkeit, teils aus Mangel an materiellen Mitteln nur in schwächlicher und wenig erfolgreicher Weise zu führen wußten.

Es war vor allem Papst *Gregor der Große* (590–604), durch den der langobardische Angriff, der sich direkt gegen Rom richtete, zurückgewiesen wurde. Gregor vereinte in sich nicht nur die höchsten Fähigkeiten zur Führung seines geistlichen Amtes, er hatte auch als Erbe römischer Bildung und Weisheit in seiner früheren Laufbahn im Dienst des Staates altrömische Regierungskunst gelernt.

Während der Belagerung Roms durch die Langobarden sorgte er für die Lebensmittelzufuhr für die Stadtbewohner und leitete auch persönlich von der Terrasse des Laterans aus die Verteidigung der Stadt. Bevor aber eine kriegerische Entscheidung fiel, versuchte er durch diplomatische Verhandlungen mit dem König den Frieden wiederherzustellen. Es gelang ihm auch, den Abzug der langobardischen Truppen durch Zahlung eines Tributs von 500 Pfund Gold zu erreichen und einen Dauerfrieden mit Agilulf zu schließen.

Er erfüllte also die staatlichen Pflichten gegenüber Rom in einem viel höheren Maß als der Exarch von Ravenna, dem sie eigentlich oblagen. Es ist daher natürlich, daß der Papst als der eigentliche Herr Roms auftrat, wenn auch nicht rechtlich, so doch tatsächlich. Bei dieser Loslösung Roms aus dem byzantinischen Herrschaftsbereich und dem Fehlen eines kaiserlichen Oberhauptes ging die neue Macht vom geistlichen Herrscher aus, der neben seinen religiösen Pflichten auch die weltlichen erfüllte. Darauf beruhen die ersten Ansätze zur Bildung eines weltlichen Staatswesens unter päpstlicher Leitung. Mit dieser weltpolitischen Geltung des Papsttums, beginnend in dieser Zeit, hat Gregor der Große die Grundlage für den künftigen, allmählich wachsenden *Kirchenstaat* gelegt.

Der Friede im Langobardenreich wurde auch dadurch aufrechterhalten, daß sowohl die Langobarden als auch die Byzantiner durch andere Feinde stark in Anspruch genommen wurden: *Ostrom* durch die *Perser*, die *Langobarden* durch die *Awaren* und *Slawen*. Auf die inneren Wirren wirkten auch sehr die alten Gegensätze zwischen dem *Königtum* und den *Herzogen* ein. Dieser teils mit friedlichen Mitteln, teils in offenem Krieg geführte Kampf bildet den Hauptinhalt der langobardischen Geschichte von Agilulf bis zur Thronbesteigung Liutprands. Vor allem die Regierungen *Rotharis* (636–652) und *Grimoalds*

(662–671) bedeuten einen entschiedenen Schritt vorwärts im Sinn der Herstellung einer tatkräftigen Monarchie. Sowenig wie die inneren hörten die äußeren Kämpfe auf. Wohl errang man gegen die Byzantiner einzelne Erfolge, vor allem unter Rothari, aber zu wirklich entscheidenden Ergebnissen gelangte man nicht. Übrigens ruhte die Last des Krieges gegen die Byzantiner weit mehr auf den Schultern der Herzoge von *Spoleto* und *Benevent* als auf denen der Könige, die allzusehr durch die inneren Händel beansprucht waren.

Erfolgreicher als in der Offensive war man in der Verteidigung gegen *Franken, Awaren* und *Slawen,* gegen die man den Bestand des Reiches zu behaupten wußte. In den Kämpfen im Osten zeichneten sich vor allem die tatkräftigen Herzoge von *Friaul* aus. Angesichts dieser fortwährenden Kämpfe war es um so wichtiger, daß die Bevölkerung sich immer mehr zur Einheit zusammenschloß. Wesentlich fördernd wirkte in dieser Hinsicht die Überwindung des religiösen Gegensatzes. Auch die Langobarden hatten in der Periode ihres Donaureiches das *Christentum* in seiner arianischen Gestalt kennengelernt. Allerdings waren damals keineswegs alle bekehrt worden, im Gegenteil: bei der Eroberung Italiens zählte das Heidentum noch eine Menge Vertreter, und der christliche Glaube drang nur sehr allmählich durch. Dafür mangelte den Langobarden jeder Fanatismus; sie standen religiösen Fragen weit kühler gegenüber als etwa die *Wandalen* und Westgoten. Zu einer Verfolgung der *Katholiken* ist es hier nie gekommen, und wenn kurz nach der Invasion harte Maßregeln gegen Mitglieder des katholischen Klerus ergriffen wurden, da galten sie jenen als Römern und nicht als Katholiken. Die katholische Kirche erfreute sich weitgehender Duldung. Überhaupt bestand von vornherein kein Zweifel, daß auf diesem Boden uralter Kultur und reicher orthodoxer Vergangenheit der Katholizismus weit überlegen sein mußte. Die arianischen Bischöfe vermochten daher weder auf die Masse noch auf die Großen irgendeinen Einfluß zu gewinnen. Der Katholizismus machte vor allem durch die Königin *Theodelinde* Fortschritte: zwar blieb ihr Gemahl Agilulf selbst arianisch, ließ es aber doch zu, daß sein Sohn *Adaloald* im katholischen Bekenntnis erzogen wurde. Es ist natürlich, daß dieser als König (615–625) den Katholizismus begünstigte. *Rothari* ist zwar noch dem Arianismus treu geblieben, aber der katholische Glaube hatte bereits so weit um sich gegriffen, daß es in den meisten Städten zwei Bischöfe, einen arianischen und einen katholischen gab. Der völlig Sieg der Kirche war jetzt nur noch eine Frage der Zeit: er vollzog sich nicht wie bei den Westgoten in einem großen, feierlichen Staatsakt, sondern allmählich und unaufhaltsam. Eine Generation später etwa konnte die religiöse Einheit des Volkes als hergestellt gelten. Doch dank des nüchternen Sinnes des Volkes hatte der Übertritt zum Katholizismus nicht die gleichen Auswirkungen wie bei den Westgoten, und es kam zu keinem politischen Regiment der Geistlichkeit. Sobald der Zwiespalt der Konfessionen Langobarden und Römer nicht mehr trennte, war die größte Schranke, die eine Verschmelzung beider Völker hinderte, gefallen. Allmählich hörte die staatsrechtliche Minderstellung der römischen Bevölkerung auf. Auch die Römer wurden heerpflichtig. Ämter und Würden waren ihnen ebenso zugänglich wie den Germanen. Es kam so weit, daß man unter Langobarden alle Freien germanischer oder römischer Abstammung verstand. Die alte, scharfe germanische Scheidung nach Ständen verwischte sich und machte einer neuen, rein sozialen Schichtung Platz, die ebenso Römer wie Langobarden umfaßte.

War bei den Langobarden auf eine Zeit überraschend schnellen Wachstums eine lange Periode des Stillstands und der Zerrüttung, ja manchmal scheinbar der Auflösung gefolgt, so sollte das Reich seine größte Blüte nun unter König Liutprand (714–744), dem Sohn *Ansprands*, erleben. Die eigentliche Basis seiner Politik bildete das freundschaftliche Verhältnis zum Frankenreich und dessen *Majordomus, Karl Martell;* erst durch dessen wohlwollende Neutralität wurden die großen Erfolge Liutprands überhaupt möglich. Zwei Ziele stellte sich die Politik dieses Königs: die Unterwerfung der Herzoge und die Ausdehnung der Reichsgrenzen auf Kosten des byzantinischen Exarchats sowie des Papsttums. Überall in den mächtigsten Herzogtümern hat er eingegriffen. In Benevent nützte er Herzog *Romualds* Tod, um das Herzogtum dessen Erben zu entziehen und seinem eigenen Neffen zu geben; in Friaul wurde Herzog Pemmo aus Anlaß eines Streites zwischen ihm und dem Patriarchen von Aquileia seiner Stelle entsetzt. Es ist nicht klar, ob er bei seiner späteren Begnadigung das Herzogtum zurückbekam. 738 kam es zum offenen Konflikt zwischen dem König und den Herzogen, an deren Spitze *Spoleto* und *Benevent* standen. Der Kampf endete mit dem entschiedenen Sieg Liutprands. *Thrasamund* von Spoleto und *Gottschalk* von Benevent verloren ihre Würden, und Anhänger des Königs erhielten sie. Überall hat Liutprand diesen mächtigen, auf dem Weg zur Selbständigkeit begriffenen Grenzherzogen gezeigt, daß die Erblichkeit keineswegs zu Recht bestehe und der König befugt sei, Herzoge ein- und abzusetzen.

Noch in anderer Art beschränkte er die Macht des Herzogtums, indem er das bisher immer schwankende Verhältnis von Herzogen und *Gastalden*[6] jetzt fest regelte. Beide bekamen je einen bestimmten Bezirk, *judiciaria,* in dem Liutprand als *judex* den Heer-, Gerichts-, Polizei- und Finanzbann hatte: Die gegenseitige Kontrolle und Zänkerei zwischen Herzogen und Gastalden hörten auf, was aber letzten Endes doch eine wesentliche Schwächung des Herzogtums bedeutete. Soweit die Herzoge nicht schon durch Gastalden ersetzt waren, hatten sie noch dazu eine bedeutende Gebietsschmälerung erfahren, Maßnahmen, die sich freilich nicht auf die großen Grenzherzogtümer Friaul, Spoleto und Benevent erstreckten. Dem Herzog unterstand als wichtigster der niederen Beamten der *sculdahis*, der *Schultheiß*, ursprünglich ein Vollstreckungsbeamter, später eine Art staatlicher Ortsvorsteher für die Verwaltung, das Gerichts- und Militärwesen. Im Bezirk eines *judex* gab es stets mehrere Beamte dieser Klasse. Die Festigung des Königtums gegenüber den Herzogen ist wohl die bedeutendste Leistung Liutprands.

Nach außen hin sind seine Erfolge im Kampf gegen *Byzanz* noch glänzender. Geschickt verwertete hier der König die Spannung, die infolge des *Bilderstreites* zwischen dem Kaiser und dem

Papst eingetreten war. Kaiser *Leo III.* wandte sich gegen die in der Kirche eingerissene Bilderverehrung, verbot 727 die Anbetung der Bilder und schritt 728 bis zu deren Zerstörung fort. Demgegenüber stellte sich der Papst ausgesprochen auf die Seite der Bilderfreunde. Trat schon *Gregor II.* (715–731) in diesem Sinn auf, so ging sein Nachfolger *Gregor III.* (731–741) so weit, daß er 732 das *Anathema* [7] gegen alle Bilderfeinde aussprach. Es war entschieden die Absicht Liutprands, diesen Bruch zwischen Rom und Byzanz zur Eroberung sowohl des byzantinischen wie auch des päpstlichen Gebietes auszunützen. Schon 726 gewann er *Classis,* die Hafenstadt *Ravennas,* und scheint vorübergehend sogar Ravenna selbst eingenommen zu haben. In den nächsten Jahren begegnet uns Liutprand zweimal im römischen Gebiet, nützt aber seine militärischen Erfolge nicht aus. Über seine Beweggründe dafür sind wir uns nicht im klaren. Zum schroffsten Bruch mit dem Papst kam es unter *Gregor III.,* der den rebellischen Herzog *Thrasamund* von Spoleto unterstützte. 738 erscheint der Langobarde vor *Rom.* Der Papst wendete sich an den Frankenherrscher *Karl Martell,* bot ihm die Schlüssel zum Grab des heiligen Petrus und damit die Oberhoheit über Rom an. Jetzt aber machten sich für Liutprand die wohltätigen Folgen der guten Beziehungen zum Frankenreich geltend: Karl Martell blieb neutral, teils wohl aus Freundschaft für Liutprand, teils aus Abneigung gegen die sich langsam steigernden Ansprüche der Kirche, teils vielleicht auch, weil seine Stellung im Innern noch nicht so gefestigt war, um sich in unübersehbare Abenteuer einzulassen. Jetzt aber folgte eine überraschende Wendung: Liutprand brach 739 freiwillig die Belagerung ab. Ja als Gregors II. Nachfolger *Zacharias* (741–752) den König in Narni aufsuchte, erhielt er nicht nur die von Liutprand im römischen Gebiet eroberten vier Städte zurück, sondern Liutprand schenkte auch der römischen Kirche alles Land in der Sabina, das schon seit 30 Jahren langobardisch war, sowie eine Reihe anderer Gebiete. Fast der gleiche Umschwung in der Politik des Königs wiederholte sich noch einmal. Mit richtigem Scharfblick hatte Liutprand 742 die inneren Zwistigkeiten im Byzantinischen Reich

zwischen Kaiser *Konstantin V.* und dessen Schwager zu einem
neuerlichen Angriff auf Ravenna genützt; aber während das
Heer des Königs in entscheidendem Vordringen war, begab sich
der Papst zu Liutprand nach Pavia, erlangte die Einstellung der
Feindseligkeiten und Rückgabe des eroberten Gebietes, teils sofort, teils binnen kurzer Frist. Es ist schwer, in die Motive dieses
wiederholten Zurückweichens Liutprands vor dem Papst Einblick zu gewinnen. Gewiß sprachen manche äußere Gründe dafür, den Bogen nicht allzu straff zu spannen. Der Papst war doch
schon, wenigstens in *Italien,* bereits so als Haupt der *Kirche* anerkannt, daß ein Bruch mit ihm auf die kirchlichen Verhältnisse
im Langobardenreich zurückwirken mußte. Im 8. Jahrhundert
ist *Rom* tatsächlich in der Hand des Papstes. Schon unter Gregor
II. bildete das Gebiet um die Ewige Stadt zwar nicht rechtlich,
aber tatsächlich einen eigenen Staat, die *res publica,* die nur noch
formell als Provinz des oströmischen Staates galt. Vielleicht waren die militärischen Kräfte der Langobarden auch nicht so
stark, um Italien, wenn dessen Eroberung ganz gelungen war,
gegen den dann möglicherweise zu erwartenden Angriff der Byzantiner dauernd zu verteidigen. Jetzt, da es galt, die Küstenplätze einzunehmen, mußte es sich schwer fühlbar machen, daß
man es stets versäumt hatte, eine leistungsfähige langobardische
Flotte zu schaffen. Aber all dies reicht natürlich nicht zum Verständnis und zur Erklärung von Liutprands Verhalten aus. Denn
man darf nicht vergessen, das Selbstbewußtsein der langobardischen Herrscher war immer sehr stark. Seit Authari führten die
Könige den römisch-kaiserlichen Beinamen *Flavius.* Man beibt
deshalb bei Liutprand auf persönliche Motive angewiesen, und
da ist nur die eine Annahme möglich, daß dieser politisch und
militärisch so energische Monarch sich der Kirche gegenüber in
einem fast hypnotischen Bann befand und sich durch transzen-
dentale Rücksichten von der Verfolgung seiner gesteckten Ziele
abhalten ließ. Seine Frömmigkeit und Mystik, die sich auch in
seinen Gesetzen ausdrückten, besonders im Prolog zu den *Leges
Liutprandi regis,* machten ihn einem gewandten Papst höriger,
als er wohl selbst wahrhaben wollte. Dieses Abhängigkeitsver-

Bronzeverzierter Eisenhelm eines Wikingers
(7. Jahrhundert); Historiska Museum, Stockholm.

Wikingerschwert (6. Jahrhundert); Universitetets
Oldsaksamling, Oslo.

Teppich von Bayeux: Darstellungen aus der Zeit der Eroberung Englands
durch die Normannen (11. Jahrhundert).

hältnis gegenüber der Kirche führte gleichzeitig zu einer Verstärkung der weltlichen Macht des Papstes.

Nach Liutprands Tod folgte als König Herzog *Ratchis* von *Friaul* (744–749), der ebenfalls ganz unter dem Einfluß des Papstes stand und nicht nur mit Rom einen Frieden auf zehn Jahre schloß, sondern sich von Papst *Zacharias*, der ihn, als er trotz dieses Friedens in römisches Gebiet eingefallen war, vor Perugia aufsuchte, dazu bewegen ließ, dem Thron zu entsagen und in ein Kloster zu gehen. War Ratchis' Regierung die völlig Abkehr von der kühnen Eroberungspolitik Liutprands gewesen, so lenkte der neue Herrscher, Ratchis' Bruder *Aistulf* (749–756), um so entschiedener in Liutprands Bahnen ein. Er zwang von neuem die großen Herzogtümer, die Macht der Krone anzuerkennen. Er übte die oberste Gerichtsbarkeit aus und nötigte die Herzoge, dem königlichen Heergebot Folge zu leisten. Das Herzogtum *Spoleto* ließ er, nachdem er den Herzog *Lupus* seiner Stellung entkleidet hatte, überhaupt unbesetzt. Ebenso wie Liutprand, nur mit größerer Zielstrebigkeit und weniger nachgiebig gegen geistliche Beredsamkeit, versuchte er das byzantinische und römische Gebiet in seine Hand zu bringen. Bald war der größte Teil des *Exarchats* in seiner Gewalt. 751 bemächtigte er sich Ravennas und der *Pentapolis*[8], 752 bedrohte er Rom. Wohl gelang es Papst *Stephan II.* (752–757), noch einmal einen Frieden auf vierzig Jahre zustande zu bringen, aber König Aistulf brach ihn schon nach wenigen Jahren. Jetzt vermochten ihn weder päpstliche Gesandtschaften noch ein Besuch des Heiligen Vaters zur Nachgiebigkeit zu bewegen. Der Kaiser, dem ja Italien noch dem Namen nach unterstand und an den sich der Papst gewandt hatte, griff militärisch gar nicht, diplomatisch nur in sehr unzulänglicher Weise ein, so daß kein zweckdienliches Ergebnis erzielt wurde. In Ravenna saß der Vertreter des Kaisers, aber auf den Besitz Ravennas hatten es die Langobarden genauso abgesehen wie auf den Roms. Es ist klar, daß sich die Lage von 738 erneuern mußte, es bestand wie einst die Gefahr, daß der Langobardenkönig vor Rom erscheinen würde.

Der einzige, der noch weltliches Ansehen und tatsächliche poli-

tische Geltung hatte, war der Papst. Seine Macht war in gleicher
Weise gestiegen, wie sein Güterbesitz gewachsen und der politische Einfluß Ostroms zurückgegangen war. Papst *Stephan II.*
bat einen Herrscher, der zum guten Teil dem Papst seine Krone
verdankte, den fränkischen König *Pippin*, um Hilfe und begab
sich, um seinem Notruf Nachdruck zu verleihen, 753 selbst nach
Gallien. König Pippin empfing, im Gegensatz zu *Karl Martell*,
den Heiligen Vater sehr ehrfurchtsvoll und leistete das Hilfever-
sprechen. Seine Machtstellung war bereits gesicherter, so daß sie
auch auswärtige Unternehmungen gestattete, und er war dem
Papst Zacharias, dem Vorgänger Stephans, für die moralische
Unterstützung bei der Annahme der Königskrone zu Dank
verpflichtet.

754 erschien ein fränkisches Heer in Italien und schloß *Pavia*
ein. Aistulf mußte, um Frieden zu bekommen, die fränkische
Oberhoheit anerkennen und versprach die Rückgabe Ravennas
und der römischen Eroberungen. Aber nach dem Abzug der
Franken hielt er seine Zusagen nicht, ging im Gegenteil bald zu
neuen Feindseligkeiten gegen den Papst über und belagerte 756
Rom. Abermals wandte sich der Heilige Vater an den Frankenkönig, und abermals griff Pippin ein. Wieder war die militärische Überlegenheit der Franken zweifellos. *Pavia* wurde eingeschlossen und Aistulf dadurch zum Frieden gezwungen. Er
mußte das Exarchat, das waren alle Gebiete an den Küsten des
Adriatischen Meeres, die einst der oströmische Statthalter beses-
sen und deren sich die Langobarden bemächtigt hatten, mit Ravenna und vielen prachtvollen Städten abtreten, einen jährlichen
Tribut versprechen und zudem den dritten Teil seines Kron-
schatzes ausliefern. Pippin sorgte auch dafür, daß diese Bestimmungen durchgeführt wurden, indem er Geiseln verlangte.

Die von den Langobarden abgetretenen Gebiete, besonders Ravenna und das Exarchat, erhielt der Papst. Zum Zeichen der
Übergabe ließ Pippin die Schlüssel der entsprechenden Stadttore
mit einer Schenkungsurkunde im Grab Petri niederlegen. Das
Vorgehen Stephans II. im Streit mit Aistulf bedeutete den Bruch
mit Byzanz, also den Bruch mit dem alten Römischen Reich.

Von nun an ging das *Papsttum* in immer größerem Maß politisch seine eigenen Wege. Durch die Schenkung Pippins war der Papst ein weltlicher Herrscher geworden, und der *Kirchenstaat, das Patrimonium Petri,* war gegründet worden (755). Der Papst stand nun politisch unter der Oberherrschaft der fränkischen Könige, später kam er unter die der deutschen Kaiser.

Wenige Jahre darauf starb König Aistulf an den Folgen eines Sturzes auf der Jagd. Im Jahre 757 wurde der bisherige Herzog von *Tuszien, Desiderius,* König der Langobarden, der sowohl der Kandidat des Papstes wie auch des Frankenkönigs war. Volle Anerkennung fand er freilich erst nach dem Tod des *Ratchis* (757), der sein Kloster verlassen und sich von neuem die Krone aufgesetzt hatte. So sehr jedoch überwog bei den Langobarden die Nationalpartei, daß auch Desiderius bald dieselben Wege einschlug, die Aistulf gewandelt war. Machtbestrebungen in den Herzogtümern *Spoleto* und *Benevent* führten sofort wieder zum Konflikt mit dem *Papst,* der sich der aufrührerischen Herzoge annahm. Dagegen fand jetzt Desiderius die Unterstützung des byzantinischen Hofes. König Pippin zeigte wenig Neigung, zum drittenmal mit Waffengewalt in Italien zu erscheinen. Er begnügte sich mit diplomatischer Vermittlung, und so wurde der drohende Konflikt einstweilen noch umgangen. Die Stellung des Langobardenkönigs schien sogar wesentlich verbessert zu sein, als sich Pippins Nachfolger *Karl der Große* auf Wunsch seiner Mutter *Bertrada* mit einer Tochter des Desiderius, *Desiderata,* vermählte. Schon war es so weit, daß Papst *Stephan III.* (768–772) sich mit Desiderius aussöhnte und daß in Rom der langobardische Einfluß zu überwiegen begann.

Bald änderte sich alles von neuem. Denn Karl verstieß aus heute unbekannten Gründen seine Gemahlin, und Desiderius nahm gegen ihn für die unmündigen Söhne *Karlmanns,* des 771 verstorbenen Bruders Karls, Partei, da sich Karlmanns Gattin, *Geberga,* eine Tochter des Desiderius, zu ihrem Vater geflüchtet hatte. Schließlich stellte sich auch der neue Papst, *Hadrian I.* (772–795), eine hochpolitische Persönlichkeit, den Langobarden feindlich gegenüber, indem er Karls Hilfe gegen Desiderius in Anspruch nahm. 773 erschien Karl mit Heeresmacht in Italien. Der Krieg beschränkte sich nach der Bezwingung des *Mont Cenis* in der Hauptsache auf die Eroberung *Veronas,* wo sich *Adalgis,* der Sohn des Desiderius, mit Karlmanns Witwe und deren Kindern verschanzt hatte, und auf die Belagerung Pavias. Eine Entscheidung im offenen Feld wurde nicht gewagt. Im Juni 774 fiel die langobardische Hauptstadt und damit auch das ganze Langobardenreich. Desiderius wurde des Thrones entsetzt und mit seiner Familie nach dem Norden in ein Kloster gebracht. Zu seinem Nachfolger ernannte Karl sich selbst, setzte sich im selben Jahr zu Pavia die *eiserne Krone der Langobarden* auf, nahm den Titel *König der Langobarden* und *Patricius der Römer* an und führte selbst die Regierung des Langobardenreiches. Norditalien wurde eine Provinz des Frankenreichs.

Wohl kam es noch zu Aufständen unter der Führung der Herzoge *Arichis* von Benevent, eines Schwiegersohnes des Desiderius, und *Hrodgaud* von Friaul, die eine Erhebung des Adalgis, des Sohnes des Desiderius, bezweckten, aber der Aufstand wurde von Karl 776 niedergeschlagen, und die Empörer wurden bestraft. Adalgis konnte nach Byzanz entfliehen.

Damit war das Langobardenreich vernichtet. Die Vermeidung offener Feldschlachten ist ein deutlicher Beweis dafür, daß das Militärwesen ganz verfallen war. Dazu kam, daß eine volle Unterwerfung der langobardischen *Aristokratie* nie gelang, obwohl sich das *Königtum* im Kampf mit ihr weitgehend behauptet hatte. Das zu erstrebende Ziel, die Gewinnung Mittelitaliens, hatte man zwar richtig, aber zu spät erkannt und stets nur mit halben Mitteln durchzuführen getrachtet. Dadurch wurde zweifellos die Einigung Italiens um mehr als 1000 Jahre verzögert. Es war natürlich auch ein Fehler, daß man es nicht verstanden hatte, sich die fränkische Freundschaft, die *Liutprand* so geschickt geknüpft hatte, zu bewahren. Die Verbindung des auch nach einer territorialen Operationsbasis strebenden *Papsttums* mit dem neuen expansionslüsternen fränkischen Herrschergeschlecht schuf für die Folgezeit in Italien völlig neue Bedingungen, wenngleich die langobardische Verfassung anfänglich noch beibehalten wurde und die Langobarden sich als das einzige unter den Wandervölkern dem Namen nach als Herrscher noch bis ins 11. Jahrhundert zu halten vermochten.

Die Nordgermanen

Die von der großen Völkergemeinschaft der Germanen in Skandinavien verbliebenen Stämme werden gewöhnlich Nordgermanen genannt. Das bekannteste Volk waren die *Svear* oder *Suionen*, die im Küstengebiet nördlich von Stockholm rings um den Mälarsee wohnten. Das kriegerische Volk gelangte nach und nach zu höchster Macht, übertrug seinen Namen infolge seiner politischen Vorherrschaft auf ganz *Schweden (Svearike = Sverige)* und gründete endlich den schwedischen Staat. Diesen Stamm hat schon *Tacitus* unter dem Namen Suiones erwähnt und uns ziemlich ausführlich geschildert: »Dann folgen die Staaten der Suionen, mitten im Ozean; abgesehen von Männern und Waffen, sind sie auch durch ihre Flotte mächtig. Die Gestalt ihrer Schiffe ist insofern eigenartig, weil Bug und Heck gleich sind und das Schiff immer eine Stirnseite zum Landen bereit hat. Nicht werden die Boote von Segeln getrieben, und nicht sind die Ruder reihenweise an den Seiten befestigt. Lose, wie bei Flußkähnen, und beweglich ist das Ruderwerk und kann je nach Bedarf bald rechts, bald links eingesetzt werden. Bei diesem Volk steht auch der Reichtum in Ehren, und deshalb herrscht ein einziger, schon ohne jede Beschränkung, mit dem unwiderruflichen Anrecht auf Gehorsam. Die Waffen stehen nicht zu beliebigem Gebrauch zur Verfügung wie bei den übrigen Germanen, sondern sind eingeschlossen und unter Verwahrung, und zwar eines Sklaven. Denn einem unerwarteten Einbruch der Feinde wehrt das Meer, und außerdem richten müßige Hände, wenn sie bewaffnet sind, leicht Unheil an. Es wäre in der Tat nicht zum Nutzen eines Königs, einen Adeligen oder Freien, ja nicht einmal einen Freigelassenen zum Wächter über Waffen zu setzen[9].«

Um die Zeit des Tacitus begann in Skandinavien die *Eisenzeit,* in der die dort ansässigen Germanen eine eigenartige Kultur entwickelten, durch die sie sich als Nordgermanen von den übrigen germanischen Stämmen loslösten. Neben den Svearn waren die *Götar* der einflußreichste Stamm. Sie saßen in Südschweden, im fruchtbaren *Schonen.* Am Anfang des 6. Jahrhunderts kam es zwischen diesen beiden Hauptstämmen zu einem gewaltigen Kampf um die Oberherrschaft. Er spiegelt sich in dem Heldenepos der Götar, der *Beowulfsage,* wider, die aus verschiedenen historischen Quellen zusammengestellt und um 700 in *England* gedichtet wurde. In Abschriften, etwa um das Jahr 1000 entstanden, ist sie erhalten. Diese Kriege führten schließlich zu einer Verschmelzung. Das Götarreich ging allmählich in dem der Svear auf. Aber noch heute ist der Gegensatz nicht nur in der Landschaft, sondern auch in deren Bewohnern deutlich zu erkennen.

Aus Schonen kamen auch die *Dänen,* ein ursprünglich südschwedischer Volksstamm, der noch in der Jüngeren Eisenzeit diese Wohnsitze innehatte. Nach der Auswanderung der *Angeln* und *Jüten* nach *England* breiteten sie sich auch in *Jütland* aus. Nach vielen Kämpfen entstand am Anfang des 6. Jahrhunderts ein einheitliches Dänenreich.

Auf die Völkerwanderungszeit, die im Norden recht ruhig verlief, folgte die *Vendelzeit,* benannt nach dem Gräberfeld Vendel in Uppland, wo bedeutende Funde mit prachtvoller Tierornamentik ausgegraben wurden. In dieser Epoche haben die Svear ihr Gebiet bis über Schonen erweitert und damit die Ausdehnung ihres schwedischen Reiches vollendet.

Am spätesten wurden die Einzelstämme in *Norwegen* zu einem Reich geeint. 860 bestieg *Harald Schönhaar* aus dem von Schweden gekommenen berühmten *Ynglingageschlecht* den Thron, besiegte nach und nach in harten Kämpfen die norwegischen Kleinkönige und wurde nach dem Seesieg bei *Stavanger* (872) Herrscher über das ganze Land. Aber viele seiner Gegner unter den vornehmen, freien Bauernfamilien wollten sich seiner Macht nicht beugen und verließen mit ihren Leuten die Heimat.

Die meisten der Auswanderer fuhren nach dem erst kürzlich entdeckten und nur von einzelnen irischen Mönchen bewohnten entlegenen *Island.* Diese Insel wurde bald stark bevölkert und entfaltete auch ein reges geistiges Leben. Hier erwuchs die artechteste und ursprünglichste germanische Literatur mit den drei Hauptzweigen der *Edda,* mit den *Sagas* und *Skaldengesängen.* Aber auch auf den übrigen Inseln, den *Orkneys, Shetlandinseln,* den *Hebriden* und *Färöern,* suchten *Norweger* eine neue Heimat.

Nicht nur bei West- und Ostgermanen, auch bei den Nordgermanen finden wir den Drang in die Ferne. Aber diese Fahrten, *Wikingerfahrten* genannt, führten zu keiner geschlossenen Kolonisation. Die Völkerwanderungszeit des Nordens wird *Wikingerzeit* genannt. Es ist dies etwa die Zeitspanne von der Plünderung des northumbrischen Klosters Lindisfarne (793) durch Seefahrer aus dem germanischen Norden bis zur Schlacht bei Stamfordbridge (1066). Das Wort dürfte auf wik (Bucht) zurückzuführen sein. Aus den Meeresbuchten zogen die Wikinger auf Raub und Landerwerb aus. Denn zur Abenteuerlust war bei der starken Überbevölkerung der Heimat bald die Sucht nach Neuland dazugekommen, und das führte zu Staatsgründungen. Die Westwikinger – die Dänen und Norweger – werden meist *Normannen* genannt. Die Wikinger unternahmen mit ihren seetüchtigen Schiffen weltweite Fahrten nach *Grönland* und auch längst vor *Kolumbus* an die *nordamerikanische Küste.* Sie setzten sich in *England, Island,* in der *Normandie* und in *Unteritalien* fest und befreiten *Sizilien* von den *Arabern.* Sie drangen aber auch über die Ostsee nach dem Osten vor und legten den Grund zu dem späteren *russischen Reich.* Die schwedischen Wikinger kamen bis nach *Konstantinopel,* wo sie unter dem Namen *Waräger* die Leibgarde des oströmischen Kaisers bildeten. Diese Wikingerzüge um 800 muß man als den letzten Ausklang der kraftvollen und heldenhaften Jugend eines altgermanischen Volkes werten.

Die Wikingerzeit hat herrliche Schmuck- und Zierformen, vor allem neue Tierstile zur Blüte gebracht. Eine große Menge von

Silbergegenständen stammt aus dieser Periode. In der Völkerwanderungszeit wurde vorwiegend mit Gold gearbeitet, das durch den Handel nach Skandinavien kam. Unübertroffen und von seltsamer Schönheit sind die *Holzschnitzereien* des *Osebergfundes*.

DRITTES KAPITEL

Das geistige Leben in der Völkerwanderungszeit

AUS DEN ÜBERVÖLKERTEN RÄUMEN des Nordens mit ihren beschränkten Fruchtböden stießen die Stämme gegen die alten Kulturlandschaften nach Westen und Süden, vor allem gegen die Mittelmeerstaaten mit ihren beiden Zentren Rom und Byzanz vor. Neben dem selbstverständlichen Wunsch nach Versorgung mit den notwendigen Lebensgütern lockten auch die Reize der alten Kultur. Der Handel mit fremden Ländern wurde belebt, Goten und andere Ostgermanen traten in nahe Beziehung zu den Griechen am Schwarzen Meer und zu asiatischen Völkern. Die Germanen kamen in den Besitz des Goldes, das sie für Schmuck verwendeten; denn sie ließen sich den Frieden mit Ost- und Westrom reichlich mit Gold bezahlen. Für die Wanderung der Germanen waren natürlich auch Klimaschwankungen und Naturkatastrophen maßgebend, wie zum Beispiel der Einbruch der Nordsee.

Unter den härtesten Schwierigkeiten zogen die zur Wanderung gezwungenen Menschen aus dem Norden durch die Breiten Europas zuerst in die Fruchtebenen am Schwarzen Meer. Ein Volk prallte auf das andere, Kampf und Sterben zeichnen die Wege. Die Völker vernichteten sich in mörderischem Bruderstreit, wurden als Sklaven in Ketten gelegt und mußten sich von den Römern Siedlungsräume erbetteln. Dazu lastete auf ihnen die Sorge für die Ihren, denn sie sind ja mit Weib und Kind und all ihrer Habe aufgebrochen. Mitten in solcher Unruhe sollte das Jungvolk heranwachsen, damit der Stamm am Leben bleibe.

Immer wieder stellten sich ihnen auf ihren Wanderwegen Völker entgegen, zwangen sie zur Änderung der Wanderrichtung, trieben sie zur Eile. Die furchtbare Not dieses fortwährenden Kampfes um das bescheidene, armselige Sein, dieser dauernde Kraftaufwand für Abwehrmaßnahmen gegen widerwärtige Mächte und Gewalten, trieb die ziehenden Völker zur Ertüchtigung und Wahrung ihrer körperlichen Fähigkeiten an, zu Wehrhaftigkeit und kriegerischer Betätigung.

Solch ein Leben mußte naturgemäß das Streben nach höheren kulturellen Werten zurückdrängen. Dafür war zu wenig Ruhe, zu wenig Ansporn. Wenn trotzdem kürzere oder längere, manchmal sogar jahrhundertelange Ruhepausen den friedlichen Genuß des Lebens ermöglichten und das Verweilen auf der errungenen Scholle zu handwerklichen oder künstlerischen Arbeiten anregten, waren die Germanen eifrig am Werk, um ihre kulturelle Rückständigkeit wettzumachen. Sie vermochten sich schnell an das Fremde anzupassen und die überlebte Kultur der Antike mit ihrer volklichen Eigenart schöpferisch umzuformen. Eine besondere Leistung war fürs erste der Aufbau der Schrift.

Die Schrift

Im 4. Jahrhundert schuf der westgotische Bischof *Wulfila* eine Schrift, um damit seine religiösen Werke aufzuzeichnen. Sein *gotisches Alphabet* ist nicht eine völlige Neuschöpfung, sondern er benützte dazu das *griechische Alphabet* und ergänzte es in einigen Fällen durch die den Germanen geläufigen *Runenzeichen*. Die Schrift war – im Gegensatz zu den Runen, die nur inschriftlichen Zwecken dienten – für das Schreiben auf *Pergament* geeignet. In diesem Alphabet sind uns die literarischen Denkmäler der gotischen Sprache überliefert. Im folgenden wird eine Probe aus dem *Codex argenteus (Wulfila-Bibel)* gebracht, der sich jetzt in der Universitätsbibliothek zu *Uppsala* in Schweden befindet. Er ist so genannt nach seinen Schriftzeichen, die mit Silber- und Goldfarbe auf purpurgefärbtem Pergament aufgetragen sind. Hier ein Abschnitt aus dem Evangelium des Matthäus, VI. Kapitel, 9–16, und zwar in Umschreibung der originalen gotischen Schriftzeichen mit lateinischen Buchstaben und mit neuhochdeutscher Übertragung:

9 weihnai   namo thein. 10 qimai thiudinassus
geweiht   werde Name dein.   Komme   Reich

theins.   wairthai   wilja
deines.   Es werde Wille

theins, swe in himina   jah   ana
deiner, wie im Himmel auch auf

airthai. 11   hlaif   unsarana thana sin-
Erden.   Laib (Brot) unseren   den   täg-

teinan gif uns himma   daga.   12 jah
lichen gib uns an diesem Tage (heute).   Und

aflet uns thatei skulans   sijaima,
erlaß uns, daß   Schuldner (wir) seien,

swaswe jah   weis afletam thaim
so wie auch wir erlassen den

skulam   unsaraim. 13 jah   ni   brig-
Schuldnern unseren.   Und nicht brin-

gais uns in fraistubnjai, ak   lau-
ge uns in Versuchung, sondern lö-

sei uns af   thamma ubilin; unte
se uns ab (von) dem   Übel; denn

theina ist thiudangardi jah mahts
dein   ist (König)reich und Macht

jah   wulthus   in aiwins,   amen.
und Herrlichkeit in Ewigkeit. Amen.

14 Unte jabai   afletith mannam
Denn   wenn (ihr) erlaßt den Menschen

missadedins ize, afletith   jah
Missetaten ihre, erläßt (sie) auch

izwis atta   izwar sa   ufar   himinam.
euch Vater euer,   der über den Himmeln.

15 ith jabai ni   afletith mannam   mis-
Aber wenn nicht (ihr) erlaßt den Menschen Mis-

sadedins ize   ni   thau atta   iz-
setaten deren, auch nicht etwa Vater eu-

war afletith missadedins izwa-
er erläßt Missetaten eu-

ros. 16   Aththan bithe fastaith, ni   wair-
re. Aber wenn   ihr   fastet,   nicht wer-

thaith swaswe thai liutans   gaurai;
det   wie   die   Heuchler, traurige;

Die Frage, ob die Germanen schon vor Wulfila Dichtungen aufgezeichnet haben, läßt sich nicht beantworten. Sicher aber ist,
daß alle germanischen Stämme schon vor Christus eine Schrift
kannten, die sich der *Runen* als Zeichen bediente. Diese
Schriftzeichen galten ursprünglich bei den Völkern als heilig und
waren religiösen Zwecken vorbehalten. Schon bei den Ägyptern
finden wir heilige Wortzeichen, die Hieroglyphen, und die hier-
atische Kursivschrift neben der für das Verkehrsleben bestimmten demotischen Schrift. Bei den Germanen haben sich diese geheimnisvollen, *zauberkräftigen Zeichen* am längsten erhalten.
Sie begegnen uns auf dem Festland bis ins 9. Jahrhundert, in
Skandinavien haben sie noch länger fortgelebt.
Das Wort *Rune* bedeutet *Geflüster, Geheimnis* und gehört zu
dem Zeitwort »raunen«. Man ritzte[1] sie als Inschriften in Holz,
Metall, Stein und Elfenbein. Die altgermanische Runenreihe besteht aus 24 Lautzeichen, deren Namen und Folge keinen Zusammenhang mit einem anderen Alphabet aufweisen (Runenalphabet). Die Runen werden nach jüngster, aber nicht ganz
feststehender Auffassung von einem *norditalischen Alphabet*
abgeleitet, in das germanische Zeichen für Begriffe aus uralter

Zeit, wohl alte Orakelzeichen, eingefügt sind. Sie drücken Konsonanten und Vokale aus. Th bedeutet den stimmlosen Reibelaut. Der Lautwert der Rune ę scheint ein Zwischenlaut zwischen e und i gewesen zu sein. Wie hoch entwickelt und durchdacht das Runenalphabet war, ersieht man daraus, daß es sogar einen eigenen Buchstaben für den gutturalen Nasallaut aufweist. Charakteristisch für die Formung der Runen ist, daß waagrechte Linien und Rundungen in Schrägstriche und Ecken umgesetzt wurden, wie es die älteste und üblichste Schreibweise, nämlich das Einritzen in Holz, bedingte. Denn eine waagrecht in der Richtung der Holzfaser verlaufende Linie würde unkenntlich bleiben, und eine gerundete ließe sich nur schwer in Holz ritzen. Für Rune findet sich auch das Wort *Stab,* da fast jedes Schriftzeichen einen senkrechten Hauptstrich zeigt. Wenn *Tacitus* von Zeichen berichtet, die in Stäbchen eines fruchttragenden Baumes geschnitten und als Losorakel verwendet wurden, so sind damit nicht die eigentlichen Runen gemeint, denn diese wurden erst im 3. Jahrhundert verwendet. Es kann sich nur um Zeichen handeln, die als Vorläufer des späteren *Futharks* (Runenalphabets) vielfach im Gebrauch waren und mit irgendwelchen Vorstellungen und Begriffen in Verbindung standen, die Glück oder Unglück bedeuteten. Auch darf bei dem fruchttragenden Baum nicht ohne weiteres an die Buche gedacht werden, woraus man das Wort Buchstabe erklären wollte. Die Runeninschriften sind sowohl links- wie rechtsläufig.

Die Runen sind nicht nur Lautzeichen, sondern tragen daneben noch Namen und werden dadurch *Wort- und Begriffssymbol.*

Als Namen für die Runen wurden uns überliefert oder erschlossen:

1.	f	Vieh	9.	h	Hagel	17.	t	Gott Tyr
2.	u	Auerochs	10.	n	Not	18.	b	Birke
3.	th	Riese, Dorn	11.	i	Eis	19.	e	Pferd
4.	a	Ase	12.	j	Jahr(essegen)	20.	m	Mann, Mensch
5.	r	Ritt, Wagen	13.	ę	?	21.	l	Wasser
6.	k	Geschwür, Krankheit	14.	p	?	22.	ng	Gott Ing
7.	g	Gabe	15.	z	?	23.	o	ererbter Besitz
8.	w	Wonne	16.	s	Sonne	24.	d	Tag

ᚠᚢᚦᚨᚱᚲᚷᚹᚺᚾᛁᛃᛇᛈᛉᛋᛏᛒᛖᛗᛚᛜᛟᛞ

f u t h a r k g w h n i j e p z s t b e m l ng o d

Die altgermanische Runenreihe

Es ist also nicht bei allen Zeichen der Name geklärt, aber aus denen mit festgelegter Bedeutung, die allerdings im Lauf der Entwicklung der Schrift und der Einzelsprachen manche Änderung erfuhr, geht hervor, daß sie bestimmte Lebenskreise des Menschen betreffen.

Runeninschriften fand man in Oberschlesien, in der Mark Brandenburg, in Dänemark, Norwegen und Gotland. Es sind ausnahmslos *Inschriften auf Waffen und Gebrauchsgegenständen*, Speerspitzen, Schildbuckeln, Urnen, auf Spangen und anderen Schmuckstücken, wie Brakteaten[2]. *Runensteine* sind uns, soweit es die ältere Zeit betrifft, nur aus *Schweden* und *Norwegen* erhalten, woher die Sitte durch Wikingerfahrten auch nach *Dänemark* und *England* drang. Die Runeninschriften, vorwiegend magische Formeln, Namen der Geber und Empfänger, Namen von Göttern, sind meist sehr kurz. Auf Runensteinen können wir aber längere Inschriften sehen. Die Runeninschriften geben Aufschluß darüber, daß die Runenschrift vor allem der magisch-religiösen Verwendung diente. In diese Richtung weist auch der tiefsinnige Mythos von der Erfindung der Runen durch *Odin*. Im südgermanischen Bereich scheinen Runen unter dem dauernden Einfluß südeuropäischer Gepflogenheiten auch für Briefe verwendet worden zu sein.

Die germanische Heldensage
in der Völkerwanderungszeit

Die Völkerwanderung hat uns ein bedeutendes Literaturdenkmal hinterlassen, die gotische Bibelübersetzung des *Wulfila*. Es ist vor allem ein religiöses Buch, aber zugleich für die Nachwelt die hauptsächlichste und unerschöpfliche Fundgrube für die *gotische Sprache*. Wulfila wurde 311 in den Donauländern gebo-

ren, wohin seine Großeltern als Kriegsgefangene gelangten. Sein
Vater war ein Gote, seine Mutter stammte aus dem kleinasiatischen Kappadokien. Er kam als Dolmetscher einer Gesandtschaft der Goten an den Hof des Kaisers *Konstantin des Großen.*
Hier trat er unter dem Einfluß von *Eusebios,* des arianischen
Prälaten von Nikomedien, zum *Arianismus* über und wurde
zum Bischof geweiht (341). Als sich der Gotenführer, vermutlich *Athanarich,* wegen der großen Missionserfolge Wulfilas
zum Einschreiten gegen ihn veranlaßt fühlte, erhielt Wulfila
vom Kaiser *Konstantius II.* die Erlaubnis, sich in *Thrakien* mit
seinen Anhängern niederzulassen. Der Bischof herrschte durch
Jahre friedlich über seine Stammesgenossen, die hauptsächlich
Hirten waren. Erst seine letzte Lebenszeit wurde durch den
Sturz der arianischen Partei getrübt. Wulfila war zu jenem Konzil, durch das der Kaiser *Theodosius I.* einen Ausgleich zwischen
den Orthodoxen und den Arianern herbeiführen wollte, erschienen, starb aber noch während der Verhandlungen (vermutlich im Frühjahr 382).
In geduldiger Arbeit übersetzte er die ganze Bibel. Von diesem
unvergänglichen, einzigartigen Meisterwerk sind uns nur größere Reste erhalten. Er wollte damit seine bekehrten Landsleute
belehren und neue Anhänger gewinnen. Eine Ausnahme machte
er nur mit den Büchern der Könige, da er fürchtete, ihr Inhalt
würde die angeborene Kampflust seiner Goten nur noch mehr
anstacheln. Da die Goten noch keine eigene Schriftsprache besaßen, wollte er die bisher nur gesprochene Sprache mit all ihren
Feinheiten und mit der Fülle ihrer klangreichen Beugungsendungen in den Dienst eines großen Literaturdenkmals stellen.
Seine Bibel ist das erste Werk in einer germanischen Sprache. Er
hat damit seinem Volk auch eine *Schrift* geschaffen, die im Gegensatz zu den geritzten Runenbuchstaben für das Schreiben auf
Pergament geeignet war. Seine Sprache wurde maßgebend auch
für andere Versuche in gotischer Literatur. Das verraten die
Bruchstücke eines arianischen *Kommentars zum Johannes-
evangelium,* den man mit dem gotischen Ausdruck *Skeireins* (Erklärung) zu benennen pflegt. Uns ist Wulfilas Bibel jetzt das un-

schätzbare Sprachdenkmal, an dem wir die germanische Sprachentwicklung verfolgen können. Für die damalige Zeit war sie vor allem ein Hilfsmittel, um das Christentum unter den Ostgermanen auszubreiten. Das rechtschaffene und fromme Leben des Wulfila weckte in den Germanen solches Zutrauen zu seiner Weisheit und Tugend, daß sie ohne Widerstand das arianische *Christentum* annahmen. Es wurde ihnen eine starke Stütze ihres Volkstums gegen das orthodoxe *Römertum*. Von den Goten verbreitete sich die Lehre zu den *Wandalen,* vorübergehend auch zu den *Burgunden.* Sie gelangte mit den wandernden Völkern nach *Italien, Südgallien, Spanien* und *Afrika.*

Aus den großen Ereignissen jener Wanderungen und aus den gewaltigen Kämpfen bildeten sich Stoffe der deutschen Heldensage, die noch nach einem Jahrtausend von den Alpen bis nach Island und zu den Färöern hin im Lied lebten. Aber nicht Staaten, sondern Persönlichkeiten sind es, von denen die Sage erzählt: *Heldentaten* und Nöte der Könige und Recken werden berichtet, während der Name der Völker im Dunkel verschwindet. So hat die deutsche Sage *Theoderich* zum größten Helden erhoben, sein Volk aber in Vergessenheit geraten lassen. Zeitlich nicht Zusammengehöriges wurde in Verbindung gebracht und Personen in den Kreis der Geschehnisse aufgenommen, die keinen Anteil daran hatten. Der weltgeschichtliche Entscheidungskampf mit den Römern wird übergangen, selbst ihr Name wird nicht erwähnt. Nicht Nationen, sondern Herrscher, Geschlechter und das Gefolge stellen sich neben- und gegeneinander.

Das *Heldenlied* führt uns in die Halle des Königs, den notwendigen Hintergrund bildet das Gefolge, das uns nicht nur im Kampf, sondern auch in froher Geselligkeit vorgeführt wird. Das große, den Anstoß gebende Ereignis war in weiter Entfernung die Völkerwanderung.

Die ältesten uns bekannten Schöpfer der heroischen Dichtung sind die *Goten.* Die Wege, die die Beziehungen der Wandervölker untereinander aufrechterhielten, galten auch für die wandernden *Sänger.* Die wichtigsten geistigen Bahnen führten von den Goten in ihre nordische Heimat und zu den skandinavischen

Völkern. Alle Wege der Heldendichtung sind von Süden nach Norden gerichtet, auf ihnen gelangen gotische, burgundische und fränkische Stoffe in die nordische Dichtung der *Angelsachsen* und *Skandinavier.* Nur die *Gudrunsage* ging den Weg von Norden nach dem Süden.

Das älteste uns bekannte Epos der Goten galt dem Andenken ihres mächtigen Königs *Erman(a)rich,* der den Hunnen zum Opfer fiel (375). Aber nicht vom folgenschweren Ereignis des Auftauchens der Hunnen wird berichtet, sondern von Ermanarichs Grausamkeit, mit der er gegen sein eigenes Geschlecht wütete. Die *Dietrichdichtung,* die uns allerdings nur aus einer mittelalterlichen Umformung bekannt ist, hat als Kern die *Rabenschlacht,* die große Entscheidung vor *Ravenna,* die die Goten zu Beherrschern von Italien machte. Mit dem Namen *Dietrich* verknüpft sich auch das einzige Heldenepos, das uns in ziemlich gutem Zustand erhalten ist und dadurch unschätzbaren Wert erlangt hat, das *Hildebrandslied:* Der alte Waffenmeister Dietrichs von Bern, *Hildebrand,* kehrt nach dreißig Jahren heim. Die ganze Zeit hindurch hat er Weib und Kind nicht gesehen und auch von ihnen nichts gehört. Als er an die Grenzmark seines Landes kommt, stößt er auf Abwehr. Sein eigener Sohn, *Hadubrand,* hält den unbekannten Mann, seinen Vater, auf. Obwohl Sohn und Vater einander zu erkennen geben, glaubt der Sohn nicht dem Vater, beschimpft ihn mit entehrenden Worten und treibt ihn zum Zweikampf. Das Ende des Kampfes ist uns unbekannt, denn der Text ging verloren. Wir können es nur erschließen: Der kampfgewohnte Vater erschlägt seinen Sohn. Im Zwiespalt zwischen Heldenehre und Sippengefühl siegte die erstere . Den tragischen Ausgang bestätigt auch eine altnordische Sage, in der Hildebrand, der Hunnenkämpfer, unter den Helden, die er im Kampf bezwungen hat, auch den eigenen Sohn nennt, den er wider Willen tötete.

Das Hildebrandslied dürfte schon vor 700 gedichtet worden sein. Es ist in einem Mischdialekt überliefert. Hochdeutsche Formen des Originals stehen neben sächsischen, die von den abschreibenden Mönchen aus dem Kloster *Fulda* stammen dürften. Das Lied fand sich auf zwei Buchdeckeln eines aus Fulda stammenden lateinischen Kodex. Es besteht aus 68 Langversen mit je vier hochbetonten Silben. Jeder Langvers ist durch einen scharfen Einschnitt in zwei Halbverse geteilt, die durch *Stabreime* gebunden sind. Der Schluß des Liedes fehlt, auch die Mitte weist Lücken auf. Hier der Originaltext:

Das Hildebrandslied

Ik gihorta dat seggen,
dat sich urhettun aenon muotin,
Hiltibrand enti Hadubrant, untar heriun tuem
sunufatarungo: iro saro rihtun,
garutun se iro gudhamun, gurtun sih iro suert ana,
helidos, ubar hringa, do sie to dero hiltiu ritun.
Hiltibrant gimahalta Heribrantes sunu: her uuas heroro man,
ferahes frotoro; her fragen gistuont
fohem uuortum, hwer sin fater wari
fireo in folche,...

... eddo hwelihhes cnuosles du sis.
ibu du mi enan sages, ik mi de odre uuet,
chind, in chunincriche: chud ist mir al irmindeot
Hadubrant gimahalta, Hiltibrantes sunu:
dat sagetun mi usere liute,
alte anti frote, dea erhina warun,
dat Hiltibrant haetti min fater: ih heittu Hadubrant.
form her ostar giweit, floh her Otachres nid,
hina miti Theotrihhe enti sinero degano filu.
her furlaet in lante luttila sitten
prut in bure barn unwahsan,
arbeo laosa her raet ostar hina.
sid Ditrihhe darba gistuontun
fateres mines: dat uuas so friuntlaos man.
her was Otachre ummet tirri,
degano dechisto miti Deotrichhe.
her was eo folches at ente: imo was eo fehta ti leop;
chud was her... chonnem mannum.
ni waniu ih iu lib habbe'...
wettu irmingot quad Hiltibrant obana ab hevane,

dat du neo dana halt mit sus sippan man
dinc ni geleitos'...
want her do ar arme wuntane bauga,
cheisuringu gitan, so imo se der chuning gap,
Huneo truhtin; »dat ih dir it nu bi huldi gibu.«
Hadubrant gimahalta Hiltibrantes sunu:
»mit geru scal man geba infahan,
ort widar orte. ...
du bist dir alter Hun, ummet spaher,
spenis mih dinem Wortun, wili mih dinu speru werpan.
pist also gialtet man, so du ewin inwit fuortos.
dat sagetun mi seolidante
westar uhar wentilseo, dat inan wic furnam:
tot ist Hiltibrant, Heribrantes suno.«
Hiltibrant gimahalta, Heribrantes suno:
»wela gisihu ih in dinem hrustim
dat du habes heme herron goten,
dat du noh bi desemo riche reccheo ni wurti.«
»welaga nu, waltant got (quad Hiltibrant), wewurt skihit
ih wallota sumaro enti, wintro sehstic ur lante,
dar man mih eo scerita in folc sceotantero:
so man mir at burc enigero banun ni gifasta,
nu scal mih suasat chind suertu hauwan,
breton mit sinu billiu, eddo ih imo ti banin werdan.
doh maht du nu aodlihho, ibu dir din ellen taoc,
in sus heremo man hrusti giwinnan,
rauba birahanen, ibu du dar enic reht habes.«
»der is doh nu argosto (quad Hiltibrant) ostarliuto,
der dir nu wiges warne, nu dih es so wel lustit,
gudea gimeinun: niuse de motti,
hwerdar sih hiutu dero hregilo rumen muotti,
erdo desero brunnono bedero uualtan.«
do lettun se asckim scritan.
scarpen scurim: dat in dem sciltim stont.
do stoptun to samane staim bort chludun,
heuwun harmlicco huitte scilti,
unti im iro lintun luttilo wurtun,
giwigan miti wabnum...

Das Hildebrandslied in hochdeutscher Übersetzung:

Ich hörte das sagen,
daß sich Ausfordrer einzeln trafen,
Hildebrand und Hadubrand, zwischen den Heeren,
Sohn und Vater. Sie sahen nach ihrem Panzer,
schlossen ihr Schirmhemd, gürteten sich ihr Schwert um,
die Reisigen über die Ringe, da sie zu jenem Streit ritten.
Hildebrand anhob, er war älter an Jahren,
der Menschen Meister; gemessenen Wortes
zu fragen begann er, wer sein Vater wäre
der Führer im Volke...
... »oder wes Geschlechtes du bist?
Wenn du mir einen sagest, weiß ich die anderen mir,
Kind, im Königreiche. Kund ist mir die Gotteswelt.«
Hadubrand, Hildebrands Sohn, begann also:
»Das sagten mir unsere Leute,
alte Meister, die zuvor da waren,
daß Hildebrand hieße mein Vater; ich heiße Hadubrand.
Ostwärts fuhr er einst, floh des Otaker Grimm,
mit Dietrich und vielen seiner Degen.
Verlassen im Lande ließ er sitzen
die Frau am Hof und den jungen Buben
ganz ohne Erbe. Er ritt nach Osten,
bald Dietrich zu darben begann
nun nach meinem Vater. Der gar Verfemte,
der war dem Otaker maßlos böse
und der Degen liebster dem Dietrich.
Er ritt nur an Volkes Spitze; ihm war Fechten das liebste.
Kund war er kühnen Männern.
Nicht glaub' ich, sei am Leben...«
»Zeuge, heiliger Gott, hoch du vom Himmel,
daß dennoch du nie mit so Versipptem
deine Sache führtest...«
Da nahm er vom Arm ab gewundene Ringe
aus Kaisergold, so wie's der König ihm gab,
der Hunnenherr: »Das schenk' ich nun aus Huld dir.«

Hadubrand, Hildebrands Sohn, setzte fort:

»Mit dem Gere soll man Gaben empfangen,
Spitze gegen Spitze...
Du bist, alter Hunne, ein allzu schlauer,
lockst mich mit deinen Worten, willst werfen den Speer,
so alt du bist, und immer voll Untreu.
Das sagten alle mir, die die See befahren,
westlich das Weltmeer, daß Krieg ihn wegnahm.
Tot ist Hildebrand, Heribrands Sohn.«

Hildebrand anhob, Heribrands Sohn:
»Wohl aber seh' ich an deinem Harnisch,
daß du daheim hast guten Herrn,
nimmer vom Reiche bannflüchtig reisest.
Wahrlich nun, waltender Gott, Wehgeschick wird.
Ich weilte der Sommer und Winter sechzig außer Landes,
seit dem man mich kürte zur Schar der Kämpen:
Vor keiner der Burgen der Tod mich schreckte.
Nun soll mich das eigene Kind mit dem Eisen treffen,
niederschlagen mit seinem Schwert oder ich ihm den Bluttod geben.
Doch kannst auch du spielend, wenn deine Kraft taugt,
von so altem Recken die Rüstung gewinnen,
den Raub dir erringen, wenn du ein Recht dazu hast.«

»Der wäre doch der feigste der Fahrer von Osten,
der den Kampf dir weigert, den dich wohl lüstet,
den gemeinsamen Zweikampf. Wenn du mußt, versuch es,
wer von uns seine Rüstung heut soll ablegen
oder über diese Brünnen beide walten.«

Da sprengten sie erst mit eschenen Speeren
in scharfen Schauern, es wehrten die Schilde.
Dann stoben die Starken zusammen im Fußkampf,
zerhieben harmlich die hellen Schilde,
bis ihnen die lindenen Schilde schartig wurden,
zerwirkt von den Waffen...

Das Hildebrandslied erzählt uns von einem dreifachen Kampf: zuerst vom Wortgefecht in lebendiger Rede und Gegenrede zwischen Vater und Sohn, wobei Mißtrauen und trotzige Herausforderung dem Wissen, der Besonnenheit und dem heldischen Ehrbewußtsein des Vaters gegenübertreten; dann von den schweren Seelenkämpfen des Vaters mit ihrer erschütternden Tragik, die im Wehruf Hildebrands gipfelt; und er will das schreckliche Ende des Kampfes, das er im voraus weiß, abwenden, ist sich aber bewußt, daß den Sohn die Beleidigung, die er dem Vater zufügte, unwiderruflich zum Zweikampf verpflichtet. Diese fürchterliche Auseinandersetzung zwischen Vater und Sohn, die in schlichtem und ernstem Stil berichtet wird, weitet den Blick für die große Tragik der germanischen Menschen, die sich im Ringen der Völkerwanderung, Bruderstamm gegen Bruderstamm, mörderisch vernichteten.

Diese Heldenlieder drangen in alle Gaue, wo Germanen wohnten. Sie wurden von den wandernden adeligen Sängern verbreitet, die sie an den Höfen der Fürsten beim Mahl oder nachher vortrugen. Diese Sänger standen in hohem Ansehen. Bei den Deutschen und Engländern hießen sie *Skop*, bei den nordischen Völkern *Skald*. Die Dichter der Heldenlieder sind uns unbekannt.

In der Völkerwanderungszeit liegen auch die historischen Wurzeln für unsere größte Heldendichtung, das *Nibelungenlied*. In *Gundahari* erwuchs den *Burgunden,* die in der fruchtbaren Ebene um *Worms* ihre Wohnsitze aufgeschlagen hatten, ein tüchtiger König, der 437 bei einem plötzlichen Einfall der *Hunnen* mit seinem ganzen Geschlecht und allen seinen Mannen den Tod fand. Die zweite historische Persönlichkeit ist *Attila,* der sich 453 mit *Hildico* vermählte und in der Brautnacht durch einen Blutsturz sein Leben verlor. Die alte Sagenfassung zog diese Tatsachen zusammen, machte die Gattin Attilas zur Schwester Gundaharis und verknüpfte sie durch den stabreimenden Namen *Grimhild* mit den Burgunden. Die Sage verwandelte und motivierte, indem Grimhild zur Rächerin ihrer in der Schlacht hingemordeten Brüder wird und in der Brautnacht Attila tötet.

Die verwandtschaftlichen Bande sind also stärker als die eheli-
chen. Dieses früheste *Burgundenlied* zeigt weiters eine Verbindung mit der Gestalt *Siegfrieds*. Dieser ist eine rein *mythische Figur*, hat übermenschliche Stärke und Schönheit. Welche Gründe
für die Einführung dieser Gestalt maßgebend waren, ist unbekannt. Vermutlich gab der Königshort der Burgunden, die am
goldführenden Rhein und in der reichsten Landschaft Deutschlands saßen, dazu Anlaß. Dieser Königshort verschmolz mit
dem Drachenhort Siegfrieds zu einem einzigen und verband dadurch Siegfried mit den Burgunden. Wir kennen dieses Lied, das
auf deutschem Boden entstanden, aber nicht erhalten ist, nur aus
dem *Atlilied* der *Edda*. Es ist aber nicht nur nach Norden ge-
wandert und blieb dort, fern von den historischen Schauplätzen,
rein erhalten, sondern es kam auch nach Osten in die Alpenvor-
lande, mildert hier die wilden Züge des Hunnenkönigs, der zu
Etzel wurde, und führte schließlich auch die Gestalt *Dietrichs
von Bern* in die Sage ein. Späterhin erweiterte sich die *Nibelungensage* noch durch die Verbindung mit der *Brunhildefabel*.
Märchenhafte Züge kamen dadurch in die Dichtung, denn nur
ein Märchenheld, der die Gestalt wechseln kann und mit übernatürlichen Kräften begabt ist, vermag die walkürenhafte Jungfrau
zu erobern, die hinter einem Feuerwall schläft. Aber der Betrug
durch die Gestaltänderung ruft die Rache der Jungfrau wach und
führt zu Unheil und Tod.

Die Kunst der Völkerwanderungszeit

Nach der bronzezeitlichen Hochblüte des germanischen Kunst-
schaffens brachte die Einführung des *Eisens* nur eine nüchtern-
trockene *Handwerksarbeit*. Der glänzenden, zu Schmucksachen einladenden Bronze stand das Eisen als ein nur nützliches,
für praktische Verwendung bestimmtes Metall gegenüber, das
nicht zu künstlerischer Arbeit verlockte. Auch die meist figür-
lich verzierten Erzeugnisse des Kunsthandwerks der nachbarli-
chen römischen Reichsprovinzen und die aus *Italien* in Fülle

eingeführten Schmucksachen konnten der auf ornamentale Verzierung eingestellten germanischen Kunstrichtung keinen fördernden Auftrieb geben.

Mehr als tausend Jahre vergingen, bevor sich in der Epoche der Völkerwanderung eine neue Kunst entwickeln konnte. Die Lebensbedingungen der Germanen hatten sich inzwischen stark verändert. Nicht mehr standen die Nordleute im Schatten der Abgeschiedenheit, nicht mehr begnügten sie sich mit der einfachen *Flächenornamentik* und der *Filigranverzierung.* Die germanischen Stämme kamen auf ihren weiten Wanderungen durch fast ganz Europa mit bisher unbekannten Kulturen in Berührung und sahen sich dadurch zum erstenmal vor die Aufgabe gestellt, in meist völlig wesensfremden Kunstformen ihre eigene Art zum Ausdruck zu bringen. Denn ihre bisherigen Arbeiten waren auf eine zweckbetonte Formgebung der Schmucksachen und auf die Flächenverzierung mit ornamentalen Mustern eingestellt.

Den ersten Anstoß zur Entfaltung eines neuen Kunststils gaben die *Goten.* Durch ihre Landnahme in Südrußland traten sie in den Einflußbereich des späthellenistischen und asiatischen Kunsthandwerks. Und aus der Auseinandersetzung mit dem fremden, unruhigen Formengewirr entwickelten die Goten mit bewundernswerter Schöpferkraft im 4. Jahrhundert eine ihrer eigenen Kunstgesinnung wahlverwandte einheitliche Zierweise, den *farbigen Stil.*

Diese neue Richtung trägt ihren Namen von der Verwendung bunter Edelsteine, die auf Goldgrund aufgelegt wurden. Bevorzugt wurde der purpurrote *Almandin,* der aus Vorderindien stammte. Als die Goten weiter nach Westen zogen, ersetzten sie das asiatische Rohmaterial mehr und mehr durch den in Europa gefundenen *Granat.* Zwei verschiedene Techniken der Steinauflage begegnen uns auf den Schmuckstücken. Bei der ersten Art wurden die meist halbrunden, manchmal auch flachen Steine mit niedrigen Zellenfassungen auf dem Goldgrund befestigt. Ihre mugelig geschliffenen Formen ragen über die tragende Oberfläche empor. Den Goldgrund zwischen den Steinen zieren gelegentlich Golddrahtschlingen oder Goldkügelchen. Wir sehen solche Zierweise z.B. auf den *Gewandspangen* der Funde aus Untersiebenbrunn in Niederösterreich.

Bei der zweiten Technik, der engen *Zellenverglasung* (Cloisonné), wurden auf die Metallfläche schmale, niedrige Stege aufgelötet, deren Linienführung den Umrissen der geplanten Figur entsprach. Die Zellen legte man mit farbigen Glasstücken oder Almandinplättchen aus. Diese Art von Technik verzichtete auf jede plastische Wirkung, fügte die Steine zu einer geschlossenen, flächenbedeckenden Auflage, zu einem gleißenden Mosaik von Edelsteinschuppen zusammen, das durchzogen war von dem verwirrenden linearen Netzwerk der Goldstege. Die Leuchtkraft der funkelnden Edelsteine erhöhten häufig unterlegte, hauchdünne Gold- und Silberfolien. Die Zellenverglasung stammt wahrscheinlich aus Persien und wurde durch die Sarmaten, ein Reitervolk zwischen Weichsel und Wolga, den Goten vermittelt.

Zu dem Flächenschmuck mit bunten Steinen gesellten sich unter fernöstlichem Einfluß noch figurale Zierformen. So entstanden Raubvogelköpfe mit scharf gekrümmten Schnäbeln als Randverzierung an den Kopf- und Fußplatten der *Gewandspangen* sowie *Adler* in heraldischer Stilisierung. Als die *Goten* ins römische Reich kamen, tauchte das Adlermotiv in besonders künstlerischer Formgebung auf. Der Steinschmuck steigert sich von einer bloß flächenverzierenden Funktion zu einem die Vogelgestalt nachzeichnenden Ornament, betont aber in der auffälligen Mittelrosette nachdrücklich den Charakter des Schmuckstükkes. In der Verbindung von figuralem Umriß und dem farbenleuchtenden Wechselspiel zwischen hellglänzendem Gold und funkelnden roten Steinen erreicht die germanische Kunst einen Höhepunkt von Schönheit und Vollendung.

In der zweiten Hälfte des 1. Jahrhunderts waren die Byzantiner Vorbild, dem die *Ost-* und die *Westgoten* erlagen. Unter *Theoderich* entstehen ansehnliche Bauten, so sein Palast, seine Kirchen *San Vitale, Spirito Santo, Sant' Apollinare Nuovo* sowie die *Baptisterien.* Alle verraten in Anlage und Aufbau die byzantinische Beeinflussung. Ihr Inneres schmücken ungemein schöne *Mosaiken,* die ebenfalls unter byzantinischer Anregung geschaffen wurden. Die Gesichter sind immer nach vorn gerichtet, beide Gesichtshälften sind völlig gleich, die Augen sind groß und starr. Die auf Münzen dargestellten Könige der Goten sind ebenfalls in diesem Stil gehalten, so daß von einer Bildniskunst bei den Goten nicht gesprochen werden kann. Auch die Kronen aus dieser Zeit verraten die Technik *Ostroms,* so z. B. die *Weihekrone Rekkeswinths,* des Königs der Westgoten (652–672), die in Madrid aufbewahrt wird. Dies ist ein Reif, an dem Buchstaben hängen, die die Widmung ausdrücken »Reccesvinthus rex offert« (»König Rekkeswinth weiht«, zu ergänzen ist »die Krone«). Darunter hängt das Kreuz des Königs. Die auf Goldgrund haftenden Einlagen leuchten aus den Zellen oder sind bereits mit Krabben befestigt.

Wenn man die Kunst der Völkerwanderungszeit in ihren Hauptzügen betrachtet, offenbart sie sich als ein gewaltiges Ineinanderfluten und Sichverwirren: die Linien durchflechten sich, schieben sich weiter, finden kein Ziel und kein Ende. Aus dem Widerspiel von Lichtem, Leuchtendem und dunkel Verschattendem spürt man den faustischen Drang der heimatlosen und vorwärtsdrängenden Menschen, die Beruhigung suchen in neuen Welten.

Am Ende der Völkerwanderungszeit bietet sich folgendes Bild: Das schwierige Problem der einzelnen Stämme, die in die Welt des Römischen Reiches einbrechen, bestand darin, wie sie sich als Neuankömmlinge zum alteingesessenen Volk verhalten sollten. Der von einzelnen germanischen Führern geplante Zusammenschluß beider Völker unter germanischer Oberhoheit, also eine Umwandlung des römischen Staatsgebietes in ein germanisches, mußte daran scheitern, daß die Germanen weder physisch (wegen ihrer geringen Bevölkerungszahl) noch geistig in der Lage waren, sich das fremde Volk völlig einzuverleiben und ein neues Staatswesen zu formen. Die meisten germanischen Stämme hatten auch nicht die Absicht, diese alte Welt zu zerstören, die ihnen ja wünschenswert schien und deren jahrhundertelange Entwicklung sie sich jetzt zunutze machen wollten. Einen klaren Weg versuchte *Theoderich* zu beschreiten. Er wollte Germanen und Romanen zu einem germanischen Staatenbund vereinen, aber in der Weise, daß die einzelnen Völker – nach Religion, Recht, Staat und Ehegemeinschaft getrennt – nicht miteinander, sondern nebeneinander leben sollten. Dieser Plan Theoderichs scheiterte. Aber auch die *Franken* dachten an eine endgültige und ausreichende Lösung, nämlich an die Verschmelzung aller in der Völkerwanderung aufgetretenen Staatenbünde zu einem einzigen Reich, in dem die verschiedenen Völker unterschiedslos nur Angehörige eines Staates sein sollten. Dieser Plan gelang, und zwar wohl deswegen, weil der Ausgangspunkt, das *Frankenreich*, eine feste Grundlage bot. Hier lebten Völker, die wenig unter der vernichtenden Völkerwanderung zu leiden gehabt hatten, die immer im Zusammenhang mit ihrer Scholle blieben und durch keine Auswanderung die Verbindung mit ihren Volksangehörigen verloren hatten. Sie kamen nicht in geänderte klimatische Verhältnisse, nicht auf fremden, unter anderen Gesetzen stehenden Boden. Sie formten ein Reich, das trotz seiner Veränderungen noch bis in die Gegenwart wirksam geblieben ist. Dazu sicherten sich die Franken durch den Übertritt zum Christentum die Verbindung mit der weltumspannenden Macht des Katholizismus, der ihrem Staat Aufblühen und Bestand verlieh.

VIERTER TEIL

DAS FRANKENREICH

ERSTES KAPITEL

Die Merowinger

DER NAME FRANKEN wird erstmals 240 bei einem Einfall in Gallien erwähnt. Sie waren jener Stamm, der im frühen Mittelalter die weiteste Verbreitung hatte und das Schicksal aller anderen Völkerschaften am stärksten beeinflußte.

Die Ausbreitung der Franken vor Chlodwig I.

Die Franken kommen in der Überlieferung seit der Mitte des 3. Jahrhunderts vor und scheinen unter der zusammenfassenden Bezeichnung Franken eine Anzahl von älteren Stammesgruppen in sich vereinigt zu haben, neben der die Einzelnamen volle Geltung behielten. Sie zerfallen in drei Gruppen. Zunächst die *Salier* (wohl von sala = Herrschaft). Sie werden 258 zum erstenmal erwähnt, als einige Heerhaufen, von den *Chauken* aus ihrer Heimat an der Yssel vertrieben, den Rhein bei Köln überschritten. Sie stießen in das Land der *Bataver* vor, wo sie 358 von Kaiser *Julianus* als Siedler staatsrechtlich anerkannt wurden. Die *Ripuarier*, die »Uferbewohner«, bilden die zweite Gruppe. Sie bewohnten das rechte Rheinufer von der Ruhr bis zum Main. Die dritte Gruppe umfaßt verschiedene Stämme, wie die *Chamaven*, die *Chattuarier* u. a.
Bei den Franken war es der von der Landgemeinde gewählte König oder der Herzog (ursprünglich nur der Anführer des Heeres), der das neue Siedlungsland für den Stamm eroberte.

Die fortwährenden Kriege und die wiederholten Streitigkeiten im Innern ließen die Befehlsgewalt der Herzoge zu einem Dauerzustand werden, aus dem das *erbliche Königtum* hervorging. Es stützte sich nicht auf römische Grundlagen und entsprach nur einem Kleinkönigtum. Erst mit dem starken Anwachsen der Königsmacht erfolgte auch in verfassungsrechtlicher Hinsicht eine Änderung des Königtums, indem es von der Volksversammlung unabhängig wurde und nach und nach die Volksrechte in vorsichtigem Vorgehen an sich zog. Der Widerstand der germanischen Bevölkerung und dessen nur langsame Überwindung haben es bewirkt, daß das Königtum im wesentlichen germanischen Charakter bewahrt hat und nur in verhältnismäßig geringem Maß römisch beeinflußt wurde.

Die fränkische Eroberung war in der Anfangszeit von der Landnot erzwungen worden. Die römische Bevölkerung wurde in den gewonnenen Gebieten verdrängt oder aufgesogen. Die römischen Stadt- und Staatseinrichtungen wichen völlig der *fränkischen Bauernkultur*. Die lateinische Sprache verschwand, das *Christentum* setzte sich in vielen Gemeinden durch.

Die Einigung der Franken unter Chlodwig I.

Mit den Merowingern setzte zunächst nicht eine neue Politik ein, sondern es lösten, ebenso wie früher, Vertrag mit oder Krieg gegen Rom einander ab. In der Hauptsache freilich erfolgte die Gründung der fränkischen Herrschaft in *Gallien* auf kriegerischem Weg. Die Dynastie der Merowinger beginnt mit *Chlodio* (gest. um 460). Die Angaben über diesen Salierkönig sind äußerst dürftig. Wir erfahren, daß er im Land der *Thoringer* bei *Dispargum* (Duysborg bei Brüssel oder Duisburg?) hofhielt. Von seinem ursprünglichen Gebiet aus drang Chlodio in den dreißiger Jahren des 5. Jahrhunderts weiter nach Süden vor, eroberte *Cambrai* und dehnte sein Reich bis an die Somme aus. Waren wir schon bei Chlodio nur auf vereinzelte oder ungenügende Nachrichten angewiesen, so tappen wir bei seinem Nach-

Karolingische Torhalle von Lorsch (frühes 9. Jahrhundert).

folger *Merowech* völlig im Dunkeln. *Gregor von Tours* nennt uns nur seinen Namen. Jedenfalls wird in den Nachrichten über die Kämpfe jener Zeit der Name Merowech nirgends erwähnt. Selbst bei den nächsten salischen Herrschern, bei *Childerich I.*, der Überlieferung nach Merowechs Sohn, ist eine feste Grenze zwischen Geschichte und Sage nicht zu ziehen. Childerichs Politik scheint in direktem Gegensatz zu jener Chlodios zu stehen. Chlodio geht von einer gesicherten Grundlage aus angriffsweise vor und sucht im Kampf mit Rom allmählich den Bereich seiner Herrschaft weiter auszudehnen. Childerich finden wir dagegen nie in seinen heimischen Sitzen, sondern bald hier, bald dort in Gallien, und immer im Bund mit Rom. Es ist gewiß, daß er die Gegenden, wo er erscheint – Orleans, Angers, die Loiremündung –, nicht dauernd, ja kaum vorübergehend beherrscht hat: er hat wohl Gallien sozusagen nur als römischer *Föderatenführer* durchzogen. Seine Residenz lag auch nicht mehr in jenem unbestimmbaren Dispargum, sondern in *Doornik* (Tournai) an der Schelde. Wieweit seine Macht auf seinem fränkischen Königtum, wieweit sie auf dem Bündnis mit Rom beruhte, entzieht sich unserer Kenntnis. Durch einen glücklichen Zufall hat man 1653 in Tournai Childerichs Grab entdeckt: Jeden Zweifel an der Zuweisung des Fundes machte ein Siegelring mit der Umschrift *Childerici regis* unmöglich. Man fand in diesem Grab zwei Menschenschädel (Childerich und seine Gemahlin *Basina*), Waffen, Gewänder und Goldschmuck. Erwähnenswert sind zwei Schwerter (ein Lang- und ein Kurzschwert), Lanze, Streitaxt, Schnalle, Gewandnadeln, Goldmünzen, Arm- und Fingerringe, Kleider- und Riemenbeschläge, Reste eines Mantels von purpurner, golddurchwirkter Seide sowie eine Menge kleiner goldener, mit roten Edelsteinen verzierter Bienen, die vermutlich zum Schmuck des Königsmantels dienten. Leider wurde der so wertvolle Fund bald zerstreut. Was jetzt noch vorhanden ist, vor allem Lanzenspitze, Schwertgriff, Streitaxt, befindet sich in der Bibliothèque Nationale in Paris. Für die Wissenschaft ist der Fund allerdings insofern gerettet, als schon 1655 Johann Jakob Chifflet im Auftrag des Erzherzogs Leopold Wilhelm, dessen

Leibarzt er war, unter dem Titel *Anastasis Childerici regis* eine umfangreiche, mit Abbildungen versehene Beschreibung lieferte, die uns jetzt als Ersatz für die verlorenen Originale dienen muß.

Als Childerich I. 481 starb, folgte ihm sein sechzehnjähriger Sohn *Chlodowech* oder *Chlodwig I.* als König eines kleinen Reiches zu Tournai (481–482) auf dem Thron. In diesem jugendlichen Alter hat er sicher zuerst nicht nach eigenen Ideen, sondern wohl unter der Leitung anderer gehandelt. Gerade das erste und wichtigste Ereignis seiner Regierung, die Eroberung des letzten Restes römischer Herrschaft in Gallien, kann man unmöglich seiner Initiative zuschreiben. Es ist deshalb verfehlt, in allen ihm zugeschriebenen Taten die Folgen der bewußten einheitlichen Politik eines großen Staatsmannes sehen zu wollen. Man darf nicht meinen, Chlodwig hätte von Anfang an als leitende Idee die Zusammenfassung aller rechtsrheinischen »Deutschen« oder die Eroberung des gesamten Gallien oder gar die Einigung der romanischen und germanischen Stämme in einem Weltreich vor Augen gehabt. Im wesentlichen gingen seine Taten eher aus Instinkt, Leidenschaft und Herrschsucht denn aus politischer Überlegung hervor: in seiner Persönlichkeit repräsentiert Chlodwig im Guten wie im Schlechten die Franken der damaligen Zeit. Neben Energie, Herrschergeschick und richtiger Erfassung einer gegebenen Situation traten als Schattenseiten Grausamkeit, Tücke, Hinterlist und Gewalttätigkeit. Er war ein Realpolitiker durch und durch, dessen Blick sich nur auf das Nächstliegende richtete, hier aber sofort Mögliches vom Unmöglichen zu scheiden wußte. Er war von genialer Primitivität und von barbarischer Unmoral. Zeitlebens war er kränklich und starb bereits im Alter von sechsundvierzig Jahren. Übertroffen hat ihn keiner seines Geblüts, gleichgekommen ist ihm mancher, schwächlicher waren die meisten, aber besser war keiner, weil er in der ungezügelten Wildheit seiner Instinkte eben alle Eigenschaften in sich vereinigte, mit Ausnahme der Güte, und zu alldem auch noch ein Feldherr und Diplomat von mehr als Durchschnittsbegabung war.

Der erste Kriegszug des damals sicher nur nominell regierenden Königs galt in Fortsetzung der zuletzt von Chlodio geförderten Angriffspolitik gegen Rom dem *Syagrius*, dem letzten Statthalter des restlichen Weströmischen Reiches in Gallien, dessen Residenz *Soissons* war. Er wurde 486 besiegt und floh zu den Westgoten, wurde aber auf Drängen der fränkischen Heeresleitung von Alarich II. ausgeliefert, zunächst gefangengehalten, dann heimlich beseitigt. Nach der Niederlage des Syagrius ist von einem zusammenhängenden Widerstand der Römer nicht mehr die Rede; die Franken dehnten ihr Reich vorerst bis zur Seine, dann bis zur Loire aus, und die Residenz wurde nach Soissons verlegt. Die Provinzialen erkannten zumeist durch freiwillige Ergebung die fränkische Herrschaft an. Eine Landteilung fand in den neueroberten römischen Gebieten nicht statt, weil kein Bedürfnis dafür vorhanden war. In der späteren Merowingerzeit ist von einem Gegensatz zwischen Römern und Germanen weder rechtlich noch sozial noch sittlich etwas zu spüren. Zur Ausgleichung des nationalen Gegensatzes aber trug auch hier wesentlich bei, daß durch den Übertritt der Franken zum Katholizismus Glaubenseinheit hergestellt wurde und Ehen zwischen germanischer und römischer Bevölkerung gestattet waren. Sowohl Anlaß wie Zeitpunkt des Übertritts Chlodwigs zum katholischen Glauben sind uns bekannt.

Um 493 hatte Chlodwig Abgesandte nach *Burgund* zu König *Gundobad* geschickt und ließ um dessen Nichte *Chrotechilde* werben, die man ihm als ein sehr schönes und kluges Mädchen geschildert hatte. Gundobad war in Rom Führer der germanischen Söldner gewesen und hatte als solcher Kaiser ein- und abgesetzt. Nach 473 war er in die Heimat zurückgekehrt und hatte zusammen mit seinen Brüdern *Chilperich* und *Godegisel* geherrscht. Als Chilperich gestorben war, hatte er ohne Rücksicht auf dessen Tochter Chrotechilde den größten Teil des Reiches an sich gerissen. Mit dem Frankenkönig aber wollte er es sich nicht verderben und schickte ihm daher Chrotechilde (493). Diese war katholisch und nun im Bund mit den Bischöfen des Frankenreiches, vor allem mit dem geistig sehr bedeutenden *Remigius von*

Reims, unablässig darauf bedacht, den heidnischen Gemahl zu ihrem Glauben zu bekehren.

Chlodwig hatte gestattet, daß sein erstgeborener Sohn, *Ingomar,* getauft wurde. Als das Kind erkrankte und noch in den Taufgewändern starb, war er freilich erzürnt. Aber Chrotechilde wußte ihn zu trösten, so daß er schließlich zugab, daß auch sein zweiter Sohn getauft wurde. Als dieser gleichfalls krank wurde, stiegen die Zweifel seines Vaters an der Macht Christi und seine Furcht vor der Rache der Götter Walhalls. Erst als das Gebet der Königin zu den Heiligen das Kind wieder herstellte, wurde Chlodwigs Meinung von diesen erheblich verbessert.

Dennoch konnte Chrotechilde nicht von ihrem Gatten erreichen, daß auch er sich taufen ließ. Da brach ein Krieg gegen die *Alemannen* aus, und der Geschichtsschreiber jener Tage, *Gregor von Tours,* erzählt, daß damals die Franken zu weichen begannen. Es war vorauszusehen, daß ihr ganzes Heer in dem heftigen Treffen vernichtet werden würde. Chlodwig sah dies, und nun soll er klagend die Hände zum Himmel emporgehoben und Jesus Christus angerufen haben mit dem Versprechen, sich taufen zu lassen. Kaum hatte er dies versprochen, wandten sich die Alemannen zur Flucht. Ihr Herrscher war gefallen, und Chlodwig gebot dem Kampf Einhalt. Er kehrte heim und erzählte der Königin, wie ihm der Christengott zum Sieg verholfen hatte.

Chrotechilde ließ sofort den Bischof Remigius kommen, der Chlodwig in der Christenlehre unterwies. Dabei forderte er ihn auf, dafür zu sorgen, daß auch sein ganzes Volk sich zur Lehre Christi bekenne. Als der König dann zu den Seinen sprach, antworteten viele: »Wir lassen ab von unseren vergänglichen Göttern und wollen dem unsterblichen Gott folgen, den Remigius predigt!«

Diese Bereitschaft wurde dem Bischof gemeldet, der hoch erfreut befahl, das Tauffest vorzubereiten. Die Kirche zu Reims wurde festlich geschmückt, das Taufbad hergerichtet und eine große Menge von Geistlichen und Würdenträgern aus ganz Gallien geladen. Angetan mit dem symbolischen weißen Gewand des Täuflings, schritt Chlodwig als erster in das Bad. Auch zwei

Schwestern Chlodwigs wurden getauft und außer diesen noch angeblich dreitausend Franken. So wurde Chlodwig der erste katholische König unter den germanischen Stämmen der Völkerwanderungszeit, denn die anderen Könige waren damals noch alle Arianer. Später ging die Sage, daß zur *Taufe Chlodwigs* eine Taube vom Himmel eine Ampulle mit heiligem Öl gebracht habe, mit dem dann alle französischen Könige durch Jahrhunderte hindurch, bis zum Ende des bourbonischen Königshauses, gesalbt wurden, nachdem es sogar wunderbarerweise der Vernichtung durch die Französische Revolution entgangen war. Der letzte damit gesalbte Herrscher war Karl X. (1825).

Der Taufe selbst sind ohne Zweifel langwierige, nicht leichte Verhandlungen und heimlich geführte Besprechungen vorausgegangen. Es scheint, als hätte Chlodwig bis zuletzt die Arianer gegen die Katholiken ausgespielt. Chrotechilde betonte übrigens stets, daß ihre Bemühungen um des Königs Bekehrung höchstens vorbereitende Bedeutung hatten. Denn der König disputierte sicher nicht nur mit ihr, sondern auch mit Bischöfen und Priestern, mit Katholiken und Arianern; er wollte sichtlich über alles Bescheid wissen.

Seine Zeitgenossen haben die politische Bedeutung des Ereignisses gut erkannt, denn Bischof *Avitus* von Vienne schrieb damals an Chlodwig: »Während Ihr für Euch eine Wahl trefft, entscheidet Ihr für alle: Euer Glaube ist unser Sieg!« Nun war der Kaiser von Ostrom nicht mehr der einzige katholische Herrscher des Abendlandes.

Die weitere Bekehrung der Franken vollzog sich ohne staatlichen Zwang und machte daher im geschlossenen fränkischen Siedlungsgebiet nur allmählich Fortschritte. Aber wir hören dafür auch von keinerlei heidnischem Widerstand. So wurde durch diese Taufe einerseits ein nationaler oder religiöser Gegensatz für das Frankenreich ausgeschlossen, anderseits aber bekam der König hier sofort die Stellung eines Vorkämpfers der Orthodoxie und erfreute sich damit bei allen seinen Kriegen der Unterstützung durch den katholischen Klerus. Durch die Eroberung Galliens und die Annahme des *Katholizismus* wurden die römi-

schen Elemente im Reich entschieden gestärkt. Demgegenüber
ist von höchster Wichtigkeit, daß mit der Unterwerfung der
Alemannen (496? und 507?) die Monarchie Chlodwigs nicht
nur ihre germanischen Bestandteile wesentlich vermehrte, sondern auch ihre Grundlage, die innergermanischen Stämme, vergrößerte.

Die nächsten Eroberungen Chlodwigs gelten romanisierten Gebieten. Hier blieben zunächst die Kämpfe gegen die *Burgunden*
erfolglos. Erst der *Westgotenkrieg* verlief wieder günstig: es
wurden dem Reich Gebiete einverleibt, die nur noch dem Namen nach germanisch gewesen waren. *Gregor von Tours* moti-
viert Chlodwigs Einschreiten gegen die Westgoten damit, daß
jene Ketzer waren. In Wahrheit wird wohl das bestimmende für
ihn der Wunsch gewesen sein, seine Herrschaft auch über Südgallien auszudehnen. 507 griff er im Bund mit *Gundobad* von
Burgund die Westgoten neuerlich an, besiegte sie in der Nähe
von *Poitiers,* wobei König Alarich II. fiel und Chlodwig bis zur
Garonne vorzurücken vermochte. Bereits nach dem Westgotenkrieg verlegte der König seine Residenz in die Umgebung von
Paris. Jetzt empfing er von Kaiser Anastasios I. den *Konsultitel*
und wohl auch das *Patriziat,* was für ihn eine gewisse Anerkennung seitens Ostroms darstellte. Man nahm ihn dort also zur
Kenntnis. Für ihn bedeutete es keineswegs ein Abhängigkeitsverhältnis oder eine Änderung im Charakter seiner Herrschaft,
für den Kaiser aber war die Annahme der Insignien durch den
Frankenherrscher zweifellos zugleich die stillschweigende Anerkennung einer Beziehung, die man je nach Bedarf Bundesge-
nossenschaft oder auch Vasallität nennen konnte.

Nach dem Sieg Chlodwigs über die Westgoten reichte seine
Herrschaft von *Tournai* und dem Mittelrhein bis zu den *Pyrenä-
en.* Da ihm das Mittelmeer durch die Ostgoten verschlossen
blieb, versuchte er, noch weiter nach Osten vorzudringen, indem er die fränkischen Kleinkönige nach und nach mit List und
Grausamkeit beseitigte. Dadurch schob er die Grenze seines
Reichs bis zum Niederrhein hinaus, wo Köln damals ein wichtiger Umschlagplatz war. Er bewog die Stammesführer der *Ri-*

puarier, ihn als ihren König anzuerkennen, und bekehrte die besiegten Arianer zum Katholizismus.

Bald darauf, in der zweiten Hälfte des Jahres 511, ist Chlodwig gestorben. Ihn hat wohl das Bewußtsein seiner Sendung und seiner schwachen Gesundheit gegen die zeitraubenden Künste der Diplomatie und der Politik abgeneigt gemacht und dazu bewogen, durch energisches, oft sehr derbes Dreinfahren die schwachen Seiten seiner Gegner auszunützen. Er begriff oft genug den richtigen Zeitpunkt und kannte auch sichtlich genau die Grenzen seiner Mittel. Er hatte den *Katholizismus* erwählt, weil dieser den stärkeren Gott hatte, der jedoch ihm und all den Seinen immer nur Mittel zum Zweck blieb.

Die Legende vom Sieg in der *Alemannenschlacht* und dem damit verbundenen Übertritt zum katholischen Glauben läßt deutlich erkennen, daß die Entscheidung Chlodwigs eine bewußt politische war. Er stellte sich dadurch zwar in Gegensatz zu den übrigen germanischen Reichen, in denen noch das arianische Bekenntnis herrschte, gewann aber die Romanen ganz Galliens und die politische Unterstützung Ostroms für sich. Nach innen und nach außen ist also das merowingische Frankenreich Chlodwigs Schöpfung, allerdings kein Bau nach wohlüberlegtem Plan, sondern ein stilloses, aber überraschend kräftiges Werk. Sein Reich stellt also keineswegs eine Fortsetzung des altgermanischen *Königtums* dar, auch wenn wesentliche Elemente auf germanische Wurzeln zurückgehen. Noch viel weniger ist es eine Fortsetzung des römischen Imperiums, denn die römischen Formen sind darin nicht das maßgebende. Das Fränkische Reich ist etwas völlig Neues, das vom Königtum ausgeht und germanische wie römische Elemente zu einer höheren Einheit verschmilzt. Einmalig ist bei ihm vor allem die duldsame Behandlung der unterworfenen Völker: abgesehen von der teilweisen Vertreibung der Alemannen behalten alle besiegten Völker ihr Recht, ihren Grundbesitz und ihre Freiheit. Die Merowinger verstanden es aber auch, durch eine umfassende Kolonisation ihre Herrschaft über die neuen Gebiete zu sichern.

Das Frankenreich, das Chlodwig gegründet hatte, bot, im Ge-

gensatz zu den germanischen Mittelmeerstaaten, Aussicht auf
Bestand. Das Herrschervolk blieb in der Heimat in engster Fühlung mit den übrigen germanischen Stämmen. Die Staatslände-
reien und das noch herrenlose Gut gaben genügend Raum zur
Ansiedlung. Der *Ackerbau* stand in hoher Blüte, überall gab es
große Bauernhöfe mit verschiedenen Wirtschaftsgebäuden.
Dazu kamen die zum Hof gehörigen Felder. Außerdem bearbeiteten die Bauern bestimmte Feldanteile des der gesamten Gemeinde gehörenden Landes und benützten gemeinsam die Weiden, ebenso die dem Dorf gehörigen Wald- und Wiesengründe,
die *Allmende*. Volles Privateigentum an Boden gab es zu jener
Zeit bei den Franken nicht. Landeigentümer war die ganze
Dorfgemeinde.

Neben den Landgütern bestand *Großgrundbesitz*. Den größten
Bodenbesitz hatte der König, daneben standen seine Gefolgsleute, die hohe Geistlichkeit und die römischen Grundbesitzer, die
ihre Ländereien zum Teil erhalten hatten und in engen Beziehungen zum Hof standen. Der König gewann durch seinen
Reichtum großen Einfluß auf das *Wirtschaftsleben*. Durch die
Verleihung von Grund und Boden machte er auch das *Heer* von
sich persönlich abhängig. Dazu erhöhten Zoll, Steuern und
Münzeinrichtungen sein Vermögen, und er konnte auch einen
ansehnlichen Schatz sammeln.

Seine Macht ähnelt schon der eines absoluten Herrschers. Die
Berufung einer *Volksversammlung* war nach und nach durch die
Vergrößerung des Reiches unmöglich geworden. Ihre Rechte
gingen deshalb großenteils auf den König über. Freilich konnte
der Heerbann bei Kriegserklärung, Friedensschluß und Beute-
verteilung ihm seinen Willen aufzwingen.

Sehr beträchtlich ist seit der zweiten Hälfte des 6. Jahrhunderts,
also nach Abschluß der Völkerwanderung, die *Bevölkerungszu-
nahme*. Der Menschenüberschuß, der sich früher in Wanderung, Neusiedlung und in furchtbaren Kämpfen verlor, blieb
nun im Land. Er läßt sich heute nicht abschätzen, aber er macht
sich in einer sorgsameren Bodennutzung durch *Gewannteilung*
und *Dreifelderwirtschaft* bemerkbar.

Als nach Chlodwigs Tod (511) das Reich wie ein privater Besitz zwischen seinen Söhnen geteilt wurde, war diese Teilung keineswegs als vollständige und dauernde geplant. Sie war eine rein dynastische Angelegenheit, und es bildeten auch hier die einzelnen Reiche, obwohl jedes von ihnen selbständig war, theoretisch und praktisch nur ein einziges *Regnum Francorum*, wobei nationale Gesichtspunkte natürlich noch keine Rolle spielten. Allerdings wurde dadurch, daß man die Reiche möglichst abzurunden versuchte, das Zerfallen in *Austrasien* und *Neustrien* mittelbar gefördert. Zunächst indes wurde in den einzelnen Staaten dadurch, daß zentralisierte kleinere Teile an die Stelle eines größeren losen Ganzen traten, die Verschmelzung der Nationalitäten gefördert. Vor allem in dem späteren Neustrien hätte die Romanisierung ohne die Teilung nicht so schnelle Fortschritte gemacht. Diese vollzog sich folgendermaßen:
Theuderich I. bekam Ripuarien und Ostaquitanien (mit der Residenz Reims), *Chlotar I.* erhielt das altsalische Land zwischen Seine, Oise und dem Meer, teilweise noch über die Aisne hinaus, mit der Residenz Soissons, *Childebert I.* die Aremorica, also die Küstenlandschaften nördlich der Loire, vor allem die Normandie und die Bretagne, mit der Hauptstadt Paris, und *Chlodomer* herrschte über Westaquitanien, mit dem Sitz in Orleans. Jeder empfing ein zusammenhängendes Gebiet, dazu ein Stück von dem Land zwischen Somme und Loire, da dieses als Mittelpunkt des Landes galt.
Sehr bald begannen nun zwischen den merowingischen Herrschern, die ihre äußeren Eroberungen getreulich gemeinsam fortführten, im Innern gegenseitige Kämpfe. *Chlodomer* fiel 524 in der Schlacht bei *Vézeronce* gegen die mittlerweile unter den Söhnen *Gundobads, Sigismund* und *Godomar*, gleichfalls katholisch gewordenen Burgunden, worauf die anderen Brüder sein Reich untereinander teilten. Childebert erhielt damals Orleans und die Gebiete an der Loire, Chlotar Poitou und die Tou-

raine, Theuderich wahrscheinlich das Limousin. *Theuderich I.*
ist der begabteste unter Chlodwigs Söhnen gewesen, und er war
es auch, der die Seele des Kampfes gegen die *Thüringer* bildete.
Nach der Eroberung des damals mächtigen Thüringerreiches geriet die Tochter des Thüringerfürsten *Berchtachar, Radegunde,*
mit ihrem Bruder in fränkische Gefangenschaft. Chlotar ließ sie
erziehen und hat sich schließlich mit ihr vermählt. Aber Radegunde hatte sich schon früh einer asketischen Lebensführung
zugewandt und nur mit Widerstreben in diese Heirat gewilligt.
Als ihr Bruder ermordet wurde und ihr Gatte dieser Tat nicht
fernzustehen schien, löste sie ihre Ehe und zog sich trotz aller
Aussöhnungsversuche in klösterliche Einsamkeit zurück. In
Poitiers erbaute sie sich das Kloster *Sainte-Croix.* In späterer
Zeit verband sie eine enge Freundschaft mit *Venantius Fortuna-
tus* (530–610), Presbyter und späterem Bischof von Poitiers, der
300 Gelegenheitsgedichte schrieb und mehrere Heiligenlegen-
den, darunter auch die des heiligen Martin, und als der erste bedeutende Dichter des Mittelalters gilt. Schon bei Lebzeiten wurden der Radegunde Wunder zugeschrieben, und das *Leben der
heiligen Radegunde* (vita sanctae Radegundis reginae), eine
Schrift ihres Seelenfreundes, ist noch heute ein anziehendes und
lehrreiches Werkchen, worin das Klosterleben der damaligen
Zeit höchst anschaulich geschildert wird.
Nach dem Tod Theuderichs machten die beiden Oheime seinem
Sohn *Theudebert I.* (534–548) sofort das Erbe streitig. Aber
Theudebert war stärker und bedeutender als sie. Er war so treu-
los und unbedenklich in der Wahl seiner Mittel, daß dies sogar in
diesem leidenschaftlichen Zeitalter das Maß des Gewohnten
weit überschritt. Als Feldherr war er immer siegreich, dabei ein
Staatsmann, dem ein leidlicher Vertrag lieber war als ein unge-
wisser Krieg. So stellt Theudebert förmlich den Typus des Merowingers dar. Er knüpfte bereits äußerlich an die römischen
Imperatoren an, indem er sich zuerst Augustus nannte, und hat
dann auch, wie *Prokop von Caesarea* bezeugt, zum großen Miß-
vergnügen des Kaisers Justinian I., der die Goldmünzprägung
als eines der unantastbarsten Rechte des Imperators in Anspruch

nahm, eine reiche Goldprägung an *Solidi* und *Trienten*[1] unter seinem eigenen Namen an Stelle des Kaisernamens, aber unter Übernahme des kaiserlichen Gepräges – behelmtes Brustbild von vorn beziehungsweise in Seitenansicht mit Victoria – gewagt. Die Münzbuchstaben weisen auf die Prägestätten Köln, Metz, Trier, Lyon u. a. hin. Die Inschrift eines dieser Stücke, das in Mainz geprägt wurde, *pax et libertas*, scheint auf ein besonderes Ereignis hinzudeuten.

Als 536 die *Ostgoten* von den Byzantinern unter Belisar heftig bedrängt wurden, überließ Witigis Teile der Provence und Rätien, in dem Reste der Alemannen saßen, den Franken, um deren Nichteinmischung im Kampf sicher zu sein. Theudebert nützte die Gelegenheit, überschritt mit starker Heeresmacht die Alpen und eroberte, scheinbar den Goten Hilfe bringend, aber in zweideutiger Politik sowohl die Goten als auch die Byzantiner bekämpfend, Italien bis nach *Ravenna*. Nur der frühzeitige Tod des schwerkranken Mannes machte den weitschauenden Plan frühzeitig zunichte, und die Franken verloren ihre Besitzungen wieder. Aber durch die Besetzung von *Südgallien* war für das Frankenreich der Zugang zum *Mittelmeer* frei geworden.

Um dieselbe Zeit kam auch Bayern in Abhängigkeit vom Fränkischen Reich. Nach dem von Odovakar veranlaßten Abzug der römischen Bevölkerung aus der Hochebene zwischen Alpen und Donau waren die Bayern, die aus Böhmen gekommen waren, in dieses Gebiet eingerückt und besiedelten das Land zwischen Lech und Enns. Sie standen zwar unter eigenen Herzogen aus dem Geschlecht der *Agilofinger,* das allerdings wahrscheinlich ein fränkisches war, fügten sich aber doch ziemlich freiwillig der fränkischen Oberhoheit, da sie auf drei Seiten die Franken zu Nachbarn hatten.

Nach Theudeberts Tod (548) folgte ihm sein Sohn *Theudebald* (548–555) als Herrscher. Er hat die umfassende äußere Politik seines Vaters nicht fortgesetzt und alle fränkischen Truppen aus *Oberitalien* zurückgezogen. Nach seinem Tod fiel das Reich an seinen Großonkel *Chlotar I.,* Chlodwigs letzten Sohn, der auf kurze Zeit (558–561) noch einmal die Herrschaft des großen Frankenlandes in seiner Hand vereinigte. Sein Reich war das größte unter allen Barbarenreichen seiner Zeit. Es übernahm die *Hegemonie,* die früher die Ostgoten unter Theoderich dem Großen hatten.

Zeigten die fränkischen Könige auch bei ihren auswärtigen Unternehmungen ein einträchtiges Vorgehen, so begannen doch schon unter Chlotar I. die für die spätere Zeit typischen grauenvollen Familienfehden. So ließ Chlotar die zwei kleinen Söhne Chlodomers töten, den dritten verwies er in ein Kloster. Chlotar gab in seinem Charakter an Schroffheit und Leidenschaft seinem Vater nichts nach. Das Temperament der Merowinger war in ihm noch heißer und ungezügelter entwickelt. Noch hatte das Christentum hier keinen mildernden und hemmenden Einfluß.

War Chlodwigs Reich eine gallische Großmacht gewesen, so ist Chlotars Staat die erste deutsche *Gesamtmonarchie,* deren Schwerpunkt durch den Zuwachs von Thüringen und Bayern nicht mehr in den früher römischen Gebieten lag. Mit Ausnahme der Sachsen und Friesen gehörten zu seinem Reich alle indogermanischen Stämme. Erst jetzt geht in der deutschen Geschichte die Führung von den Goten auf die Franken über, und erst von nun ab ist deutsche Geschichte mit der Geschichte des Fränkischen Reiches identisch.

In diesem Fränkischen Reich nun entwickelte sich seit dem Ende des 6. Jahrhunderts eine neue *Aristokratie.* Großer Grundbesitz und amtliche Stellung waren die Hauptgrundlagen für die Entstehung einer Laienaristokratie, der im *Episkopat* eine *Hierarchie* zur Seite stand. Sie wurde um so bedeutender, je mehr sich der Grundbesitz der Kirche steigerte. Die Entwicklung der Aristokratie wurde dadurch begünstigt, daß infolge der Jugend der Könige wiederholt eine vormundschaftliche Regierung nötig wurde und dann die Großen das Heft in der Hand hatten. In den fast ununterbrochenen inneren Kämpfen konnten die Herrscher nicht immer den ganzen Heerbann aufbieten und waren auf den ihnen unterstehenden *Dienstadel* angewiesen, dessen Macht dadurch natürlich vermehrt wurde. Bald genug entbrannte zwischen der neuen Aristokratie und dem *Königtum* ein offener Kampf, und gerade die Streitigkeiten, die etwa unter Brunhilde und Fredegunde fortlebten, waren keineswegs nur persönliche Zwistigkeiten, sondern tiefgehende prinzipielle Gegensätze. Weder Königtum noch Adel hielten sich in den Schranken der Verfassung. Es war ein Kampf von Macht gegen Macht, wobei der Adel entschieden die Rolle des Angreifers hatte und die Monarchie sich in der Verteidigung befand, obwohl unter den unmittelbaren Nachkommen Chlotars I. mindestens drei überdurchschnittlich starke Persönlichkeiten waren.

Als der letzte Sohn Chlodwigs 561 starb, wurde, wie einst, das Reich wieder geteilt. *Chilperich I.* (561–584) bekam das überwiegend romanische Westreich, Neustrien, sowie das alte Salierland mit der Residenz Soissons. Es war der kleinste Teil, den die drei anderen Erben diesem ihrem Stiefbruder, dem Sohn der Aregunde, gewährten. Sie selbst waren Söhne der Ingunde, einer Schwester Aregundes. *Sigibert I.* (561–575) regierte in dem vorwiegend germanischen Ostreich, Austrasien, mit der Residenz Reims, in der Auvergne und Provence; *Guntram* (561–592) in Burgund, mit der Hauptstadt Orleans, später Chalon-sur-Saône, und schließlich *Charibert I.* (561–567) über Aquitanien, mit dem Sitz in Paris. Jeder der Brüder erhielt ein Hauptgebiet sowie Anteile an Aquitanien und am Reich des Syagrius. Jedes Königreich umfaßte sowohl germanische wie romanische Landschaften. Nach Chariberts Tod (567) wurde sein Reich von seinen drei Brüdern vollkommen zerstückelt, und damit beginnt die Dreiteilung des Fränkischen Reichs, die trotz aller einzelnen Veränderungen im wesentlichen Bestand hat. Denn es bilden sich mehr und mehr die drei Reiche Austrasien, Neustrien und Burgund als selbständige Komplexe heraus. Freilich sind alle drei erst das Ergebnis einer langen Entwicklung. Man darf ebensowenig in Burgund eine Fortsetzung des alten Burgundenreiches wie in Austrasien etwa eine Zusammenfassung der germanischen Bestandteile der fränkischen Monarchie erblicken. *Austrasien* gruppierte sich um Metz und Reims, Neustrien um Paris und Soissons, Burgund um Orleans. Am frühesten erschien Austrasien als eine geschlossene Einheit, und zwar schon ungefähr zu Anfang des 7. Jahrhunderts. Erst beträchtlich später entwickelten sich Neustrien und Burgund zu entsprechend geschlossenen Ganzen. Austrasien ist die Keimzelle des späteren *Deutschen Reiches.* Seine Umgangssprache war eine Frühform des Deutschen. *Neustrien,* das im wesentlichen aus dem ehemaligen römischen *Gallien* hervorgegangen war, wurde vornehmlich von Kelten bewohnt, und die Umgangssprache war das volkstümliche Latein, die Übergangsform zum späteren Französisch.

Nach Chariberts Tod setzten unter Königin *Brunhilde* dauernde innere Kriege ein. Sie war die Tochter des Westgotenkönigs *Athanagild,* mit der sich König *Sigibert I.* im Jahr 567 vermählte. Sie war Arianerin, trat aber dann zum *Katholizismus* über, dem sie fernerhin treu blieb. Sie war eine der großartigsten Erscheinungen dieses Zeitalters. Mit staunenswerter Energie warf sie sich einer anscheinend nicht mehr aufzuhaltenden Bewegung entgegen, wußte diese zurückzudämmen und zum Stillstand zu bringen. Nie vom Glück begünstigt, von den schwersten Schicksalsschlägen getroffen, verstand sie es immer wieder von neuem, den verlorenen Einfluß zurückzugewinnen, bis sie schließlich durch ein verräterisches Bündnis besiegt wurde. Selbst da unterliegt sie förmlich nur als das Werkzeug, denn die Sache selbst bleibt lebendig. Gerade ihr Gegner, der gegen sie mit zügelloser Grausamkeit gewütet hat, *Chlotar II.,* konnte aus ihrem Wirken wesentlichen Nutzen ziehen. Diese Frau, die in ihrem Privatleben durchaus makellos dasteht, ist zweifellos von Gewalttaten nicht freizusprechen. Tatsächlich jedoch war sie eine im Grund edle Natur. Sie hing an den Ihren mit großer Liebe: Es gibt von ihr rührende Briefe, die sie wegen ihres Enkels Athanagild an Kaiser Maurikios und dessen Gattin gerichtet hat. Sie kaufte in fränkische Kriegsgefangenschaft geratene Langobarden los, sie unterstützte wohltätige Anstalten, war freigebig gegen die Kirche und die Armen, verzieh sogar ihren Gegnern und entließ ungestraft einen gegen sie ausgesandten

Mörder. Ihre Diener und Anhänger konnten sich auf sie verlassen. Auf ihren Schultern lastete die schwerste politische Aufgabe, die es damals gab: die Aufrechterhaltung der Macht des Königtums gegen einen immer stärker werdenden Adel. Man sieht förmlich die Königin in ihre Aufgabe hineinwachsen: anfangs schwankend, unentschlossen hierhin und dorthin tastend, bald vor der wilden Aristokratie zurückweichend, später aber ohne Zögern immer energischer und bewußter ihre Ziele verfolgend. Unbeirrt von Fehlschlägen, kannte sie keine Ruhe, bis sie, eben erst besiegt, doch schließlich die Schlacht gewonnen hatte. Sie vertrat gegenüber einer zügellosen Interessenpolitik die Sache des Staates, der Rechtseinheit, des Rechts, des Königtums. Daß dieser Kampf bis aufs Messer sie zeitweise zur politischen Furie werden ließ, ist kein Wunder. Das Schicksal hatte sie auf einen gefährlichen Posten gestellt, den es zu verteidigen galt, wollte sie nicht selbst untergehen wie ihre eigene Schwester, wie ihr eigener Mann. Für dieses Schicksal sind vor allem ihre Gegner und Partner verantwortlich: zunächst ihr Stiefschwager *Chilperich I.* und seine Familie sowie ihr Schwager *Guntram*, König von Burgund. Bald nach ihrer Vermählung mit Sigibert hatte sich Chilperich mit Brunhildes älterer Schwester, *Gailswintha*, vermählt. Die Westgotin brachte ihm zwar große Schätze mit, doch waren diese offensichtlich nicht imstande, den König zu fesseln. Er nahm bald wieder sein Junggesellenleben auf, vor allem seine Beziehungen zu seiner früheren Gemahlin *Fredegunde*. Gailswintha wurde darüber unwillig und begehrte Rückkehr in ihre Heimat, obwohl ihr der König als Morgengabe die Orte Bordeaux, Limoges, Cahors, Béarn und Bigarre gegeben hatte. Chilperich ließ sie, wohl nicht zuletzt auf Anstiften seiner früheren Gemahlin Fredegunde, erdrosseln (567) und nahm kurz darauf diese wieder zur Gattin.

Es ist begreiflich, daß Brunhilde und Sigibert die Nachricht von der Ermordung Gailswinthas mit tiefster Empörung aufnahmen. Sigibert erklärte Chilperich den Krieg und besiegte ihn. Doch zwei von Fredegunde gedungene Sklaven ermordeten 575 Sigibert. Brunhilde wurde gefangen, aber es gelang ihr, aus dem

Kerker zu entkommen. Sie krönte ihren jungen Sohn *Childebert II.* zum König und führte für ihn die Regierung.

Chilperich I. wird stets als grausamer und zügelloser Tyrann geschildert. Um ihm gerecht zu werden, muß man hier den Herrscher vom Privatmann unterscheiden. Als Regent gehörte er zu den bedeutendsten Monarchen aus dieser Periode der Völkerwanderung. Zielbewußter als er ist selten einer auf den Bahnen gewandelt, die er sich einmal gesteckt hatte, auch wenn ihm Feldherrngaben versagt waren und er seine Kriege möglichst von Untergebenen führen ließ. Dafür besaß er als *Diplomat* staunenswerte Gewandtheit. Er verstand es immer wieder, Bündnisse, die gegen ihn gerichtet waren, ohne Schwertstreich zu trennen und den Feind auf seine Seite zu ziehen. Zäh versuchte er in seiner auswärtigen Politik die gegebenen Probleme zu lösen, wobei ihn kein Fehlschlag entmutigte, bis er endlich das Gewollte erreicht hatte. Als Privatmann beschäftigte er sich mit theologischen Streitfragen, vertiefte sich in literarische und philologische Probleme, befaßte sich auch mit lateinischer Literatur und schrieb selbst zwei Bücher nach dem Muster des Sedulus, eines christlich-lateinischen Schriftstellers, der vor 450 lebte und Vergil nachahmte.

Aber all diese Bildungsbestrebungen vermochten nicht die Wildheit seines merowingischen Blutes zu mildern. Er war leidenschaftlich, maßlos, egoistisch, aufbrausend, tückisch, hinterlistig und grausam. Doch seine politische Begabung und seine diplomatischen Leistungen haben letzten Endes gesiegt. Als Chilperich im Jahr 584 erdolcht wurde, hinterließ er einen kleinen Sohn, *Chlotar II.,* für den *Fredegunde* die vormundschaftliche Regierung in Neustrien führte und dabei ebensoviel Geschick, Treulosigkeit und Grausamkeit zeigte wie viele Herrscher ihrer Zeit. Sie gilt wohl mit Grund als eine der schrecklichsten Frauen der Weltgeschichte. Sie teilte alle Schattenseiten und Fehler ihres Gatten, ohne seine Vorzüge zu besitzen. Selbst das unentwegte Ausharren in einer Politik großen Stils macht nicht ihren Mangel an Moral, Güte und Menschlichkeit wett. Wenn die Westgotin Brunhilde als Großmutter der unmündigen Kö-

nige von Austrasien und Burgund einen langjährigen und blutigen Kampf um die Rechte und die Stellung des Königtums gegen
den machtgierigen Adel führte, so stand hinter ihrer Politik,
auch hinter ihren Verbrechen, wenigstens immer noch eine große, berechtigte Idee. Die Ziele ihrer ruchlosen Gegenspielerin
jedoch waren rein egoistischer Natur. Bewahrung der Macht
und Herrschaft um jeden Preis, das war ihr einziges Motiv;
Dolch und Gift waren ihre Lieblingswaffen. Ihre Grausamkeit
ging sogar für jene wenig empfindsame Zeit über das übliche
Maß weit hinaus. Als sie 596 oder 597 starb, endeten die Angriffe
gegen Austrasien förmlich auf den Tag, mit ein Zeichen, daß dieser *Bürgerkrieg* gewiß teils auch ein persönlicher Krieg der beiden Königinnen gewesen ist. Es wurden zwar immer wieder
Versuche gemacht, die Zwistigkeiten beizulegen, aber erst im
Jahr 587 erfolgte im *Vertrag von Andelot* eine Verständigung,
die längere Dauer verhieß. Damals wurden die Besitzverhält-
nisse zwischen *Austrasien* und *Burgund* geregelt, die beiden Könige Childebert II. und Guntram sicherten einander gegenseitig
das Erbrecht zu. Als Guntram starb (592), wurde kraft des Vertrages von Andelot Burgund mit Austrasien in der Hand Childeberts vereinigt. Dieser starb aber schon 595 und hinterließ sein
Reich seinen beiden unmündigen Söhnen im Alter von acht und
neun Jahren.
Für diese, *Theudebert II.* (595–612) und *Theuderich II.*
(595–613) führte nun *Brunhilde* die Regierung und vertrat mit
großer Energie die Rechte des Königtums dem Adel gegenüber,
wobei sie sich freilich häufig über die Verfassung hinwegsetzen
und Gewalt anwenden mußte.
Nach dem Tod Fredegundes war Brunhilde die einzige Vertreterin der legitimen Macht im Frankenreich, die immer mehr nach
Zusammenfassung des Ganzen in einer Hand strebte. Sie
kämpfte auch mit Glück gegen Fredegundes Sohn, *Chlotar II.*
(584–629), womit eine neue Reihe von *Bürgerkriegen* einsetzte,
die an Furchtbarkeit alles Vorangegangene übertrafen. Die erste
Friedensstörung erfolgte durch Chlotar II., der seinen Majordomus gegen den austrasischen Hausmeier *Bertoald* schickte.

Wenn auch dieser Überfall mißglückte, verursachte er doch im austrasischen Königshaus selbst verhängnisvolle Unruhen. Es begann eine sichtbare Entfremdung der beiden jungen Könige. Der eine war sechzehn-, der andere siebzehnjährig, hinter beiden standen antreibende Kräfte: hinter *Theuderich* seine Großmutter und hinter dem anderen der austrasische Adel. Er benützte den König für seine Zwecke und wußte eine völlige Unterwerfung und Besiegung Neustriens zu verhindern, in dem seit Chilperichs Tod eine Adelsregentschaft bestand. Theuderich und Brunhilde mußten nachgeben, und wenn sich auch in der Folgezeit noch scheinbare Triumphe der alternden Frau zeigten, hatte sie doch sichtbar ihren Höhepunkt erreicht. Sie residierte zeitweilig am Rhein, und ihre Macht überschritt möglicherweise bereits den Strom, wenn wir etwa den Namen Brunhildenstein auf der Höhe des großen Feldbergs im Taunus auf sie beziehen dürfen. Schließlich gelang es Theuderich, seinen Bruder zu besiegen. Er ließ ihn und seinen kleinen Erben im Jahr 612 ermorden, starb aber schon im folgenden Jahr. Und nun erhob Brunhilde, etwa fünfundsechzig Jahre alt geworden, ihren ältesten Urenkel, *Sigibert II.,* zum König, Theuderichs kaum zwölfjährigen Sohn. Es ist dies ein klarer Beweis dafür, daß ihr letztes Ziel immer entschiedener und bewußter die Reichseinheit wurde. Nach Childeberts Tod hatte sie sich mit einer gemeinsamen Regierung für dessen beide Söhne begnügt. Jetzt setzte sie unter absichtlicher Außerachtlassung des merowingisch-fränkischen Prinzips der gleichen Erbberechtigung aller Söhne nur einen der vier Söhne Theuderichs II. ein.

Aber sofort intrigierte der kaum besiegte austrasische Adel von neuem gegen die Regentin. An seiner Spitze standen die Ahnherren eines Geschlechts, das sich später in einem günstigeren Licht zeigte, als es diesmal der Fall war, *Pippin der Ältere* und *Arnulf von Metz*. Sie sandten landesverräterisch Boten an Chlotar II. und ersuchten ihn, in Austrasien einzurücken. Der Sohn Fredegundes überlegte nicht lang und drang bis Andernach vor. Brunhilde residierte damals gerade in Worms und versuchte sich zur Wehr zu setzen, aber es war vergebens. Die innere Zersetzung des Landes, die Verschwörung der geistlichen und weltlichen Großen Austrasiens und Burgunds hatten schon zu weit um sich gegriffen. Vor der Entscheidungsschlacht an der *Aisne* zwischen Chlotar II. und Sigibert II. warfen die Verschworenen die Maske ab und zogen kampflos nach Hause. Chlotar konnte sich dreier Söhne Theuderichs bemächtigen, ein vierter floh, unbekannt, wohin. Zwei wurden getötet; der dritte war ein Patenkind Chlotars, deshalb kam er mit dem Leben davon und wurde nur gefangengesetzt. Die Regentin aber wurde in *Orbe* durch Verrat gefangengenommen und an den Sohn ihrer Todfeindin ausgeliefert. Es heißt, daß sie drei Tage lang gefoltert, dann schimpflich auf einem Kamel herumgeführt und schließlich von einem wilden Pferd zu Tode geschleift wurde. Mit ihrem Tod endet die Periode der Bürgerkriege und beginnt die Alleinherrschaft *Chlotars II.* (613–629). Es war kein Sieg der Krone, sondern des Adels, der ihn gewählt hatte.

Das Königtum mußte die *Aristokratie* als gleichberechtigt in der Verfassung anerkennen. Wohl hatte man nicht erreicht, was im Vernichtungskrieg gegen Brunhilde erstrebt worden war, nämlich das Königtum unter die Herrschaft des Adels zu beugen, aber der erste entscheidende Schritt war getan: Die *Monarchie* war fortan nicht mehr die einzige legitime Gewalt im Staat, der sich daher gegen Ende des 6. und Anfang des 7. Jahrhunderts immer bestimmter und schärfer in drei große Teile gliederte. Abgesehen von einigen Grenzlandschaften, wie etwa Aquitanien und Wasconien, sind dies zunächst *Neustrien*, wo die partikularistische Strömung in erster Linie auf der weiterwirkenden Macht der historisch gegebenen Verhältnisse beruhte, *Austrasien*, mit welchem Namen man jetzt die Rheinlande bezeichnete, und *Burgund*, wobei die beiden letzteren erst durch die Teilung der Merowinger geschaffen worden waren. Es sind zunächst wesentlich nur ideelle, aber noch nicht politische und nationale Einheiten. Das, was der Sprachgebrauch jener Zeit unter diesen Bezeichnungen verstand, deckte sich mit keiner einzigen der zahlreichen territorialen Teilungen der Epoche. In nationaler Beziehung hatte höchstens Austrasien eine im wesentlichen un-

vermischte, rein germanische Bevölkerung; Burgund umfaßte
außer den schon ganz romanisierten Resten des burgundischen
Stammes auch alemannische Bestandteile. Vor allem aber wäre
es falsch, sich Neustrien schon damals als ein völlig romanisches
Land zu denken.

Wie stellte sich nun das neue Gesamtkönigtum zu dieser ganzen
Entwicklung? Sehr bezeichnend ist die erste Regierungshand-
lung Chlotars: er setzte in Burgund den *Warnachar,* in Austrasien den *Rado* als Majordomus ein. Das bedeutete nichts Ge-
ringeres als eine Anerkennung der bestehenden Teileinheiten.
Bisher hatte es zwischen Zentralverwaltung und *Gau* keine Mit-
telstufe gegeben, jetzt schob sich eine solche mit einem eigenen
Vertreter an der Spitze ein. Chlotar II. fühlte sich also nicht kräf-
tig genug, den Einheitsstaat in der Weise, wie er vor der Periode
der Bürgerkriege bestanden hatte, wieder aufzurichten. Bald
aber sollte sich sogar dieser Ausgleich zwischen Einheit und *Partikularismus,* wobei man den Teilreichen eine eigene Verwaltung
zugestand, sie indes der königlichen Zentralregierung unterord-
nete, als undurchführbar erweisen. Eben jene Adelskreise Austrasiens, die sich gegen Brunhildes Herrschaft erhoben hatten,
waren mit dem Erreichten keineswegs zufrieden. Sie wollten
nicht eine vom neustrischen König abhängige Regierung für
Brunhilde eingetauscht haben. Ihr Ziel war Selbständigkeit des
Landes unter einem Herrscher, auf den sie maßgebenden Einfluß
ausüben konnten. Und so mußte Chlotar 625 seinen Sohn *Dagobert I.* (632–639) zum Mitregenten und zum König Autrasiens
ernennen und es geschehen lassen, daß dieser Teilkönig ganz unter der politischen Bevormundung der beiden Führer des austrasischen Adels, *Pippins* und *Arnulfs von Metz,* stand, von denen
Pippin auch nominell zum Majordomus von Austrasien bestellt
wurde. Pippin und Arnulf wurden in ihrer Politik von egoisti-
schen Interessen getrieben.

Seit Pippin nun gewinnt das *Majordomat* entschieden an Bedeutung. Amt und Name des *Hausmeiers* oder Majordomus reichen
in sehr frühe Zeit zurück und finden sich bei allen germanischen
Stämmen, den Westgoten, Langobarden, Burgunden und An-

gelsachsen. Das Majordomat wurde allerdings nur bei den Franken zur ersten Staatswürde, die die ganze Macht in die Hand eines kräftigen Geschlechts legten, als nur noch Schattenkönige den Thron innehatten. Der Majordomus war in der Bedeutung unseres davon abgeleiteten deutschen Wortes »Meier« zunächst Aufseher, Verwalter kleinerer Besitzungen. Bei Hof war er Vorstand der königlichen Haushaltung, der dienstleistenden Beamten und Diener. Als Obersthofmeister in unmittelbarster Berührung mit der königlichen Familie, gewinnt er immer mehr Einfluß, wenn das Amt mit einer überlegenen oder gewandten Persönlichkeit besetzt ist. Aus dem Verwalter des königlichen Hauswesens wird der Verwalter des Staatshaushalts. Bald nimmt er die erste Stelle im Reich ein; alle wichtigen Geschäfte werden von ihm geleitet, an ihn wenden sich die Bittsteller, er vermittelt die Gnade des Königs und das oft hart errungene Recht. Bei der meist nur kurzen Lebenszeit der Könige fällt ihm die Erziehung, meist auch Bevormundung der Prinzen und damit die Reichsverwesung zu. Schon im Vernichtungskampf Fredegundes und Brunhildes spielt der Hausmeier eine bedeutende Rolle. Denn seit seine Macht so gestiegen ist, ist dieses Amt lokkendes Ziel für die Aristokratie geworden. Sie strebt danach, auf die Besetzung Einfluß zu erhalten und im Hausmeier einen Vertreter ihrer Wünsche zu haben. Es gelingt ihr aber nie ganz, ihn in ihre Abhängigkeit zu bringen, denn schon das Interesse an der Wahrung seiner Stellung nötigt ihn, ihrer Unbotmäßigkeit entgegenzutreten. So wogt der Kampf lang hin und her.
Schon im Wesen des Amtes liegt es, daß jedes der Teilreiche seinen eigenen Hausmeier erhält, aber die Fortentwicklung ist eine andere: In *Neustrien* und *Burgund* vermag keiner der Hausmeier, hauptsächlich durch eigene Schuld, zu dauerndem oder gar erblichem Besitz der Würde zu gelangen. In *Austrasien* dagegen wird sie in der Familie der *Karolinger* erblich. Der Umfang dieser Macht in der Hand eines kräftigen Geschlechts mußte sich, je mehr das Königtum an Einfluß verlor, immer mehr erweitern, und mit den wegen der Unfähigkeit der Throninhaber gesteigerten Pflichten wurden den Hausmeiern auch königliche Rechte

übertragen. Als *Frankenfürst,* als *Unterkönig* wird daher der Hausmeier schon im 7. Jahrhundert bezeichnet. Im ganzen hat man sich freilich die Macht der *Arnulfinger* oder Karolinger weniger aus dem Majordomat als aus ihren Persönlichkeiten und ihrem großen Besitz zu erklären, doch ist auch ihre Stellung für ihr Emporkommen natürlich nicht ohne Bedeutung gewesen. Überhaupt ist die Entwicklung, um sie kurz zusammenzufassen, ganz selbstverständlich: Der Hausmeier war vorerst ein Vertreter des Königs gegenüber der Aristokratie. Dann aber kehrte sich das Verhältnis völlig um, sobald es dem Adel gelungen war, das Amt in seinen Besitz zu bekommen. Dann wurde der Majordomus der Führer der Aristokratie gegen das Königtum. Immerhin hat es Chlotar II. verstanden, die Stellung des Königtums gegen den Adel im allgemeinen zu behaupten: *Fredegar* [2] sagt von ihm:

»Chlotar regierte glücklich sechzehn Jahre über das Frankenreich, er stand mit allen Nachbarvölkern in friedlichen Beziehungen. Er war geduldig, in den Wissenschaften unterrichtet, gottesfürchtig, sehr freigebig gegen die Kirchen und Priester, wohltätig gegen die Armen, mild und voll Güte gegen alle. Der Jagd war er mit allzu großem Eifer ergeben. Zuletzt lieh er den Einflüsterungen von Weibern zu sehr sein Ohr, was seinen Untertanen Anlaß zu Tadelreden gab.« So günstig kann man ihn heute nicht beurteilen. Er war zweifellos unentschlossener und weit energieloser als sein Sohn Dagobert I.

Als Chlotar II. 629 starb, erhielt sein älterer Sohn, *Charibert II.,* das Land südlich der Loire, also den größten Teil *Aquitaniens,* als beinahe selbständiges Teilreich, nachdem er von *Dagobert* gezwungen worden war, auf sein Erbrecht zu verzichten, durch das er Anspruch auf die Hälfte des Gesamtreiches gehabt hätte. Bereits 632 endete auch er, und nun vereinigte Dagobert (bis 639), der letzte wirklich tüchtige merowingische König, wieder das Gesamtreich. Er sorgte auch für die Regelung des Rechtes, und es ist sicher kein Zufall, daß in seine Regierungszeit die Abfassung mehrerer *Volksrechte* fällt. Mit Energie wahrte er die Hoheit des Staates gegenüber dem *Episkopat.* Er setzte willkürlich die Bischöfe ein und ab und kümmerte sich niemals um die kanonischen Regeln. So gelang es ihm auch, die Familie der Arnulfinger wesentlich zurückzudrängen. *Arnulf* trat in ein Kloster ein, *Pippin* mußte Austrasien verlassen und wurde nach Orleans in eine ehrenvolle Verbannung geschickt. Damals verlegte der König seine Residenz nach *Paris,* aber selbst er vermochte auf die Dauer nicht die Einheit des Reiches zu behaupten. Dagobert mußte versprechen, daß nach seinem Tod in *Austrasien* ein Sonderkönigtum eingerichtet werden würde. Als wichtigster Beweggrund dafür wurde angeführt, daß Austrasien im Osten von den *Awaren* und *Slawen* bedroht sei und daher ein Herrscher die Abwehr leiten müßte, der dort am Grenzwall des christlichen Abendlandes, nicht weit entfernt von der Ostgrenze, in Paris wohne.

Damit hatte der König für die Zukunft die Einheit des Reiches preisgegeben und endete in einem völligen Zurückweichen vor dem *Partikularismus.* Seine Regierung hatte mit einem kühnen Anlauf des Königtums begonnen und schloß mit dem Überwiegen der *Adelshegemonie.* Auch die äußeren Beziehungen erlitten unter Dagobert einen schweren Rückschlag nach schönen Anfangserfolgen. Die Schlaffheit Chlotars hatte es nämlich mit sich gebracht, daß sich an der Ostgrenze die Machtverhältnisse in einer für das Frankenreich bedenklichen Weise verschoben: als die Slawen in die abendländische Geschichte eintraten.

Die ersten Sitze der Slawen, eines Hauptzweiges der indogermanischen Völkerfamilie, sind im Gebiet der Wasserscheiden von *Ostsee, Schwarzem Meer* und *Kaspischem Meer* zu suchen. Später wohnten sie im Tiefland am *Don,* am *Dnjepr* und an der *Weichsel.* Nach dem Abzug der Ostgermanen rückten sie in die von jenen verlassenen Landschaften ein und haben im 5. Jahrhundert die *Elbe,* im 6. Jahrhundert bereits die *Saale* erreicht. Die letztere bildet dann die Grenze zwischen ihnen und den Germanen. Gleichzeitig hatten sie die Flachlande der *mittleren Donau* in Besitz genommen, drangen von dort aus in die *Alpenländer* vor, und nachdem die Bayern *Böhmen* verlassen hatten, wurde dieses Land ebenso wie *Mähren* von den Slawen besetzt.

Sie zerfielen in eine Menge kleinerer Stämme, deren jeder für sich lebte, weshalb sie es auch lang zu keiner wirklichen Reichsgründung brachten. Den ersten Schritt zu einer selbständigen Politik verdanken sie einem Ausländer: *Samo*, der Tradition nach ein fränkischer Kaufmann, war 623/24 mit anderen Genossen in Handelsgeschäften in das Gebiet der Slawen oder, wie sie von den Franken genannt wurden, der *Wenden* gezogen. Hier verdichtete sich eben die schon lang vorhandene Unzufriedenheit mit den awarischen Herren zur Rebellion. Die Mißstimmung der Slawen beruhte darauf, daß die *Awaren* ihnen Tributzahlungen auferlegt hatten, sie zum Heeresdienst heranzogen und die Söhne aus Verbindungen von awarischen Männern mit slawischen Frauen nicht zum Herrenvolk gehörig anerkennen wollten. Mit großer Kühnheit stellte sich Samo, der fränkische Kaufmann, an die Spitze der auflodernden Bewegung (623) und erfocht einen Sieg über die Awaren. Zum Dank dafür wurde er von den Slawen zum König gewählt und bewies sich in der Tat als in hervorragendem Maß zur Herrschaft befähigt. Unter seiner Leitung betätigte sich die bisher kaum zutage getretene kriegerische Kraft des Volkes in glänzender Weise; in mehreren Treffen war es gegen die Awaren siegreich, und Samo konnte in kurzer Zeit ein mächtiges Reich gründen, das (nach den neuesten Forschungen) möglicherweise in *Wien* seinen Mittelpunkt hatte, sich von der Havel bis zu den steirischen Alpen, vom fernen Osten bis an den Main und die Rednitz erstreckte. Anfänglich war sein Verhältnis zu Dagobert ein freundliches, dann aber kam es zum Krieg zwischen den beiden, in dem die Franken in der dreitägigen blutigen Schlacht bei *Wogastisburg*, einer alten Slawenfeste auf dem mächtigen Burberg im Egertal bei Kaaden in Böhmen, eine vernichtende Niederlage erlitten. Samos Ansehen wuchs durch diesen Ausgang des Kampfes wesentlich. Auch die *Sorben* im Land zwischen *Oder* und *Saale*, die bisher in einem losen Abhängigkeitsverhältnis vom Frankenherrscher gestanden hatten, unterwarfen sich jetzt freiwillig dem Slawenkönig. Dagobert hat sich nun zwar keineswegs mit der Entscheidung von Wogastisburg zufriedengegeben, aber es scheint zu keiner wei-

teren Begegnung zwischen Franken und Slawen gekommen zu
sein; dagegen haben *Thüringer* und *Sachsen,* die letzteren gegen
Erlaß des jährlichen Zinses von 500 Kühen, den ihnen einst
Chlotar I. auferlegt hatte, sich bereit erklärt, den Grenzkrieg gegen die Slawen zu übernehmen. Freilich vermochten sie nichts
Wesentliches gegen Samo auszurichten, der sich in seinem Reich
behauptete, wie ja auch die Einfälle der Slawen nach Thüringen
und in die benachbarten Landschaften fortdauerten.

Dagobert I. ist – in historischem Sinn – der letzte Merowinger.
Die Jahrzehnte nach ihm, in denen nominell noch Angehörige
seines Hauses auf dem Königsthron saßen, stellen nur noch ein
unbedeutendes Nachspiel dar, denn der Kampf zwischen Königtum und Adel war unter Dagobert bereits endgültig zuun-
gunsten der Krone entschieden worden. Nunmehr erfüllte sich
rasch das unabwendbare Schicksal der merowingischen Monarchie. Ihr Todeskampf bietet im Grund nichts mehr von historischem oder politischem Belang. Als Dagobert 639, wie die meisten Merowinger in der Blüte seiner Kraft, starb, folgte ihm gemäß den früher getroffenen Vereinbarungen in *Neustrien* und
Burgund sein Sohn *Chlodwig II.* unter der Regentschaft seiner
Mutter *Nantechilde* und der des Majordomus *Aega.* In Austrasien folgte ihm *Sigibert III. Pippin der Ältere* war nach Dagoberts Tod sofort zurückgekehrt und übernahm mit *Kunibert
von Köln* in Austrasien wieder die Regentschaft, starb aber
schon im folgenden Jahr (640).

Unmittelbar darauf erhob sein Sohn, *Grimoald I.,* Anspruch auf
Stellung und Würde des Vaters, und es gelang ihm auch, allerdings nicht ohne Kampf, die tatsächliche Herrschaft in Austrasien an sich zu reißen. Schon glaubte sich der ehrgeizige Mann
beim Tod des sechsundzwanzigjährigen nominellen Herrschers
Sigibert III. (656) stark genug, die Hand sogar nach der Krone
auszustrecken. Nachdem er einige Jahre im Namen des unmündigen Königs, Sigiberts Sohn *Dagobert II.,* regiert hatte, ließ er
diesen Mönch werden und nach Irland schaffen, dagegen seinen eigenen Sohn als König ausrufen, dem er schon den Merowingernamen *Childebert* gegeben hatte. Grimoald erweist sich

bereits als ein Gönner der *Kirche* und der *Mönchsorden*. Er erbaute die *Klöster Stavelot* (Stablo) und *Malmédy* und beschenkte
sie. Im besonderen galt er als Freund der irischen Mönche,
ebenso seine Schwester *Gertrud,* die die erste Äbtissin der Fami-
lienstiftung *Nivelles* in Brabant war. Trotz aller Bemühungen
aber war die Ehrfurcht vor dem Herrscherrecht der Merowinger
doch zu groß, so daß Grimoald samt seinem Sprößling mit dem
Merowingernamen, von dem er behauptete, er wäre von Sigibert
III. adoptiert worden, bald vom austrasischen Adel gestürzt
wurde. Grimoald wurde, wie es scheint, 662 gefangengesetzt
und den Neustriern ausgeliefert. Hier war König Chlodwig II.
im Jahr 657 unter Hinterlassung von drei unmündigen Söhnen
gestorben. Ihm folgt sein Ältester, *Chlotar III.* (657–673), für
den zunächst seine Mutter *Balthilde* die vormundschaftliche Regierung führte, eine Angelsächsin, die vom Stand einer unfreien
Magd zur Gattin des Königs emporgestiegen war und Tatkraft
mit asketischen Neigungen verband. Nach Aegas Tod (641)
wirkte in Neustrien außerdem *Erchinoald* als Majordomus und
nach ihm (656) *Ebroin.* Chlotar III., Balthilde und Ebroin also
waren es, an die Grimoald ausgeliefert wurde und die ihn hinrichten ließen, »weil er den Tod verdiente wegen des Verbre-
chens, das er gegen seinen Herrn verübt hatte«. Sein Ende hatte
zur Folge, daß die Familie der *Karolinger* nun für volle zwei
Jahrzehnte aus der Geschichte verschwand.
An Grimoalds und seines Sohnes Stelle wurde in Austrasien der
zweite Sohn Chlodwigs II. und Balthildes gesetzt, *Childerich II.*
(662–675), dem *Wulfoald* als Majordomus beigegeben wurde,
der mit der Witwe Sigiberts III., *Elmhilde,* der Tante des neuen
Königs, die Regierung führte. Die Königinmutter Balthilde vermochte sich im Kampf der Parteien nicht zu behaupten. Etwa
um das Jahr 667 hat man sie zum Eintritt in ein Kloster bewogen,
Chelles bei Paris, das als Aufenthaltsort für unliebsam gewordene Herrscherfrauen diente, und hier hat sie dann in aller Stille
680 ihr Leben beschlossen. Im Westen übte Ebroin eine fast
unumschränkte Herrschaft aus. Er war eine starke Persönlichkeit, so daß er den Adel mit rücksichtsloser Gewalt niederhielt.

Seine Gegner haben ihn in den schwärzesten Farben geschildert, denn Ebroin versuchte noch einmal, die rechtlichen Befugnisse der Zentralgewalt auch tatsächlich geltend zu machen und dieser eine unabhängige Stellung über den Parteien, insbesondere über den Adel, zu wahren. Er lehnte es ab, sich mit den Interessen der *Aristokratie* gleichzusetzen, und strebte danach, wenigstens einigermaßen die Einheit des Reiches festzuhalten. Es ist dies der alte Kurs der merowingischen Politik, nur mit dem wesentlichen Unterschied, daß der Träger dieser Politik jetzt nicht mehr ein Merowinger, nicht mehr der König, sondern dessen Majordomus war. Hatte schon das *Königtum* in der Person Dagoberts I. bei den gänzlich veränderten politischen und sozialen Verhältnissen eine solche Politik nicht einzuhalten vermocht, so war dies einem Beamten, der aus den Kreisen der Aristokratie hervorgegangen war, dem es an jedem anderen Rückhalt gebrach, vollends unmöglich. Man kann daher sagen, der Versuch Ebroins, an Stelle der merowingischen Monarchie ein in denselben Bahnen wandelndes *Hausmeiertum* zu setzen, war von vornherein aussichtslos. Wenn er trotzdem wiederholt Scheinerfolge erzielte, ist das der beste Beweis seiner hervorragenden Fähigkeiten. Freilich fehlte auch ihm – wie so vielen vor und nach ihm – der Blick für das Mögliche und Ausführbare, jedoch wußte er es für die von ihm vertretenen Interessen geschickt zu nützen, als 673 der nominelle König Chlotar III. starb. Während Ebroin dessen jüngsten Bruder, *Theuderich III.* (673–690), zum Nachfolger in *Neustrien* und Burgund proklamierte, betrachtete die von Bischof *Leodegar* geführte Partei die Thronfolge als eine noch offene Frage, über die erst eine Versammlung der Großen Beschluß zu fassen habe. Als Ebroin dies nicht zuließ und den burgundischen Herren gemäß einem schon früher erlassenen Edikt den Besuch des Hofes untersagte, ging der Adel entschlossen vor: man trat mit der austrasischen Regierung in Verbindung und rief den dortigen König *Childerich II.* auch zum Herrscher von Neustrien und Burgund aus, der nun mit seinem Hausmeier Wulfoald das ganze Reich in seiner Hand vereinte. Mit rücksichtsloser Energie wußten Leodegar und sein Anhang ihren Willen durchzusetzen. Wer nicht entfloh, wurde durch Bedrohung mit dem Tod zur Unterwerfung genötigt. Der eben noch allmächtige Majordomus Ebroin zog es vor, freiwillig zurückzutreten, und kam in das Kloster Luxeuil in Haft. Sein Thronkandidat Theuderich wurde im Kloster Saint-Denis gefangengehalten.

Sofort setzte eine völlige Gegenströmung zugunsten des Adels ein. Alle im Widerspruch zu den Gesetzen früherer Könige oder zum Nachteil der Großen getroffenen Maßnahmen wurden aufgehoben. Der König mußte feierlich versprechen, fortan nur dem Gesetz und dem Herkommen gemäß zu regieren. Um eine Wiederholung eines Regiments nach Ebroins Art zu verhüten, ließ man sich zusichern, daß die höchste Würde – also das *Majordomat* – fortan nicht auf Lebensdauer vergeben, sondern unter den Großen wechseln sollte. Das alles bedeutete eine neuerliche weitgehende Beschränkung der Zentralgewalt. Trotzdem aber trat bald zutage, daß der Adel damit noch nicht zufrieden war und daß er sogar die Regierung seiner eigenen Parteiführer nicht mehr zu ertragen gewillt war. Es kam zur *Anarchie*. Seit Ebroins Beseitigung übte im Westen Bischof Leodegar maßgebenden Einfluß aus. Er kam aber bald mit seinen Gegnern in Streit. Auch die austrasische Regentin *Elmhilde* und Wulfoald gehörten zu den letzteren, und bald sah sich der Bischof in demselben Luxeuil in Gewahrsam, in dem sein alter Gegner eingesperrt war. Leodegars Sturz war vor allem ein Werk der in Austrasien herrschenden Kreise. Dem entspricht auch, daß die politische Leitung des Gesamtreiches zunächst Wulfoald zufiel, der sich deshalb begreiflicherweise keineswegs allgemeiner Beliebtheit erfreute. Dazu kam, daß sich König Childerich II. durch hoffärtiges Wesen und durch unbesonnenes Handeln verhaßt machte. 675 wurde er ermordet, worauf Wulfoald, der seine Stellung in Neustrien als unhaltbar erkannte, nach Austrasien flüchtete. Die Bluttat wurde das Signal zum allgemeinen Aufruhr, allenthalben kehrten die Vertriebenen zurück, auch Ebroin verließ sein Kloster, und bald zeigte sich, daß drei Thronprätendenten vorhanden waren. Die neustrischen Großen holten *Theuderich III.*, den Bruder des ermordeten Königs, aus Saint-Denis und gaben ihm *Leudesius* zum Majordomus. In Austrasien wollte man von einem neustrischen König nichts wissen und war entschlossen, die Selbständigkeit zu behaupten. In Ermangelung eines anderen Merowingers griff man auf den von Grimoald seinerzeit vertriebenen *Dagobert II.*, den Sohn Sigiberts III., zurück, den man aus Irland herbeikommen ließ; seine Erhebung war vor allem Wulfoalds Werk. Aber es gab in Austrasien auch eine Wulfoald feindliche Partei, mit der Ebroin zunächst gemeinsame Sache machte. Diese rief einen angeblichen Sohn Chlotars III. als *Chlodwig III.* zum König aus. Die Art, wie *Ebroin* die Zügel wieder in seine Hand brachte, bewies, daß er der größere Meister der politischen Intrige war. Zunächst wandte sich Ebroin als Parteigänger Chlodwigs III. gegen Neustrien, verfolgte König Theuderich III. und brachte ihn in seine Gewalt. Dessen Majordomus Leudesius ließ er töten. Daraufhin vollzog Ebroin einen überraschenden Frontwechsel: kaum hatte er den jungen Theuderich, den er schon einmal zum Frankenkönig ausgerufen hatte, in seinen Händen, ließ er Chlodwig III. fallen und behandelte Theuderich als rechtmäßigen Herrn. Das bedeutet, daß sich Ebroin von der austrasischen Partei unabhängig machen wollte, und in der Tat trat er ihr, mit deren Hilfe er eben wieder hochgekommen war, bald offen feindlich gegenüber. Ebroin war unbestritten Herr im Land, und seine Gegner bekamen seine schwere Hand zu fühlen. Über mehr als einen wurde das Todesurteil gefällt, andere hielten es für ratsam, sich der Verfolgung durch Flucht, zum Beispiel zu den Basken, zu entziehen. Nichtsdestoweniger ließ sich Ebroin keineswegs zu blindem Wüten hinreißen. Er erfaßte sofort seine neue Stellung in wirklich staatsmännischer Weise, indem er ein Amnestiedekret erließ: keiner sollte Klage erheben dürfen wegen der Schäden, die ihm in dieser Zeit allgemeiner Anarchie von seinen Gegnern an seinem Vermögen zugefügt worden waren. Es war dies eine Anerkennung der bestehenden Verhältnisse und der Verzicht auf eine schrankenlose Reaktion. Aber auch noch in anderer Hinsicht bewies Ebroin, daß sein Blick über den Horizont rein persönlicher Interessen hinausging. Während sonst überall in jener Zeit die Großen im Bann des Partikularismus standen, strebte er dem Ziel der *Reichseinheit* zu. Er verstand es auch, sich Austrasien zu unterwerfen, gegen das er im Namen Theuderichs III. zu Felde zog. Doch wurde hier die Entscheidung nicht durch eine Schlacht, sondern durch die im selben Jahr erfolgte Ermordung Dagoberts II. und die Beseitigung seines Majordomus Wulfoald herbeigeführt, Ereignisse, an denen Ebroin wohl keinen Anteil hatte.

Sie hatten aber gewisse Überraschungen zur Folge. Jetzt wird vor allem *Pippin der Mittlere,* der Sohn *Ansegisels* und Enkel *Pippins des Älteren,* als Regent Austrasiens nach Wulfoalds Tod genannt, und es entsprach durchaus der bisherigen politischen Parteinahme der Karolinger, daß sich die austrasische Regierung bald in schroffem Gegensatz zu Ebroin stellte. Pippin wurde um 680 bei *Laon* besiegt und mußte fliehen. Damit beherrschte Ebroin das gesamte Frankenreich: Titularkönig war *Theuderich III.,* der letzte Sproß Chlodwigs II. Lang sollte sich Ebroin allerdings seines Triumphes nicht freuen. 681 wurde er das Opfer der Rache *Ermenfrids,* eines von ihm beleidigten Franken. Aus der Tatsache, daß der Mörder zu Pippin floh, wird man schließen dürfen, daß Pippin die Tat zumindest nicht ungern sah. Kein Neustrier hat nach Ebroin die Macht in gleichem Umfang erlangt, jedoch hat sein Kampf zugunsten einer stärkeren Obergewalt anscheinend doch auch den Adel von Burgund und Neustrien geschwächt und damit dem Emporkommen der *Arnulfinger* vorgearbeitet.

Nach Ebroins Ende wurde in Neustrien *Waratto* zum Majordomus gewählt. In Austrasien übte Pippin maßgebenden Einfluß aus, auch wenn er nominell König Theuderich und Waratto anerkannte. Gegen Warattos Nachfolger und Schwiegersohn *Berthar,* der die Würde des Hausmeiers seiner Schwiegermutter *Ansfleda* verdankte, erhob sich aber eine mächtige Opposition, an deren Spitze sich wieder Pippin stellte. Er führte den austrasischen Heerbann gegen Neustrien und errang diesmal einen vollen Erfolg. In der Schlacht bei *Tertry* in der Picardie (am Omignon, unfern Péronne) errang er 687 einen glänzenden Sieg, der den Beginn der weltgeschichtlichen Größe des karolingischen Hauses einleitete. Hernach war Pippin Hausmeier, jedoch hütete er sich, dem Geschlecht der Merowinger das Königtum zu entreißen. Die Könige aus diesem Haus aber wurden von nun an gänzlich bedeutungslos. Pippin hatte seine Stellung sogleich nach dem Sieg von Tertry durch ein Bündnis mit Warattos Witwe, Ansfleda, gefestigt. Er vermählte seinen ältesten Sohn, *Drogo*, mit ihrer Tochter und bestellte diesen Sohn zugleich zum Herzog der Bretagne.

Die Stellung der Kirche am Ende des alten Frankenreiches unter den Merowingern

Die Geschichte des alten Frankenreiches unter den Merowingern neigt sich dem Ende zu. Es ist an der Zeit, die Lage zu betrachten, in die sich das kommende Reich der Karolinger gestellt sieht. Da wäre zunächst die Kirche zu erwähnen. Nach allgemeiner Ansicht herrschte im Merowingerreich des 6. und 7. Jahrhunderts eine furchtbare sittliche und religiöse Verwilderung, vor allem in den Kreisen der *Aristokratie*. Es wäre aber verfehlt, wollte man aus der Moral der höheren Stände auf die der freien *Bauern* schließen. Gewiß fehlte es auch bei diesen nicht an Ausschreitungen aller Art. Daneben findet sich jedoch viel echte Frömmigkeit, und selbst wenn diese sich vorwiegend in Äußerlichkeiten betätigte, im Glauben an die unmittelbare Wirksamkeit des Gebetes, in Beobachtung der Zeremonien, in frommen Stiftungen und so weiter, so entsprach das nur dem allgemeinen Charakter der Zeit.

Was die Kirche anlangt, ist für die merowingische Zeit zweierlei bemerkenswert: ihre *Germanisierung* und ihre *Bäuerlichkeit*. Germanische Anschauungen dringen in Glauben und Kultus ein; schon früh finden wir Franken auf den Bischofssitzen, und im 7. Jahrhundert sind sie bereits in der Mehrzahl. Der Grundbesitz der Kirche nimmt anhaltend zu, womit sie immer mehr

ihren Charakter verliert und starke bäuerliche Elemente aufweist. Sie ist und bleibt eine Landeskirche. Der *Papst* wird zwar
als oberste Autorität anerkannt, übt aber praktisch keine Autorität aus. In geistiger Hinsicht tritt in diesen Jahrhunderten ein
Stillstand ein, und von Literatur ist so gut wie gar nicht die Rede.
Aber der *Klerus* wirkt auf das Volk durch Pflege der Predigt fördernd ein, ebenso durch eine umfangreiche christliche Fürsorge
sowie durch mutiges persönliches Eintreten für die Schwachen
gegenüber den Machthabern. Für die Urbarmachung des Landes
ist seine wirtschaftliche Tätigkeit von größter Bedeutung, denn
die Kirche übernimmt hier vielfach Aufgaben, die der Staat nicht
mehr erfüllen kann. Neben dem Weltklerus finden wir einen
blühenden Klosterklerus; noch besteht zwischen beiden kein
Gegensatz. Ein neues belebendes Element kommt durch die *iro-
schottische Mission* in die fränkische Kirche. Es hatte sich nämlich in *Irland* eine Kirche von ganz selbständigem Charakter
entwickelt, die in manchen Gewohnheiten, so in der Tonsur, in
der Feier des Osterfestes und so weiter, von der festländischen
abwich. Sie legte namentlich auf die Pflege der *Wissenschaften*
großen Wert.

Um 590 kam aus Irland *Columban der Jüngere.* Er war in Ostir-
land geboren worden und lebte als Mönch in *Bangor,* dem ältesten Bischofssitz von Wales, wo er seine literarische Ausbildung erhielt. Mit zwölf Gefährten reiste er dann nach *Gallien.*
Er fand das Land nach außen hin christlich, aber ohne innerli-
chen Glauben. Der Wille zur Buße und zur Eintracht fehlte.
Nun verbreitete er vor allem mönchische Tugenden mit gutem
Erfolg in Gallien wie auch in Burgund und im Frankenreich.
König *Guntram* wies ihm in den südwestlichen Vogesen einen
Platz zur Klostergründung an. Es entstand das wichtigste unter
den Klöstern Columbans, *Luxeuil.* Es wurde zu einer bedeutenden Schule für *gallisch-fränkische Missionare,* die erneuernd auf
die eigene, fränkische Kirche einwirkten und das Christentum
zusammen mit den irischen Glaubensboten zu den noch heidnischen Germanen trugen, die unter die Herrschaft der Franken
gekommen waren.

Kaiserthron Karls des Großen auf der Empore der Pfalzkapelle im Dom zu Aachen.

Columban machte Ernst mit dem christlichen Leben und wirkte eifrig für die sittliche Hebung des Volkes. Sein Einfluß stieg in kurzer Zeit unermeßlich: hoch und niedrig suchte ihn als Beichtvater auf. In den *Bußbüchern* wurden Geist und Art der Buße für die einzelnen Vergehen, wie Gewalttat, Unzucht, Meineid, Teilnahme an heidnischen Gebräuchen, geregelt. Durch sein Auftreten gegen das ausschweifende Leben am Hof *Theuderichs II.* geriet er zu dessen Großmutter, *Brunhilde,* in scharfen Gegensatz, und damit war sein Schicksal besiegelt. Er wurde nach einem heftigen Wortstreit in Luxeuil verhaftet, aber man ließ ihn später entfliehen.

Columban wanderte lehrend weiter, nach *Austrasien* und zu den *Alemannen* in der Bodenseegegend. Von dort ging er in späteren Jahren nach Italien. Hier gründete er am Nordabhang des *Apennin,* unterstützt durch die katholische Königin *Theodelinde,* das Kloster *Bobbio.* Diese Königin stiftete auch die Kathedrale von *Monza* und ließ die *Eiserne Krone der Langobarden* anfertigen, die im dortigen Domschatz noch heute aufbewahrt ist. Einer Überlieferung zufolge hat sie ihren Namen nach dem vom Kreuz Christi stammenden Nagel, der, zu einem Ring verarbeitet, einen edelsteingeschmückten Goldreif zusammenhält. Der Nagel war ein Geschenk Gregors des Großen an Theodelinde.

Bald nach der Gründung des Klosters Bobbio ist Columban gestorben (615). Einer seiner Gefährten, der Ire *Gallus,* war am Bodensee geblieben und gründete dort in der Waldeinsamkeit das Kloster *Sankt Gallen,* das aus kleinen Anfängen eine der wichtigsten Kulturstätten des Mittelalters wurde. Sowohl von Luxeuil als auch von Bobbio ging eine starke Bewegung zu einer sittlichen Erneuerung und zur Vertiefung des christlichen Lebens aus.

Daß das Wirken der *iroschottischen Mönche* nicht zu dauernden Erfolgen führte, hatte verschiedene Gründe. Die Missionierung stand unter dem unmittelbaren Schutz der fränkischen Könige. Dadurch bildete und erhielt sich ein geheimer Widerstand unter den Bekehrten, weil die neue Religion auch die ihrer politischen Unterdrücker war. Die Iren waren zwar stolz darauf, am wahren Glauben Roms unentwegt festgehalten zu haben, aber sie bestanden hartnäckig auf ihren heimatlichen Eigenheiten und blieben dadurch dem Festland fremd. Die irischen Geistlichen trugen das Vorderhaupt kahlgeschoren, sie tauften auf eine andere Art als Rom, vor allem bestimmten sie den Tag des Osterfestes nach einer veralteten Berechnung, die auf dem Festland längst durch eine genauere ersetzt worden war. Ihr Festkalender war daher ein anderer, und eine gottesdienstliche Gemeinschaft zwischen ihnen und Rom war nur in den ersten Wochen des Jahres möglich. Diese abweichenden Bräuche hatten schon von Anfang an eine Verständigung Roms mit der Kirche in Wales gehindert. Es fehlte den Mönchen der regelmäßige Zuzug von neuen Kräften aus ihrer Heimat. Sie konnten daher in ihre Missionierung keine Planmäßigkeit bringen, denn der leitende Mittelpunkt fehlte: sie arbeiteten nicht dauernd mit Rom zusammen.

Das Wesentliche der Tätigkeit der Iroschotten bestand in einer ziemlich weitgehenden *Askese,* sodann in ihrem Eintreten für die Unabhängigkeit des *Mönchtums* vom Episkopat, ihrer Pflege der *Wissenschaft,* der theologischen wie der klassischen, und der *Kunst.* Sie haben ein wesentliches Verdienst um die Erhaltung und Fortpflanzung der antiken Literatur. Luxeuil gewinnt im Fränkischen Reich einen ungeheuren Einfluß, vor allem in geistiger Hinsicht, der sich in mehr als fünfzig Klöstern in den verschiedensten Gegenden feststellen läßt. Diese Iroschotten treten aber gleich im Anfang zur Staatsgewalt in schroffen Gegensatz: Columban, eine kampffrohe Natur, verfeindete sich, wie schon berichtet, mit Brunhilde und Theuderich II. und mußte vor dem Zorn der beiden zu Theudebert II. fliehen. Eine der größten Schwächen der *fränkischen Kirche* lag darin, daß sie für die Verbreitung des Christentums lange Zeit so gut wie nichts tat. Nicht einmal alle Franken waren bekehrt. Insbesondere in den fränkischen Stammlanden, im heutigen Belgien, bestand das *Heidentum* fast ungebrochen fort. Hier wirkte in der ersten Hälfte des 7. Jahrhunderts Bischof *Amandus,* allerdings ohne Erfolg, und noch mehr hatte sich bei den innerdeutschen Stämmen das Heidentum behauptet. Von einer eigentlichen fränkischen

Missionstätigkeit kann nicht die Rede sein, obgleich man die Tatsache, daß das Frankenreich und seine Herrscher dem Christentum angehörten, als indirekten Einfluß keineswegs unterschätzen darf. Am meisten war für das Christentum der Boden in den *Rheinlanden* geebnet. Hier hatte seit der Römerzeit der Zusammenhang christlicher Gemeinden und christlicher Bischöfe nie ganz aufgehört. Unter Dagobert I. sind *Mainz, Speyer, Worms* und *Konstanz* Bischofssitze, und vereinzelt waren ja auch fränkische Missionare tätig, so zum Beispiel in *Sankt Goar* am Mittelrhein zu Anfang des 6. Jahrhunderts, später Bischof *Gaudentius* von Konstanz. Die *Mission bei den Alemannen* lag in den Händen der iroschottischen Mönche, die aber ursprünglich gar nicht an Missionierung gedacht hatten, sondern bloß bücherbeladen kamen, um für das asketische Leben Propaganda zu machen und im Sinn mönchischer Vollkommenheit zur Buße zu mahnen. Daß Columban den Germanen bei *Bregenz* das Christentum predigte, geschah auf Veranlassung des fränkischen Königs Theudebert II. Bald ging er aber von hier weg, nach Italien. Von seinem Schüler *Gallus,* vom heiligen *Fridolin,* der das Kloster *Säckingen* auf einer Rheininsel bei Basel gründete, und von *Trudpert,* dessen Gedächtnis durch Sankt Trudpert im Breisgrau bewahrt wird, weiß man nun aus der Legende, die auch sie zu Iren macht, obwohl ihre Namen deutsch klingen. Ebenso wie in den Rheinlanden, hatte sich im *Alpengebiet* das Christentum infolge der dort zurückgebliebenen römischen Bevölkerung in gewissem Umfang erhalten. Weit weniger dagegen war dies in *Bayern* der Fall: Das bayerische Herzogshaus war zwar von Anfang an katholisch, aber in die Masse des Volkes war das Christentum nur sehr wenig eingedrungen, und auch einzelne fränkische Glaubensboten, wie etwa *Agilus, Eustasius,* der der Nachfolger Columbans in Luxeuil wurde, und *Amandus* erreichten nur wenig, so daß bis zum Ende des 7. Jahrhunderts das Heidentum überwog. Auf Herzog *Theodos* Einladung kam 696 der Kloster- und Wanderbischof *Rupert* (Hrodbert) von Worms nach *Regensburg.* Er wirkte in *Lorch,* am Wallersee, in *Salzburg* und wurde vom Herzog mit Besitz ausgestattet. Bei

Regensburg stiftete ein fremder Bischof, *Emmeran* (Haim-chramm), ein Kloster. *Freising* und Obermais bei Meran sind Wirkungsstätten eines anderen Fremden gewesen, des um 725 gestorbenen Bischofs *Korbinian*. Herzog Theodo knüpfte bereits Beziehungen zum Papst an und ist 716 als erster Bayer nach Rom gepilgert. *Gregors II*. Plan, daß Bayern eine eigene Kirchenprovinz mit einem Metropoliten und mehreren Bischöfen werden sollte – entsprechend der weltlichen Gliederung des Landes, das der Herzog mit drei Söhnen geteilt hatte –, kam nicht zur Ausführung. Erst *Bonifatius* hat 739 Bayern feste Bischofssitze und abgegrenzte Sprengel gegeben.

Auch in *Thüringen* faßte das Christentum nur ganz allmählich Fuß. Herzog *Radulf* ist bereits Christ, er ist von Dagobert I. (632–639) eingesetzt worden. In den thüringisch-fränkischen Gebieten, vor allem in *Würzburg*, wirkte *Kilian* (Kylenna). Sehr fest war das Heidentum bei den Nordseestämmen verwurzelt. *Friesland* war die einzige Gegend, wo die fränkische Kirche selbst aktiv die Missionsarbeit aufnahm. Für das Christentum waren hier zunächst *Amandus, Kunibert von Köln* und *Eligius von Noyon* tätig, aber alle ohne nennenswerten Erfolg, bis ein Zufall *angelsächsische Mönche* in diese Gebiete lenkte.

Die *Angelsachsen* haben auf dem Gebiet der Mission greifbarere Erfolge erzielt als die Iroschotten. Bei ihnen war die Kirche durch Glaubensboten *Gregors I.* gegründet worden. Dieser ließ angelsächsische *Sklaven* aus *Gallien* nach Rom kommen und sie dort ausbilden. Dann sandte er 596 vierzig *Benediktiner,* darunter den »*Apostel der Angelsachsen*«, *Augustin,* aus seinem römischen Kloster nach England. Augustin bekehrte den König *Ethelbert von Kent* mit dem größten Teil seines Volkes zum Christentum. Da das Christentum im Lauf des 7. Jahrhunderts in allen angelsächsischen Staaten zur Herrschaft gelangte und die dort von Norden her eine Zeitlang eindringenden irischen Besonderheiten bald zurückgedrängt wurden, entwickelte sich die englische Kirche zu hoher Blüte, und zwar in enger Verbindung mit Rom und dem *Papsttum,* während die *fränkische Landeskirche* nahezu die Verbindung mit ihm verloren hatte. Bischof *Wil-*

frid von York (664–710), der eifrige Vorkämpfer römischer Sitte gegen irischen Brauch und Förderer des benediktinischen Mönchtums, ging etwa 678 nach Rom, um die Hilfe des Papstes zur Wiedererlangung seines verlorenen Bistums anzurufen. Da er aber bei der Rückkehr Dagoberts II. aus Irland mitgewirkt hatte, mußte er die Nachstellungen des neustrischen Hausmeiers Ebroin fürchten und schlug deshalb nicht den üblichen Weg der englischen Rompilger durch Frankreich ein, sondern nahm den Weg durch Friesland und Austrasien.

Die *Friesen* sind jener deutsche Stamm, der seit seinem ersten historischen Auftreten am wenigsten Veränderungen durchgemacht hat. In der Römerzeit wohnten sie zwischen *Zuidersee* und *Ems*. Von Drusus unterworfen, standen sie zu den Römern im ganzen in freundlichem Verhältnis, gehörten dem Namen nach zum *Römischen Reich* und wurden mit dem Ende des 3. Jahrhunderts selbständig. In der Periode der *Völkerwanderungszeit* dehnten sie ihr Gebiet im Westen über die Schelde hinaus bis zur Sinkfalbucht (bei Sluis), im Osten bis zur Weser aus. Später zerfiel Friesland in drei Teile: Ost-, Mittel- und Westfriesland. Auch die Sprache ist dreifach geschieden. Die Friesen kämpften oft mit den *Franken*. Zu einer wirklichen Zusammenfassung des ganzen Stammes unter einer Oberleitung schien es nicht gekommen zu sein. Auch bei den Friesen hatte sich in der Hauptsache die altgermanische Verfassung erhalten, ebenso die alte *Marschenkultur*. Die Friesen beteiligten sich schon früh am Seeverkehr und bildeten unter den kontinentalen Germanen in erster Linie das kaufmännische Element. Wilfrid von York fand bei dem Friesenfürsten *Aldgisl* freundliche Aufnahme und hat im Winter 678/79 bei den Friesen mit Erfolg missioniert, wenn auch seine Bekehrungen anscheinend nicht von Dauer waren. Aber der von ihm gegebene Anstoß wirkte in den Kreisen des Mönchtums der *Northumbrier* fort, und ein vornehmer Angelsachse, *Egbert,* der als Mönch in Irland lebte, nahm die Missionstätigkeit in Friesland wieder auf: 690 sandte er zwölf Männer nach Friesland, unter ihnen den Presbyter *Willibrord* (geb. 657 oder 658), der in Wilfrids northumbrischem Kloster *Ripon*

erzogen worden war. Er wurde der eigentliche Apostel der Friesen. Da der damalige Herzog *Ratbod* dem Christentum feindlich gesinnt war, widmeten sich die Angelsachsen der Mission
unter dem Schutz *Pippins II., des Mittleren,* in dem eben von
diesem eroberten südlichen Friesland, nachdem Willibrord außer der Zustimmung des Frankenherrschers auch die Erlaubnis
des Papstes eingeholt hatte, wodurch die Verbindung der deutschen Kirche mit dem Papst angebahnt wurde. Neben Willibrord tritt von seinen Gefährten besonders *Suidbert* hervor, den
man in England von Wilfrid (692/93) zum Bischof weihen ließ.
Suidbert verließ aber Friesland bald wieder aus unbekannten
Gründen und wirkte zuerst bei den *Brukterern* zwischen Ruhr
und Lippe; dann, als deren Land von den Sachsen erobert wurde, kehrte er an den *Rhein* zurück, wo ihm Pippin auf Veranlassung seiner Gattin Plectrudis auf der Insel *Kaiserswerth* die
Stätte für ein Kloster schenkte. Dort ist er 713 gestorben.
Friesland aber sollte, als die Mission Fortschritte machte, eine
selbständige, neue Kirchenprovinz werden, und Pippin bestimmte Willibrord zu deren Haupt. Er sandte ihn nach Rom,
wo Papst *Sergius I.* ihn nach dem Willen Pippins unter dem Namen Clemens zum *Erzbischof der Friesen* weihte. Dies ist die erste nachweisbare Beziehung zwischen den *Arnulfingern* und den
Päpsten. *Utrecht* wurde der Sitz des neuen Erzbischofs, der auch
einige Landsleute zu Bischöfen weihte, ohne daß aber dauernde
Bistümer daraus erwuchsen. Willibrord bildete nicht nur Angelsachsen aus, obwohl er die Verbindung mit der Heimat festhielt,
sondern auch einheimische Geistliche und richtete Klöster ein,
darunter als gesicherten Stützpunkt die Mission *Echternach*
(Luxemburg), das ihm die heilige *Irmina* geschenkt hatte. Bis in
das innere Deutschland erstreckten sich seine Beziehungen, wo
der letzte Thüringerherzog ihm Besitzungen in Thüringen und
Unterfranken übertrug. Die Frage scheint berechtigt, wenn
auch die dürftige Überlieferung keine Antwort gestattet, ob
Willibrord dort nicht Bonifatius vorgearbeitet hat. Willibrord
hat übrigens auch, freilich ohne Erfolg, versucht, die *Dänen* und
die freien Friesen Ratbods zu bekehren. Im fränkischen Fries-

land brachten die Wirren nach dem Tod Pippins und das erneute Vordringen des *Heidentums* unter Ratbod vorübergehend einen Zusammenbruch des Missionswerkes, das Willibrord aber nach dem Tod des Friesenherzogs (719) wieder aufrichten konnte. Die Siege *Karl Martells* über die freien Friesen (733 und 734) breiteten das fränkische Herrschaftsgebiet weiter aus, nicht aber das Christentum, das an der Zuidersee bei Lebzeiten Willibrords seine Grenze fand. Der »Apostel der Friesen« starb 739 nach einem an Arbeit und Erfolgen reichen Leben und wurde in Echternach bestattet. Utrecht hörte damit auf, Metropole einer besonderen friesischen Kirchenprovinz zu sein, und eine Zeitlang ist dort sogar der Bestand eines einfachen Bistums gefährdet gewesen. Später haben Bonifatius und der fränkische Abt Gregor von Utrecht von dort aus die Bekehrung der Friesen betrieben, ebenso der Angelsachse *Willehad*, der nachmals erster Bischof von Bremen wurde. Zu Ende führte sie der Friese *Liudger*, später erster Bischof von Münster.

Alle Glaubensboten, auch seinen Lehrer und Gefährten Willibrord, überragte an Bedeutung *Bonifatius*. Sein eigentlicher Name ist *Wynfrid*, der sich aus dem angelsächsischen *wyn* (althochdeutsch *wunna* = Wonne, Glück) und dem in vielen Namensformen verwendeten *frid* (Friede, Schutz) herleitet. Bonifatius ist also nur eine lateinische Übersetzung von Wynfrid, die auf den lateinischen Genetiv *boni fati* (guten Geschickes) zurückgeht. Der Name Bonifatius wird erstmals in einem Schreiben Gregors II. (715–731) vom 15. Mai 719 erwähnt. Ob der Papst ihm damals den Namen beilegte, weil am Vortag das Fest des cilicischen Märtyrers Bonifatius war, sei dahingestellt. Bonifatius war um 675 in Wessex geboren worden und stammte aus adligem Haus. Schon als Knabe trug er das Kleid der *Benediktiner*. Im Kloster Nhutscelle hat er sich mit dem Geist der Benediktinerregel erfüllt, mit dem Bestreben nach fester kirchlicher Ordnung und nach Zugehörigkeit zur römischen Kirche. Er hat auch eine gewisse Gelehrsamkeit erworben, von der eine grammatische Kompilation und Gedichte Zeugnis geben. Er hätte vermutlich auch in der englischen Kirche eine bedeutende

Zukunft gehabt, aber der Drang, den stammesverwandten Heiden in der Ferne das Christentum zu bringen, wurde in ihm so mächtig, daß er sich von der Heimat losriß. Als er vierzig Jahre alt war, unternahm er seine erste Reise zu den *Friesen,* da er nach Willibrords Arbeit vermuten konnte, dort einen fruchtbaren Ansatzpunkt für seine Bekehrungstätigkeit zu finden. Aber die Fahrt blieb erfolglos. Denn eben damals hatte nach dem Tod Pippins der heidnische Friesenherzog Ratbod das von den christlichen Franken unterworfene Friesland zurückerobert, und das Heidentum hatte wieder Oberhand gewonnen. Bonifatius kehrte in sein Kloster zurück, aber er lehnte die dortige Abtwürde ab.

718 verließ er England wieder. Er sollte es nicht mehr wiedersehen, wenn er auch in dauernder Verbindung mit seiner Heimat blieb. Er ging jetzt nach *Rom,* um, wie einst Willibrord, sich die Erlaubnis und Unterstützung des Papstes für die Heidenmission zu holen. Papst *Gregor II.* gewährte sie ihm und schickte ihn nach *Thüringen,* mit dem Auftrag, dort zu missionieren und die Großen des Landes für seine Absichten zu gewinnen. Die Nachricht vom Tod Ratbods (719) zog ihn zum zweitenmal nach *Friesland.* Hier wirkte er beim Wiederaufbau des zerstörten christlichen Lebens als Mitarbeiter Willibrords eine Zeitlang in Utrecht. Dessen Wunsch, er solle sein Nachfolger werden, widerstrebte ihm, und er wendete sich 722 nach *Hessen.* Dort predigte er mit Erfolg und gründete sein erstes Kloster, *Amoeneburg,* an der Ohm bei Marburg als Stützpunkt für spätere Arbeit.

Auf Grund seines Berichtes über die Bekehrungsarbeit wurde Bonifatius vom Papst nach *Rom* geladen, leistete einen Treueid, wie ihn die Bischöfe der römischen Kirchenprovinz zu schwören gehalten waren, und wurde am 30. November 722 zum *Missionsbischof* ohne festen Sitz geweiht. Er wandte sich von Rom, durch den Papst an Karl Martell empfohlen, zu den *Franken* und setzte seine Missionstätigkeit mit Unterstützung Karls bei den *Hessen* und Thüringern fort. Bei Geismar, in der Nähe von Fritzlar in Hessen, fällte er im Jahr 723 die gewaltige heilige *Do-*

nareiche vor den Augen der zuschauenden Heiden, ohne daß einer gegen ihn die Hand erhob. Die Krönung seiner Hessenmission war die Gründung des Klosters Geismar. Dann betreute er durch elf Jahre die Thüringer und hatte große Erfolge. Mit Hilfe von bedeutenden Persönlichkeiten aus englischen Frauenklöstern vollendete Bonifatius sein Werk durch Einrichtung von Pfarreien und Klöstern, zu denen auch die *Nonnenklöster* Tauberbischofsheim, Kitzingen und Ochsenfurt kamen.

732 wurde er vom Papst zum *Erzbischof* erhoben, mit dem Recht, Bischöfe in Deutschland einzusetzen. Bei seinem dritten Besuch in Rom erhielt er vom Papst den Auftrag, die *bayerische Kirche* zu organisieren. Bisher gab es trotz der Tätigkeit Ruperts von Worms in Salzburg, Emmerams in Regensburg und *Korbinians* in *Freising* in der damaligen bayerischen Landeskirche nur einen Bischofssitz in *Passau*. Bonifatius richtete mit Hilfe des Herzogs *Odilo* vier *Bistümer* ein: *Salzburg*, Passau, *Freising* und *Regensburg*. Für den bayerischen Nordgau wurde, als Odilo ihn im Jahr 743 an das Frankenreich abtreten mußte, das Bistum *Eichstätt* gegründet. Für Hessen und Thüringen schuf Bonifatius drei Bistümer, von denen jedoch nur *Würzburg* bestehenblieb.

Durch seine aufbauende Tätigkeit und sein großes Ansehen war Bonifatius in Wahrheit der Primas und der »*Apostel von Deutschland*« geworden. Das zeigte sich auch äußerlich in dem großen Anteil, den er an dem allgemeinen *ostfränkischen Konzil* vom Jahr 742 hatte. Bei diesem Anlaß ließ er die Bischöfe dem Papst den Treueid schwören. Er verlangte von den Klöstern die Annahme der *Benediktinerregel;* dadurch sollte manchem standeswidrigen Treiben unter der Geistlichkeit gesteuert werden. Eine ähnliche Reform erfolgte auf Wunsch des Papstes auch für die westfränkische Kirche, wobei der Erzbischof die Unterstützung Pippins fand. Sein scharfes Vorgehen gegen unwürdige Mitglieder des Klerus erregte natürlich Widerstand. Aber Bonifatius war der Mann, der solcher Schwierigkeiten Herr wurde. Er ließ in zäher Verfolgung seiner hohen Ziele nicht ab, die deutsche Kirche zu erneuern und sie gemäß der kirchlichen Überlieferung in engste Verbindung mit dem gottgewollten Mittelpunkt *Rom* zu bringen. Er hat die fränkischen Bischöfe veranlaßt, die Einheit der römischen Kirche aufrechtzuerhalten und sich der päpstlichen Führung zu unterwerfen.

Bonifatius erhielt nun als festen Sitz das Bistum Mainz zugewiesen, doch blieb seine erzbischöfliche Würde eine persönliche. Das Hauptinteresse aber wandte er nun den Stätten seiner ersten Wirksamkeit zu. In Hessen hatte er 744 für seinen Lieblingsschüler *Sturm* das Kloster *Fulda* gegründet und ihn zum Abt eingesetzt. Es sollte eine Musterstätte für Deutschland werden, nach dem Vorbild von Monte Cassino. Er erwirkte vom Papst ein Vorrecht, wonach Fulda der bischöflichen Aufsicht entzogen und unmittelbar dem Heiligen Stuhl unterstellt wurde. Pippin bestätigte diese Neuerung als erste Ausnahme von der sonst in Frankreich geltenden Regel. Auch einen anderen Wunsch erfüllte ihm Pippin: er setzte Bonifatius' getreuen Schüler *Lullus* zum Bischof von *Mainz* ein. Dadurch erlangte Bonifatius wieder volle Bewegungsfreiheit für seine Missionstätigkeit. Der Achtzigjährige nahm nochmals das Ideal seiner jungen Jahre auf und reiste nach *Friesland,* predigte erfolgreich, wurde aber bei einer Firmung Neubekehrter in der Nähe von *Dokkum* von einer Schar heidnischer Friesen überfallen und erschlagen. Sein Leichnam wurde zuerst nach Utrecht, dann nach Mainz gebracht, schließlich in sein Lieblingskloster *Fulda* überführt, wo er im Dom beigesetzt wurde.

Bonifatius hat durch seine Organisation die ganze deutsche Kirche überhaupt erst für die Dauer lebenskräftig gemacht und die Verbindung der schwachen *Landeskirchen* mit dem *Papsttum* hergestellt. Damit hat er der mittelalterlichen Kirchenentwicklung den siegreichen Weg gewiesen.

Germanische Eroberer in England

Die verhältnismäßig rasche Hochblüte der angelsächsischen Kirche erklärt sich aus ihrem Ursprung. Die germanische Er-

oberung Britanniens allerdings hat sich keineswegs, wie die Sage will, mit einem Schlag vollzogen, sondern erst in allmählicher Entwicklung. Sobald die römische Regierung nicht mehr imstande war, dieses abgelegene Außenbollwerk gehörig zu schützen, begannen die Angriffe der umliegenden »Barbaren«: im Norden waren es die beiden keltischen Stämme der *Pikten* und *Skoten,* an den Küsten waren es die *Sachsen* und *Franken.* Bei diesen Angriffen der Germanen handelte es sich zunächst nur um Raub- und Plünderungszüge. *Theodosius I.* drängte 368–370 die Barbaren noch einmal zurück. Mehr und mehr indes wurde die Insel von Truppen entblößt und der Rest der Besatzung unter *Stilicho* abberufen, mit dem viele Römer fortzogen. Doch ist an deren völlige Auswanderung dabei nicht zu denken, denn die römische Kultur erhielt sich noch zum Teil. Nur im Innern trat eine völlige Auflösung ein. Die Pikten und Skoten überfluteten den römischen Grenzwall, und gegen sie wurden von den Briten angeblich die Germanen zu Hilfe gerufen. Der Tradition nach bat Britannien 446 zuerst *Aetius* um Hilfe, wurde aber von diesem abgewiesen. Daraufhin holte 449 König *Gourthigirn* die sächsischen Anführer *Hengist* und *Horsa* herbei. Hengist machte sich bald unabhängig von den Briten und gründete auf der Insel ein *germanisches Reich.* Alle Einzelheiten dieser sagenhaften Überlieferung sind wenig glaubwürdig.
Vielleicht war Hengist wirklich eine historische Persönlichkeit und wurde als Führer von Raubscharen der Begründer des germanischen Königreichs *Kent.* Die Sage faßt hier vielleicht, wie so oft, die Entwicklung vieler Jahre in eine kurze Zeit zusammen, denn es ist sicher, daß die germanische Besetzung weder nur an einzelnen Orten noch in einem einzigen Jahr stattgefunden hat. Ebenso handelt es sich nicht um Auswanderung der gesamten Stämme aus ihren deutschen Wohnsitzen – nur von den *Angeln* scheint wirklich die Masse des Volkes ausgewandert zu sein –, sondern um den Abgang überschüssiger und tatenlustiger Bruchteile. Es war daher weit eher eine Kolonisation als eine Auswanderung. Es entstanden außer Kent, wo die eigentliche geschichtliche Periode mit *Ethelbert* (563–616) begann, eine

Reihe germanischer Staaten – *Sussex, Essex, Middlesex, Wessex, Wight, Suffolk, Norfolk, Mercia, Deira, Bernicia* –, über deren Gründung wir entweder gar nicht oder nur durch sagenhafte Angaben unterrichtet sind. In langen Kämpfen wurden die Briten auf die westlichen Küstengegenden zurückgedrängt. Der britische Nationalheld *Artus* (oder *Arthur*), von dem die Sagen berichten, ist aber wahrscheinlich keine historische Gestalt gewesen. An der Ansiedlung beteiligt waren *Sachsen, Angeln* und *Jüten.* Dagegen scheinen die Friesen nicht an der Besiedlung mitgewirkt zu haben. Unter den Sachsen sind es in erster Linie *Chauken;* sie bilden den Kern der *Northumbrier, West-* und *Südsachsen.* Die eigentlichen alten elbischen Sachsen sind Ostsachsen. Angeln und neben ihnen auch *Warnen* und *Nordschwaben* sind die Bewohner von *Ostangeln* (Norfolk und Suffolk) und Mercia. Von den *Jüten* wurde *Kent* besiedelt. Diese Jüten sind nicht Nordgermanen, sondern die alten *Eutii,* die ein Teil der an die Friesen angrenzenden Chauken sind. Die Ansiedlung geschah gewaltsam, weshalb von einer geordneten Landteilung nicht die Rede sein konnte.

Als diese Germanen nun nach Britannien kamen, waren sie noch durchaus heidnisch, während bei den Briten das Christentum schon im 4. Jahrhundert Eingang gefunden hatte. Aber nicht von ihnen übernahmen die Angelsachsen das Christentum, sondern von Rom, als Papst Gregor I. 596 den Vorsteher des römischen Andreasklosters, *Augustin,* mit einer Schar von etwa vierzig Mönchen nach England sandte, um den germanischen Eroberern Britanniens die Lehre von Christus zu predigen. Sie fanden bei König Ethelbert gute Aufnahme. Er war mit einer katholischen fränkischen Prinzessin vermählt, in deren Gefolge sich der Bischof *Liuthard* befand, so daß der Boden für Augustins Bemühungen bereitet war und Ethelbert bereits im folgenden Jahr (597) die Taufe empfangen konnte. Im selben Herbst holte sich Augustin in Arles die Priesterweihe. Und nun übernahm er die Leitung der neuen Kirche, die zunächst als Tochterkirche von *Arles,* nicht von Rom gedacht war. Gregor I. hat damals dem Patriarchen von Alexandria berichtet, mehr als zehntausend Heiden hätten in Kent zu Weihnachten 597 die Taufe empfangen. Allmählich breitete sich das Christentum dann weiter nach England aus, die Unterschiede zwischen den Kirchen wurden 664 durch die *Synode* im Kloster zu Streaneshalch, dem heutigen Whitby, zugunsten Roms entschieden, als König *Oswiu* von Northumbrien (642–671) sich für die Auffassung seiner im römischen Brauch erzogenen Gattin, einer Enkelin Ethelberts von Kent, entschied. Es war ihm klargemacht worden, daß Rom die stärkere Autorität sei und man besser tue, sich der Kirche der ganzen übrigen Welt anzuschließen, statt an den Bräuchen einer Winkelkirche festzuhalten, die keine ebensolche Autorität habe. Der König befahl, daß Ostern am selben Tag wie in Rom zu feiern und die Tonsur nach römischer Art vorzunehmen sei. Die Organisation der englischen Kirche wurde ebenfalls einem Ausländer überwiesen. Papst *Vitalian* bestimmte den neuen Erzbischof und schickte den von ihm selbst Geweihten nach England. Es war dies ein Grieche, *Theodor von Tarsos*, ein bedeutender Philosoph, der in Athen studiert hatte und Abt von Cilicien war. Er hatte die Fundamente zu einem geordneten kirchlichen Leben nach katholischem Muster durch geschickt ausgewählte Leute und dauernde Einrichtungen gefestigt. Er starb 690. In politischer Hinsicht war die Geschichte Englands wechselvoller. Wiederholt wurden die einzelnen Staaten vereinigt, aber bald fielen sie wieder auseinander. Einen Abschluß bekam diese Periode der ewig wechselnden Gruppierungen erst unter *Egbert von Wessex* (gest. 839), der die verschiedenen angelsächsischen Reiche unter seiner Herrschaft vereinigte.

ZWEITES KAPITEL

Die Pippiniden

PIPPIN I., DER ÄLTERE, errang unter König *Dagobert I.* die Würde eines *Majordomus* des Ostreichs. Er war fränkischer Edelmann, der zwischen Maas und Mosel reich begütert und der Führer des Widerstandes gegen den König war. Er ist der Stammvater des berühmten Geschlechts der *Karolinger.*

Pippin der Ältere, Pippin der Mittlere, Karl Martell

Der Enkel Pippins des Älteren war Pippin II., der Mittlere (681–714). Sein Vater war *Ansegisel* aus dem Geschlecht der *Arnulfinger,* seine Mutter hieß (nach späteren Quellen) *Begga* und war eine Tochter Pippins des Älteren. Damit waren die beiden mächtigsten austrasischen, seit 613 hervortretenden Geschlechter, die Pippiniden und die Arnulfinger, in einem Enkel verschmolzen. Man hat ihm später ein unmotiviertes Prädikat, »von Heristal«, gegeben, nach Herstal bei Lüttich. Aber wenn auch die Pippiniden im östlichen Belgien begütert waren, lag doch der Kern ihres Besitzes an der mittleren Mosel und Maas, in der Gegend von Metz. Schon früh besaßen sie auch Güter in der Eifel, so daß man sagen kann, Pippins Macht wurzelte im Grenzgebiet deutscher und romanischer Sprache. Das Geschlecht war fränkischen Ursprungs und war sich seiner deutschen Herkunft bewußt. Es hat sich stets auf austrasische Familien gestützt, und Pippin II. hat den Schwerpunkt des Reiches nicht mehr nach Paris verlagert, sondern nach und nach an die Mosel, Maas und den Niederrhein verschoben, wo er beheimatet war.

Pippins Stellung war außergewöhnlich und wollte sich kaum in den Rahmen der bestehenden Staatseinrichtung fügen. In seinen Urkunden führt er nie den Titel Hausmeier, wie später sein Sohn Karl Martell und sein Enkel Pippin III., er nannte sich *Pippin vir illuster*, der erlauchte Mann, Sohn des weiland Ansegisel. Nur in einem Privilegium des Bischofs *Bertrand von Châlons* wird er 692 als Majordomus bezeichnet. Er nahm auch den König nicht mit nach Austrasien, um, gleich anderen Hausmeiern, den Schein zu wahren, daß er nur unter Mitwirkung des Königs regiere. Er beließ ihn in Neustrien.

Durch die siegreiche Entscheidung bei *Tertry* über den neustrischen Majordomus wurde Pippin auch im Westreich als *Hausmeier* anerkannt, herrschte also neben der Scheinregierung dreier Könige über das ganze Reich. Die Gefahr des Zerfalls in einen West- und einen Ostteil, Frankreich und Deutschland, wurde durch Pippin noch auf zwei Jahrhunderte hinausgeschoben; infolge des Sieges des germanisch gebliebenen Ostens behauptete sich die Einheit des Reiches.

Der immer weiter fortschreitende Verfall des Merowingerreiches hatte auch die Abhängigkeit der überrheinischen Völker seit einem halben Jahrhundert mehr und mehr gelockert. Den *Sachsen* mußte der von *Chlotar I.* auferlegte Tribut von fünfhundert Kühen erlassen werden, die *Thüringer* schlugen 641 das gegen sie entsandte fränkische Heer. Seit damals war kein Versuch mehr gemacht worden, sie zum Gehorsam zu bringen. Die *Bayern* lösten sich von der Untertänigkeit los, die *Alemannen* versuchten sich selbständig zu machen. *Aquitanien,* das in den vor einem Jahrhundert über die Pyrenäen in den südlichen Teil eingewanderten *Basken* frische Kräfte des Widerstandes gewonnen hatte – nach ihnen wurde der Landstrich südlich der Garonne Vasconia, die *Gascogne,* benannt – schüttelte die Herrschaft der Franken ab, so daß also mit der Regierung des Reiches das karolingische Haus zugleich die ungleich schwierigere Aufgabe übernahm, das Reich in seinem alten Umfang wiederherzu-

Bronzehelm aus
einem Moorfund
(5. Jahrhundert);
Nationalmuseum,
Kopenhagen.

Sogenannter »Schmuckkasten
der heiligen Kunigunde«
(um 900); Bayerisches Nationalmuseum, München.

Bronzene Prägeplatten mit Kriegerprozession und Tierführer
(7. bis 8. Jahrhundert); Historiska Museum, Stockholm.

Das »Osebergschiff«, Grabstätte
der Königin Asa (um 850);
Universitetets Oldsaksamling,
Oslo.

stellen und den Bestand zu sichern. Durch diese Aufgabe wurden den neuen Machthabern die Bahnen gewiesen, und die Kriege und Kämpfe des nächsten Jahrhunderts sind eine notwendige Forderung. Nur ein tatkräftiges Geschlecht, das dieses Ziel immer fest im Auge behielt und es mit zäher Ausdauer verfolgte, konnte diese Aufgabe schließlich bewältigen. Die bedeutenderen Nachkommen eines an sich schon bedeutenden Mannes – Karl Martell, Pippin III. und als Gipfel Karl der Große – haben sie gelöst.

Zunächst hatte Pippin als Majordomus die Nordgrenze zu schützen. In den *Friesen* unter ihrem Fürsten *Ratbod* war den Franken jenseits des Niederrheins und der Rheinmündungen ein neuer, gefährlicher Feind erstanden. Pippin siegte bei *Wijk* 689 über sie und dürfte *Westfriesland* erworben haben. Dadurch wurde das Gebiet der Mission gewonnen.

Pippin hatte von *Chalpaida*, einer Nebenfrau, einen vielleicht zwischen 688 und 690 geborenen Sprößling, *Karl*. Dieser Karl, genannt *Martell* (der Hammer), vermochte sich vor allem gegen seine Stiefmutter *Plectrudis* durchzusetzen. Er war ein harter, rücksichtsloser Mann, der zweifellos einen großen Teil des kirchlichen Grundbesitzes durch eine Art Zwangsanleihe zur Ausstattung von Vasallen in Anspruch genommen hat. Er brauchte Geld, denn er hatte ja zeitlebens fast ununterbrochen Krieg zu führen. Nach dem Sieg von *Vincy* (Vinciacum) 717 über die Neustrier und der Niederringung Plectrudis' hat Karl die Herrschaft über Austrasien errungen und kraft eigener Machtvollkommenheit hier einen König, *Chlotar IV.* (717–719) eingesetzt, den er dem Herrn von Neustrien, dem Nachfolger Dagoberts III. (711–715), *Chilperich II.* (715–721), entgegenstellte. Darauf begann er sogleich den Kampf gegen die auswärtigen Feinde. Zunächst gegen die *Sachsen*, die sich in den Wirren zur Zeit der Regentschaft feindselig eingestellt und den Gau der *Chattuarier*, das Land zwischen Rhein, Ruhr und Lippe, verwüstet hatten.

Die Sachsen, nach dem *sahs*, ihrer Waffe, so benannt, werden erstmals von *Ptolemaios* um 150 n. Chr. erwähnt. Sie bewohnten damals die nordalbingische Halbinsel an der dithmarsischen Küste bis nach Holstein hinein. Dann verschwinden sie für länger aus der Geschichte und tauchen erst wieder gegen Ende des 3. Jahrhunderts als *Seeräuber* auf. Von jetzt an hat ihr Name umfassendere Bedeutung: Es sind, abgesehen von Resten kleinerer Völkergemeinschaften, wahrscheinlich die *Chauken, Cherusker* und *Angrivarier* in den Sachsen aufgegangen. Nach der herrschenden Auffassung erfolgte der Zusammenschluß dieser Völkerschaften zum Sachsenstamm durch allmähliche friedliche Vereinigung. Andere Forscher nehmen kriegerische Vorgänge an. Im 4. und 5. Jahrhundert folgten die Sachsen dem allgemeinen Zug nach Westen und beunruhigten weiterhin die gallischen Küsten. Ihrem Vordringen wurde durch die Gründung des Fränkischen Reiches ein Damm in den Weg geschoben. Die Sachsen wohnten an der *Eider* bis zum *Rhein* und zur *Sieg*. Gebietserweiterungen gelangen ihnen im Osten und im Süden. Nach dem Abzug der *Langobarden* nahmen sie deren Gebiet in Besitz. Auch hier sind die Ortsnamen gute Wegweiser, besonders die mit den Endungen auf -*büttel*. Nach dem Untergang des *Thüringerreiches* kamen die Gegenden zwischen *Saale, Elbe, Oker* und *Harz* unter die Herrschaft der Sachsen, gingen aber zum großen Teil wieder verloren. Die späteren vier Unterabteilungen der Sachsen – *Ostfalen, Westfalen, Engern* und *Nordalbingier* – traten erst im 8. Jahrhundert auf. Dies sind jedoch nur rein geographische Namen (Engern heißt: Anwohner des Uferlandes der Weser). Sie haben nichts zu tun mit den altgermanischen Völkerschaften, aus denen die Sachsen hervorgegangen sind. Die Sachsen bildeten keine politische Einheit, sondern zerfielen in eine Mehrzahl von *Gauen (pagi)*, von denen jeder für sich handelte. Verbunden waren sie nur durch völkerrechtliche Verträge. Könige finden wir bei den Sachsen nicht, nur im Kriegsfall wurde ein gemeinsamer *Herzog* gewählt. Die drei Stände *nobiles, liberi* und *laeti* waren so schroff voneinander geschieden, daß ein Eheverbot zwischen Angehörigen verschiedenen Standes bestand. Die Bedeutung des *Adels* war sehr groß und beruhte vor allem auf dessen Herrschaft über die *laeti*. Die

Kultur war eine durchaus bäuerliche, zur Entwicklung eines eigentlichen Großgrundbesitzes ist es nicht gekommen.

Karl Martell verheerte ihr Gebiet bis zur Weser (718) und wandte sich dann gegen seine Hauptgegner. Nachdem *Theudoald* vertrieben worden war, hatten die Neustrier wieder einen eigenen Hausmeier, *Raganfred* (715), eingesetzt, der für seinen König Chilperich II. den Herzog *Eudo* von *Aquitanien* als neuen Bundesgenossen gewonnen hatte. Karl Martell siegte 719 bei *Soissons*. Eudo lieferte Chilperich an Karl aus und schloß mit diesem im folgenden Jahr ein Bündnis. Raganfred unterwarf sich nunmehr seinem Gegner, der ihn durch die Überlassung von Stadt und Grafschaft *Angers* ausgesöhnt zu haben scheint.

Nach Chilperichs plötzlichem Tod setzte er *Theuderich IV.* (721–737) auf den Thron, der sich mit dem Schein der Herrschaft begnügen mußte. Denn Urkunden wurden wohl noch in herkömmlicher Weise auf seinen Namen ausgestellt, aber sonst wird nichts von ihm erwähnt.

Karl wurde für die Nachwelt aber besonders durch seinen Sieg über die *Araber* von Bedeutung. Die Araber, die 711 ihre Herrschaft in Spanien errichtet hatten, waren damals trotz innerer Gegensätze und Kämpfe noch in weiterem Vormarsch gegen Westeuropa begriffen. Sie überschritten 720 die Pyrenäen und eroberten Narbonne, die Hauptstadt Septimaniens, des westgotischen *Gallien*. Noch gelang es Herzog Eudo, sie bei *Toulouse* zu besiegen und aus Aquitanien hinauszutreiben. Doch wenige Jahre später unterwarfen sie ganz Septimanien, machten einen Einfall in *Burgund* und zerstörten 725 *Autun*. Eudo versuchte seine Stellung durch ein Bündnis und durch die Vermählung seiner Tochter mit einem der Berberhäuptlinge in Spanien, *Othman*, zu stärken, so daß er es wagte, den Vertrag mit Karl Martell zu brechen, der daraufhin sofort Aquitanien zweimal verheerte. Der Aufstand gegen den neuen Statthalter des Kalifen, *Abd Ar Rahman*, sowie die Niederlage und der Tod Othmans beraubten Eudo dann nicht nur der erhofften Hilfe der Araber, sondern zogen diese erst recht als Feinde ins Land. Abd Ar Rahman drang unter Verwüstungen über *Bordeaux* in Richtung auf *Tours* nach Noden vor. Saint-Hilaire bei Poitiers wurde verbrannt. Da wandte sich Eudo, der an der Garonne geschlagen worden war, an Karl um Beistand, der mit dem fränkischen Heerbann, dessen Kern die Austrasier bildeten, unverzüglich kam. Er verlegte den Feinden nördlich von *Poitiers* den Weg nach *Tours,* und wahrscheinlich am 25. Oktober 732 kam es nach anfänglichem Zögern zur Schlacht. Abd Ar Rahman fiel, und die Sieger fanden am nächsten Morgen das feindliche Lager leer. Das Vordringen der Araber nach Norden war damit zum Stillstand gebracht. Wenn man aber auf diese Schlacht die Rettung der Christenheit und der christlich-germanischen Kultur in Europa zurückführen will, heißt das die Bedeutung des Sieges übertreiben.

Wenn auch Christentum und Kultur sich selbstverständlich weiterhin behauptet hätten, hat sein Sieg doch Gallien weitere Verheerungen durch den Islam sowie dessen Herrschaft erspart. Es gelang auch, den Arabern Septimanien und damit den Stützpunkt für neue Vorstöße zu entreißen. Ihre Ausdehnungskraft hatte im Westen ihren Höhepunkt überschritten, wie sie denn auch Spanien nicht mehr ganz erobert haben. Die inneren Kämpfe, die auf der Pyrenäenhalbinsel in der Gründung des *Emirats von Córdoba* durch die *Omaijaden*, im Gegensatz zu den *abbassidischen Kalifen* von Bagdad, mündeten (750), haben die Ausbreitung des Islams in Europa wohl mehr verhindert als die Schlacht von Poitiers.

Nach Eudos Tod 735 drang Karl Martell dann bis an die Garonne vor, und wenn Eudos Sohn, *Chunoald,* trotz eines Aufstandes Herzog blieb, so nur unter fränkischer Oberhoheit. Dennoch war das Verhältnis zum Frankenreich locker, und bei der Reichsteilung von 741 wurde Aquitanien nicht erwähnt. Der Sieg bei Poitiers hatte auch die endgültige Unterwerfung Burgunds, des einstigen dritten merowingischen Teilreiches, im Gefolge. Karl setzte hier an der Rhône erprobte Männer seines Heerbannes als Beamte ein, so in Lyon (733), und brachte diese Gebiete damit wieder in Verbindung mit dem übrigen Reich.

735 bedrohten wieder *Araber* die *Provence,* besetzten Arles und

brandschatzten das Land vier Jahre lang. Wohl erschien Karl vor
Arles und sicherte die wiedergewonnene Stadt sowie Marseille
durch seine Leute, aber Verrat burgundischer Großer begünstigte neue Einfälle der Feinde, ihren Übergang über die Rhône
und die Wegnahme von Avignon. Karl sandte seinen Halbbru-
der *Hildebrand,* den Urheber der fränkischen Reichsgeschichte,
der Fortsetzung der *Historia Francorum* des *Fredegar,* zunächst
mit einem Heer voraus und folgte dann selbst. Avignon wurde
erobert, dann drang er in das gotisch-arabische Gebiet bis Narbonne vor, also bis zum Ausgangspunkt der letzten Angriffe.
An der Mündung des Flüßchens *Berre* schlug er 737 ein arabi-
sches Entsatzheer, dann durchstreifte er Septimanien, gab aber
die Belagerung Narbonnes auf. Ein wiederholter Angriff der
Araber machte vor einem Heer des von Karl zu Hilfe gerufenen
Langobardenkönigs *Luitprand* kehrt. Das Land wurde bis zum
Meer unterworfen, doch vermochten sich die Araber in Nar-
bonne immerhin bis 759 zu halten.
Wie in den Wirren der ersten Jahre, hat Karl auch später gegen
Sachsen und *Friesen* kämpfen müssen. 738 setzte er nahe der
Lippemündung über den Rhein und zwang einen Teil des Volkes
zur Tributzahlung und Geiselstellung. Vom friesischen Gebiet
war *Westfriesland* nach Ratbods Tod wieder unter fränkische
Herrschaft gelangt, und auch eine Empörung im heidnischen
Nordfriesland wurde von Karl gründlich niedergeschlagen.
Ebenso brachte er die Oberhoheit des Reiches gegenüber den
Stammesherzogen Deutschlands zur Geltung. Bereits ein Teil
der Herzogtümer wurde nicht mehr besetzt: zwischen 717 und
719 verschwand die herzogliche Gewalt bei den *Thüringern,* 739
und 740 im *Elsaß.*
Bei den rechtsrheinischen *Alemannen* herrschte ein den *Arnulfingern* feindliches Geschlecht: *Gottfried* (gest. 709) und
seine Söhne *Theudebald* und *Lantfried,* die die Anhänger Karls,
auch den Klosterbischof Pirmin, vertrieben. Dieser war wahrscheinlich ein Romane aus dem Westgotenreich und stiftete 724
auf der Bodenseeinsel *Reichenau* nach der Regel des heiligen Benedikt ein Kloster, von dem Niederaltaich in Bayern und Pfäfers

unterhalb Chur als Tochterklöster ausgegangen sind. Pirmin hat sich dann nach dem Elsaß gewandt, wo er das Kloster *Murbach* vollendete. Auf fränkischem Boden, in dem auch von ihm gegründeten Kloster *Hornbach (Gamundia)* in der Pfalz (Diözese Metz) ist er etwa 753 gestorben. Karl griff auch bei den Alemannen ein, und nach dem Tod Lantfrieds (730) wurde wahrscheinlich kein neuer Herzog bestellt, so daß Karl nun auch über Alemannien wie über ein Erbland verfügte. Dem *Papsttum* wie auch dessen Dienern und Sendboten stand Karl Martell zeitlebens nüchtern und sachlich gegenüber. Als er am 22. Oktober 741 zu *Quiercy* starb, verteilte er, der sich selbst noch nicht König zu nennen wagte, sein Reich gleich einem König unter seine Söhne *Pippin III.* und *Karlmann.* Daß er dabei deren Stiefbruder *Grifo* überging, schuf bis zu dessen Tod (753) jahrelangen Zwiespalt.

König Pippin (Pippin III.)

Die Unruhe der ersten Regierungszeit Pippins und Karlmanns hatte ihre Ursache in dem Hader der Familie und letzten Endes auch in der wegen des Fehlens eines Königs irgendwie ungesetzlichen Stellung der *Hausmeier.* Beide nennen sich in den Urkunden *Majordomus* (wie ihr Vater), während man sie in den Kapitularien als *Herzog und Fürst der Franken (dux et princeps Francorum)* bezeichnet, Titel, die deutlich die Halbheit der Verhältnisse verraten. Es ist ein ähnlicher Ausweg, wenn in dieser Zeit des *Interregnums,* zum erstenmal 742, in einem amtlichen Schriftstück nach angelsächsischem Vorbild die sonst nach Königen bezeichneten Jahre jetzt nach Christi Geburt gezählt werden. Die Aufstände der *Aquitanier,* der *Alemannen* und *Bayern,* im Zusammenhang mit Grifos Erhebungen, wurden hart niedergeworfen, insbesondere gegen die Alemannen schien Karlmann unbarmherzig vorgegangen zu sein. Allerdings war hier *Theudebald,* der Bruder des Herzogs Lantfried, ein besonders unruhiger Geist, der auch mit den Bayern gemeinsame Sache machte und im Elsaß schürte. Den Bauern haben auch die *Sach-*

sen Hilfe geleistet, deren Raubfahrten überdies die fränkischen Grenzgebiete ausgesetzt waren: *Karlmann* unternahm gegen sie zwei Züge, worauf sich viele Sachsen dieser Grenzgebiete taufen ließen. Damit nahm die Verbindung von Unterwerfung und *Christianisierung*, die Karl der Große bald so nachdrücklich erzwungen hat, ihren Anfang.

Die allgemeinen Unruhen im Reich aber überzeugten die Fürsten schließlich von der Notwendigkeit, durch Wiederherstellung des *Königtums* ihrer Herrschaft die Rechtsgrundlage zu geben und den Gegnern den Vorwand zu Empörungen zu nehmen. Schon 743 setzten sie einen in den Quellen nirgends genannten *Merowinger* unbekannter Herkunft, *Childerich III.*, auf den Thron. Seine Erhebung findet bei den Zeitgenossen wenig Beachtung. Wohl werden in seinem Namen Urkunden ausgestellt, in Wirklichkeit aber herrschen die Hausmeier weiter. Bei allen diesen Handlungen ragt *Karlmann* als die schärfer umrissene Persönlichkeit hervor. Er war es auch, der auf den *Synoden* von 742 bis 747 die Reform und Neuordnung der *Landeskirche* im Sinne des *Bonifatius* begonnen hat. Pippin hat sich ihm allerdings bald angeschlossen. Die deutsche Kirche hatte sich bisher durch die Arbeit der Angelsachsen unabhängig von der verweltlichten *fränkischen Kirche* entwickelt. *Karlmann* gab nun Bonifatius den Anstoß zu einer Reform der fränkischen Kirche. Er mag, wie auch andere Herrscher dieser Jahrhunderte, um sein Seelenheil gefürchtet haben. Wie kurz vorher *Chunoald* von Aquitanien, so verzichtete er gegen Ende 747 auf der Höhe seiner Macht freiwillig auf die Herrschaft, eine Entsagung, die aber scheinbar nur für seine Person galt, denn das Herrschaftsrecht seiner jungen Söhne für die Zeit ihrer Mündigkeit dürfte erhalten geblieben sein. *Karlmann* vertraute sie dem Schutz Pippins an und wandte sich, gleich manchem angelsächsischen König, der ebenso sein Leben beschlossen hatte, nach *Rom*, wo er vor Papst Zacharias das Mönchsgelübde ablegte und zunächst auf dem *Monte Soracte* in einem selbsterbauten *Kloster* und schließlich in *Monte Cassino* lebte. Doch am Ende seiner Tage, ebenfalls wie so viele seiner Vorgänger, versuchte er noch einmal, in die Geschicke seines Heimatlandes einzugreifen. Denn die Pläne seines Bruders begannen so weitreichend zu werden, daß sie Interessphären Karlmanns und der Seinen gefährlich zu berühren drohten.

Der bayerische Feldzug von 749 hatte dem Reich für zwei Jahre die Ruhe wiedergegeben. Pippin benützte diese Jahre des Friedens, um das Mißverhältnis zwischen wirklicher Macht und dem einflußlosen Dasein des merowingischen Schattenkönigs zu beseitigen, der lediglich der Zugehörigkeit zu jenem königlichen Geschlecht den Schein seiner Würde verdankte. Im übrigen dürfte er, nach der Schilderung des Geschichtsschreibers *Einhart,* eine klägliche Rolle gespielt haben. »Das Geschlecht der Merowinger, aus dem die Franken ihre Könige zu bestellen pflegten, endet, wie man annimmt, mit König Childerich... Obgleich es erst mit diesem ausstarb, war es doch schon längst ohne Lebenskraft und besaß keinen anderen Vorzug als den leeren Königstitel. Denn das Reichsgut wie die Reichsgewalt lagen in den Händen der obersten Hofbeamten, die Hausmeier hießen und den Staat regierten. Nichts mehr war dem König geblieben, als daß er, zufrieden mit dem königlichen Namen, mit wallendem Haupthaar und langem Bart auf dem Thron saß und die Rolle des Herrschers spielte, der die Gesandten empfing und ihnen beim Abgang wie aus eigener Machtvollkommenheit Bescheide gab, die ihm eingelernt oder anbefohlen worden waren. Außer dem schalen Königstitel und dem dürftigen Lebensunterhalt, den ihm der Hausmeier nach Gutdünken anwies, besaß er nichts anderes mehr zu eigen als ein einziges und noch dazu sehr wenig einträgliches Gut, auf dem er hofhielt, und wenige Diener für die nötigen Dienstleistungen. Er fuhr auf einem Wagen, der von zusammengeschirrten Ochsen gezogen und von einem Rinderhirten nach Bauernart gelenkt wurde. So reiste er immer zu Hof, so zur öffentlichen Volksversammlung, die jährlich für die Reichsangelegenheiten abgehalten wurde, und so kehrte er dann wieder zurück. Die Verwaltung des Reiches und alles, was daheim und auswärts zu tun und zu verfügen war, besorgte der Hausmeier.« Mit dieser eindrucksvollen Schilderung eröffnet

Einhart sein »Leben Karls des Großen«. Mit einigen wenigen
Strichen zeichnet er die Rolle des merowingischen Königs. Die
infolge der Wirksamkeit des Bonifatius enger gestalteten Beziehungen zum *Papsttum* wiesen den Weg: Mit Zustimmung einer
Reichsversammlung wurden Bischof *Burchard von Würzburg*
und der Erzkaplan Abt *Fulrad von Saint-Denis* 750 nach Rom
gesandt und legten hier Papst Zacharias die berühmte Frage vor,
ob das Dasein von Königen im Frankenreich gut wäre, wenn sie
ohne königliche Gewalt seien. Zacharias antwortete darauf, es
sei besser, wenn der wirkliche Inhaber der Gewalt König heiße,
denn jener, dem keine königliche Gewalt geblieben sei. Und er
gab Weisung, Pippin zum König zu erheben, damit die Ordnung nicht gestört sei. So wagte Pippin den Staatsstreich. Die
moralische Autorität des Heiligen Stuhles schien die Gewissens-
bedenken wegen der Entthronung des rechtmäßigen Königs zu
beseitigen. Als die gewünschte Antwort eingelangt war, ließ
Pippin sich zu *Soissons* von den versammelten Franken zum *König* wählen und mit seiner Gemahlin *Bertrada* auf den Thron erheben. Die Bischöfe unter Führung von Bonifatius gaben die
kirchliche Weihe. Bonifatius als päpstlicher Legat, salbte nach
biblischem Vorbild den König. Es war dies das erste Mal, daß ein
fränkischer König gesalbt wurde. Die *Salbung* war früher schon
bei den Briten und Westgoten üblich und ist gleichzeitig bei den
Angelsachsen nachweisbar. Sie sollte den König, trotz fehlender
Rechte der Geburt, als den Erwählten Gottes dartun, was im
Sinn der Zeit keine bloße Form war, wie die Wiederholung der
Salbung durch den Papst selbst (754) lehrt. Jedoch ist diese Salbung Pippins anscheinend noch mit keiner Krönung verbunden
gewesen. Childerich, der letzte Merowinger, und sein Sohn
wurden des Haarschmucks beraubt und in Klöster gesteckt. Ein
Hausmeier findet sich seit dieser Zeit nicht mehr.
Der Salbungsakt erfolgte wohl zwischen dem 31. Oktober 751
und dem 23. Januar 752. Es war die letzte offizielle Handlung,
an der Bonifatius teilnahm. Der Erzbischof widmete sich seitdem nur noch der Heidenbekehrung. Unter drei Handschriften,
die aus seinem Besitz stammen, befindet sich angeblich das

Buch, das er bei seinem Tod schützend über das Haupt hielt. In
Mainz folgte ihm nach seinem Wunsch sein getreuer Lullus. Das
Pallium[1] und Bonifatius' erzbischöfliche Stellung an der Spitze
der deutschen Kirche übertrug Papst Stephan II. Bischof *Chrodegang von Metz.*

Hatte der Papst Pippin bei der Entthronung der Merowinger hilf-
reiche Hand geleistet, so kam der neue König bald in die Lage,
Gegendienste zu erweisen. Es war dies das folgenschwerste Ereignis seiner Regierung. Von dem Langobardenkönig *Aistulf*
bedrängt, der 751 das *Exarchat von Ravenna* erobert hatte und
753 auch das Gebiet von *Rom* bedrohte, und von *Ostrom* ohne
Hilfe gelassen, entschloß sich Papst Stephan II., im Frankenreich um Beistand zu bitten. Aistulf hatte damals Abgaben gefordert sowie die Anerkennung seiner Oberhoheit, und alle
Verhandlungen waren gescheitert. Vielleicht zunächst sogar im
Einverständnis mit Byzanz bat der Papst um Einladung in das
Frankenreich und erhielt sie auch. Begleitet von zwei fränkischen Großen, darunter Chrodegang von Metz – bis Pavia auch
von einem kaiserlichen Gesandten, der dort bei Aistulf mit dem
Papst noch einmal vergeblich die Rückgabe Ravennas und der
übrigen Eroberungen zu erreichen versuchte –, überschritt der
Heilige Vater im Winter die Alpen, ohne daß die Langobarden
die Reise zu hindern wagten. Er wurde von Pippin in dessen
Pfalz *Ponthion* in der Champagne am 6. Januar 754 ehrfurchtsvoll empfangen. Der König führte hierbei das Pferd des Papstes
eine Strecke weit am Zügel. Im Trauerkleid um Hilfe flehend,
erhielt der Heilige Vater am nächsten Tag von Pippin das eidli-
che Versprechen des Schutzes und des Eintretens für die Rechts-
nachfolge des heiligen Petrus, was noch Karl Martell in dieser
Form abgelehnt hatte. In *Saint-Denis* verbrachte der Papst, erkrankt, den Winter. In der Zwischenzeit verhandelte Pippin mit
seinen Großen, die sich zweifellos dem Bund von Pippin und
Kirche zum Teil widersetzt haben werden. Nichtsdestoweniger
hat der König zu *Quierzy* an der Oise am 14. April 754, zu
Ostern also, mit seinen Söhnen und den fränkischen Großen
eine jetzt verlorene Urkunde, das *Schenkungsversprechen,* aus-

gestellt, dessen vielumstrittener Inhalt namentlich die territorialen Verhältnisse *Italiens* betraf. Daneben liefen ergebnislose Verhandlungen mit Aistulf. Vergeblich ist damals auch Pippins Bruder *Karlmann* aus Monte Cassino wieder im Frankenreich erschienen, um hier zugunsten Aistulfs den Absichten des Papstes entgegenzuwirken. Da er 747 wohl nur persönlich, nicht aber für seine Nachkommen auf die Herrschaft verzichtet hatte, mochte seine Rückkehr eine Gefahr für die Stellung Pippins scheinen, und so wurde er unter Mitwirkung des Papstes mit Berufung auf sein Mönchsgelübde samt seinen Begleitern in einem Kloster festgehalten, und zwar so streng, daß er noch im selben Jahr zu Vienne starb. Seine Söhne wurden damals gleichfalls dem Kloster übergeben. Auch sonst ließ es der Papst nicht an Gegendiensten fehlen.

Eine zweite, feierliche Salbung König Pippins, seiner Gemahlin und jetzt auch seiner Söhne erfolgte durch den Papst zu Saint-Denis. Der Heilige Vater drohte bei Wahl eines Königs aus anderer Familie mit dem Kirchenbann und erschwerte dadurch die Rückkehr zum früheren Herrscherhaus ebenso wie etwa die Erhebung der Nachkommen Karlmanns. Bei der Salbung übertrug er Pippin und dessen Söhnen die Würde eines *patricius Romanorum*, an sich nur der höchste spätrömische Rangtitel (geschaffen von Konstantin I.), ohne amtliche Befugnisse. Da dieser Titel aber in Italien bis vor kurzem vom Exarchen von Ravenna und dem *dux* (Herzog) von *Rom* geführt worden war, verbindet sich mit diesem Titel unwillkürlich die Vorstellung von Aufgaben und Pflichten. Pippin tritt nun an diese Stelle, als Schutzherr der römischen Kirche und des römischen Italien, nur daß er kein Untertan des Kaisers war. Im übrigen hat Pippin den Titel nie geführt, zu dessen Verleihung Byzanz auch wohl schwerlich den Auftrag gegeben hätte. Nach dem Vertrag kam es zum siegreichen Krieg mit den Langobarden (754), wobei zum erstenmal seit dem 6. Jahrhundert wieder fränkische Heere die Alpen überstiegen. Als dann Aistulf die Friedensbedingungen nicht erfüllte, folgte 756 ein zweiter Krieg, der wiederum mit dem Sieg der Franken endete und zur Gründung des *Kirchen-*

staates führte. Danach gab Pippin das Exarchat nicht den Oström-
ern zurück, sondern überließ es dem Heiligen Vater zu selbständiger Verwaltung unter fränkischem Schutz, mochte das
päpstliche Gebiet auch dem Namen nach noch zum Oströmischen Reich gehören und die volle Lösung von Byzanz erst in
den nächsten Jahrzehnten erfolgen. Das Eingreifen des Frankenkönigs hat somit die Einigung Italiens durch die Langobarden verhindert, die sonst vielleicht noch möglich gewesen wäre.
Die Fortdauer der politischen Zerrissenheit der Halbinsel, die
weltliche Herrschaft des Papsttums und seine enge Verbindung
mit dem Fränkischen Reich, dann mit Deutschland, hängen damit zusammen. Pippin hat damit den Weg eingeschlagen, auf
dem Karl der Große weitergeschritten ist und in dessen Richtung das *abendländische Kaisertum* und die Romzüge der deutschen Könige liegen.

Wer vermag zu sagen, wie anders die Geschicke Deutschlands
und Italiens ohne Pippins Eingreifen jenseits der Alpen verlaufen wären?

Die weltliche Herrschaft des *Papstes* hatte sich von *Rom* aus allmählich entwickelt. Dazu kamen nun die Gebiete im Nordosten, in denen er durch die Schenkung Pippins die Erbschaft
des *Exarchats* antrat, beide Teile durch einen schmalen Streifen
über *Perugia* und *Gubbio* verbunden. Stephan II. und seine
Nachfolger gingen sogleich auf Erweiterung aus: Rückstellung
anderer, früher zum Exarchat gehörenden Städte, wie *Ancona*
und *Bologna,* war das Ziel. Der plötzliche Tod Aistulfs (756)
und die Unterstützung von dessen Nachfolger *Desiderius* gegen
einen anderen Thronbewerber boten Anlaß zu Zugeständnissen
des Desiderius, die er freilich nur zum Teil erfüllte. Die Verhandlungen darüber und über die Herausgabe der Patrimonien im
langobardischen Gebiet zogen sich Jahre hin, in denen Pippin immer wieder den päpstlichen Wünschen diplomatischen Beistand
gewährte. Dabei war die Rechtslage des neuen Staatswesens
unklar: formell wurde die Zugehörigkeit zum Oströmischen
Reich noch anerkannt, trotz der selbständigen Verwaltung
des Gebietes und obwohl ein dem Kaiser nicht untertäniger,

mächtiger Ausländer als *patricius Romanorum* an Stelle des
Exarchen die tatsächliche Unabhängigkeit von Byzanz verbürg-
te. Es war ein Übergangszustand, den man zunächst vergeblich
auf eine staatsrechtliche Formel zu bringen bemüht war.

Der letzte Teil von Pippins Regierung war vor allem erfüllt vom
Kampf um *Südwestfrankreich*. Das Reich wurde dadurch nach
Osten und Süden und hier bis an seine natürlichen Grenzen ausgedehnt. Die *Sachsen Westfalens* bestrafte Pippin für ihre Aufstände von den Jahren 753 und 758. Sie mußten Treue schwören,
Geiseln stellen und Tribut zahlen. Der nun mündig gewordene
Tassilo von Bayern huldigte 757 zu *Compiègne* mit seinen Großen dem König, er leistete den Eid als Vasall und erkannte damit
die Oberlehensherrschaft des Frankenkönigs an. Zum erstenmal
wird der *Lehnsbegriff* auf das *Staatsrecht* ausgedehnt. Dem Herzog blieb aber weitgehende Selbständigkeit, die sich in Verwaltung, Rechtspflege und Gesetzgebung Bayerns äußerte. In dem
noch von Goten bewohnten, aber von Arabern besetzten *Septimanien* hatten sich schon 752 mehrere Städte ergeben. Die Eroberung des wichtigsten Bollwerks *Narbonne* gelang 759 im
Einverständnis mit den gotischen Bewohnern. Die Wirren im
Orient erklären den geringen Widerstand der Araber. Nach
Gewinnung Septimaniens war *Aquitanien* im Norden, Osten
und Süden bedroht. Offener Widerstand war hier seit 745 nicht
mehr erfolgt, aber die Abhängigkeit war eine lockere geblieben,
zumal unter dem tatkräftigen Herzog *Waifar*. So war es nur eine
Frage der Zeit, wann auch dieses letzte Gebiet südlich der Loire
wieder in engere Verbindung mit dem Frankenreich kommen
würde, und Pippin hat die Unterwerfung des Landes sogleich in
Angriff genommen. Acht Feldzüge führte er, unter hartnäckigem Widerstand Waifars, von 760–768.

Beim Feldzug von 763 hatte König Pippins eben gewonnener
Vasall, Tassilo von Bayern, das Heer verlassen und war in die
Heimat zurückgekehrt. Dieser verhängnisvolle Schritt verschaffte ihm zwar für den Augenblick die Unabhängigkeit. Aber
noch bei seinem Sturz nach einem Vierteljahrhundert (788) hat
man ihm diesen Treuebruch vorgehalten. Nach der Wiederauf-

nahme des Krieges drangen die fränkischen Heere von 766 an immer weiter in Aquitanien vor, und schließlich fand Waifar auf der Flucht den Tod durch die Seinen. Damit war Aquitanien dem Reich zurückgewonnen. Aus diesem Krieg ist Pippin aber todkrank heimgekommen. Am 24. September 768 ist er im Kloster Saint-Denis, vierundfünfzigjährig, gestorben. Vor seinem Tod teilte er noch (wie sein Vater) unter dem Beirat seiner Großen das Reich unter seine Söhne zu gleichen Teilen, in der Weise, daß jedem germanische und romanische Gebiete zufielen: *Karl* erhielt *Austrasien,* den größten Teil *Neustriens* und das westliche Aquitanien; der jüngere, *Karlmann,* bekam *Alemannien, Elsaß, Burgund* und die *Provence,* das *östliche Aquitanien* und *Septimanien,* so daß der Anteil Karls im Halbkreis den des Bruders umgab. Bayern unter seinem Herzog wurde, wie auch 741, damals noch bei Aquitanien, in die Teilung nicht mit einbezogen. Pippin war eine echte Herrschernatur und ein Bahnbrecher in der Geschichte des Abendlandes. Mit seiner Krönung zum König hat Pippin der einzigartigen Persönlichkeit seines Sohnes Karl den Weg zu weltgeschichtlicher Größe vorbereitet.

DRITTES KAPITEL

Karl der Große

ALS GEBURTSJAHR KARLS nennen die Annalen 742 und 747. Die erste Angabe verdient den Vorzug. Die Nachrichten über seinen Geburtsort sind durchwegs wertlos. Sein jüngerer Bruder, Karlmann, soll 751 geboren worden sein. Gelegentlich treten beide schon bei Lebzeiten ihres Vaters hervor, so Karl beim Empfang *Stephans II.*, beide bei den Vorgängen von Quierzy und Saint-Denis und in den Kriegen gegen Aquitanien. Da König Pippin die Erbfolge geordnet hatte, wurden beide Söhne am selben Tag, am 9. Oktober 768, Karl in *Noyon* und Karlmann in *Soissons,* auf den Thron gehoben und gesalbt. Sie hätten unter günstigeren Verhältnissen die Regierung beginnen können, als sie seinerzeit König Pippin und seinem Bruder beschieden waren, aber es hat sich hier wieder einmal ereignet, daß zwei Brüder von Hader entzweit waren.

Nur *Aquitanien* wollte den Wechsel der Regierung zur Erkämpfung seiner Unabhängigkeit benützen, und zwar unter der Führung *Chunoalds,* der nach dem Tod seines Sohnes Waifar das Kloster verließ und sich neuerlich auf den Herzogstuhl zu schwingen versuchte. Aber Karl wußte der Lage Herr zu werden.

Karls Kriege

Obwohl ihm Karlmann bei einer Zusammenkunft Kriegshilfe verweigerte, hat Karl Chunoald zur Flucht zum Baskenherzog

Lupus zu zwingen vermocht, der dann die Auslieferung des Flüchtlings nicht zu verweigern wagte (769). Der Königinmutter *Bertrada* (oder Berta) ist es im folgenden Jahr für einige Zeit gelungen, den Zwist ihrer Söhne zu schlichten. Mit Hilfe *Sturms*, des alten Mitarbeiters des heiligen Bonifatius, bewirkte sie nicht nur eine engere Beziehung zwischen dem abtrünnigen Tassilo und den Franken, sondern leitete auch eine Familienverbindung mit dem Langobardenkönig *Desiderius* ein, dessen Tochter *Desiderata* ihr ältester Sohn Karl heiratete. Deren Schwester *Liutberga* hatte sich mit Tassilo vermählt. Zur Durchführung ihrer Befriedungspolitik hat die Königinmutter mehrfach Reisen unternommen: zu Tassilo, zu Desiderius und auch zu Papst *Stephan III.*, dem Nachfolger Pauls I. (768–772), der in einer Verbindung von Franken und *Langobarden* nicht mit Unrecht eine Bedrohung des *Kirchenstaates* erblickte, zumal eine weitere Tochter des Desiderius, *Adelberga,* den Herzog *Arichis von Benevent* geehelicht hatte. Der Heilige Vater stellte sich daher, zunächst freilich vergeblich, gegen die Heirat Karls. Der Vermittlung der Königinmutter gelang es jedoch, den Papst zu beruhigen, vor allem wahrscheinlich deshalb, weil sie Desiderius bewog, ihm vorenthaltene Patrimonien in *Benevent* zurückzugeben. Ob Karlmanns Gemahlin *Gerberga* eine Schwester von Karls Gattin war, steht nicht fest. Jedenfalls erfolgte in *Rom* ein völliger Umschwung der Politik.

Durch das Eingreifen des Desiderius gewann dort eine langobardische Partei die Oberhand. Papst Stephan III. schloß sich ihm an, die fränkisch gesinnte Gegenbewegung wurde gestürzt, ihre Führer *Christophorus* und *Sergius* wurden geblendet, das von Bertrada errichtete Friedensgebäude stürzte zusammen, und Desiderius triumphierte. Aber die Herrlichkeit währte nicht lang. Vor allem war im Frankenreich am 4. Dezember 771 König Karlmann gestorben, und ohne Rücksicht auf dessen unmündige Söhne bemächtigte sich Karl der Herrschaft des Gesamtreiches. Er wurde von den Großen des anderen Gebietes zu *Corbeny* im Department Aisne als König anerkannt und gesalbt, womit die Reichseinheit wieder einmal erneuert schien. Darauf-

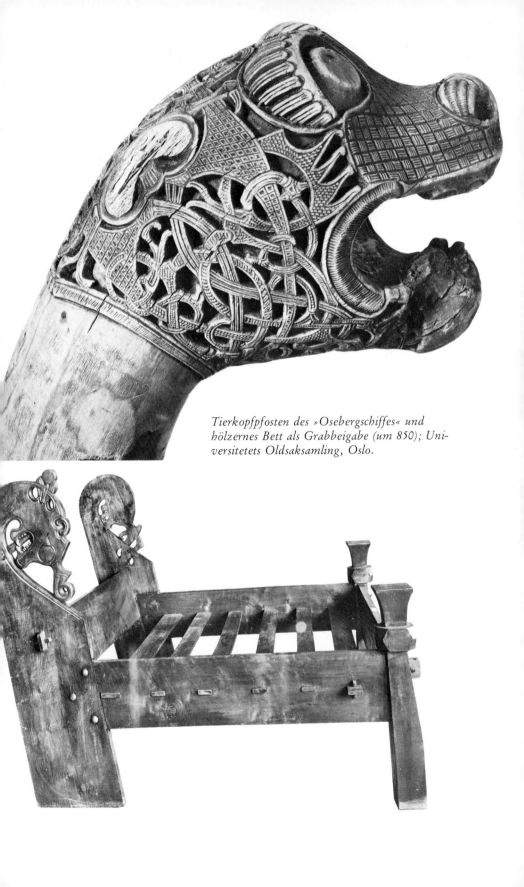

Tierkopfpfosten des »Osebergschiffes« und hölzernes Bett als Grabbeigabe (um 850); Universitetets Oldsaksamling, Oslo.

Schlitten und Wagen als Grabbeigaben aus dem »Osebergschiff«
(um 850); Universitetets Oldsaksamling, Oslo.

hin begab sich die Witwe Karlmanns, Gerberga, mit ihren Kindern schutzflehend zu König Desiderius, der sich selbstverständlich der Ansprüche der Verwaisten annahm und vom Papst verlangte, daß er sie zu Königen salbe. Ebenso begreiflich allerdings war, daß Karl nunmehr mit der langobardischen Politik seiner Mutter brach und sich auf eigene Füße stellte. Er verstieß seine Gemahlin und schickte sie zu ihrem Vater zurück, dann vermählte er sich mit der jungen Alemannin *Hildegard*. Aber auch in Rom wendete sich um diese Zeit das Blatt; eben (772) war Papst Stephan III. gestorben und *Hadrian I.* gewählt worden, ein Mann aus vornehmer Familie, der vom ersten Tag an gewillt war, unabhängig zu regieren.

Wohl machte Desiderius einen Versuch, sein Ziel mit Gewalt zu erreichen. Aber als er sich Rom näherte, seine fränkischen Schutzbefohlenen mit sich führend, stieß er auf entschlossenen Widerstand des neuen Papstes, der die Kirchen von Sankt Peter und Sankt Paul schließen ließ und deren kostbaren Schmuck in die Stadt geschafft hatte, denn die Peterskirche steht auf dem rechten Ufer des Tiber in einem Viertel, das damals außerhalb der Stadt lag. Erst *Leo IV.* (848–852) hat den ganzen Bezirk zum Schutz gegen die Streifzüge der *Sarazenen* mit einer vierzig Fuß hohen Mauer (1 Fuß = rund 0,30 m) und Rundtürmen umgeben lassen und wurde damit der Schöpfer der nach ihm benannten *Civitas Leonina*. Der Papst sah sich gezwungen, die fränkische Hilfe anzurufen, und nach vergeblichen Verhandlungen mit den Langobarden setzte Karl 773 mit zwei Heeren über die *Alpen*. Er selbst überstieg an der Spitze der Hauptmacht den Mont Cenis, sein Oheim Bernhard den Großen Sankt Bernhard. Die stark befestigte Enge bei Susa wurde umgangen. Nach der Vereinigung mit Bernhard belagerte der Frankenherrscher vom September an die Hauptstadt *Pavia*, machte dazwischen auch einen Zug nach *Verona*, wo sich der langobardische Kronprinz *Adalgis*, einst mit Karls Schwester Gisela verlobt, mit Karlmanns Witwe und deren Kindern zu verteidigen versuchte. Die Feste wurde zur Übergabe gezwungen, Gerberga geriet in die Hand des Feindes, während Adalgis nach Byzanz entkam.

Mittlerweile nahm der Abfall in den Reihen der Langobarden immer mehr zu, und Hadrian versuchte den vorauszusehenden Zusammenbruch des Reiches zur Ausbreitung der päpstlichen Herrschaft in Mittelitalien zu benützen. Vor allem brachte er das *Herzogtum Spoleto* unter seine Oberhoheit. Da kam *Karl* zu Ostern 773, während der Belagerung Pavias, zur Überraschung Hadrians I. nach *Rom*. Er wurde feierlich empfangen, und Papst und König beschworen am Grab des Apostelführers Petrus die Bündniseide von 754. Karl erneuerte dabei das damals von ihm geleistete *Schenkungsversprechen* seines Vaters von *Quierzy* und ließ Exemplare der Urkunde am Grab Petri niederlegen, deren Inhalt allerdings ebenso umstritten ist wie der der seinerzeitigen. Nach seiner Rückkehr wurde Pavia im Juni 774 zur Übergabe gezwungen, und Desiderius und seine Familie verschwanden in fränkischen Klöstern. Karl nahm das Langobardenreich in Besitz, ohne es vorerst förmlich dem Fränkischen Reich einzuverleiben. Doch führte er von jetzt an den Titel *rex Langobardum* und *patricius Romanorum*. Wohl entstand noch einmal eine Verschwörung langobardischer Herzoge unter der Führung des *Adalgis,* in Hoffnung auf byzantinische Hilfe, aber der Tod Kaiser Konstantins V. 775 hinderte die Ausführung. Eine vereinzelte Erhebung des Herzogs *Hrodgaud von Friaul* wurde von Karl leicht niedergeschlagen. Bald wurden fränkische Grafen neben einheimischen eingesetzt, wie auch in der Folge zahlreiche Angehörige des Frankenreichs als hohe Beamte nach Italien kamen, an dessen Verwaltung aber nicht viel geändert wurde. Wenn Karl sich jetzt *patricius Romanorum* nannte, so bedeutete seine Schutzherrschaft nunmehr, da er selbst ein Nachbar des Kirchenstaates geworden war, etwas anderes als zu der Zeit, zu der er keine territorialen Interessen im Land hatte und bei Schenkungen an den heiligen Petrus nur über fremden Besitz verfügte. So erfolgten schon bald nach 774 Reibungen zwischen dem sehr bedeutenden Hadrian und dem neuen Herrn Italiens. Über die Ausführung des Versprechens Hadrians wurde ununterbrochen verhandelt. Auch Spoleto, über das der Papst schon einen Herzog gesetzt hatte, nahm Karl unter seine Oberhoheit.

Es kam erst 781 zu einer Verständigung der beiden Mächte, als Karl wieder nach Rom zog und Ostern dort verbrachte. In einem neuen Vertrag wurde die Herrschaft Hadrians im *Ducat* [1] von Rom und dem durch die Selbständigkeitsbestrebungen des Erzbischofs von Ravenna bedrohten *Exarchat* sowie in der *Pentapolis* anerkannt.

Größere Ansprüche jedoch, wie die auf Spoleto, mußte Papst Hadrian I. fallenlassen. Wenn er erstmals Urkunden nicht mehr nach den Jahren der oströmischen Kaiser (zuletzt 772), sondern nach eigenen Jahren (zuerst 781) datierte und als erster Papst *Münzen* mit seinem Namen und Bildnis schlagen ließ, so sei erwähnt, daß auch Karl nach 774 in Rom als Patricius Münzen geprägt hat. Bei jenem römischen Aufenthalt zu Ostern 781, bei dem eine Verlobung seiner Tochter *Hrotrud* mit dem Sohne der byzantinischen Kaiserin Irene, *Konstantin VI. Porphyrogenetos,* zustande kam, die allerdings 787 gelöst wurde, gab Karl der äußerlich selbständigen Stellung Italiens im Reich neuen Ausdruck: er ließ damals seinen vierjährigen Sohn *Pippin* von Papst Hadrian taufen und zum *König von Italien* salben, seinen Jüngsten, *Ludwig,* zum *König von Aquitanien.* Um damit die Sonderstellung dieser Reiche anzuerkennen, ließ er die jungen Könige dort aufwachsen und unter bestellter Vormundschaft regieren, natürlich unter seiner Oberhoheit und seinem entscheidenden Einfluß. Weniger entscheidend wurde dieser Einfluß allerdings in *Süditalien,* wo Karl auch einzugreifen versuchte und damit den Anfang jener nicht gerade glücklichen unteritalienischen Politik machte, an der die deutschen Könige so oft scheitern und schließlich verbluten sollten. Nach dem Ende des Langobardenreiches hatte das große *Herzogtum Benevent* unter dem Schwiegersohn des Desiderius, *Arichis,* dem Schwager Adalgis' und Tassilos, der sich nun *princeps* (Fürst) statt wie bisher Herzog nannte, die volle Unabhängigkeit erlangt. Anscheinend auf Betreiben Papst Hadrians hat Karl 787 einen Feldzug gegen Arichis unternommen und ihn zur Anerkennung seiner Oberhoheit gezwungen. Aber die Unterwerfung war von Anfang an nur eine oberflächliche, und der Sohn des Arichis, *Gri-*

moald, mit einer byzantinischen Prinzessin vermählt, hat sich der Abhängigkeit schließlich zu entziehen gewußt. Dem Namen nach ist auch etwa 788 das oströmische *Istrien* unter fränkische Herrschaft gekommen, die sich immerhin über einem Großteil der Halbinsel behauptete. Nur im Nordosten und Süden blieben die griechischen Gebiete ebenso außerhalb wie der Kirchenstaat und schließlich Benevent.

Unmittelbar nach dem Tod Karlmanns ging Karl an ein Unternehmen, das schon sein Großvater in Angriff genommen und sein Vater energischer betrieben hatte: an den Kampf gegen die Sachsen, deren Unterwerfung allerdings erst nach dreißigjährigem, blutigem Ringen gelang. Die *Sachsenkriege* fügten den letzten deutschen Stamm des Festlandes dem Frankenreich ein und ermöglichten dadurch erst das spätere Deutsche Reich. Die Sachsen waren seit Jahrhunderten in Grenzkämpfe mit den Franken verwickelt. Zuletzt hatten Karl Martell, Karlmann und König Pippin sie teilweise zur Tributpflicht gezwungen, aber ohne dauernde Erfolge gegenüber diesem tapferen, zäh an seinen Göttern, Sitten und seiner Freiheit hängenden Volk. Es bildete eine *aristokratische Republik,* die in vier Hauptgruppen und in viele *Gaue* zersplittert war, die nur in Kriegszeiten einen dieser *Gaufürsten* als gemeinsames Oberhaupt, als Herzog, anerkannte und sie einer geeinten Frankenmacht gegenüber auf die Dauer widerstandsunfähig machte. Die Zersplitterung bewirkte aber auch, daß der in einem Gau kaum gedämpfte Aufstand in einem anderen emporflackerte. Erst nach ungefähr zwanzig Feldzügen führten die Erschöpfung des Volkes und das Heranwachsen eines an Frankenherrschaft und Christentum bereits gewöhnten Geschlechts zur Beendigung der Kriege.

Der erste Abschnitt dieser harten Feldzüge reicht etwa von 772 bis 780. Doch ist es fraglich, ob die Anfangsphase dieses Abschnitts schon ein anderes Ziel hatte als die übliche Bestrafung von Raubzügen und ob Karl sich nicht erst im weiteren Verlauf die wirkliche Unterwerfung und dann auch die *Christianisierung* des Stammes zur Aufgabe machte. Der Angriff richtete sich 772 gegen den südlichen Teil des *Engerngebietes.* Die *Eresburg* wurde damals erobert, die heilige *Irminsul,* der Hochsitz des heidnischen Gottes, zerstört. Obwohl König Karl verheerend über die Weser bis zur Oker vordrang, die *Ostfalen* zur Unterwerfung zwang, die Engern bei Bückeburg und zuletzt die *Westfalen* besiegte, gab es anfangs mehr Verträge als kriegerische Aktionen. Daher ist der Erfolg lange Zeit hindurch nur scheinbar, wenngleich bereits 776 von einem Massenübertritt zum Christentum die Rede war. Im folgenden Jahr hielt der König einen *Reichstag zu Paderborn* ab, auf dem sich die Sachsen nach heimischem Brauch mit ihrem Eigen und ihrer Freiheit für ihre Treue verbürgen mußten und auf dem auch Missionssprengel errichtet wurden. Aber schon unmittelbar darauf schürte ein vornehmer Westfale, der *Edeling Widukind,* der 777 zu den Dänen geflohen war, an einem neuen Aufstand, dessen Unterdrückung viel Blut und Härte nötig machte. 780 und 782 wurden zu *Lippspringe Reichstage* abgehalten; vielleicht wurde auf dem letzten die vielbesprochene *Capitulatio de partibus Saxoniae* mit ihren strengen Bestimmungen erlassen. Die Zeit der Festsetzung ist sehr umstritten, sie erfolgte etwa zwiscchen 775 und 799. Als Ziele treten darin deutlich die Einführung des fränkischen *Königsbannes,* die Einsetzung von *Grafen,* zum Teil schon aus dem Sachsenvolk, die Unterdrückung des *Heidentums* und seiner Bräuche, darunter der Menschenopfer und Leichenverbrennung, sowie der Zwang zur *Taufe* für groß und klein hervor; ferner der Schutz der *Kirchen* und ihre Ausstattung mit Gütern und mit dem *Zehnten.* All dies unter Androhung des Todes und schwerer Geldstrafen, alles, auch die Einführung des Christentums, höchst politische und durchdachte Maßregeln, keineswegs vom hingebungsvollen Geist der Heidenbekehrung diktiert.

Der zweite Sachsenkrieg (782–785) setzte ein, als der Zehnte und die Härte der Strafen die Sachsen zu einer neuen Erhebung trieb. Zur Heeresfolge gegen die *Sorben* aufgerufen, vernichteten sie ein fränkisches Heer am *Süntelgebirge,* worauf sich Widukind wieder zu den Dänen flüchtete und Karl furchtbare Rache nahm: 4500 Aufständische ließ er zu *Verden* an der Aller niedermetzeln. Man hat vergeblich versucht, ihn von dieser Tat reinzuwaschen und die angegebene große Zahl auf ein Mißverständnis zurückzuführen. Möglicherweise ist Karl vom sächsischen Adel ins Land gerufen worden, einem Adel, der seine politische Stellung von den unteren Schichten bedroht fühlte. Es ist nicht zu leugnen, daß vor allem in diesem Stadium des Kampfes die angedeuteten Gegensätze zwischen der herrschenden Klasse und dem eigentlichen Volk, zu dessen Wortführer sich Widukind gemacht hatte, die Franken immer mehr stärkten, Schützenhilfe vom sächsischen Adel mit der Einräumung größerer Rechte bezahlt werden mußte. So sind auch die Verurteilten von Verden von ihren eigenen Landsleuten ausgeliefert worden. Ein allgemeiner Aufstand war die Folge des Gerichtes von Verden. Die östlichen *Friesen* wurden nach fünfzig Jahren der Ruhe von Widukind mit hineingerissen, aber Karl drang, alles niederwerfend, schließlich bis zur *Elbe* vor. An ihrer Sache verzweifelnd, unterwarfen sich die sächsischen Führer, darunter Widukind, 785 zu *Attigny* und empfingen die Taufe.

Nunmehr waren die Sachsen für einige Zeit befriedet. Die *kirchliche Organisation* machte Fortschritte, und der northumbrische Missionar *Willehad* wurde 787 für Bremen als erster sächsischer Bischof geweiht. Zwar leisteten die Sachsen Heeresfolge in den Kriegen gegen die *Bayern, Slawen* und *Awaren,* während der Awarenkriege brachen allerdings neue Aufstände aus, die jedoch in der Hauptsache auf den Norden beschränkt blieben. Dennoch bedurfte es eines dritten Krieges (792–804) gegen die Sachsen, um ihren Widerstand endgültig zu brechen. Die *Abodriten* [2] in *Mecklenburg* waren hier Karls Helfer, der 795 mit *Massenumsiedlungen* begann. Tausende von Sachsen wurden mit Weib und Kind aus der Heimat weggeführt und in anderen Teilen des Landes angesiedelt, ihr Besitz wurde an Franken, in Holstein auch an Slawen vergeben. Dieses Vorgehen ist keine Erfindung Karls des Großen. Konstans II. (641–668) von Byzanz hat nach dem Ende seines slawischen Feldzuges im Jahr 658 Umsiedlungen größerer Massen von Slawen nach Kleinasien veranlaßt, eine Politik, die sein Enkel Justinian II. (685–695 und 705–711) fortgesetzt hat, indem er um 688 nach seinem Feldzug in Makedonien einen Teil der unterworfenen slawischen Stämme aus ihrer Heimat fortführte und sie in dem durch die Araber verwüsteten Gebiet der Provinz Bithynien ansiedeln ließ. Auf diese Weise wurden hier nach dem Vorbild der Reformen des Stammvaters dieser Dynastie, Herakleios, Soldatengüter geschaffen. Sie wurden gegen Verpflichtung der erblichen Heeresdienstleistung als erbliches Besitztum ausgeteilt. Ähnlich waren die Bedingungen bei den Laeten der Spätantike. Es waren also Militärkolonisten, die einen Ersatz für die in den verschiedenen Kriegen erlittenen Einbußen an Menschen bildeten und die Stärke der regulären Streitkräfte erhöhen sollten. Ähnlich machte es auch König Karl, wenngleich auf den Rat *Alkuins* hin doch schließlich mildere Seiten aufgezogen wurden. In dem 797 unter Mitwirkung von Sachsen beschlossenen *Capitulare Saxonicum* wurden die Strafen verringert, und die Todesstrafe wurde durch *Verbannung* ersetzt. Die kirchliche Organisation wurde, nachdem 804 jeder Widerstand erloschen war, im Anschluß an die *Kirchenprovinzen Mainz* und *Köln* ausgebaut. Unter Karl wurden die *Bistümer* Münster und Osnabrück für *Westfalen* gegründet, bei den *Engern* Paderborn, Minden, Bremen und Verden.

Während der wechselnden Sachsenkriege hatte sich Karl, wieder in Erinnerung an die Erfolge König Pippins, auf ein anderes Unternehmen eingelassen, diesmal in *Südfrankreich*. Auf dem *Reichstag zu Paderborn* waren nämlich der Statthalter von Barcelona, *Ibn Al Arabi*, und andere *Gegner des Omaijadenemirs von Córdoba* erschienen, um Karls Hilfe gegen diesen zu erlangen. Karl ging darauf ein und überschritt mit zwei Heeren die Pyrenäen. Doch hat der Erfolg den Erwartungen nicht entsprochen. Die christlichen *Basken* widerstrebten, Pamplona mußte erobert werden, Saragossa ergab sich auch dem vereinten Heer nicht. Äußerliche Unterwerfung einzelner Städte und Emire war der ganze Erfolg, dafür wurde aber die Nachhut des Heeres in den Schluchten der Pyrenäen, der Sage nach bei *Roncesvalles*, von Basken vernichtet. Unter den Gefallenen befand sich auch der Graf der bretonischen Mark, *Hruodland (Roland)*, dem Sage und Dichtung seit dem 11. Jahrhundert Unsterblichkeit verliehen haben. Karl war aber nicht der Mann, Angefangenes aufzugeben, und er hat deshalb *Aquitanien* als Stützpunkt für weitere Eroberungen besser gesichert. Sein 778 geborener Sohn *Ludwig* wurde dort König und ist hier einem vornehmen Goten, *Benedikt, Abt von Aniane* in *Septimanien,* nahegestanden, der ein Vorkämpfer für die strenge Mönchsregel seines Namensvetters Benedikt von Nursia war und in Ludwigs kaiserlicher Zeit von Kornelimünster aus für die *Klosterreform* beispielgebend wurde. Von Septimanien aus hat die fränkische Herrschaft auch bald wieder jenseits der Pyrenäen festen Fuß fassen können. Nach weiteren lokalen Kämpfen, in denen sich auch der gleichfalls sagenumwobene Graf *Wilhelm von Toulouse* hervortat (in der Sage *Guillaume d'Orange* oder *Giullaume au court nez,* da er im Kampf mit einem Riesen die Nasenspitze verlor), konnte die *Spanische Mark* 795 errichtet werden, die sich am Südfuß der Pyrenäen unter manchen Wechselfällen bald von dem 801 zur Übergabe gezwungenen Barcelona bis Pamplona und nahe an den oberen Ebro erstreckte. Sie war so eine Seitendeckung für *Asturien,* dessen König *Alfons II.* freundliche Beziehungen zu Karl unterhielt, und bildete den Keim für Katalonien, Aragonien und Navarra. Auch die balearischen Inseln suchten 799 Schutz beim Frankenherrscher und boten ihm Anlaß zum Bau von Schiffen. Die gemeinsame Gegnerschaft gegen die Omaijaden und gegen Byzanz führte seit 797 zu einer Annäherung an *Harun Ar Raschid* (den die Franken *Aaron* nannten), den abbassidischen Kalifen des Ostens. Austausch merkwürdiger Geschenke, Gestattung von Pilgerfahrten, wechselseitige Glaubensduldung bei den Untertanen und ein gewisses Schutzrecht Karls über die heiligen Stätten in *Jerusalem* waren die Frucht dieser politisch sonst bedeutungslosen Verbindung, in der aber immerhin die Weltgeltung Karls ihren Ausdruck fand.

Das Bewußtsein dieser Geltung war es auch, das Karl sich gegen das letzte der Stammesherzogtümer, gegen *Tassilo von Bayern,* wenden ließ. Die große Selbständigkeit dieses Bezirks, der um das Gebiet der unter bayerische Oberhoheit gekommenen und von Salzburg aus christianisierten Alpenslawen, der *Karantanen*, erweitert war, wo eigene Versammlungen der Großen und Landessynoden abgehalten wurden, wo die Erblichkeit der Herzogswürde im Haus der *Agilolfinger* für die Stellung des Landes bezeichnend war, mußte schon längst ein Dorn im Auge der Franken sein. Wohl war Tassilo nach jenem Abfall von 763 mit Karl 770 ausgesöhnt worden, als *Bertradas* Ehevermittlungen Erfolg hatten, wohl hatten Bayern am Spanienfeldzug teilgenommen, aber das Mißtrauen Karls gegen den Schwiegersohn des Desiderius blieb bestehen, da Tassilos Besitz der Ostalpenpässe vor allem die Verbindung zu Italien gefährden konnte. Die Huldigung Tassilos 781 zu *Worms* beseitigte die Spannung nur vorübergehend, und als die Sachsen 785 wieder einmal unterworfen schienen, kam es zum entscheidenden Vorgehen gegen den Herzog, der während Karls Anwesenheit in Rom 787 um Vermittlung des Papstes bat, von Hadrian I. aber für den Fall des Treuebruchs mit dem Kirchenbann bedroht wurde. Von drei Heeren Karls noch im selben Jahr bedrängt, unterwarf er sich ohne Kampf auf dem *Lechfeld* und erneuerte den Vasalleneid. Aber nach fränkischen Quellen trat er dann in verräterische Beziehungen zu den *Awaren*, und als er auf Karls Geheiß 788 auf einer *Reichsversammlung zu Ingelheim* erschien, wurde er festgehalten und auf Anklagen hin, die noch bis 763 zurückgingen und wohl nur Vorwände zu seiner Unschädlichmachung waren, von dieser Versammlung zum Tode verurteilt. Karl begnadigte ihn schließlich zur *Verbannung in ein Kloster*. Diese Verbannung wurde auf sämtliche Familienmitglieder der Agilolfinger ausgedehnt. Als Tassilo ins Kloster eintrat, sollte ihm nach der Sitte der Zeit das Haupt geschoren werden. Er erwirkte von Karl, daß dies nicht vor dem Reichstag, sondern bei anderen Gelegenheiten stattfand. Die Prozedur wurde in Sankt Goar vollzogen, der Aufenthaltsort des Herzogs wurde das *Kloster Jumièges*. Seine Söhne *Theodor* und *Theodebert* wurden Mönchen in Sankt Maximin bei Trier. Auch die Mutter, die Langobardin *Liutberga*, wurde Nonne, ebenso ihre beiden Töchter, von denen die eine den Schleier in Chelles bei Paris, dem Zufluchtsort

Balthildes und der *Swanahild*, nahm, die andere in Laon. Bayern
wurde daraufhin der Verwaltung des Grafen *Gerold*, Karls
Schwager, unterstellt, die bayerische Kirche wurde ein Glied der
fränkischen. Karl ließ sie durch *Leo III.* 798 zu einer besonderen
Kirchenprovinz mit *Salzburg* als Metropole und Bischof *Arno*
(785–821), dem Freund Alkuins, als erstem Erzbischof einrich-
ten.

Der Sturz Tassilos, der wohl tatsächlich mit den *Awaren* Fühlung aufgenommen hatte, brachte den Krieg gegen die Awaren
mit sich, einem ural-altaischen Nomadenvolk in den Steppen der
Donau und *Theiß*, wo sie die Sitze der ihnen in Herkunft und
Lebensweise verwandten *Hunnen* nach der Vernichtung der
Gepiden eingenommen hatten. Sie waren, über *Slawen* herr-
schend, den umwohnenden Völkern, besonders den Griechen
und den Langobarden in Oberitalien, nicht ungefährlich, und
791 kam es wegen Grenzstreitigkeiten zum Kampf mit den
Franken. Nach wechselvollem Ringen gelang es dem tapferen,
im Lied verherrlichten Markgrafen *Erich von Friaul* und Karls
Sohn *Pippin*, König von Italien, das innerlich uneinige Volk zu
besiegen, obwohl noch mehr als achthundert kleinere Erhebungen der Awaren ausbrachen. Sie sind aber endlich unter Bulga-
ren, Slawen und Deutschen aufgegangen. Die Einnahme und
Zerstörung ihrer *Awarenring* genannten Verschanzung brachte
kostbare Beute, die so gewaltig gewesen sein soll, daß man Geld-
entwertung und Teuerung als Folge davon angesehen hat. Das
erworbene Land südlich der Drau wurde dem Markgrafen Erich
anvertraut, die unterworfene Bevölkerung wurde von Salzburg,
Passau und Aquileia aus bekehrt. Auf dem Grundsitz der Kirchen und Klöster fanden *bayerische Ansiedler* Wohsitze, besonders in Niederösterreich und Kärnten, und die *Germanisierung*
und Zurückdrängung der *Slowenen* setzte sich fort. Die Grenze
des eigentlichen Reichsgebietes wurde die *Raab*, aber auch die
Landstriche östlich und südlich bis zur *Drau* und *Save* wurden
in Abhängigkeit gehalten. Das Land zwischen Donau und Theiß
blieb wüst. Wenn auch die Einwanderung der *Ungarn* nach einem Jahrhundert die Reichsgrenze nach Westen zurückweichen

ließ, so ist doch für das Deutschtum von Niederösterreich und einem guten Teil der Alpenländer durch die sich nach der Eroberung des Awarenreiches ausbreitenden bayerischen Siedlungen der Grund gelegt worden.

Auch mit den *Slawen* hatte sich der Frankenkönig auseinanderzusetzen, weil infolge der Unterwerfung der Sachsen nördlich von *Thüringen* hier teilweise die Stämme der *Wenden* in eine gewisse Abhängigkeit gerieten, ohne doch wirklich in den Reichsverband aufgenommen zu sein wie die Sachsen. Die *Elbslawen* oder Wenden zerfielen in eine Anzahl einander vielfach feindseliger Stämme, die zu erfolgreichem Widerstand unfähig waren. In Böhmen saßen die *Tschechen,* zwischen Saale und Elbe die *Sorben,* zwischen Elbe und Oder die *Wilzen,* im heutigen Mecklenburg die *Abodriten.* Die letzteren, den Angriffen ihrer dänischen und sächsischen Nachbarn ausgesetzt, waren seit je Verbündete Karls. Ihre Feinde waren die Wilzen in Brandenburg und Vorpommern, gegen die Karl daher seinen ersten Slawenzug unternahm. Sie wurden endgültig 812 zur Anerkennung der fränkischen Oberhoheit gezwungen, das gleiche gelang bei den Sorben unter Auslegung von Befestigungen bei Magdeburg und Halle, die den Grundstock der *thüringischen Marken* bildeten. Auch die Böhmen wurden tributpflichtig, blieben aber im Innern selbständig, wie auch das Heidentum hier nicht von Staats wegen bekämpft und die fränkische Verwaltung nicht eingeführt wurde.

Die Unterwerfung der Sachsen führte ferner zu Kämpfen mit deren Nachbarn im Nordosten, den *Dänen,* deren König *Siegfried* flüchtigen Sachsen, wie *Widukind,* Aufnahme gewährte. Noch vor dem Ende des 8. Jahrhunderts machten sich auch die Anfänge der *Wikingerzüge* bemerkbar, gegen die den Franken eine Flotte fehlte. Schon 799 erschienen die ersten plündernden Scharen an der Küste *Aquitaniens.* Karl hatte im nächsten Jahr die Nordküste des *Frankenreiches* bereist und Schiffe sowie die Küstenverteidigung ausrüsten lassen. Nach der endgültigen Unterwerfung der *Nordalbingier* kam es durch die Vergrößerung des Reiches dann zum Zusammenstoß mit dem mächtigen Dä-

nenkönig *Götrik,* der schließlich zur Sicherung seines Reiches
einen Wall von der in die Eider fließenden Treene bis zur Schlei
bauen ließ, das spätere *Danewerk* (808). Karl dagegen errichtete
Burg Esesfelth an der Stör (heute Itzehoe in Holstein). Doch
dauerten die Feindseligkeiten noch weiter, und erst die Ermordung Götriks (810) brachte einen vorläufigen Frieden mit den
Dänen. Die Fahrten der Wikinger aber waren nur die Vorboten
einer weit schlimmeren Heimsuchung, nämlich jener, die das
Frankenreich seit 834 und vollends nach 841 von den *Norman-*
nen erfuhr.

Mit den Kriegen, die Karl zu einem der erfolgreichsten Eroberer
des Abendlandes machten, ging eine rastlose Tätigkeit auf friedlichem Gebiet einher. Seine Vorgänger waren allmählich der den
Staat auflösenden Stammesherzogtümer Herr geworden, deren
letztes mit dem Sturz Tassilos verschwand. Sie hatten auch die
Kirchenreform im Anschluß an Bonifatius' Wirksamkeit begonnen. Karl baute auf diesen Grundlagen mit Überlegung weiter. Konnte er auch der *Feudalisierung* nicht Einhalt gebieten,
die sich durch den Einfluß der *Lehnsherren* ergab, so hat er doch
den Versuch gemacht, der nun allgemein in kleinen *Grafschaften*
dezentralisierten Verwaltung durch regelmäßige Entsendung
und Aufsicht von *Königsboten* Willkür und Zuchtlosigkeit zu
nehmen und sie mit einheitlichem Geist zu durchdringen. Er
setzte dem Staat auf den verschiedensten Gebieten neue Aufgaben und Ziele, so in einer *Gesetzgebung,* wie sie bis dahin nach
Umfang und Inhalt im Frankenreich unbekannt gewesen war. In
der Sorge für die Schwächeren, in Reformen des Rechtswesens,
auf wirtschaftlichem und geistigem Gebiet gab er seinem Reich
den Charakter eines Kulturstaates von einem seit dem Ausgang
der Antike im Westen nicht erreichten Maß. Damit verband sich
ein theokratischer Zug, da sein Staat schon längst die kirchlichen
Aufgaben in die Hand genommen hatte. Karl wollte im Geist der
Kirche herrschen. Angeblich ist der Gottesstaat des heiligen Augustinus sein Lieblingsbuch gewesen. Geistliche in großer Zahl
wurden seine Mitarbeiter, auch in weltlichen Dingen. Ausbreitung und Besserung der kirchlichen Zustände im Innern hat er

als seine Aufgabe angesehen. Aber er hat zugleich seine Herrschaft über die Kirche bis in das Gebiet der Kirchenlehre hinein geltend gemacht und ein *Staatskirchentum* geschaffen. Mit der Tätigkeit für die Kirche und dem Streben nach Hebung der Bildung des Klerus stand auch Karls Sorge für das geistige Leben, für *Wissenschaft* und *Kunst,* im Zusammenhang. Der König selbst sprach Deutsch und Latein und verstand sogar Griechisch. Er versuchte sich in Versen, betrieb Grammatik und andere Studien und hatte, sich des Niedergangs des geistigen Lebens im Frankenreich bewußt, *ausländische Lehrkräfte* an seinen Hof gezogen, insbesondere seit dem Aufenthalt in Italien von 781. Das Aufblühen der Studien im Frankenreich, die *karolingische Renaissance,* ist nun freilich nicht eine Kulturbewegung von so tiefgreifender Art gewesen wie die eigentliche Renaissance. Aber wissenschaftlicher Sinn und künstlerischer Geschmack wurden dadurch immerhin in weite Kreise getragen und haben auch nach Karls Tod fortgewirkt.

Die gewaltige Ausdehnung des Frankenreiches und der kraftvolle Schutz in seinem Innern eröffneten dem Papst die Aussicht, das Ziel seines Strebens, den Zusammenschluß der abendländischen Christenheit, verwirklicht zu sehen. Die Schutzherrschaft über den *Kirchenstaat* hatte Karl mit Macht ausgeübt und den Papst gegen die Langobarden verteidigt. Nun war ein neuerlicher Angriff gegen den Papst *Leo III.* von den *römischen Adeligen* erfolgt, die ihn an Leib und Ehre bedrohten. Der Papst wurde bei einer Prozession überfallen, konnte aber entkommen und eilte hilfesuchend zu Karl über die Alpen (799). Gleichzeitig schickten auch die Feinde des Papstes Botschaften an ihn mit ihren Beschuldigungen. Karl empfing den Heiligen Vater in Paderborn feierlich, versprach eine Untersuchung des Vorfalls und ließ ihn von seinen Königsboten nach Rom zurückgeleiten. Dort untersuchten sogleich Vertreter Karls die gegen den Papst erhobenen Beschuldigungen. Im Herbst 800 zog nun Karl selbst nach Rom, wo die Anklagen in einer großen Gerichtsversammlung von geistlichen, fränkischen und römischen Adeligen in der Peterskirche untersucht wurden. Man verzichtete endlich auf ein Urteil. Die Versammlung stellte es nach dem Grundsatz der Kurie, daß der Papst von niemand gerichtet werden könne, dem Oberhirten anheim, sich durch einen freiwillig geleisteten Eid von der Anklage zu reinigen. Der König führte selbst den Vorsitz in der römischen *Synode*. Hier, inmitten der großen Versammlung geistlicher und weltlicher Würdenträger aller Reichsteile, dürfte man zu dem Beschluß gekommen sein, Karl für die römische Kaiserwürde vorzuschlagen.

Es war also während der Synode genug Zeit, die Krönungsvorgänge vorzubereiten, die sich dann mit scheinbarer Plötzlichkeit und in gewiß nicht bis ins einzelne geregelter Form vollzogen haben. Als am Weihnachtsmorgen 800, mit dem nach damaliger Zeitrechnung das neue Jahr begann, nach der Messe in Sankt Peter, die der Papst selbst gefeiert hatte, sich der König vom Gebet erhob, setzte ihm Leo III. ein Kaiserdiadem aufs Haupt, das schon auf dem Altar bereitlag. Das war das Zeichen für die versammelten Römer, die darauf vorbereitet waren, Karl mit seinem Titel zu begrüßen: »Karl, dem Augustus, dem von Gott gekrönten, großen und friedebringenden Kaiser der Römer, Leben und Sieg!« Darauf vollzog Leo die Huldigung vor dem neuen Herrscher, indem er vor ihm, wie es einem Kaiser zukam, das Knie beugte. Es war eine Handlung römischen Staatsrechts, was sich da abspielte, von Römern ausgeführt, zunächst nur auf Rom und die Römer bezogen und ohne gründliche Überlegung der Folgen. Jedoch schon die Mitwelt hat mehr darin gesehen. Aus fränkischen Kreisen nannte eine zeitgenössische Stimme Karl bereits vor dem 25. Dezember des Jahres 800 den tatsächlichen Kaiser. Ihm habe bisher nur der Titel gefehlt. Einflußreiche Persönlichkeiten haben ähnlich gedacht, haben Karl als den Mann gefeiert, dessen Tatkraft das Römische und das Fränkische Reich zu einem Körper vereinigte, und sie haben auch die Kaiserwürde als Herrschertitel auf den gesamten Umfang fränkischer Macht zu übertragen versucht. Dieser Versuch ist zunächst gescheitert, aber der Gedanke ist in späterer Zeit zu neuem Leben erwacht, und das Reich Karls, gedacht als Erneuerung des *Römischen*

Weltreichs, ist zu einer Idee geworden, von der das Abendland jahrhundertelang beherrscht wurde.

Daß die Form der Krönung den Kaiser nicht zufriedenstellte, ist bekannt. Sie war zumindest nicht durch Verhandlungen mit dem Kaiser geregelt worden, gewiß aber durch eine Übereinkunft zwischen dem Papst und den Römern, denn sonst hätten diese kaum wie auf ein verabredetes Zeichen jene alter Tradition entstammenden Sprechchöre anstimmen können, die nach römischer Ansicht erst das Recht des Kaisers auf seine Herrschaft bestätigten. Das Interesse des Papstes deckte sich hier mit dem des Adels. Denn wie jener einen christlichen Kaiser brauchte, so wollte dieser einen römischen. Was aber beide mit Erfolg auszuschalten versuchten, war die Mitwirkung der fränkischen Großen, indem sie die Vertreter des Frankenvolkes zu untätigen Zuschauern herabminderten. Man hätte in Rom ja schließlich wissen müssen, daß Karl daran war, sich in *Aachen* einen neuen Mittelpunkt seiner Herrschaft über den Erdkreis zu schaffen, so wie einst Konstantin der Große den Sitz des Reiches nach Byzanz verlegt hatte. Daß Karl sich überrumpelt fühlte und seinen Unmut über die unerwartete Krönung auch äußerte, ist eine Tatsache, die sich nicht abstreiten läßt. Wie sich der Vorgang nach dem fränkischen Plan im einzelnen hätte vollziehen sollen, läßt sich heute nicht mehr sagen. Leo III. hat bei der Krönung nicht versucht, sich höheren weltlichen Rang anzumaßen. Er krönte Karl, nachdem dieser sich vom Gebet erhoben hatte, also stehend. Er warf sich sogar nach byzantinischer Sitte vor ihm nieder, zur Verehrung des Gekrönten. Karl der Große jedoch wollte vom gesamten christlichen Volk, nicht von den Römern allein, die Huldigung empfangen.

Im Byzantinischen Reich hat man den Akt von Weihnachten 800 mit verächtlichem Schweigen übergangen. Kaum je fiel hier ein Wort über den westlichen Barbarenkönig, der sich gerade durch die Annahme des byzantinischen Titels *Patricius* schon früher als Untertan des wahren römischen Kaisers gekennzeichnet hatte. Man nahm jedenfalls die Usurpation des Emporkömmlings gar nicht zur Kenntnis.

Die Idee des römischen universalen Kaiserreiches war in der
Vorstellung der Völker noch nicht tot, und sie verband sich mit
dem Begriff der Weltherrschaft. Da aber seit Jahrhunderten der
Papst das geistige Oberhaupt der Christenheit, der Herr Roms
und der Hüter der römischen Überlieferung war, erschien das
neue römische Kaisertum als eine seinem Wesen nach christliche
Einrichtung. Denn das *Kaisertum* war universal und vereinte
neben weltlichen Aufgaben auch religiöse. In diesem *Gottesstaat*, wie ihn der heilige Augustinus geschaut hatte, war die
Macht geteilt zwischen dem Träger der äußeren Gewalt, dem
Kaisertum, und dem Verwalter der religiösen und geistigen Güter, dem Papsttum. Dieses Gottesreich konnte nur bestehen, solang beide Träger der Macht sich gegenseitig stützten und ergänzten. Wer von beiden die führende Rolle spielen würde, hing
im einzelnen von den jeweiligen Zeitverhältnissen und von der
Kraft der Persönlichkeiten ab.

Bei der Aufrichtung jeder Lebensordnung muß zunächst das
Kaisertum in der Vormacht sein, weil es die Sicherung der Menschen, des Staates und seiner Einrichtungen schaffen und ge-
währleisten muß. Erst in einem späteren Zeitpunkt, wenn die
äußere Ordnung hergestellt war, mußte sich das Hauptgewicht
auf die geistigen und religiösen Anliegen verschieben, mußte
also die Kirche mehr in den Vordergrund rücken. Die Probleme
dieser zwei nebeneinanderstehenden Mächte mit weitgehend
gleichen Ansprüchen, ohne genaue Abgrenzung der gegenseitigen Zuständigkeit, bestimmten nach der guten, aber auch nach
der bösen Seite hin im Mittelalter wesentlich den Lauf der Geschichte.

Es ist nur aus der Grundhaltung des mittelalterlichen Menschen
zu erklären, daß auch für mühsam geeinigte Reiche der Grundsatz weiterbestand, den schon die Antike kannte, den Staat unter
alle rechtmäßigen Söhne des Herrschers aufzuteilen, so daß jeder neue Regent wieder von vorn anfangen mußte, wollte er
Zersplitterung und Zerfall seines Anteils verhindern. Auch Karl
der Große hat nach dieser Anschauung im Gesetz von 806, der
divisio imperii, die Thronfolge geregelt. Der Teilungsplan beließ

den schon 781 bestellten Unterkönigen Ludwig und Pippin ihre Länder Aquitanien und Italien und erweiterte sie um angrenzende Gebiete. Dem ältesten Sohn, Karl, sollte der Rest des Reiches zufallen. Alle drei Reichsteile sollten voneinander unabhängig sein, vom Kaisertum ist nicht die Rede. Aber der Tod raffte 810 Pippin und 811 Karl hinweg. Nur der Jüngste, *Ludwig*, blieb übrig. Ihn machte der Vater nun mit Zustimmung einer *Reichsversammlung zu Aachen* (813) zum *Mitkaiser* und Erben des Reiches und ließ ihn, ohne Mitwirkung des Papstes, selbst die Kaiserkrone vom Altar nehmen und aufsetzen. *Bernhard*, der Sohn Pippins, erhielt als Unterkönig das italische Reich seines Vaters unter Oberhoheit Ludwigs. Wenige Monate später ist der Kaiser, der bereits 811 letztwillig über seinen Schatz verfügt und damit namentlich die Metropolitankirchen seines Reiches bedacht hatte, als ein Siebziger nach kurzem Krankenlager am 28. Januar 814 in seiner Pfalz Aachen gestorben. Dort wurde er in der Marienkirche, dem heutigen Münster, beigesetzt, nicht auf dem Thron sitzend, wie spätere Chronisten behaupten, sondern in dem noch erhaltenen römischen Proserpinasarkophag aus Marmor im östlichen Umgang des Oktogons.

Das karolingische Staatswesen

Das Karolingerreich hat mit seiner Ausdehnung nach allen Seiten den ganzen Westen in die Weltgeschichte einbezogen. Es umfaßte alle Völker zwischen *Elbe* und *Atlantischem Ozean*, zwischen *Ostsee* und den *Pyrenäen* und der *Poebene*. Durch Karl ist das Frankenreich zur unbestrittenen Vormacht des Abendlandes emporgestiegen und hat sich gleichberechtigt neben die anderen Großmächte seiner Zeit, das Byzantinische Reich und den Islam, gestellt. An der Spitze stand der *König*. Seine Stellung war unterbaut vom Glauben an die Überlegenheit des Königs und seine göttliche Berufung, die durch die von Pippin eingeführte kirchliche *Salbung* noch an Würde gewann.

Schließlich beruhte die königliche Macht auf der Persönlichkeit und Bewährung des Mannes, der den Thron innehatte.

Karl der Große war dieser starke Mann. Schon körperlich war er von großer, überragender Gestalt. Die Öffnung des Karlsgrabes im Jahr 1861 zeigte das am Knochengerüst ablesbare Körpermaß von 192 cm. Karl bewies Mut und Kraft, konnte große Verantwortung und viele Gefahren auf sich nehmen, steckte sich weite Ziele und brachte auch den Willen zur Ausführung seiner Absichten auf. Die Volksversammlung gewann er durch seine Persönlichkeit und die Kraft seiner Worte. Er führte das Heer mit sicherer Hand, verhandelte erfolgreich mit dem Adel und wahrte seine Rechte in kirchlichen Fragen. Strenge und Gerechtigkeitsliebe leiteten ihn, aber auch Grausamkeit war ihm nicht fremd, wenn er Widerstand erfuhr oder Treubruch erlebte. Doch zeigte er auch Züge rührender Güte, hegte innige Freundschaft und zärtliche Liebe, besonders seinen Töchtern gegenüber. Überall griff er persönlich und mit fester Hand in die Regierungsgeschäfte ein und formte mit Unerschrockenheit das Schicksal des Reiches.

Von Abkunft und Sprache war Karl ein Deutscher und stolz auf sein Volkstum, aber nicht unzugänglich dem Fremden. Bis in sein Alter arbeitete er an sich und mehrte seine Bildung. Durch seine starke Persönlichkeit hinterließ er bei seinen Zeitgenossen einen tiefen Eindruck, und schon bald nach seinem Tod wurde er von der ganzen Welt *Carolus Magnus,* Karl der Große, *Charlemagne* genannt. Auch die deutsche und französische Sage bemächtigten sich seiner; diesen zufolge ist er nicht gestorben, sondern sitzt im Dunkel des *Untersberges* bei Salzburg und wartet auf die Stunde der höchsten Not seines Volkes, um ihm in der letzten Schlacht helfend und entscheidend beizustehen. Sein Name lebt sogar weiter bei den östlichen Völkern. So heißt bei den Tschechen der *König král,* bei den Polen *król,* bei den Madjaren *Király.*

Die Abzeichen der königlichen Macht waren der Speer und die Fahne, wozu unter Karl noch Krone, Zepter und Schwert kamen. Bei Festlichkeiten trug der König bestickte Kleider, eine goldene Spange und edelsteinbesetzte Schuhe. Das *Königtum* beruhte auf der Königswahl durch das Volk und war nach dieser Wahl erblich und teilbar. Karl führte den unter den letzten Merowingern nicht mehr geleisteten *Treueid* wieder ein. Dieser band die Untertanen an den König und verlangte von ihnen jene Treue, die ein Vasall seinem Herrn zu leisten hatte. Die Vasallität war in ihrem Kern nichts anderes als eine Fortführung der altgermanischen Gefolgschaft. Der Vasall trat in ein persönliches Treu- und Schutzverhältnis zu seinem Herrn und verpflichtete sich zum Hof- und Kriegsdienst zu Pferd. Der Herr dagegen sicherte ihm dafür Schutz, Unterhalt und Kriegsausrüstung zu.

Die Regierungs- und Befehlsgewalt des Königs beruhte auf dem Recht des *Königsbannes*. Dies war das Recht, Gebote unter Androhung von Strafen zu erlassen, um einen Einzelfall oder wiederkehrende Vorgänge dauernd zu regeln. Um den Sinn der Menge für die Beteiligung an den Staatsaufgaben zu wecken, berief Karl *Volksversammlungen* ein, die je nach den Erfordernissen in Worms, Valenciennes, Paderborn, Genua und an anderen Orten zusammentraten. Der König unterbreitete dort seine *Gesetzentwürfe,* sie wurden von kleineren Gruppen beraten und, in einzelne Paragraphen *(capitula)* zusammengefaßt, von der Volksversammlung durch Zuruf angenommen. Nur selten kam es zur Ablehnung durch Murren der Versammelten. Diese Gesetze des Königs, die *Kapitularien,* schufen ein für das ganze Reich gültiges Recht; von ihnen sind rund 250 noch erhalten. Daneben bestanden die alten *Gewohnheitsrechte* der einzelnen Stämme weiter, mit dem Grundsatz der Personalität, das heißt, für jeden galt das Recht des Landes, in dem er geboren war, nicht das, in dem er wohnte. Diese *Stammesrechte,* die zunächst nur mündlich verbreitet waren, wurden später in lateinischer Sprache aufgezeichnet und sind als *leges barbarorum* bekannt. In der Karolingerzeit wurden unter anderem schriftlich festgelegt die *lex Baiuvariorum, lex Frisionum* und *lex Saxonum.*

Das Gerichtswesen bewahrte noch eine gewisse Ähnlichkeit mit der altgermanischen Ordnung. Jeder freie Volksgenosse war zur

Thingpflicht verpflichtet, das heißt, in den Gerichtsversammlungen an der Rechtsprechung teilzunehmen. Das Urteil wurde von einem aus der Gerichtsgemeinde bestellten Ausschuß gefunden und durch die Bestätigung der Volksversammlung rechtskräftig. Neben diesen ordentlichen Gerichten bestand das *Königsgericht*. Es tagte unter Vorsitz des Königs an dem Ort, wo er sich gerade aufhielt. Das Königsgericht urteilte in schweren Fällen, verhängte die *Todesstrafe* und die *Acht*. Außerdem konnte der König jeden Prozeß vor sein Gericht ziehen, und auch die Parteien hatten die Möglichkeit, ihre Streitsache vor den König zu bringen. Damit wurde das Königsgericht zugleich auch *Berufungsinstanz*.

Karl nannte sich vorerst *König von Gottes Gnaden*. Auf diesen alten Königstitel haben Karl und die Franken auch noch Wert gelegt, als Karl zum Kaiser gekrönt worden war. Denn er führte nun als neuen Titel: *Carolus serenissimus augustus a deo coronatus magnificus imperator Romanorum gubernans imperium qui est per misericordiam dei rex Francorum atque Langobardorum.* Dieses *Kaisertum* beschränkte sich nicht auf eine Nation und war auch nicht rein weltlich, denn mit der Würde des römischen Kaisers verband sich auch ein gewisser religiös-kirchlicher Charakter, der dem Kaiser durch besondere Zeremonien und Gebete von der Kirche ausdrücklich zuerkannt wurde. Mit Karl war das neue Kaisertum aufgerichtet worden, das ebenso wie das Papsttum von universaler Geltung war, und es war von vornherein gegeben, daß der Kaiser, der von Gott gekrönte, erhabenste Kaiser, *serenissimus augustus a deo coronatus,* als weltlicher *Schutzherr der Kirche* ein großes Anrecht auf sie hatte, das seinen höchsten Ausdruck darin fand, die Wahl des Papstes zu bestätigen. Dies fand seine Entsprechung im Recht des Papstes, den Kaiser zu krönen und ihm dadurch erst die wahre Kaiserwürde zu verleihen.

Bei dem großen territorialen Zuwachs des Reiches war ein Ausbau der staatlichen Verwaltung nötig. Dem König mußte also eine entsprechende Zahl von Helfern zur Seite stehen. Die Regierung führte er hauptsächlich mit Hilfe seiner vielen ständigen

GLIEDERUNG DES REICHES 389

Hofbeamten, den *comitati.* Unter den Hofbeamten findet man keinen Majordomus mehr. An der Spitze standen der *Hofkapellan,* als Vorsitzender der Hofkanzlei *Kanzler* genannt, für die geistlichen Angelegenheiten, und die *Pfalzgrafen* für die Rechtspflege als oberste Richter und Vertreter des Königs in dessen Abwesenheit.

Das Reich war in Verwaltungsbezirke eingeteilt, in *Gaue;* insgesamt umfaßte es zu Beginn des 9. Jahrhunderts 98 Gaue. Sie unterstanden in geistlichen Fragen dem Bischof oder Erzbischof, in weltlichen Angelegenheiten den *comes* oder *Grafen* als höchsten Beamten. Unter ihnen verwalteten die *centenare* oder *Schultheißen* die *Hundertschaften.* Die Grafen waren in allen Regierungsgeschäften, in der Gerichts-, Heeres- und Finanzverwaltung die Vertreter des Königs. Karl gab sich äußerste Mühe, eine gute, unparteiische und gerechte Amtsführung zu erreichen, mit besonderer Berücksichtigung des niederen Volkes. Leider waren diese Bestrebungen nicht immer von Erfolg begleitet. Unter den Grafen nahm der *Markgraf* oder *marchio, dux* eine besondere Stellung ein. Sie verwalteten mehrere Grafschaften an den Grenzen und hatten zugleich über die nicht gänzlich einverleibten Vorlande des Reiches zu wachen. Bei feindlichen Angriffen hatten sie den Heerbann selbständig aufzubieten. Unter Karl gab es folgende *Markgrafschaften:* die *Spanische Mark,* jenseits der *Pyrenäen* (795 eingerichtet), die *Bretonische,* die *Dänische,* die *Sorbische* an der Saale (808), die *Ostmark* (791), die *Pannonische Mark* (778) und die *Mark Friaul.* Zur ständigen Überwachung der Gesamtführung im Reich und Durchsetzung des königlichen Willens dienten als eine Art Zentralregierung die *Königsboten,* die *missi dominici,* die die von Karl eingerichteten *Sprengel (missatica)* regelmäßig bereisten. Es wurden für jeden Amtsbezirk zwei Königsboten bestellt, meist ein weltlicher und ein geistlicher. Sie hielten Gerichtstage und Gauversammlungen ab, überwachten die Amtstätigkeit, die Urteile und Rechnungsführung der Beamten, nahmen Beschwerden entgegen und stellten Mißbräuche ab. Ihrem besonderen Schutz unterstanden die Kirche, die Armen, Mündel und Witwen.

Der Hof stand nicht als eine Zentralregierung den einzelnen Reichsteilen gegenüber, schon deshalb nicht, weil der König keine feste Residenz hatte, sondern von Ort zu Ort reiste. Er besuchte vielfach die *Pfalzen* des Rheinlandes, besonders Ingelheim und Nymwegen, und die an der unteren Maas. Aber der Hof weilte auch monatelang in Paderborn, Regensburg und Rom. In den letzten zwei Jahrzehnten blieb Karl mit besonderer Vorliebe in *Aachen*. Die Hofleute waren aus allen Gegenden ausgewählt, damit jeder, der beim König vorsprechen wollte, einen Landsmann als Helfer und Mittler anträfe. Am Hof herrschte ein sehr reger Verkehr. Beamte und Bischöfe aus allen Reichsteilen kamen dorthin, Königsboten gingen und kehrten zurück, um ihre Beobachtungen mitzuteilen, Gesandte reisten in diplomatischer Mission an fremde Höfe, auswärtige Gesandte versuchten, beim König vorgelassen zu werden.

Das Reich stützte sich auf ein mächtiges *Heer,* in dem seit der Awaren- und Arabergefahr die *Reiterei* eine große Rolle spielte. Jeder Freie mußte bei dem Ruf des Gaugrafen zu den Waffen antreten. Da der Wehrfähige für seine Ausrüstung und Kleidung selbst aufkommen mußte, traf der Kriegsdienst die ärmeren Schichten meist sehr schwer. Karl ordnete daher an, daß nur die ausgehoben wurden, die ein bestimmtes Maß von Grundbesitz hatten. Er wollte damit der bedrohlichen Abnahme der Zahl der *Freibauern* entgegensteuern, die sich dem Kriegsdienst dadurch zu entziehen versuchten, daß sie sich in ein Schutz- und Dienstverhältnis zu einem mächtigen Herrn begaben.

Die Staatsordnung Karls war trotz des Strebens nach Einheitlichkeit und seiner weitverzweigten Bürokratie keine Nachbildung des römischen Staatswesens, sondern eine Fortentwicklung des germanischen Königtums.

Anfänge des Lehnsstaates

In karolingischer Zeit trat der Großgrundbesitz immer mehr hervor. Über den größten Grundbesitz verfügte der König. Er bezog seine Haupteinnahmen aus seinen Domänen, dem *Königsland,* das über das ganze Reich verteilt war. Er nützte es vor allem dazu, seine Helfer in allen Zweigen der Regierung möglichst fest an sich zu binden. So bildete sich, auf altgermanischen Einrichtungen fußend, ein neues Treueverhältnis zwischen dem König und seinen Untertanen heraus, das *Lehnswesen.* Seine Entstehung fällt in die Zeit *Karl Martells,* seine Weiterentwicklung in die Zeit Karls des Großen. Die Notwendigkeit, den Arabern ein großes Reiterheer gegenüberzustellen, nötigte zu einer Neuordnung der *Wehrverfassung.* Dafür bot das Lehnswesen eine gute Hilfe. Der *Lehnsherr* stellt dem *Lehnsmann* Güter zur lebenslänglichen Nutznießung zur Verfügung, wogegen dieser sich jenem gegenüber zur Treue und zur Leistung gewisser Dienste, damals besonders des Reiterdienstes, verpflichtete. Der Lehnsmann durfte das *Lehen* nicht veräußern, und es fiel nach seinem Tod an den zurück, von dem er es empfangen hatte. Lehnsleute zu haben war zwar keineswegs ein Vorrang des Königs. Auch die Großen des Reiches gaben von ihren ausgedehnten Gütern Teile als Lehen ab. Aber der Herrscher war in der Lage, aus seinen riesigen Ländereien von Königs- und Hausgut, aus erobertem, eingezogenem und herrenlosem Gebiet seine Getreuen mit den weitaus reichsten Lehen zu beteilen. Zunächst galt nur der Besitz als Lehen. Aber durch die ständige Verbindung des Amtsauftrages hoher Beamter (Grafen) mit der Belehnung von Grund und Boden blieb das Lehnsverhältnis nicht auf Güter beschränkt, sondern es konnten die mannigfachsten Rechte, auch Amtsbefugnisse, namentlich Hofämter, als Lehen gegeben werden *(Amtslehen).* Es gab im 8. Jahrhundert kaum noch irgendwelche Würdenträger, die nicht in einem Lehnsverhältnis zu den Karolingern standen. Denn da die Lehnsleute des Königs sich aus ihrer engen Verbindung mit dem Herrscher Ehre und Besitzerweiterung erhofften, wurde das Streben nach Lehen auch unter den Vornehmen und Großgrundbesitzern so stark, daß sie ihr freies Eigengut, das *Allodium,* dem König zur Verfügung stellten, um es als Lehen wiederzuempfangen. Die Ausbreitung der Lehnsordnung konnte, solang der Charakter des Lehens erhalten blieb, die Königsgewalt nur stärken. Denn das Lehnsverhältnis war auf die stärkste sittliche Bindung, das persönliche Treueverhältnis des Mannes zum Herrn, aufgebaut. Als sich aber nach kurzer Zeit zunächst praktisch, dann auch rechtlich die *Erblichkeit* der Lehen durchsetzte und damit auch die der Ämter, kam es vielerorts dazu, daß selbst beim Aussterben eines Geschlechts dessen Lehen nicht mehr an die Krone anheimfiel.

Die Gefahren, die aus dieser Lockerung des Verhältnisses zum König erstanden, versuchte Karl dadurch zu umgehen, daß er die Lehnsleute zu einem unmittelbaren Treueid gegenüber der Krone verhielt. Aber was Karl noch gelang, das ging unter seinen schwachen Nachfolgern bald verloren. Die Macht der Lehnsträger, die selbst wieder eine große Zahl von *Vasallen* hatten, wuchs immer stärker und wandelte das alte Reich aus einem Untertanenverband in einen Lehnsstaat.

Die Wirtschaft

Der Grundcharakter des karolingischen Staates war ausgesprochen *agrarisch*. Auch dort herrschte der Großgrundbesitz vor, wo sich noch städtisches Leben aus der Römer- und Merowingerzeit erhalten hatte. Von Einfluß war auch, daß es unter Karl kaum eine eigentliche Residenz gab. Der Kaiser zog von *Pfalz* zu Pfalz, von denen einige sich wohl in alten Römerstädten befanden, die berühmtesten aber, wie *Aachen, Ingelheim, Diedenhofen* und andere, auf dem Land lagen.

Um 700 war die *Landnahme der deutschen Stämme* vollendet. Aller geeignete Boden, die Ebenen und Flußniederungen waren in Besitz und Bearbeitung genommen worden. Das noch ungenützte Wald- und Sumpfgebiet wurde nach und nach für die landwirtschaftliche Nutzung urbar gemacht. Dazu zwang das beträchtliche Wachstum der Bevölkerung, das trotz der vielen Kriege, der Mißernten und Seuchen rasch Fortschritte machte. Von großem Einfluß war der Antrieb, der von den *Klöstern* ausging. In ihrer Fürsorge für die Notleidenden gaben sie Anleitung zu planmäßigem Anbau. Große Waldflächen trat Karl an Geistliche und Adelige ab. Diese verteilten dieses Neubruchland an bäuerliche Siedler, die unter ihrer Förderung und praktischen Unterweisung neuen Ackerboden schufen. Dadurch wurden weite Gebiete erschlossen und Raum für die Anlage neuer *Dörfer* in bisher unwirtlichen Gegenden geschaffen. Die Ertragsfähigkeit des Bodens wurde erhöht, indem an Stelle der extensiven Form der *Feldgraswirtschaft*, die ein Grundstück zwei oder drei Jahre ohne Fruchtwechsel als Getreidefeld, dann langjährig als Weide verwendete, die intensivere Ausnutzung der Ackerflur durch die schon bei den Römern verbreitete und von Karl wieder eingeführte *Dreifelderwirtschaft* trat. Bei dieser Art von Bodennutzung wurde in regelmäßigem Wechsel ein Drittel des Ackerlandes mit Wintergetreide (Winterweizen, Winterroggen), ein Drittel mit Sommergetreide (Gerste, Hafer und so weiter) bestellt, und ein Drittel blieb als Brachfeld liegen. Dieses System war bis zum Anfang des 19. Jahrhunderts das verbreitetste und vielfach ausschließlich übliche. Futterkräuter und Hackfrüchte wurden auf dem Ackerboden nicht angebaut, das Viehfutter lieferten, mit Ausnahme des Hafers, nur die ständigen Weiden und Wiesen.

Nach dem Muster der von Karl dem Großen eingerichteten *Königshöfe* wurden mehrere Siedlungen zu *Fronhöfen* zusammengefaßt. Diese großen Gutsverwaltungen waren für den Fortschritt der Wirtschaft von wesentlicher Bedeutung. Sie ermöglichten die Erprobung von Verbesserungen, wie der Fruchtfolge in der Dreifelderwirtschaft, der Düngung, Bewässerung und Unkrautbekämpfung, und eine förderliche Arbeitsteilung. Besonders ausgebildete Leute verlegten sich auf den *Ackerbau*, andere auf die *Wiesenkultur, Bienenzucht* sowie die *Pferdezucht*, die für den Kriegsdienst der Reiter große Bedeutung gewann.

Eine besondere Obsorge erforderten die *Bauern*, die unter der steigenden Belastung des Heeres- und Gerichtsdienstes auf ihren kleinen Bauerngütern ein sehr schweres Leben führten. Um sich diesen drückenden Pflichten zu entziehen, verzichteten sie auf ihre Freiheit und ihr Erbgut. Sie empfingen es als *Lehen* gegen einen geringen Zins von einem Großgrundbesitzer wieder zurück und gewannen dazu dessen Schutz. Allerdings wurden dadurch die vollfreien Bauern *Vogtleute*, das waren Freie, die für den gewährten Schutz zinsen mußten, oder *Zinsbauern*, die ebenfalls frei, aber zinspflichtig für das geliehene Gut waren. Einmal halbfrei geworden, entgingen sie im weiteren nicht dem Schicksal, daß sie schließlich den *Unfreien* angeglichen wurden. Karl versuchte durch Erleichterungen im Heeres- und Gerichtsdienst der raschen Abnahme der Freibauern zu steuern, aber mit geringem Erfolg. Immerhin gab es noch eine Masse vollfreier Bauern. Sie bildeten in den Alpentälern und im sächsischen Stammesgebiet sogar noch den Kern der Bevölkerung.

Die Wirtschaft der Dörfer und Fronhöfe deckte im wesentlichen außer dem Bedarf an Lebensmitteln auch den an Gebrauchsgegenständen aller Art. Doch saßen auf den Haupthöfen auch Vertreter der einzelnen *Handwerke* und erzeugten vor allem Kleider, Geräte und Waffen im Vorrat. Sie erlangten, da sie nur ein bestimmtes *Gewerbe* betrieben, darin eine größere Übung, leisteten bessere Arbeit und erreichten bald auch eine beträchtliche Nachfrage aus dem Umkreis.

Aber auch die Entwicklung des Handelsverkehrs hängt mit den großen Höfen zusammen. Die Überschüsse der Landwirtschaft und die Erzeugnisse der Handwerker forderten einen Austausch je nach dem Bedarf der verschiedenen Landesteile, und so entstand an den Mittelpunkten der Großbetriebe, besonders in den *Pfalzen* und *Bischofssitzen,* ein reger Marktverkehr. Doch die Ansprüche des Hofes und der Kirche verlangten auch nach ausländischen Erzeugnissen, nach Luxuswaren und Geweben. Daher wurden Handelsbeziehungen mit *England, Skandinavien,* dem *slawischen Osten* und dem *Orient* angeknüpft und unterhalten. Die eigentlichen Kaufleute an der Nordseeküste wurden die *Friesen,* die auf den Märkten in London und York einkauften.

Der Handelsverkehr konnte des Geldes nicht entbehren. Karl förderte die Geldwirtschaft, indem er eine neue, für das ganze

Reich geltende *Silberwährung* einführte. Aus einem Pfund (367g) Silber wurden 240 *Denare* geschlagen.

Die Christianisierung der Germanen

Das Christentum gelangte im 4. Jahrhundert zu den in der Völkerwanderungszeit nach Süden verschlagenen germanischen Stämmen und wurde von ihnen sehr schnell angenommen, weil es als römische Staatsreligion zu ihnen kam. Als erstes lernten die *Goten* den neuen Glauben durch christliche Kriegsgefangene kennen, mit denen sie auf ihren bis Kappadokien ausgedehnten Kriegszügen zusammentrafen. Auch wurden die im römischen Kriegsdienst stehenden Goten bald mit der neuen Lehre vertraut.

Der eigentliche *Apostel der Goten* war der Bischof *Wulfila.* Er stammte mütterlicherseits aus dem kleinasiatischen Kappadokien, trat unter dem Einfluß von *Eusebios,* dem arianischen Prälaten von Nikomedien, zum *Arianismus* über und wurde 341 auf der *Kirchenversammlung zu Antiochia* zum Bischof geweiht. Er predigte mit solchem Erfolg im Dienst des arianischen Christentums, daß der heidnisch gesinnte Gotenfürst, vermutlich *Athanarich,* gegen ihn Stellung nahm und Wulfila vor dessen Angriffen über die Donau weichen mußte. Er bat Kaiser *Konstantius II.* für sich und seine Germanen um Aufnahme in das *Römische Reich* und erhielt Wohnsitze in *Mösien* angewiesen. Hier vermittelte er das arianische Christentum an seine *Westgoten* bis zu seinem Tod (382?) durch seine *Bibelübersetzung,* mit der er sich ein bleibendes Denkmal gesetzt hat.

Die arianische Lehre ging von *Arius* aus, einem frommen Presbyter, der in *Alexandria* lebte, der Stätte griechischer Bildung und christlicher Theologie. Er stammte aus Antiochia und brachte aus der dortigen, stark zur Kritik neigenden Theologenschule die Auffassung mit, daß *Jesus Christus* nicht Gott, sondern nur *ein mit göttlichen Kräften ausgestattetes erstes Geschöpf Gottes* sei. Aber da er sich dem Willen Gottes so vollkommen ergeben hatte, wurde er von Gott als Sohn angenommen. Diese Lehre stieß in Alexandria auf den heftigsten Widerspruch des ganzen Klerus. Unter der Führung des Bischofs *Alexander* und seines Diakons *Athanasius* wurde die zu den Zeugnissen der Bibel in schroffem Gegensatz stehende Ansicht abgelehnt und nachdrücklich die wahre Gottheit Christi verkündet. Arius wurde auf einer in Alexandria abgehaltenen *Synode* abgesetzt, fand aber bei vielen morgenländischen Bischöfen und Geistlichen, vor allem bei den damals mächtigsten Kirchenfürsten des Ostens, Zustimmung. Da der Streit um sich griff und bald die ganze Christenheit in Mitleidenschaft zog, griff Kaiser *Konstantin I., der Große*, ein und berief im Jahr 325 das erste ökumenische (die ganze Christenheit umfassende) *Konzil zu Nikäa* in Kleinasien ein. Es nahmen daran ungefähr 300 Geistliche, darunter mehr als 250 Bischöfe, vorwiegend aus dem Morgenland, teil. Unter des Kaisers entscheidender Mitwirkung wurde die Streitfrage gelöst und feierlich die wahre *Gottheit Christi* verkündet: »Gott von Gott, Licht vom Licht, wahrer Gott vom wahren Gott, gezeugt, nicht erschaffen, gleicher Wesenheit (ὁμοούσιος) mit dem Vater«. Dieser Satz wurde vom Konzil in das *nikäische Glaubensbekenntnis*, das *Symbolum Nicaenum*, aufgenommen. Arius wurde mit einigen ihm anhängenden Bischöfen verbannt.

Mit dem Konzil war aber der Streit nicht beendet. Er stand erst in seinem Anfang. Der Arianismus bekam wieder Auftrieb, als einige Jahre später Konstantin der Große den verbannten Arius zurückkehren ließ und Athanasius, der immer mehr als Vorkämpfer des Glaubensbekenntnisses von Nikäa aufgetreten war, ins Exil schickte. *Konstantius II.*, der ganz unter dem Einfluß des Eusebios von Nikomedien stand, versuchte den *Arianismus* auch im Abendland einzuführen. Aber außer *Konstantinopel* blieb das Abendland unter Führung des Papstes dem nikäischen Bekenntnis treu. Rom wurde dadurch zum Retter des wahren Glaubens. Nur im Morgenland fand der Arianismus Verbreitung und gewann große Bedeutung für die jungen germanischen Völker.

Die *Goten* hatten als erste den Arianismus angenommen und gaben ihn auf ihren Zügen nach Italien, Südgallien, Spanien und Nordafrika an die übrigen *Ostgermanen*, an die *Wandalen, Gepiden, Rugier* und *Burgunden*, aber auch an andere, an die *Markomannen* und *Langobarden*, weiter. Alle diese Völker bewahrten noch jahrhundertelang diesen Glauben, bis es endlich unter den Arianern selbst zu Spaltungen und damit zu einer Selbstauflösung kam. Auf die innerdeutschen Stämme hat die Lehre des Arius nicht übergegriffen, sie blieben weiterhin Heiden.

Große Bedeutung für die Christianisierung der germanischen Völker gewann die *Missionstätigkeit* der *Mönchsorden*. Es ging darum, den nach der Flut der Völkerwanderung allmählich zur Ruhe kommenden Stämmen inneren Halt zu geben, sie zur Ordnung des sittlichen Lebens, zu einem geregelten Tagesverlauf mit aufbauender Arbeit anzuleiten. In diese Richtung seelischer Erneuerung wies der heilige *Benedikt von Nursia* (etwa 480–543) durch seinen Benediktinerorden, mit dem er dem Mönchtum zum erstenmal eine dauernde Organisation gab. Die Benediktinerregel seines Klosters *Monte Cassino* wurde eines der Hauptfundamente der neuen Sozialordnung, sie rief – *ora et labora* – nicht nur zu religiöser Besinnung, sondern auch zur Arbeit mit der Hand, zum Wiederaufleben der *Bauernwirtschaft* auf. Von ihr nimmt in den nördlich der Alpen gelegenen Teilen Europas das harte Pionierwerk des Rodens der Wälder, der Trockenlegung von Sümpfen, des Bereitens von Feldern und Weiden und Anlegens von Gärten seinen Ausgang. Das Kloster wandelte sich von einer Stätte der Weltflucht zu einem kulturellen Mittelpunkt. Als Ergänzung dazu führte der feingebildete *Cassiodorus* die Pflege der geistigen Arbeit ein, wie das Vervielfältigen von *Handschriften* und den künstlerischen *Buchschmuck*, wodurch uns die Klöster unersetzbare *klassische Literaturdenkmäler* erhalten haben.

Die fortschreitende Christianisierung der Germanen bietet ein buntes Bild, denn die über einen großen Raum verstreuten Stämme haben in verschiedener Weise und zu verschiedenen Zeiten Berührung mit dem Christentum gefunden. Die früheste

Bekanntschaft mit der Lehre Christi haben die Germanen gemacht, die als *Soldaten* oder *Beamte* in das *römische Imperium*
einströmten. Anders lagen die Verhältnisse bei den Stämmen,
die nach Süden und Südosten wanderten und dabei in den rö-
misch-christlichen Bannkreis gerieten. Am spätesten drang das
Christentum nach Skandinavien vor, das von Rom am weitesten
entfernt war und dem eine Verbindung mit dem Süden wegen
der sich immer weiter vorschiebenden heidnischen Slawen fehlte.

Viel leichter hatten es die *Franken,* die in den Gegenden um *Köln*
und *Trier* schon einen ziemlich entwickelten *Katholizismus* vor-
fanden. Die Franken haben mit ihrer Niederlassung auf dem
Boden des römischen Imperiums auch dessen Staatsordnung
und Bildung übernommen und das große Reich des Mittelalters
vorbereitet. Daß es gerade diesem Stamm gelang, zu solcher
Macht emporzusteigen, erklärt sich daraus, daß er immer in seiner Heimat blieb, ihm also nichts Fremdes, Unerwartetes be-
gegnete, das ihm schaden oder ihn gar vernichten konnte, wie es
den anderen Germanen im fremden und ungewohnten Raum
zum Schicksal wurde. Sie haben überdies das Christentum nicht
als Arianismus kennengelernt, sondern ihr König *Chlodwig I.*
hat sich um 500 als erster Germanenkönig unmittelbar zur *rö-
misch-katholischen Kirche* bekannt. Das lag nahe, denn durch
die Eroberung von beinahe ganz *Gallien* faßten die Franken in
einem Land Fuß, das schon christlich besetzt war. Um so leichter ergab sich die Möglichkeit, mit der eingesessenen katholischen Bevölkerung zu einem einheitlichen Ganzen zu verschmelzen. Für Chlodwig war der Übertritt zum Christentum
durch das längere Zusammenwohnen mit den Katholiken Galliens und durch den Einfluß seiner katholischen Frau naheli-
gend. Außerdem bewies er damit seinen politischen Scharfsinn,
da ihm die Verbindung mit der hochentwickelten kulturellen
Macht der Kirche auch große politische Vorteile einbrachte.
Daß dem Beispiel des Königs auch sein Volk folgte, ist leicht zu
verstehen. Mit der Annahme des Katholizismus durch die Franken war bereits eine Vorentscheidung für alle jene Stämme gegeben, die im Verlauf der späteren Eroberungen dem Frankenreich

einverleibt wurden. Allerdings versuchten die *Merowinger*, sich die starke Macht der Kirche für ihren Staat dienstbar zu machen, nahmen daher Einfluß auf die Wahl der Bischöfe, beschlagnahmten Kirchengüter und maßten sich kirchliche Rechte an. Es bestand die Gefahr, daß im Frankenland die Kirche immer mehr verweltlichte und sich eine eigene *Landeskirche* ausbilden könnte, die keinen Zusammenhang mit Rom hatte. Damit würde das einheitliche Gefüge der katholischen Kirche gesprengt werden. Es galt hier, mit starker Hand Ordnung zu schaffen. Diese schwierige Aufgabe löste jener erste bedeutende Papst des Mittelalters, *Gregor der Große*. Ihm gelang es, trotz der in der damaligen Zeit mühsam aufrechtzuerhaltenden Verbindung mit den entfernt wohnenden Gläubigen, der Gefahr eines Auseinanderfallens der Kirche entgegenzutreten und sein großes Ziel, ein einheitliches Reich Christi mit dem Mittelpunkt Rom, zu verwirklichen.

In das Leben des Festlandes kam ein neuer Zug durch die *Missionstätigkeit*, die von den *Iroschotten* ausging. Nach Irland, am äußersten Rand der antiken Welt, hatte der heilige *Patrick* das Christentum zu den keltischen *Skoten* gebracht. Da es dort keine Städte gab, entfaltete sich das christliche Leben in den neuerstandenen *Klöstern*, die allein Mittelpunkt der Verwaltung waren und deren Mönche die seelsorgerischen Aufgaben betreuten. Mit Rom hatte diese *Mönchskirche* nur wenig Verbindung, wich aber dogmatisch von der katholischen Lehre nicht ab. Es entfaltete sich im Lauf der Zeit ein sehr reges religiöses, wissenschaftliches und künstlerisches Leben. Viele Mönche zogen in die Fremde, auch auf das Festland, und wo sie auf Heiden stießen, bemühten sie sich, diese für die Heilslehre Christi zu gewinnen. Von besonderer Bedeutung wurde die Missionsarbeit sowohl *Columbans des Älteren* wie auch *Columbans des Jüngeren*. Jener wurde zum Bekehrer der *Pikten* in Schottland, dieser der Erneuerer der *fränkischen Kirche*. Die Wirkung der iroschottischen Mission war uneinheitlich. Sie gab zwar starke Antriebe zur Erneuerung eines echt christlichen Lebens, aber es fehlte ihr die einheitliche und zielbewußte Leitung durch Rom, die der zweiten, der *angelsächsischen Mission*, dauernden Erfolg verlieh.

Zur *Bekehrung der Angelsachsen* gab Gregor der Große den Anstoß. Nach dem Abzug der römischen Truppen zu Anfang des 5. Jahrhunderts war die Insel fast zwei Jahrhunderte im Schatten der Vergessenheit gelegen. Im Jahr 596 entsandte der Papst aus seinem eigenen römischen Kloster vierzig *Benediktinermönche* unter der Führung des römischen Abtes *Augustin*. Schon 597 kam es zum ersten Massenübertritt, und vier Jahre später war auch der König *Ethelbert* von Kent durch seine katholische fränkische Frau für die Lehre Christi gewonnen worden. Augustin wurde Bischof von *Canterbury*. Das Christentum breitete sich rasch in England aus, da Gregor die Bekehrung durch große Zugeständnisse erleichterte. Heidnische Sitten und Kultstätten sollten in christliche verwandelt, aber nicht zerstört werden. Die angelsächsische Kirche wurde die stärkste römische des Abendlandes. Von ihr aus wurde die deutsche Kirche durch den heiligen *Bonifatius* organisiert. Die rücksichtsvolle Art, mit der das Christentum von der englischen Insel Besitz ergriff, ließ auch die heimische *Wissenschaft, Dichtung* und *Kunst* zu ansehnlicher Blüte reifen. Das älteste Denkmal germanischer *Volksdichtung* ist das *Beowulfepos*. Es entstammt dieser frühen Zeit und läßt trotz seines germanischen Stoffes und seines germanischen Stabreims das römische Vorbild *Vergil* nicht vergessen.

Unter *Bonifatius* wurde die fränkische Gesamtkirche durch schriftliche Erklärung aller Bischöfe der römischen Kurie unterstellt und damit fest an Rom geknüpft. Der Papst hinwiederum hatte dem neuentstandenen *Königtum* unter König *Pippin* die christlich-kirchliche Weihe gegeben, indem Bonifatius in seinem Auftrag den von der Reichsversammlung zum König Gewählten salbte. Die bisher bei den Franken nicht übliche *Salbung* geschah nach alttestamentlichem Vorbild. Die Verbindung des Papsttums mit Pippin und später die Erhebung Karls zum Kaiser führten zur kirchlichen Trennung Roms von *Byzanz*. Hier herrschte die *griechische*, dort die lateinische Sprache.

Der Übertritt zum Christentum im merowingischen Zeitalter

Sarkophag Karls des Großen; Domschatz, Aachen.

war meist nicht die Frucht innerlicher Zuwendung der Heiden zum neuen Glauben. Gewöhnlich nahmen die Könige, vor allem aus politischen Motiven, das Christentum an, die Großen folgten dem Beispiel, und das Volk nahm schließlich gleichfalls die Heilslehre an. Dennoch blieb trotz der äußeren Zuwendung zur Kirche noch viel Heidnisches bestehen. Da die Germanen ein Landvolk waren, trug die Kirche diesem Rechnung, errichtete *Landpfarreien* und baute hier *Kirchensprengel* auf, in denen christliches Leben entfaltet werden konnte. *Spitäler* und *Findelhäuser* wurden errichtet, die *Armen* und *Sklaven* wurden gepflegt, und überall standen ihnen die Pforten der Klöster offen.

Ein neuer Zug kam in die christliche Welt des Frankenreiches mit *Karl dem Großen*. Er war jene bedeutende Persönlichkeit, die durch den Sieg über die Langobarden Nord- und Mittelitalien dem Reich einverleibte, mit der Spanischen Mark ein Bollwerk gegen die Europa immer mehr bedrohende Gefahr des Islams aufrichtete und durch die Vernichtung des Awarenreiches die Pannonische Mark erschloß. Hier drangen *Bayern* als Ansiedler weit nach Osten vor, gewannen dieses Land dem Deutschtum, und das zum Erzbistum erhobene *Salzburg* verbreitete in den neugewonnenen *Donaugebieten* das Licht des Glaubens. Aber auch im Norden stieß Karl ostwärts vor und unterwarf die heidnischen Sachsen in einem gewaltigen Ringen. Am Ende der Kämpfe haben sich die Sachsen nach dem Vorbild ihres tapferen Anführers Widukind (785) taufen lassen. Mit den Sachsen hatte Karl alle festländischen *Westgermanen* in seinem großen Frankenreich vereinigt und sie dem christlichen Glauben zugeführt. Seine Herrschaft umfaßte auf dem europäischen Kontinent ein Gebiet, das ungefähr dem weströmischen Imperium entsprach.

Karls Stellung zur Kirche war von dem Leitgedanken getragen, daß die Ausbreitung des Glaubens und das Gedeihen der Kirche aufs engste mit der Wohlfahrt des Staates verknüpft seien, daß dieser aber nur bestehen könne in Zusammenarbeit mit einer wohlgeordneten und gut disziplinierten Kirche. Er hielt es daher für seine vornehmste Aufgabe, diese zu schützen, zu fördern und in jeder Hinsicht für ihre Machtsteigerung zu sorgen. Er versuchte ungesäumt, in den eroberten Gebieten eine *kirchliche Organisation* aufzurichten. Das Sachsenland wurde zunächst einigen älteren Bistümern und Klöstern als Missionsgebiet zugewiesen, später wurden in *Bremen, Minden, Verden, Paderborn, Münster* und *Halberstadt* eigene *Bischofssitze* geschaffen. In den alten Reichsgebieten mußten alle Landeskirchen in Übereinstimmung mit der römischen einem Bischof unterstellt und vakante Bistümer besetzt werden. Damals entstanden die *Erzbistümer Mainz, Köln, Salzburg* und *Trier,* wozu später *Hamburg-Bremen* und *Magdeburg* kamen. Diese sechs Erzbistümer Deutschlands bestanden das ganze Mittelalter hindurch. Zwischen den Bistümern wurde ein reges Leben durch Visitationen und *Konzilien* geweckt, die Karl selbst einberief und leitete. Auch die Klöster bekamen ihre Aufgabe in dem großen Prozeß des Neuaufbaues. Sie wurden aber nicht nur Pflegestätten der religiösen Erbauung, sondern auch des wirtschaftlichen, wissenschaftlichen und kulturellen Lebens. Das emsige und umfangreiche Abschreiben von *Handschriften* und *klassischen Literaturdenkmälern* betrieb Karl aufs eifrigste.

Die karolingische Renaissance

Die Eroberung Italiens und die Erwerbung der Kaiserkrone brachten Karl in nächste Beziehung zur *alten römischen Kultur.* Wie schon die Könige der Völkerwanderungszeit mit Bewunderung auf sie geschaut hatten, machte sie trotz aller Einbuße, die sie erlitten hatte, auch auf den Kaiser tiefsten Eindruck. Sie seinen Germanen zu vermitteln war sein Bestreben. Aber diese Vermittlung konnte nur durch die Geistlichen erfolgen, das heißt nur durch dieselben Männer, die ihnen auch den christlichen Glauben brachten. Einen Anfang dazu, die Menschen aus dem geistigen Verfall der Merowingerzeit zu erheben, machten schon die *angelsächsischen Mönche,* besonders *Bonifatius,* der die Quellen christlicher Lehre und römischer Wissenschaft für das Frankenreich erschloß. Karl leitete aus der Verantwortung für das ihm anvertraute Volk auch die Pflicht ab, sich um die Hebung der Bildung in seinem Reich zu bemühen. Sein Ziel war die *christlich betonte Wiedergeburt* (Renaissance) der *antiken Kultur,* der aber auch die Errungenschaften des germanischen Geistes angeschlossen werden sollten. Dies entsprach dem Charakter einer *Universalmonarchie.* Er wurde dadurch der Begründer der deutschen Kultur.

Er hatte eine vollkommen klare Vorstellung vom Bildungsstand seines Volkes, weil er persönlich allem nachging und sich von den Zuständen an Ort und Stelle überzeugte. Mit Bedauern stellte er einmal fest, daß Gläubige weder das Vaterunser noch das Glaubensbekenntnis auswendig wußten. Er legte dies dem unzureichenden und nachlässigen Unterricht durch den *Klerus* zur Last. Er wußte aber auch, daß viel zuwenig *Schulen* bestanden, um das notwendige Wissen zu vermitteln, daß die Texte verdorben, das *Latein* entartet und die *Schrift* verwildert waren. Auch bedauerte er den Mangel tüchtiger Lehrer mit höherer literarischer Bildung.

Daher zog er seit seinem zweiten Aufenthalt in Italien (781) an seinem Hof die bedeutendsten Gelehrten aus allen Ländern zusammen. So aus Italien den Grammatiker *Petrus von Pisa,* den Langobarden *Paulus Diaconus,* den Geschichtsschreiber seines Volkes[3], den allerdings nach einigen Jahren die Sehnsucht nach seiner Heimat in das *Kloster Monte Cassino* zurückführte. Aus Spanien stammte der Gote *Theodulf,* Bischof von Orleans, der sich als Dichter auszeichnete, ein anderer Dichter kam aus Irland, *Dungal.* Von England kam der einstige Leiter der berühmten Klosterschule von York, *Alkuin,* den Karl in Italien kennengelernt hatte. Er war der hervorragendste Kopf des ganzen Kreises und der einflußreichste Ratgeber Karls in allen Fragen geistiger Bildung, er war der Leiter in allen kulturellen Angelegenheiten des Reiches. Zu diesen Männern gehörten noch die Franken *Angilbert* und *Einhart,* dieser als Geschichtsschreiber[4] und Baumeister, jener als Dichter. Ferner der Bayer *Arno,*

der spätere Erzbischof von Salzburg. Mit diesem vielseitigen
Mitarbeiter- und Freundeskreis, der eine Art *Hofakademie* bildete, besprach der Kaiser in vertrautem Verkehr alle kirchen-
und kulturpolitischen Fragen. Die Schranken des Standes, jeder
Zwang fielen in dieser Gemeinschaft der Hofgelehrten. Sie
nannten einander mit antiken Namen: so hieß der Kaiser David,
Alkuin nannte sich Flaccus, Angilbert wurde Homer genannt.
Die Arbeit in diesem Zentrum wirkte anregend und einflußreich
auf alle übrigen namhaften Bildungsstätten des Landes, auf *Klöster* und *Stiftsschulen*. Man lehrte nach alter Weise das *Trivium*
(Grammatik, Arithmetik und Geometrie) und in der Oberstufe
das *Quadrivium* (Musik, Astronomie, Dialektik und Rhetorik).
Karl war selbst eifrig bestrebt, unter Alkuins Leitung sein Wissen zu mehren, auch mühte er sich noch in alten Tagen damit ab,
schreiben zu lernen. Besonders achtete er auf sorgfältigen Unterricht seiner Söhne und Töchter. Gelegentlich erschien er
selbst in den Schulen, prüfte die Fortschritte der Schüler und
spendete Lob oder Tadel.
Die *Akademie* verfügte über eine von Karl angelegte *Bibliothek*.
Vor seiner Zeit waren die Büchereien im Frankenland noch sehr
dürftig. Auf seine Anregung hin mehrten sich die Bücherbestän-
de; man sammelte in Italien und England kostbare *Handschriften* und brachte auch solche von Reisen heim. Sie wurden in flei-
ßiger Abschreibarbeit vervielfältigt, und die Abschriften anderen Bildungsanstalten übersandt. Bei diesen Kopien handelte es
sich hauptsächlich um *antike* und *christliche Autoren*.
Viel Wert legte man auf eine klare und schöne Schrift. Neben der
öfters verwendeten antiken Majuskel mit ihren fast quadratischen Buchstaben ohne Worttrennung entstand unter Karl und
seiner Hofakademie durch Umbildung und Vereinheitlichung
der verschiedenen, vorwiegend merowingischen, westgotischen, langobardischen und angelsächsischen Schriftarten, die
vielfach auch ziemlich undeutlich waren, die neue, schnell
schreibbare und deutliche *karolingische Minuskel*. Sie geht auf
Alkuin zurück, beherrschte das Schriftwesen der folgenden
Jahrhunderte und ist im wesentlichen die Grundlage unserer

heutigen *Lateinschrift*. Das rege und mächtige kulturelle Streben der karolingischen Zeit ersieht man aus der ansehnlichen Verbreiterung der Bildungsgeschichte der folgenden Jahrzehnte, die nicht nur Mitglieder des Klerus, sondern auch viele weltliche Adelige umfaßte.

Sprache und Dichtung in karolingischer Zeit

Die *althochdeutschen Sprachdenkmäler* zur Karolingerzeit verdanken wir zum größten Teil den Bestrebungen Karls des Großen, das kirchliche Leben zu festigen und die allgemeine Volksbildung zu heben. Trat dabei die Pflege und Ausbreitung des *lateinischen Schrifttums* und der lateinischen Sprache sehr hervor, so hat Karl doch auch seiner Muttersprache *Deutsch* ein lebendiges Interesse entgegengebracht. Ihm lag nichts ferner als eine Herabsetzung des Heimischen um des Fremden willen. So hat er nach dem Bericht seines Biographen Einhart eine *Grammatik der deutschen Sprache* begonnen, wobei wohl nur an eine Regelung der Rechtschreibung zu denken ist. Die Sprache der Geistlichkeit und damit auch der Wissenschaft, der Kanzleien und Schulen war bis weit in das Mittelalter hinein in ganz Mittel- und Westeuropa, also auch in Deutschland, fast ausschließlich das *Latein*. Die deutsche Sprache konnte sich noch nicht zur Schrift- und Literatursprache durchringen, weil sie in einem Entwicklungsprozeß begriffen war.

Denn erst im 6. Jahrhundert zeichnete sich nach den vielen Völkerbewegungen endlich in einer sich langsam beruhigenden Welt die deutsche Sprache ab. Die Sprache unterlag noch, wohl infolge der Berührung mit fremden Sprachen, einer Reihe von Veränderungen, bis sich aus der *germanischen Sprache* das *Althochdeutsche* bildete. Wir können auch hier wieder, ähnlich wie bei der Loslösung des Germanischen von der indogermanischen Sprache, bestimmte Gesetze feststellen, die unter dem Namen *hochdeutsche* oder *zweite Lautverschiebung* zusammengefaßt wurden. Diese begann bei den *Alemannen*, verbreitete sich über

Bayern und *Österreich*, schob sich mit abnehmender Kraft nach *Mitteldeutschland* hinein, wo sich die alten *Niedersachsen* der andringenden Flut sprachlicher Umwandlung entgegenstemmten und den alten germanischen Lautstand der Konsonanten treu bewahrten.

So blieb die zweite Lautverschiebung im Vergleich zur ersten in ihrer Ausdehnung erheblich zurück, da sie auf ihrem Weg vom Süden nach Norden dauernd an Kraft verlor und nicht im ganzen deutschen Sprachgebiet durchdringen konnte.

Ergebnisse der hochdeutschen oder zweiten Lautverschiebung:

1. Die germanischen stimmlosen Verschlußlaute p, t, k wurden zu den stimmlosen Reibelauten f, s, ch verschoben, wenn sie
   a) im Inlaut oder b) im Auslaut nach Vokalen standen:
   a) engl. *pipe* = Pfeife, engl. *weapon* = Waffe, engl. und niederdt. *water* = Wasser, engl. *white* = weiß, engl. *cake* = Kuchen, engl. *make* = machen;
   b) engl. *deep* = tief, engl. *ship* = Schiff, niederdt. *dat* = das, engl. *hot* = heiß, engl. *week* = Woche, engl. *book* = Buch.

2. a) Im Anlaut sowie b) selten im Inlaut und c) im Auslaut nach Mitlauten und d) in der Verdoppelung wurde p zu pf, t zu z[5]:
   a) engl. *pound* = Pfund, engl. *pepper* = Pfeffer, engl. *ten* = zehn, engl. *tongue* = Zunge;
   b) niederdt. *Kämpe* = Kämpfer, engl. *drop* = Tropfen, engl. *heat* = Hitze, engl. *sit* = sitzen;
   c) engl. *stamp* = stampfen, engl. *carp* = Karpfen, engl. *heart* = Herz, engl. *plant* = Pflanze;
   d) engl. *apple* = Apfel, engl. *little* = lützel.

3. Germanisches d wurde in der Regel a) im Anlaut, b) im Inlaut und c) im Auslaut zu t:
   a) engl. *day* = Tag, engl. *drive* = treiben;
   b) engl. *middle* = Mitte, engl. *under* = unter;
   c) engl. *deed* = Tat, engl. *broad* = breit.

4. Kennzeichnend für das ganze deutsche Sprachgebiet ist der Übergang des germanischen th zu d sowohl im An-, In- wie auch Auslaut: engl. *thank* = Dank, engl. *thing* = Ding, engl. *brother* = Bruder, engl. *bathe* = baden, engl. *mouth* = Mund, engl. *death* = Tod.

Derselbe Lautwandel findet sich im Wort *deutsch*. Wohl erst in althochdeutscher Zeit hat sich das Zusammengehörigkeitsgefühl der deutschen Stämme im Rahmen eines Reiches nachhaltig entwickelt und dafür auch einen sprachlichen Ausdruck im Wort »deutsch« gefunden. Es bezieht sich allerdings zuerst nicht auf Volk, Land und Staat, sondern nur auf die *Sprache*. Es ist abgeleitet von der urgermanischen Wurzel *theudo* (Volk) und entwickelte sich über altsächsisch *thiudisk* zu althochdeutsch *diutisc* und zu *deutsch*, bedeutete ursprünglich *volkstümlich* und diente zur Bezeichnung der Sprache des Volkes im Gegensatz zum Lateinischen, der Sprache der Gebildeten. Das Wort erscheint im Italienischen als *tedesco*, im Schwedisch-Dänischen als *tysk*. Der älteste Beleg für dieses Wort stammt aus dem Jahr 786. Der Kaplan Karls des Großen, *Wigbod*, ein Moselfranke, berichtete dem Papst über die Beschlüsse einer Synode in England; dort seien Entschließungen verlesen worden: »tam latine quam theodisce, quo omnes intellegere possent« (sowohl lateinisch als auch in der Volkssprache, damit sie alle verstehen können). Das Wort muß damals schon allgemein verbreitet gewesen sein, da der Geistliche voraussetzte, daß es der Papst kenne. 801 nahm der Kaiser auf lombardischem Gebiet für sich in Anspruch, *theodisce* zu sprechen. Damit unterschied er seine Sprache von der romanischen.

Man muß sich natürlich im klaren sein, daß mit dem Aufkommen des Althochdeutschen – besonders was die Umgangssprache betraf – noch keine einheitliche Sprachform geschaffen war. Es haben höchstens landschaftlich beschränkte erste Ansätze dazu bestanden, die Formen von nur örtlicher Geltung zurücktreten zu lassen, wie sie der Kanzleiverkehr und das Wirtschaftsleben von selbst mit sich brachten. Von einem bewußten Streben, die *mundartlichen Verschiedenheiten* zugunsten einer einheitlichen Sprache zurückzustellen, kann in der althochdeutschen Epoche wohl keine Rede sein. Es ist mit großer Wahrscheinlichkeit anzunehmen, daß die *Karolinger rheinfränkisch* sprachen. Die einheitliche Gemeinsprache blieb auch weiterhin das Lateinische, das im ganzen Abendland verstanden wurde. Im 4. und 5. Jahrhundert war Gallien durch seine Grammatiker, Rhetoren und Dichter noch eine angesehene Heimstätte der *lateinischen Literatur*. Mit dem 6. Jahrhundert verlor es allmählich seine kulturelle Vorrangstellung, und im folgenden Säkulum war die Literatur fast ausgestorben. Nur durch die *iroschottischen* und *angelsächsischen Mönche* wurde im Frankenland der Boden bereitet und in den *Klosterschulen* wieder neues Leben erweckt. Wesentliche Förderung erfuhr aber der bescheidene Aufstieg erst durch die Bemühungen Karls des Großen und seiner Hofakademie.

Der eifrigen Sorge des Kaisers, durch strenge Verordnungen die Regelrichtigkeit des kirchlichen Lebens zu sichern, verdanken wir die ersten Prosawerke. Schon vorher hatte man sachlich angelegte *Vokabulare* verfaßt, um dem Latein lernenden Deutschen, aber wohl auch dem des Deutschen unkundigen Fremden einen gewissen Wortschatz zu vermitteln. In *Abschriften der Bibel* sowie der geistlichen und klassischen Schriftsteller setzte man zur Erleichterung des Studiums über einzelne Wörter oder am Rand die entsprechenden deutschen Ausdrücke und faßte sie auch in alphabetisch geordnete kleine Wörterbücher zusammen. Diese *Glossare* wurden für uns wichtige Quellen für die Geschichte der Sprache der Frühzeit. Man schrieb auch in lateinischen Texten über jedes Wort das entsprechende deutsche darüber und stellte auf diese Weise *Interlinearversionen* her, die allerdings noch keine zusammenhängende Übersetzung boten. Aber sie bildeten den Anfang für eigentliche *Übertragungen ins Deutsche*. Karls ernstem Bestreben, das Christentum unter den Deutschen zu verbreiten und zu festigen, verdanken wir Übersetzungen des *Teufelsgelöbnisses*, des *Kredos*, des *Vaterunsers*. Deutsche Übersetzungen und Erklärungen von Predigten und theologischen Schriften folgten. Übertragungen des *Evange-*

liums Matthäi und einer aus allen vier Evangelien zusammenge-
zogenen Geschichte des *Lebens Jesu,* der *Evangelienharmonie*
des Syriers *Tatian,* beweisen, daß weitere Kreise über die liturgi-
schen Formeln hinaus Interesse an der christlichen Literatur gewannen. Das Beste, was um diese Zeit in deutscher Prosa geschrieben wurde, ist die Übersetzung der Schrift *De fide catho-
lica* des *Isidor von Sevilla.*
Um ein noch lebendigeres und ausgebreiteteres Interesse für das
Christentum zu wecken, versuchte man es mit der Dichtung, die
nun religiöse Stoffe ergriff. Aus dem Jahr 814 ist uns eine bayerische Handschrift des Klosters Wessobrunn erhalten, das *Wessobrunner Gebet.* Die Bezeichnung Gebet für das ganze literarische
Denkmal ist eigentlich unpassend. Denn nur der Prosaanhang
nach der 9. Verszeile entspricht einem Gebet. Die vorhergehenden Stabreimverse schildern die unendliche Leere der Welt zu
Anbeginn, nur Gottes Allmacht herrscht über das Nichts. Die
Zweiteilung in eine epische Einleitung und in die Bitte um Ge-
währung eines Wunsches erinnert sehr an den Aufbau der heidnischen Zaubersprache. Aus der Allmacht Gottes, der aus dem
Nichts die Welt erschaffen hat, folgert der Betende im zweiten
Teil der Dichtung, daß Gott seine Bitte erhören werde.

Das erfuhr ich unter Menschen als der Wunder größtes,
daß Erde nicht war noch Oberhimmel,
noch Baum, noch Berg,
daß die Sonne nicht schien,
noch der Mond leuchtete, noch das herrliche Meer.
Als da nicht war der Enden noch Wenden,
da war der allmächtige Gott,
der Mannen mildester. Und da waren noch manche mit ihm,
freundliche Geister. Und Gott ist heilig.
Allmächtiger Gott, der du Himmel und Erde geschaffen und der
du dem Menschen so vieles Gute verliehen hast, gib mir in
deiner Gnade rechten Glauben und guten Willen, Weisheit und
Erkenntnis und Kraft, den Teufeln zu widerstehen und Böses
zu meiden und deinen Willen auszuführen.

Diesem Gebet sind Vorstellungen aus der ursprünglichen *alt-germanischen Weltlehre* eingewoben, und es begegnet uns im Gewand frühgermanischer Dichtung, im Stabreim.

Das bedeutendste Sprachdenkmal jener Zeit ist die altsächsische Evangelienharmonie, der *Heliand.* Die Entstehung dieses Epos fällt zwar nicht mehr in die Lebenszeit Karls, es ist um 830 von einem unbekannten sächsischen Klostergeistlichen in *altsächsi-scher Sprache* geschrieben. Der Dichter hat nach der Evange-lienharmonie des *Tatian* in der Sprache seines Volkes das *Neue Testament* in rund 6000 Versen bearbeitet und die Bibel seinen Landsleuten menschlich nahegebracht. Er prägte die Lebensge-schichte Jesu im Geist des *Heldenliedes* um und kleidete sie in den altvertrauten Stabreimvers. Alles, was Jesus in den Augen seiner Sachsen erhöhen konnte, unterstreicht der Dichter. Da-gegen nimmt er dem Stoff alles, was dessen Wirkung auf die vom Heidentum bekehrten Germanen beeinträchtigen konnte. Trotz aller Zugeständnisse an die Wesensart der Sachsen bleibt der Dichter auf dem Boden der christlichen Heilslehre.

Die Gewappneten eilten, bis zu Christus sie kamen,
die grimmen Juden, wo mit den Jüngern stand
der mächtige Herr, des Schicksals harrend,
der zielenden Zeit. Da trat ihm der untreue
Judas entgegen, dem Gotteskinde,
das Haupt neigend, den Herrn grüßend,
küßte den Fürsten, mit diesem Kuß ihn
den Gewappneten weisend, wie er's gesagt.
Das trug in Gedulden der teure Herr,
der Walter der Welt; das Wort nur wandt' er
und fragte ihn frei: »Was kommst mit dem Volk du
und leitest die Leute? Du hast mich den Leidigen
verkauft mit dem Kusse, dem Volke der Juden,
verraten der Rotte.«...
... Da erboste mächtig
der schnelle Degen Simon Petrus,
wild wallte der Mut ihm, kein Wort da sprach er,
so voll Harm ward sein Herz, als sie den Herrn hier

zu greifen begehrten. Blitzschnell zog er
das Schwert von der Seite und schlug und traf
den vordersten Feind mit voller Kraft,
daß Malchus ward durch der Schneide Schärfe
an der rechten Seite versehrt mit dem Schwerte:
am Gehör verhauen, das Haupt ward wund ihm,
daß waffenblutig ihm Wangen und Ohr
barst im Gebein und Blut entsprang
aus der Wunde wallend.

Wie das Wessobrunner Gebet auf den Uranfang der Welt, der
Heliand auf den Welterlöser weist, so kehrt sich das bayerische
Gedicht *Muspilli* dem Weltuntergang zu. Was der Name Muspilli eigentlich bedeutet, ist nicht klar. Es mag wohl ein vor-
christliches, altgermanisches Wort sein, dessen Auslegung als
Erdvernichtung vielleicht der Wahrheit am nächsten kommt.
Der Anfang behandelt das Schicksal der Seele, um die die Engel
und der Teufel streiten. Eindrucksvoll mischen sich am Ende
Vorstellungen aus der nordischen *Völuspa* vom Weltenbrand
mit den christlichen Gedanken von der *Totenerweckung* und
vom *Jüngsten Gericht.* Das Gedicht verwendet noch den *Stabreim,* wenn auch nicht mehr mit der altgewohnten Sicherheit.

Das hört' ich sagen von weltweisen Männern,
der Antichrist werde mit Elias kämpfen.
Und wenn des Elias Blut zur Erde trieft,
da entbrennen die Berge, die Bäume stürzen
rings auf Erden, die Flüsse versiegen,
das Moor verschlingt sich, es loht der Himmel,
der Mond fällt, es brennt Midgard.
Kein Stein bleibt stehen über dem andern.
Dann fährt der Gerichtstag in die Lande,
fährt mit Feuer die Menschen befehden.
Da mag kein Mage[6] dem andern helfen vor dem Muspilli;
wenn die breite Erde all verbrennt
und Feuer und Wind alles hinwegfegt,
wo ist dann die Mark, um die mit den Magen man stritt?
Das Feuer hat die Mark verzehrt,

die Seele steht von Angst beschwert,
nicht weiß die Schuld sie zu bezahlen,
so fährt sie zu den ew'gen Qualen.

Die neue *christliche Literatur* zeigt einen mehr oder minder betonten Zusammenhang in Inhalt und Form mit der alten *Heldendichtung* aus der *Völkerwanderungszeit,* wie die erwähnten
Sprachdenkmäler beweisen. Für Heldenlieder, die noch ganz in
der heidnischen Vorstellungswelt wurzelten, war die Zeit vorbei. Es war daher ein großes Verdienst Karls, daß er, wie sein
Biograph Einhart erzählt, »die uralten Lieder, in denen die
Kriege und Taten der alten Könige besungen wurden, aufschrei-
ben ließ, damit sie unvergeßlich bleiben«. Allerdings ist diese
Sammlung nach Karls Tod für alle Zeiten verschwunden – ein
unersetzlicher Verlust.
Einen unschätzbaren Ersatz dafür bildet die in Island aufge-
zeichnete Sammlung *altgermanischer Dichtung,* die *Edda,* oder
richtiger gesagt, die Edden. Denn es gibt zwei Bücher, die diesen
Namen tragen: die *Liederedda,* aufgezeichnet im 13. Jahrhundert, und die *Prosaedda* des Isländers Snorri Sturluson (gest.
1241), nach ihrem Verfasser auch *Snorra-Edda* benannt. Der
Name Edda ist dunkel. Man hat ihn früher mit »Großmutter«
übersetzt, wobei die Großmutter als Erzählerin und Mittlerin
des Sagengutes gedacht ist. Heute deutet man den Namen als
»Dichtkunst« oder als »Buch Oddi«, jenes Bauernhofs, auf dem
die Snorra-Edda entstand. Später wurde dieser Name auch auf
die Liederedda übertragen. Diese enthält den größten Teil der
altgermanischen *Heldenlieder,* ferner eine Anzahl *Götterlieder*
sowie eine umfangreiche Sammlung *alter Spruchweisheit.* Der
wertvollste Teil sind die Heldenlieder, wie das alte *Sigurdlied,*
das *Atlilied* und andere. Denn man muß bedenken, daß
Deutschland zu dieser dichterischen Gattung nur das *Hildebrandslied,* und das nur als Bruchstück, beizusteuern hat. Wir
hätten also ohne diese nordische Quelle nur ganz geringe
Kenntnis von der altgermanischen Heldendichtung.
Bildet für die Heldenlieder das Geschehen der Völkerwande-

rungszeit die gemeinsame Wurzel, so erzählen uns die gleichfalls
von den Isländern überlieferten *Sagas* in schlichter Ausdrucks-
weise Sippenchroniken, Lebensbilder und denkwürdige Vorgänge aus dem Island des 9. bis 11. Jahrhunderts, die vorerst
mündlich weitergegeben und erst im 13. Jahrhundert aufgezeichnet wurden. Die Bedeutung der Sagas liegt darin, daß sie
uns die germanischen Menschen jener Zeiten in ihrem Alltagsle-
ben näherbringen, womit sie einen wesentlichen Beitrag zur
Kenntnis der altgermanischen Welt leisten.

Germanisches Kunstschaffen im Frühmittelalter

Seit der Bronzezeit sind Ausbildung und Weiterentwicklung des
Ornaments ein wesentliches Kennzeichen der germanischen
Kunst. Es offenbart sich in Wellenlinien, Spiralen, Mäandern,
Ranken und anderen Verschlingungen und vereint schließlich
alle diese Motive im *Flechtmusterband.* Aus dem vielfach ver-
schlungenen, nur noch schwer zu entwirrenden Ornament tauchen plötzlich Tierköpfe, -leiber und -glieder auf, die geome-
trisch-anorganischen Motive werden organisch-bildhaft. Mit
der *Tierornamentik,* die noch wild erregt und fratzenhaft verzerrt, den Tierkörper zum Band ausdehnt, schließt die unruhige
und unsichere Zeit der Völkerwanderung.
Mit Beginn der fränkischen Zeit gelingt es dem germanischen
Kunstschaffen zum erstenmal, aus dem Ornamentalen den Weg
zum Figuralen zu finden. Die *Menschengestalt,* das menschliche
Antlitz und damit das Geistige, Seelenhafte werden Gegenstand
und Inhalt der neuen Richtung, wenn auch anfangs nur in be-
scheidenen, tastenden Versuchen. Noch setzt sich daneben die
Entwicklung des Ornaments fort, vor allem in der Richtung der
Tierornamentik, in der Umbildung des Tierleibes zu zierenden
Bändern und Flechtmustern.
Über England macht sich auf dem Kontinent ein sehr starker *iri-
scher Einfluß* bemerkbar. Wir erkennen ihn vor allem in der
Buchmalerei, dem Bildschmuck der Handschriften, der auch

Einwirkungen des *orientalischen Mönchtums* zeigt. Die Menschengestalt wird in einfacher, oft kindlich ungelenker Art dargestellt. Die Figuren sind ohne räumliche Tiefe, flächig, und von hieratischem Ernst. Das Gesicht ist im Verhältnis zum Körper überproportioniert und nicht blutvoll, die Augen dringen ins Weite, Ewige. Oft kommt die Menschengestalt der abstrakten Geistigkeit des Ornaments nahe. Zu dieser religiösen, fernen Welten zugewandten Verinnerlichung bilden die Umrahmungen mit ihrem wirren Flechtwerk, ihren Bändern und Ranken und den aus den Verschlingungen starrenden Tierköpfen etwas Dämonisch-Magisches. Die Tierfiguren erscheinen im Profil. Auch der *Adler,* der sich frontal darbietet, dreht den Kopf zur Seite. Die Tierfiguren sind ebenfalls von geometrischen Verzierungen und Flechtmustern umrahmt.

Aus dem Kreis dieser *irischen Kunst* stammt der *Kelch* des Bayernherzogs *Tassilo* im Stift *Kremsmünster* in Oberösterreich, das kostbarste Stück des dortigen Klosterschatzes. Er ist aus Kupfer und vergoldet, Bilder und Streifen sind in feinen Silberplättchen aufgelegt. Er setzt sich aus vier Teilen zusammen: aus dem Fuß, dem Knauf (Nodus), dem Perlenring und der Kuppa. Seine Höhe beträgt 25,5 cm, die Kuppa faßt eindreiviertel Liter. Zwischen dem Inschriftenband am Fuß und dem Rundbogenfries oben an der Kuppa erhebt sich der Becher in einheitlicher, wohlgefälliger Form. Das Inschriftenband nennt in Majuskeln die Stifter: »Tassilo, tapferer Herzog + Liutpirc, königlicher Sproß +«. Tassilo, der Bayernherzog, und seine Gemahlin *Liutberga,* eine Tochter des Langobardenkönigs Desiderius, haben den Kelch in Auftrag gegeben. Vier Heiligenbilder über dem Inschriftenband zieren den Fuß. Der mit hochgestellten, reichgeschmückten Rhombenfeldern gezierte Nodus und der aus hochovalen Perlen gefügte Ring leiten zur Kuppa über. Ihre Rundung zeigt fünf Hochovalbilder: Jesus Christus und die vier Evangelisten. Die Figuren werden überschattet von den Symbolen des Engels, des Löwen, des Stiers und des Adlers. Das überragende Hauptbild ist der Heiland: ein zartes Gesicht, umrahmt von gescheiteltem Haar, mit kurzem Bart auf Wangen

und Kinn, die segnende Hand zur Brust erhoben. Der Kelch
dürfte aus dem Jahr 769 stammen. Seine Größe entspricht dem
damaligen Zweck: im 8. Jahrhundert wurde nämlich die Kom-
munion den Gläubigen auch in Gestalt des Weines gespendet,
daher war ein entsprechend großer Meßkelch nötig.

Germanisch-mythische Motive zeigen Arbeiten wie die
Schwertscheide von Gutenstein in Baden mit dem seltsamen
wolfsköpfigen Krieger und der *Fränkische Krieger von Nieder-
dollendorf,* der in seiner Figur Vorder- und Seitenansicht vereinigt. Umrahmt wird sein Haupt von einem Bandmotiv mit Tierköpfen, das Gesicht ist noch ganz maskenhaft.

Ein häufiges Motiv war die *Reiterfigur,* sei es in Durchbruchs-
scheiben oder auf Bildsteinen. Der *Reiter von Hornhausen* trabt
über eine Schlange hinweg, die sich im Mäanderornament unter
dem Pferd krümmt.

Eines der interessantesten Steinbildwerke aus der *Merowingerzeit* ist das *Fränkische Steinkreuz von Moselkern* im Kreis Co-
chem, das während des Ersten Weltkrieges auf dem dortigen
Friedhof gefunden wurde. Was besonders daran auffällt, ist die
Durchbruchsarbeit, die dem Stein das Schwere, Massive nimmt,
ein Kunstmittel, das später die Steinmetze der *Gotik* in den
durchbrochenen Turmspitzen anwendeten. Zwei Kreuze stehen
aufeinander, unten das Schrägkreuz, oben ein dem Malteser-
kreuz gleichendes. Mit diesem ist eine Menschenfigur verbunden. Leib und Beine vereinigen sich mit dem lotrechten Kreuz-
balken, die Arme umfassen, rechtwinkelig abgebogen, die obersten durchbrochenen Felder. Der Kopf ragt in das Giebeldrei-
eck. Es ist ein seltsames, rätselhaftes Bildwerk, keine übliche
Darstellung des Gekreuzigten.

Aus dem Rahmen des Gewohnten fällt auch der große *Runen-
stein von Jellinge* in Nordjütland. Der dreiseitige Block trägt auf
einer Seite eine *Runeninschrift,* die uns über die Widmung Aus-
kunft gibt, auf der anderen Seite ein Fabeltier, einen Löwengreif,
der von einer Schlange umwunden wird, und endlich auf der
Hauptseite die Darstellung Jesu, der durch ein vielfach ver-
schlungenes Bandornament an den Stein gefesselt scheint. In

einzigartiger Weise begegnen einander auf diesem Stein *Heiden-*
tum und *Christentum.* Die in großen *Runen* verfaßte Inschrift
lautet: »König Harald befahl, dieses Denkmal zu errichten nach
Gorm, seinem Vater, und Tyra, seiner Mutter, jener Harald, der
sich ganz Dänemark und Norwegen unterwarf und die Dänen
zu Christen machte.«

Das *Flechtmusterband,* das die *Langobarden* nach *Italien* brachten, beherrscht das 7. und 8. Jahrhundert. Es zeigt sich besonders auf Steinplatten. Dazu kam allmählich auch das Figurale.
Auf dem *Antependium von Cividale* (Verkleidung des Altarun-
terbaus) sind die Evangelisten in ihren *Symbolen* dargestellt: es
sind flache Formen, mehr geometrische Muster als Abbilder des
Organischen. In der Mitte erscheint statt der Person Christi das
Kreuz, in Flechtmusterband umgesetzt. Damals war es eben üblich, Personen durch Dinge symbolisch wiederzugeben. Wenn
die menschliche Figur dargestellt wird, zeigt der Kopf die für die
langobardische Kunst typische birnenartige Form, indem er
zum Kinn hin spitz zuläuft.

Im Norden haben sich in der *Wikingerzeit* neue Formen ausgebildet. Drei Kulturgebiete üben ihren Stileinfluß auf die
Ornamentik aus: *Byzanz, Irland* und das *Frankenreich.* Karolingische Einwirkung ist die Anwendung naturnachahmender
Blatt- und Tierformen und die Einteilung des Ornaments in Medaillons. Die Tiergestalten zeigen gespenstische Gesichter, ge-
krümmte Rücken und Gliedmaßen, deren Klauen die Tatzen eines anderen Tieres festhalten. Diese oft kunstvoll verschlunge-
nen Greiftiere gaben der Kunstrichtung den Namen *Greifstil.*
Die beste Quelle zur Kenntnis dieser Kunst sind die *Holzschnit-*
zereien, die uns der Fund des *Osebergschiffes* dargelegt hat. Die
Verzierungen am Schiff, an Schlitten und Wagen sowie die Tierköpfe sind wahre Glanzleistungen der *Holzschnitzkunst.* Diese
Köpfe sind aus offenen und geschlossenen Geflechten geformt,
nur Augen, Maul und Nüstern kennzeichnen sie als Tiere. In
Relief gearbeitete Medaillons sind in buntem Wirrwarr über die
Flächen verstreut. Solche grinsende Drachenköpfe waren auf
den Schiffssteven befestigt. Sie sollten als *Bildzauber* alle Gefah-

ren vom Schiff bannen. Drehte man ans Ufer, nahm man den schreckenerregenden Tierkopf vom Steven herunter, um nicht die freundlichen Geister des Landes zu erschrecken und zu verscheuchen. Im Jahr 1904 hat man das Osebergschiff, das Totenschiff einer Königin, dem wir diese kostbaren Beispiele der Wikingerkunst verdanken, im Fjord von Oslo ausgegraben.

An diesen Fund reihte sich ein gleich wertvoller, den man 1939 auf dem Gut *Sutton Hoo* bei Woodbridge, nordöstlich von London, zutage förderte. Unter einem künstlichen Erdhügel lag ein altes Grab. In einem großen hölzernen Ruderboot, dem *Totenschiff* des Königs von East Anglia, *Aethelher,* der 655 gestorben ist, fanden sich goldene Schmucksachen, Münzen, zwei Goldbarren und weitere Kostbarkeiten an Gefäßen und Waffen. Der Fund war während des Zweiten Weltkrieges versteckt. 1947 wurde er zur Gänze dem Britischen Museum in London übergeben und gehört nun zu dessen wertvollsten Ausstellungsstükken.

Für den *Steinbau* fehlte im germanischen Frankenreich jede Überlieferung. Karl der Große mußte sich also, wenn er wie die römischen Kaiser seiner universalen Macht und der Erhabenheit der christlichen Religion sinnfälligen Ausdruck verleihen wollte, die *römische Bauweise* zum Vorbild nehmen. Im *Kirchenbau* ahmte er nicht nur die beiden Normalformen der altchristlichen Baukunst, den *Zentralbau* und die *Basilika* nach, wie sie sich in römisch-byzantinischer Form in Ravenna darboten, sondern er verwendete auch Säulen und anderen Schmuck aus verlassenen italischen Römerbauten in buntem Gemisch für seine *Kirchen* und *Pfalzen.*

In *Aachen,* der Stadt, in der er sich am meisten aufhielt, ließ er von *Odo von Metz* eine *Domkirche* bauen (796 bis 804). Als Vorbild diente der Zentralbau von *San Vitale* in Ravenna, der mit einer achtseitigen Umfassungsmauer ein zentrales zweistökkiges *Oktogon* (Achteck) einschließt. Nischen unten und oben, die sich mit drei von Säulen getragenen Bogen in den Umfang öffnen, runden das Innere zu einer harmonischen Einheit ab. Bei der Hofkirche zu Aachen umschließt eine 16eckige Außenmauer

den Raum, an der Fassade flankieren zwei Tortürme den Haupt-
eingang und verleihen damit dem Dom einen starken wehrhaften
Zug. Dem inneren Oktogon, das die Kuppel trägt, fehlt die einheitliche Form von San Vitale. In drei Geschossen hebt sich das
Innere zum Kuppelbau. Das erste Geschoß öffnet sich mit
schmucklosen Rundbogen kryptenhaft zur Mitte. Das zweite
Geschoß rundet sich mit acht dreibogigen, von je zwei Säulen
getragenen Arkaden, während im letzten Geschoß die Säulen
mit ihren Kapitellen gegen die Bogenrundungen stoßen und dem
zentralen Grundgedanken einen starken Auftrieb zur Höhe geben. Die herrlichen Säulen stammen aus Ravenna, Rom und
Trier, die kunstvoll gegossenen, ehernen Türen und die Gitter
sind aus einer Aachener Werkstatt. Marmor und *Mosaiken* dek-
ken Wände und Kuppel.

Auf der Empore des Oktogons, dem Hochaltar gegenüber, steht
aus weißen Marmorplatten gefügt, der *Thronsessel* des Kaisers.
Auf ihm saß der Herrscher während des Gottesdienstes und später jeder der *32 deutschen Könige,* die hier die Krone empfingen.
Der große Kronleuchter aus vergoldetem Kupfer, der die Mitte
des Raumes schmückt, stammt aus späterer Zeit (1165). Er ist ein
Geschenk des Kaisers Friedrich I. Barbarossa. Die Hof- und
Staatskirche verband mit der Königsburg ein gedeckter Gang,
den Karl zu benützen pflegte, wenn er sich vom Palast zum Got-
teshaus begab. Denselben Gang wählten die Könige für ihren
Kirchgang zur Krönung. Ein Stück seines steinernen Unterbaues ist noch heute erhalten und dient als *Domschatzkam-
mer.*

Eine silberne Büste Karls im Domschatz birgt die Hirnschale des
großen Kaisers, der um 1215 vollendete *Karlsschrein,* ein Meisterwerk der Aachener Goldschmiedekunst, bewahrt seine Gebeine.

Ein Beispiel für den *karolingischen Renaissancebau* ist die zierli-
che, noch gut erhaltene *Torhalle* des ehemaligen *Klosters Lorsch*
bei Heidelberg. Es ist ein zweigeschossiger Bau. Der Unterstock
öffnet sich in drei breitgezogenen Bogen auf Pfeilern, denen Säulen vorgelagert sind. Sie tragen ein Gebälk, auf dem der Ober-

stock nach Art altchristlicher Sarkophage ruht. Seine Wand gliedern schmale Pilaster, die von Dreiecksgiebeln aus Steinbalken ohne Horizontalgebälk überdacht sind. Die untere Wand trägt Mosaikmuster von roten quadratischen Steinen, die obere von polygonalen auf weißem Grund. Der Bau steigt vom schweren Untergrund der Pfeiler und Säulen zur leichten Zierform der schmückenden Mosaiken auf und erreicht durch diesen Aufbau eine eigenartige Wirkung.

Der Kunst der Germanen haftet ein romantischer Wesenszug an. Sie will Stimmungen erwecken und den Stoff mit ihrem Geist durchdringen. Daher arbeitet sie gern mit *Symbolen,* liebt das *Ornament* und ist nicht auf Monumentalplastik ausgerichtet. Sie begnügt sich mit der *Kleinbildnerei* der Elfenbeinreliefs auf Schmuckkästchen. Etwas ganz Neues war der *Steinbau* der karolingischen Zeit, mit dem die Germanen die bisher nur den *Mittelmeerkulturen* eigene Kunst übernahmen und fortführten zu den Wunderbauten des deutschen Mittelalters.

Das neue Imperium Romanum

Mit Karl dem Großen stehen wir am Anfang einer neuen Welt: der *Entstehung des Abendlandes.* Das Weströmische Reich war in mehreren Jahrhunderten langsam dem Untergang entgegengesunken. Es konnte sich seiner Feinde nicht mehr erwehren, die Kraft des Heeres war dahingeschwunden, germanische Söldner standen in den römischen Legionen, Fremdstämme siedelten auf altrömischem Boden. Die Schätze der Antike waren vom Verfall bedroht.

In dieser Zeit der Trostlosigkeit erstand ein neues Kaiserreich. Karl hat mit der Kaiserkrone, die er in Rom, der Heimat antiker Überlieferung, vom *Papst* übernahm, Aufgabe und Sendung empfangen, die starken alten Kräfte mit seinem jungen Germanenreich zu einer einheitlichen Macht zusammenzuschließen. Karl mußte vor allem die neue abendländische Welt gegen außen behaupten, er hat den *Islam* und die Machtansprüche von By-

zanz von ihrem Boden verdrängt. Im Zeichen der christlichen *Missionstätigkeit* hat er weite Gebiete dem Mutterland einverleibt und einer höheren Sitte und Bildung den Weg zu den nördlichen und östlichen Völkern gebahnt. Karl hat eine neue Welt aufgebaut, die getragen war von der Würde und Macht seiner Persönlichkeit, von der Gemeinschaft und Treue der Gefolgsmannen. Die Unterordnung unter einen großen politischen Zusammenschluß, der noch unterstützt und gefördert wurde vom neuen einigenden Glauben, entfesselte Wagemut und schöpferische Kräfte, die das *Frankenreich* zum *bedeutendsten Machtfaktor des Abendlandes* emporführten. Es konnte das Oströmische Reich überflügeln und die Ausbreitung des Islams abwehren.

Das Abendland brachte neue soziale und politische Formen hervor, die auf Treue und Schutz, auf *Lehnswesen* und *Grundherrschaft* beruhten. Seine geistige Leistung bestand darin, aus der Begegnung der lateinischen Welt mit dem Germanentum die richtige Mischung zu finden von römischem Sinn für Ordnung und planvollem Aufbau und germanischem Drang nach persönlicher Freiheit und Verantwortung, nach Tatbereitschaft und Leistung. Daraus eine Einheit, eine geschlossene Kulturwelt zu gestalten waren Aufgabe und auch Ergebnis der Kirche. Das *Christentum* hatte schon die auf römischem Boden seßhaften Germanen erfaßt, hatte das innere Wesen der Menschen umgestaltet und der *Sitte* sowie der *Bildung* einen mächtigen Auftrieb gegeben.

Auf diesen Grundpfeilern hat Karl das größte Reich des Abendlandes aufgebaut. Daß es Fugen und morsche Stellen in dem gewaltigen Bau gab, ist Schicksal jedes Menschenwerks. Karls mächtige Persönlichkeit hat jedoch alle Schwächen seiner Zeit überwunden. Er hat die Völker zusammengeschlossen, und das neue Imperium Romanum wurde für alle seine Bürger eine gewaltige Kraftmitte. Es strahlte eine große Wirkung auch auf die fernen Reiche aus.

Karl war wahrlich ein Großer: er hat seiner Zeit genuggetan und die Grundlagen für fernere Entwicklungen und schöpferische Leistungen gelegt.

Anmerkungen

ERSTER TEIL

ERSTES KAPITEL

1 *Tacitus*, Germania, V: ... terra ... aut silvis horrida aut paludibus foeda.
2 *Tacitus*, Germania, II.

ZWEITES KAPITEL

1 *Megalith* stammt aus dem Griechischen (μέγας = *megas* = groß; λιξος = *lithos* = Stein); wörtlich: *großer Stein,* im weiteren Sinn: *Bau aus großen Steinen.*
2 Das Wort*indogermanisch* hat der aus Berlin gebürtige Orientalist*Heinrich Klaproth* in seinem Werk »*Asia polyglotta*« 1823 geprägt.
3 Vergleiche dazu auch griechisch πέκος = *pekos* = Vlies, lateinisch*péktere* = kämmen.

DRITTES KAPITEL

1 *Caesar,* De bello Gallico, VI, 14.

ZWEITER TEIL

ERSTES KAPITEL

1 *Tacitus*, Germania, IV.
2 *Tacitus*, Germania, II.
3 Bei den angeführten Beispielen bleibt zu berücksichtigen, daß zum einfacheren Verständnis statt der entsprechenden indogermanischen Wurzeln nur griechische und lateinische Wörter angeführt sind.

4 Noch heute erinnert der Name *Götaland* an die Goten.
5 *Tacitus,* Germania, II.
6 *Homer,* Odyssee, X, 82 f.
7 *Homer,* Odyssee, XI, 14 ff.
8 *Gaesaten,* abgeleitet von keltisch *gaison,* germanisch *gaizaz* = Speer.
9 Von den Germanen handeln vor allem die Kapitel IV, 1–3, und VI, 21–28.
10 *Tacitus,* Germania, XXXIII: Urgentibus imperii fatis nihil iam praestare fortuna maius potest quam hostium discordiam = Dem Geschick unseres Reiches, wenn es uns hart zusetzt, kann gewiß das Glück nichts Besseres gewähren als der Feinde Zwietracht.

ZWEITES KAPITEL

1 *Caesar,* De bello Gallico, I, 39: Saepenumero sese cum his congressos ne vultum quidem atque aciem oculorum ferre potuisse = (Gallier und Kaufleute) hätten gar häufig, wenn sie mit ihnen zusammengetroffen seien, nicht einmal ihren Blick und das Feuer ihrer Augen ertragen können.
2 *Tacitus,* Germania, XVIII, XIX.
3 Das Wort bedeutet Schutz und ist noch erhalten in Vormund, Mündel.
4 *Tacitus,* Germania, XVIII.
5 *Tacitus,* Germania, XVIII.
6 *Caesar,* De bello Gallico, I, 53.
7 Frau aus althochdeutschem *frouwa,* mittelhochdeutschem *vrouwe* = Herrin, zu althochdeutschem *fro* = der Herr, erhalten in Fronleichnam, Fronvogt.
8 *Tacitus,* Germania, VIII.
9 Germanische Vornamen leben auch noch in romanischen Sprachen fort, z. B. im Französischen: Arnold = Arnaud, Baldwin = Baudouin, Walther = Vautier, Gautier, Theobald = Thibaut, Dietrich = Thierry; im Italienischen: Gerbald = Garibaldi, Walther = Gualtiero, Rudolf = Rodolfo, Sigismund = Sismondo.
10 *Caesar,* De bello Gallico, IV, I; VI, 22.
11 Altslawisch *chlebu,* finnisch *leipä.*
12 *Caesar,* De bello Gallico, IV, 2.
13 Indogermanisch *medhu.*
14 *Tacitus,* Germania, XV.
15 Lateinisch *flagellum.*
16 Frucht *(fructus),* Kirsche *(cerasum),* Pflaume *(prunum),* Quitte *(cotonea),* Wein *(vinum),* Birne *(pirum),* Feige *(ficus),* Kohl *(caulis),* Kürbis *(cucurbita),* Rettich *(radix),* Zwiebel *(caepulla),* Minze *(menta),* Wicke *(vicia),* Senf *(sinapi),* Kümmel *(cuminum),* Pflanze *(planta),* Veilchen *(viola),* Buchsbaum *(buxus).*
17 *Caesar,* De bello Gallico, IV, 3: Ubii paulo sunt eiusdem generis ceteris humaniores, propterea quod Rhenum attingunt multumque ad eos mercatores venitant = Die Ubier sind ein wenig kultivierter als alle übrigen Ger-

manen, deshalb, weil sie an den Rhein grenzen und zu ihnen gar häufig Kaufleute kommen.

18 Der Steven ist der Bauteil, der den Schiffskiel mit seinem schräg oder senkrecht aufsteigenden Holz verlängert. Das germanische Schiff hatte an beiden Enden einen Steven, vorn den Vorsteven, hinten den Achtersteven.

19 *Tacitus*, Germania, VII.

20 So berichtet *Tacitus*, Germania, XI: »Coeunt certis diebus cum aut inchoatur luna aut impletur; nam agendis rebus hoc auspicatissimum initium credunt = Sie versammeln sich an bestimmten Tagen, wenn der Mond zunimmt oder sich füllt. Das halten sie für den günstigsten Anfang ihrer Unternehmungen.« Denselben Volksglauben verrät die Stelle bei *Caesar,* De bello Gallico, I, 50: »Non esse fas Germanos superare, si ante novam lunam proelio contendissent = Es sei nicht göttlicher Wille, daß die Germanen siegen, wenn sie sich vor Neumond in eine Schlacht einließen.«
Der Mond beschäftigte aber nicht nur den Volksglauben, sondern war auch seit ältester Zeit wegen seiner periodischen Phasen der sicherste Zeitmesser, Mond und Monat stehen eng beieinander. Nach dem Hauptgestirn der Nacht die Zeit einzuteilen und nach Nächten, nicht, wie heute, nach Tagen zu zählen war bei anderen Völkern, wie z. B. bei den *Griechen,* ebenso üblich wie bei den Germanen. *Caesar,* De bello Gallico, VI, 18, berichtet von den *Galliern:* »Spatia omnis temporis non numero dierum, sed noctium finiunt; dies natales et mensium et annorum initia sic observant, ut noctem dies subsequatur = Sie bestimmen jegliche Zeit nicht nach der Zahl der Tage, sondern der Nächte; Geburtstage, Monats- und Jahresanfänge beobachten sie so, daß der Tag der Nacht folgt.« Die gleiche Feststellung finden wir bei *Tacitus*, Germania, XI: »Nec dierum numerum, ut nos, sed noctium computant; nox ducere diem videtur = Sie zählen nicht wie die *Römer* nach der Zahl der Tage, sondern der Nächte; die Nacht geht nach ihrer Auffassung dem Tag voran.«
Manches erinnert noch heute an die alte Zeiteinteilung. So bestimmen wir einzelne *Festzeiten* nach früherer Weise: Weihnachten, Fastnacht, Silvesterabend, Sonnabend. Der Engländer sagt *fortnight* (= 14 Nächte) für 14 Tage. Man begann beim Zählen von Zeitabschnitten mit der ersten Nacht und zählte die auf den letzten Tag folgende Nacht mit. Daher sagen wir heute 8 Tage, wenn wir eine 7tägige Woche meinen, auch der Franzose sagt *quinze jours* (= 15 Tage) für 14 Tage.

21 Wergeld ist der nach Stand, Geschlecht und Wertung des Erschlagenen abgestufte Betrag, mit dem sich die Sippe des Erschlagenen die Blutrache vom Totschläger und dessen Verwandten abkaufen lassen konnte. Das erste Wortglied geht auf germanisch *wera* (= Mann, Mensch) zurück und ist urverwandt mit lateinisch *vir* (= Mann).

22 *Tacitus*, Germania, XII.

23 *Tacitus*, Germania, XXI.

24 *Caesar,* De bello Gallico, VI, 23.

25 Althochdeutsch *triuwa.*

26 *Tacitus*, Ab excessu divi Augusti, XIII, 54: Nullos mortalium armis aut fide ante Germanos esse exclamant.

27 *Tacitus,* Germania, XIV: Praecipuum sacramentum.

28 *Ammianus Marcellinus,* Res gestae, XVI, 12, 60: Comites eius ducenti numero et tres amici iunctissimi, flagitium arbitrati post regem vivere vel pro rege non mori, si ita tulerit casus, tradidere se vinciendos.

29 *Tacitus,* Germania, XIV: Aleam, quod mirere, sobrii inter seria exercent, tanta lucrandi perdendive temeritate, ut, cum omnia defecerunt, extremo ac novissimo iactu de libertate ac de corpore contendant. Victus voluntariam servitutem adit; quamvis iuvenior, quamvis robustior alligari se ac venire patitur. Ea est in re prava pervicacia, ipsi fidem vocant.

30 *Caesar,* De bello Gallico, VI, 23: Hospitem violare fas non putant; qui quacumque de causa ad eos venerunt, ab iniuria prohibent, sanctos habent, hisque omnium domus patent victusque communicatur.

31 *Tacitus,* Germania, XXI: Convictibus et hospitiis non alia gens effusius indulget. Quemcumque mortalium arcere tecto nefas habetur; pro fortuna quisque apparatis epulis excipit. Cum defecere, qui modo hospes fuerat, monstrator hospitii et comes; proximam domum non invitati adeunt. Nec interest: pari humanitate accipiuntur. Notum ignotumque quantum ad ius hospitis nemo discernit. Abeunti, si quid poposcerit, concedere moris; et poscendi in vicem eadem facilitas.

32 Edda, Hávamál, I, 35.

33 *Tacitus,* Germania, XXIV: Nudi iuvenes, quibus id ludicrum est, inter gladios se atque infestas frameas saltu iaciunt. Exercitatio artem paravit, ars decorem, non in quaestum tamen aut mercedem: quamvis audacis lasciviae pretium est voluptas spectantium.

34 *Tacitus,* Germania, XV: Quotiens bella non ineunt, non multum venatibus, plus per otium transigunt, dediti somno ciboque, fortissimus quisque ac bellicosissimus nihil agens, delegata domus et penatium et agrorum cura feminis senibusque et infirmissimo cuique ex familia; ipsi hebent, mira diversitate naturae, cum iidem homines sic ament inertiam et oderint quietem.

35 Edda, Völuspa, 57.

36 *Tacitus,* Germania, IX.

37 Edda, Sprüche des Hars, V, 138.

38 *Tacitus,* Germania, IX.

39 *Tacitus,* Germania, IX.

40 *Tacitus,* Germania, XL: ... Nerthum, id est Terram matrem, colunt eamque intervenire rebus hominum, invehi pupulis arbitrantur. Est in insula Oceani castum nemus, dicatumque in eo vehiculum, veste contectum; attingere uni sacerdoti concessum. Is adesse penetrali deam intellegit vectamque bubus feminis multa cum veneratione prosequitur. Laeti tunc dies, festa loca, quaecumque adventu hospitioque dignatur. Non bella ineunt, non arma sumunt; clausum omne ferrum; pax et quies tunc tantum nota, tunc tantum amata, donec idem sacerdos satiatam conversatione mortalium deam templo reddat. Mox vehiculum et vestis et, si credere velis, numen ipsum secreto lacu abluitur. Servi ministrant, quos statim idem lacus haurit. Arcanus hinc terror sanctaque ignorantia, quid sit illud, quod tantum perituri vident.

41 Jedes von ihnen besitzt einen goldborstigen Eber. Der Eber wird ihnen geopfert. Kuchen in Ebergestalt wurden an bestimmten Festtagen verzehrt, der Eberkopf wurde nach altem Brauchtum aufgetragen. Unser Glücksschweinchen ist wohl noch eine letzte Erinnerung an den Freyrkult.

42 *Tacitus*, Germania, X.

43 Edda, Völuspa, 65.

44 Edda, Sprüche des Hars, I, 77.

45 *Tacitus*, Germania, IX. *Cicero*, De legibus 2, 26.

46 *Tacitus*, Annalen, I, 51.

47 *Tacitus*, Germania, XL.

48 *Tacitus*, Germania, II.

49 *Tacitus*, Annalen, II, 88.

50 Das *Filigran* (ital.), aus lat. *filum* = Faden und lat. *granum* = Korn.

DRITTER TEIL

ERSTES KAPITEL

1 *Tacitus*, Germania, XXXVII.

2 *C. Velleius Paterculus*, Hist. Roman, II, 117.

3 Da die weiteren geschichtlichen Ereignisse nur noch in die nachchristliche Zeit fallen, so unterbleibt fortan der ergänzende Zusatz »n. Chr.«.

4 Die einzige Quelle für den Bataverkrieg ist *Tacitus*, Historien, Bd. IV und V.

5 Die bisher allgemeine Annahme, *decumates agri*, ein Wort, das nur bei *Tacitus*, Germania, cap. XXIX, belegt ist, sei mit Zehntland zu übersetzen, weil die Pächter den Zehent an die Römer zu zahlen hatten, ist für die frühe Zeit ausgeschlossen. Daher sind die meisten Forscher von dieser Erklärung abgekommen und führen den Ausdruck auf eine Fachbezeichnung der Vermessungsbeamten zurück. Bei Vermessung eines Lagerplatzes wird von der Mitte der Grundlinie aus, im rechten Winkel zu ihr, die *via decumana* gezogen. Damit sind alle Hauptlinien für die weitere Anlage gewonnen. Da nun dieses Gebiet gerade zu der Zeit der Abfassung der Germania durch Traian in das Reichsgebiet einbezogen und vermessen wurde, so liegt es nahe, daß der Fachausdruck der Geometer auf dieses Land übertragen wurde.

6 Heute der Mainzer Vorort Kastel.

7 Lat. *ripa* = Ufer.

8 Elsaß von *Elisazo* = der Anderswositzende, also Elsaß = das Land des am anderen Ufer (des Rheins) Sitzenden. Vergleiche dazu auch ahd. *elilenti* = das andere, fremde Land (urverwandt mit lat. *alius*). Es ist ein achtenswertes Zeichen der Heimatverbundenheit des deutschen Menschen, daß ihm der Aufenthalt im Ausland als ein leidvolles Dasein erschien, wie es das Wort »Elend« zum Ausdruck bringt.

9 Das Land des germanischen Volksstammes der Sachsen darf nicht verwechselt werden mit dem uns heute geläufigen Staatsgebiet Sachsen, das sich von

der Leipziger Tiefebene bis an die Ränder des Erzgebirges und des Lausitzer Gebirges erstreckt.

Zweites Kapitel

1 *August von Platen,* Das Grab im Busento.
2 Name für die spanischen Gesetzbücher und Sammlungen von Rechtsgewohnheiten.
3 *Eugippius,* Vita Sancti Severini, 6, 7.
4 *Exarchat* ist jenes Gebiet, das der oströmische Kaiser in Italien nach der Vernichtung der Ostgoten bis ins 8. Jahrhundert besaß und das anfangs große Teile Italiens, vom Südende bis zum Po, umfaßte, später sich aber immer mehr verkleinerte. An der Spitze stand der *Exarch* mit dem Regierungssitz in *Ravenna.* Der erste Exarch war *Narses.*
5 Das römische Municipium *Ticinum* war seit Alboin als Papia die Hauptstadt der Langobarden. Aus dem keltischen Namen der Stadt entwickelte sich später die Benennung Pavia.
6 Die *Gastalden* waren das Gegengewicht des Königs gegen die Herzoge. Ursprünglich nur die Verwalter königlicher Güter, werden sie schließlich öffentliche Beamte, die auch nichtköniglichen Besitz unter ihren Einfluß zu bringen trachten.
7 In der Kirchensprache eine Bannformel: *Anathema sit!* = Er sei verflucht!
8 Griechisch *pentapolis* = Fünfstadt. So hieß das Gebiet der fünf Seestädte Rimini, Pesaro, Fano, Senigallia und Ancona an der Ostküste Italiens.
9 *Tacitus,* Germania, cap. XLIV: Suionum hinc civitates, ipso in Oceano, praeter viros armaque classibus valent. Forma navium eo differt, quod utrimque prora paratam semper appulsui frontem agit. Nec velis ministrantur, nec remos in ordinem lateribus adiungunt: solutum ut in quibusdam fluminum, et mutabile, ut res poscit hinc vel illinc remigium. Est apud illos et opibus honos, eoque unus imperitat, nullis iam exceptionibus, non precario iure parendi. Nec arma, ut apud ceteros Germanos, in promiscuo, sed clausa sub custode, et quidem servo, quia subitos hostium incursus prohibet Oceanus, otiosae porro armatorum manus facile lasciviunt: enimvero neque nobilem neque insgenuum, ne libertinum quidem armis praeponere regia utilitas est.

Drittes Kapitel

1 Daher altengl.: *writan,* engl. *write* = schreiben. Unser »schreiben« kam als Lehnwort mit anderen Wörtern, die die römische Schreibkunst betreffen, wie Tinte, Brief, aus dem Lateinischen.
2 *Brakteaten* sind münzähnliche goldene Zierscheiben mit figürlichen Darstellungen.

VIERTER TEIL

ERSTES KAPITEL

1 *Triens* = römische Münze.
2 *Fredegar* war ein fränkischer Geschichtsschreiber. Seine wertvolle *Historia Francorum* reicht bis 641.

ZWEITES KAPITEL

1 *Pallium* ist eine beim päpstlichen und erzbischöflichen Ornat ringförmig um die Schultern gelegte, weißwollene Binde mit eingewirkten schwarzen Kreuzen.

DRITTES KAPITEL

1 *Ducat* = Herzogtum.
2 Die *Abodriten* (Obotriten) sind slawische Stämme im Gebiet der unteren Elbe.
3 *Historia Langobardorum* (Werk).
4 *Einhart* war Geheimschreiber Karls des Großen. Aus der genauen persönlichen Bekanntschaft schrieb er in schöner Sprache, geschult an lateinischen Mustern, vor allem an *Sueton*, bald nach des Kaisers Tod die *vita Caroli Magni*.
5 Man nennt solche Verbindungen von Verschlußlaut und Reibelaut desselben Organs *Affrikata*, das heißt *Anreibelaut* (Verschlußlaut mit folgendem Reibelaut).
6 *Mage* = Verwandter.

Zeittafel

787 Tassilo von Bayern abgesetzt, Bayern dem Frankenreich einverleibt

791 Gründung der Ostmark

795 Einnahme des »Awarenringes«

795 – 816 Leo III., Papst

800 Kaiserkrönung Karls in Rom

812 Friede mit dem Oströmischen Reich, Anerkennung des fränkischen Kaisertums

813 Ludwig zum Mitkaiser erhoben

814 Karls Tod

Stammtafel der Merowinger

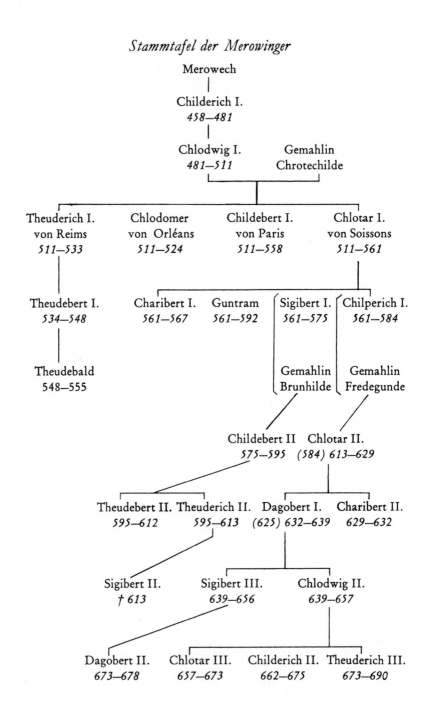

Stammtafel der Karolinger

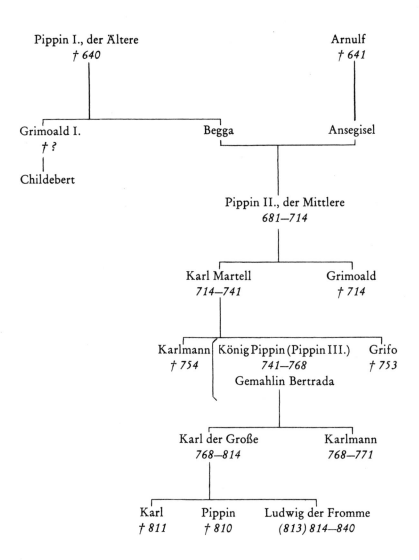

Pippin I., der Ältere
† 640

Arnulf
† 641

Grimoald I.
† ?

Begga

Ansegisel

Childebert

Pippin II., der Mittlere
681—714

Karl Martell
714—741

Grimoald
† 714

Karlmann
† 754

König Pippin (Pippin III.)
741—768
Gemahlin Bertrada

Grifo
† 753

Karl der Große
768—814

Karlmann
768—771

Karl
† 811

Pippin
† 810

Ludwig der Fromme
(813) 814—840

Abbildungsverzeichnis

Quellennachweis der Farbabbildungen

Gräberfeld von Gettlingen (nach S. 48). Foto: T. Schneiders, Düsseldorf. – Die »Saalburg« (nach S. 96). Foto: T. Schneiders, Düsseldorf. – Grabmal des Theoderich (nach S. 144). Foto: G. Barone, Düsseldorf. – Westgotische Königshalle (nach S. 192). Foto: T. Schneiders, Lindau. – Kelch des Tassilo (nach S. 240). Foto: T. Schneiders, Lindau. – Torhalle von Lorsch (nach S. 304). Foto: M. Matthes, München. – Kaiserthron Karls des Großen (nach S. 336). Foto: W. H. Müller, Düsseldorf. – Sarkophag Karls des Großen (nach S. 400). Foto: Scala.

Quellennachweis der Schwarzweiß-Abbildungen

Die »Venus von Willendorf« (nach S. 64). Foto: Naturhistorisches Museum, Wien. – Höhlenmalerei in Niaux (nach S. 64). Foto: Verlagsarchiv Ueberreuter, Wien. – Der »Sonnenwagen aus Trundholm« (vor S. 65). Foto: Nationalmuseum, Kopenhagen. – Gesichtsurne (vor S. 65). Foto: Verlagsarchiv Ueberreuter, Wien. – Gürtelblech aus der Hallstattkultur (nach S. 80). Foto: Naturhistorisches Museum, Wien. – Kopf einer Moorleiche (vor S. 81). Foto: Nationalmuseum, Kopenhagen. – Pferdebrustschmuck eines römischen Triumphalgespanns (nach S. 113). Foto: Kunsthistorisches Museum, Wien. – Details der Markus-Säule in Rom (nach S. 113). Foto: Verlagsarchiv Ueberreuter, Wien. – Details der »Gemma Augustea« (vor S. 113). Foto: Kunsthistorisches Museum, Wien. – Bildnis des Feldherrn Stilicho (vor S. 113). Foto: Hirmer Verlag, München. – Kultkessel von Gundestrup (nach S. 128). Foto: Nationalmuseum, Kopenhagen. – Keltische Gottesmasken (nach S. 128). Foto: Nationalmuseum, Kopenhagen. – Schulterzier aus dem Opferfund von Suderbrarup (vor S. 129). Foto: Wilczek, Schleswig. – Schwertscheidenbeschlag (vor S. 129). Foto: Wilczek, Schleswig. – Silberne Schwertscheide aus Gutenstein, Baden (nach S. 160). Foto: Verlagsarchiv Ueberreuter, Wien. – Vergoldete Prunkfibel aus Wittislingen (nach S. 160). Foto: Hirmer Verlag,

München. – Stirnreif der Königin Theodelinde (vor S. 161). Foto: Hirmer Verlag, München. – Die »Eiserne Krone« der Langobarden (vor S. 161). Foto: Hirmer Verlag, München. – Das »Wessobrunner Gebet« (nach S. 176). Foto: Bayerische Staatsbibliothek, München. – Kreuz des Langobardenkönigs Berengar (vor S. 177). Foto: Hirmer Verlag, München. – Bildnis des Westgotenkönigs Alarich II. (nach S. 208). Foto: Kunsthistorisches Museum, Wien. – Mosaik aus Karthago (nach S. 208). Foto: Huw Ebans, London. – Westgotische Adlerfibeln (vor S. 209). Foto: The Walter's Art Gallery, Baltimore. – Westgotische Votivkrone (nach S. 224). Foto: Hirmer Verlag, München. – Bildnis des Westgotenkönigs Rekkeswinth (nach S. 224). Foto: Hirmer Verlag, München. – Votivkrone des Westgotenkönigs Rekkeswinth (vor S. 225). Foto: Hirmer Verlag, München. – Westgotische Votivkrone (vor S. 225). Foto: Hirmer Verlag, München. – Fränkischer Spangenhelm (nach S. 256). Foto: Verlagsarchiv Ueberreuter, Wien. – Der Evangelist Johannes (vor S. 257). Foto: Verlagsarchiv Ueberreuter, Wien. – Franko-irisches Reliquienkästchen (vor S. 257). Foto: Marburg, Marburg/Lahn. – Wikingerschwert (nach S. 272). Foto: Universitetets Oldsaksamling, Oslo. – Wikingerschwert (nach S. 272). Foto: Universitetets Oldsaksamling, Oslo. – Bronzeverzierter Eisenhelm eines Wikingers (nach S. 272). Foto: Historiska Museum, Stockholm. – Teppich von Bayeux (vor S. 273). Foto: Marburg, Marburg/Lahn. – Bronzehelm aus einem Moorfund (nach S. 352). Foto: Nationalmuseum, Kopenhagen. – »Schmuckkasten der heiligen Kunigunde« (nach S. 352). Foto: Verlagsarchiv Ueberreuter, Wien. – Bronzene Prägeplatten (vor S. 353). – Foto: Historiska Museum, Stockholm. – Das »Osebergschiff« (vor S. 353). Foto: Universitetets Oldsaksamling, Oslo. – Tierkopfpfosten und hölzernes Bett (nach S. 368). Foto: Universitetets Oldsaksamling, Oslo. – Schlitten und Wagen als Grabbeigaben aus dem »Osebergschiff (vor S. 369). Foto: Universitetets Oldsaksamling, Oslo. –

7-1-2,5-9-9